계리직 공무원

한국사[상용한자 포함]

현대 사회는 하루가 다르게 변화되어 가고 있으며 그 변화에 적응하는 일이란 결코 쉽지가 않다. 더욱이 이러한 변화 속에서 자신에게 맞는 일을 찾고 그 속에서 삶의 즐거움을 누리는 일은 매우 어렵게 느껴진다. 이러한 사회적 분위기 속에서 안정적인 직업으로 공무원이 각광받고 있으며, 경쟁률 또한 매우 치열하다.

계리직은 원래 기능직 10급 공무원이었으나, 2013년에 10급 공무원 제도가 없어지면서 9급 공무원으로 승격되어 9급 공무원과 동일한 혜택을 받고 있다. 계리직공무원은 우체국금융업 · 현업창구(회계)업무 · 현금수납 등 각종 계산관리업무 및 우편통계 관련업무를 주로 담당한다. 계리직공무원은 좋은 복지와 정년보장으로 각광받고 있는 직업 중 하나이다. 합격선이 점점 높아지고 있는 만큼 철저한 준비가 요구된다.

타 공무원 수험생들이 많은 정보를 가지고 여러 수험서의 도움을 받는 것과는 달리 우정서기보(계리직) 시험을 준비하는 수험생들은 많은 어려움을 느낀다.

본서는 수험생들에게 우정서기보(계리직) 시험의 특성을 파악하고 최대한 기출문제를 입수, 복원하여 그에 맞는 적절한 도움을 주고자 발행하게 되었다. 반드시 알아야 할 핵심이론을 정리하고 매 문제마다 상세한 해설을 실어 훌륭한 학습효과를 누릴 수 있도록 구성하였다.

수험생 여러분의 합격을 진심으로 기원하며 건투를 빈다.

특징 및 구성

Structure

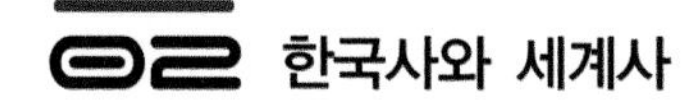

한국사와 세계사

❶ 한국사의 보편성과 특수성

(1) 세계사적 보편성

국가와 민족을 초월한 전세계 인류의 공통성을 말한다. 동물이나 식물과 다른 인간 고유의 생활모습과 자유, 평등, 박애, 평화, 행복 등 공통적인 이상을 추구하는 것을 말한다.

(2) 민족의 특수성

인간이 살아가는 지역의 고유한 자연환경과 역사 경험을 통해 다양한 언어, 풍속, 종교, 예술, 사회제도가 창출되는 것을 말한다. 이는 교통과 통신이 발달하지 못했던 근대 이전에 두드러졌다. 이에 세계를 몇 개의 문

핵심이론정리

주요 개념과 원리를 학습하기 쉽도록 알짜이론만을 체계적으로 정리하였습니다.

02. 선사시대의 문화와 국가의 형성

최근 기출문제 분석

2019. 10. 19. 우정서기보(계리직)

1 (가), (나)의 유물 · 유적을 사용하였던 사회에 대한 설명으로 가장 적절한 것을 〈보기〉에서 모두 고른 것은?

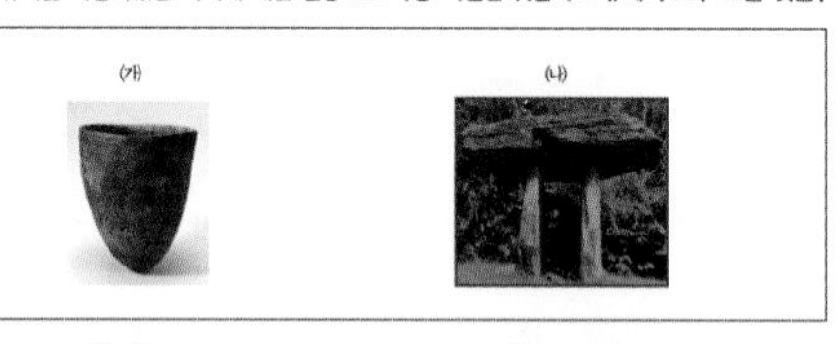

최근 기출문제 분석

최근 시행된 우정사업본부 계리직공무원 기출문제를 해설과 함께 수록하여 시험의 흐름을 파악할 수 있도록 하였습니다.

출제예상문제

난도별 다양한 유형의 문제를 엄선하여 학습의 완성도를 높였습니다. 또한 문제를 풀면서 빠르게 내용을 정리할 수 있도록 상세한 해설을 제공하였습니다.

01. 한국사의 바른이해

출제 예상 문제

1 다음은 어떤 역사서의 서문이다. 역사를 바라보는 필자의 태도와 가장 가까운 진술은?

> 한민족은 고대로부터 그 시대 나름의 국제관계를 가지고 개별적인 민족사를 전개해 왔다. 그러므로 한국사의 특수성을 이해하기 위해서는 세계사와 연관, 세계사적 보편성에 대한 관심과 이해가 필요하며 주변 국가와의 연관성도 고찰하여야 한다.

① 역사는 과거의 복원이다.
② 역사는 과학 그 이상도 이하도 아니다.
③ 역사학습의 목적은 교훈을 얻는 데 있다.
④ 역사가는 과거의 사건을 평가해서는 안 된다.

상용한자

한자이해를 도울 수 있는 기초적 지식과 사자성어 및 속담을 수록하였습니다. 또한 상용한자 2,000자도 수록하여 한자 대비 완벽을 기할 수 있도록 하였습니다.

01 한자이해의 기초

❶ 한자의 기초

(1) 한자의 구조
① 한자의 3요소
㉠ 모양(形) : 상형(象形), 지사(指事) – 형체(形體)의 구조
㉡ 뜻(義) : 회의(會意), 형성(形聲) – 자의(字義)의 구조
㉢ 소리(音) : 전주(轉注), 가차(假借) – 자의(字義), 음운(音韻)의 운용
② 육서(六書)

시험과목

직급(직종)	시험구분	제1차 시험과목(필수 3과목)
우정9급 우정서기보(계리)	공개경쟁 채용시험	한국사(상용한자 포함) 우편 및 금융상식(기초영어 포함) 컴퓨터일반

시험방법

① **제1차 시험** : 선택형 필기시험

㉠ **배점비율 및 문항형식** : 매 과목당 100점 만점, 객관식 4지 택일형 20문항

㉡ 상용한자는 한국사에, 기초영어는 우편 및 금융상식에 각 1~2문항씩 포함하여 출제됨

㉢ **시험시간** : 60분(문항당 1분 기준, 과목별 20분)

② **제2차 시험** : 면접시험

응시자격

① **응시결격사유** : 국가공무원법 제33조의 결격사유에 해당되거나, 국가공무원법 제74조(정년)에 해당되는 자 또는 공무원임용시험령 등 관계법령에 의하여 응시자격을 정지당한 자는 응할 수 없습니다(판단기준일은 면접시험 최종예정일).

㉠ 국가공무원법 제33조

- 피성년후견인 또는 피한정후견인
- 파산선고를 받고 복권되지 아니한 자
- 금고 이상의 실형을 선고받고 그 집행이 종료되거나 집행을 받지 아니하기로 확정된 후 5년이 지나지 아니한 자
- 금고 이상의 형을 선고받고 그 집행유예 기간이 끝난 날부터 2년이 지나지 아니한 자
- 금고 이상의 형의 선고유예를 받은 경우에 그 선고유예 기간 중에 있는 자
- 법원의 판결 또는 다른 법률에 따라 자격이 상실되거나 정지된 자

- 공무원으로 재직기간 중 직무와 관련하여 형법 제355조 및 제356조에 규정된 죄를 범한 자로서 300만 원 이상의 벌금형을 선고받고 그 형이 확정된 후 2년이 지나지 아니한 자
- 「성폭력범죄의 처벌 등에 관한 특례법」 제2조에 규정된 죄를 범한 사람으로서 100만 원 이상의 벌금형을 선고받고 그 형이 확정된 후 3년이 지나지 아니한 사람
- 미성년자에 대하여 「성폭력범죄의 처벌 등에 관한 특례법」 제2조에 따른 성폭력범죄, 「아동 · 청소년의 성보호에 관한 법률」 제2조 제2호에 따른 아동 · 청소년 대상 성범죄를 저질러 파면 · 해임되거나 형 또는 치료감호를 선고받아 그 형 또는 치료감호가 확정된 사람(집행유예를 선고받은 후 그 집행유예기간이 경과한 사람을 포함)
- 징계로 파면처분을 받은 때부터 5년이 지나지 아니한 자
- 징계로 해임처분을 받은 때부터 3년이 지나지 아니한 자

㉡ **국가공무원법 제74조**(정년)

- 공무원의 정년은 다른 법률에 특별한 규정이 있는 경우를 제외하고는 60세로 한다.
- 공무원은 그 정년에 이른 날이 1월부터 6월 사이에 있으면 6월 30일에, 7월부터 12월 사이에 있으면 12월 31일에 각각 당연히 퇴직된다.

② **응시연령** : 18세 이상

③ **학력 · 경력** : 제한 없습니다.

④ **장애인 구분모집 응시대상자**

㉠ 「장애인복지법 시행령」 제2조의 규정에 의한 장애인 및 「국가유공자 등 예우 및 지원에 관한 법률 시행령」 제14조 제3항의 규정에 의한 상이등급 기준에 해당하는 자

㉡ 장애인 구분모집에 응시하고자 하는 자는 응시원서 접수마감일 현재까지 장애인으로 유효하게 등록되거나, 상이등급기준에 해당되는 자로서 유효하게 등록 · 결정되어 있어야 합니다.

㉢ 장애인은 일반분야에 비장애인과 동일한 일반조건으로 응시할 수 있습니다.

㉣ 장애인 구분모집 응시대상자의 증빙서류(장애인복지카드 또는 장애인등록증, 국가유공자증)는 필기시험 합격자 발표일에 안내하는 기간 내에 제출하여야 합니다.

⑤ **저소득층 구분모집 응시대상자**

㉠ **응시대상** : 「국민기초생활보장법」에 따른 수급자 또는 「한부모가족지원법」에 따른 지원대상자에 해당하는 기간(이 기간의 시작은 급여 또는 지원을 신청한 날)이 응시원서 접수일 또는 접수마감일까지 계속하여 2년 이상인 자

㉡ 군복무(현역, 대체복무) 또는 교환학생으로 해외에 체류하는 경우, 이로 인하여 그 기간에 급여(지원) 대상에서 제외된 경우에도 가구주가 그 기간에 계속하여 수급자(지원대상자)로 있었다면 응시자도 수급자(지원대상자)에 해당하는 것으로 봅니다(다만, 군복무 또는 교환학생으로 해외에 체류한 기간 종료 후 다시 수급자(지원대상자)로 결정되어야 기간의 계속성을 인정하며, 이 경우 급여(지원)의 신청을 기간 종료 후 2개월 내에 하거나, 급여(지원)의 결정이 기간 종료 후 2개월 내여야 함).

※ 군복무 또는 교환학생으로 해외에 체류한 전 · 후 기간에 1인 가구 수급자(지원대상자)였다면 군복무 또는 교환학생으로 해외에 체류한 기간 동안 수급자 또는 지원대상자 자격을 계속 유지하는 것으로 봅니다(다만, 군복무 또는 교환학생으로 인한 해외체류 종료 후 다시 수급자(지원대상자)로 결정되어야 기간의 계속성을 인정하며, 이 경우에도 급여(지원)의 신청을 기간 종료 후 2개월 내에 하거나, 급여(지원)의 결정이 기간 종료 후 2개월 내여야 함).

※ 단, 교환학생의 경우는 소속 학교에서 교환학생으로서 해외에 체류한 기간(교환학생 시작 시점 및 종료시점)에 대한 증빙서류를 제출해야 합니다.

㉢ 저소득층 구분모집 대상자는 저소득층 구분모집 외의 일반분야에 비저소득층과 동일한 일반조건으로 응시할 수 있습니다(단, 중복접수는 할 수 없음).

㉣ 필기시험 합격자는 주민등록상의 거주지 관할 시 · 군 · 구청장이 발행하는 수급자증명서(수급기간 명시), 한부모가족증명서(지원기간 명시) 등 증빙서류를 필기시험 합격자 발표일에 안내하는 기간 내에 제출하여야 합니다.

※ 수급(지원)기간이 명시된 수급자(한부모가족)증명서는 주민등록상의 거주지 관할 시 · 군 · 구청에 본인 또는 가족(동일세대원에 한함)이 직접 방문하여 발급받을 수 있으며, 방문 전 시 · 군 · 구청 기초생활보장 · 한부모가족담당자(주민생활지원과, 사회복지과 등)에게 유선으로 신청하시기 바랍니다.

※ 저소득층 구분모집에 대한 자세한 사항은 균형인사지침(인사혁신처 예규, 인사혁신처 홈페이지 – 분야별정보 – 법령정보 – 훈령/예규/고시)을 확인하시기 바랍니다.

▌응시자 거주지역 제한 안내

응시자는 공고일 현재 지원지역에 주민등록이 되어 있어야 응시할 수 있습니다.

※ 응시자 거주지역 제한 내용은 변경될 수 있습니다.

▌응시원서 접수기간 및 시험시행 일정

① 시험장소 공고 등 모든 시험일정은 우정청 홈페이지에서 게시(공고)합니다.

② 합격자 명단은 합격자 발표 일에 우정청 홈페이지 및 원서접수사이트에 게시하며, 최종 합격자에게는 개별적으로 합격을 통지합니다.

③ 시험성적 안내일정은 원서접수사이트에 게시하며, 시험성적은 동 사이트에서 본인 성적에 한하여 확인할 수 있습니다.

가산 특전 비율표

구분	가산비율	비고
취업지원대상자	과목별 만점의 10% 또는 5%	취업지원대상자 가점과 의사상자 등 가점은 본인에게 유리한 1개만 적용
의사상자 등 (의사자 유족, 의상자 본인 및 가족)	과목별 만점의 5% 또는 3%	

① 취업지원대상자

- 「독립유공자예우에 관한 법률」 제16조, 「국가유공자 등 예우 및 지원에 관한 법률」 제29조, 「보훈보상대상자 지원에 관한 법률」 제33조, 「5 · 18민주유공자 예우에 관한 법률」 제20조, 「특수임무유공자 예우 및 단체설립에 관한 법률」 제19조에 의한 취업지원대상자, 「고엽제후유의증 등 환자지원 및 단체설립에 관한 법률」 제7조의9에 의한 고엽제후유의증 환자와 그 가족은 각 과목 만점의 40% 이상 득점한 자에 한하여 각 과목별 만점의 일정비율(10% 또는 5%)을 가산합니다.

※ 취업지원대상자 가점을 받아 합격하는 사람은 선발 예정 인원의 30%를 초과할 수 없음

※ 선발 예정 인원이 4명 이상인 경우에 한하여 가산점을 적용함

② 의사상자

- 「국가공무원법」 제36조의2에 의한 의사자 유족, 의상자 본인 및 가족은 각 과목 만점의 40% 이상 득점한 자에 한하여 각 과목별 만점의 일정 비율(5% 또는 3%)을 가산하며, 다른 법률에 의한 취업지원대상이 될 경우 본인에게 유리한 것 하나만 가산합니다.

※ 의사상자 등 가점을 받아 합격하는 사람은 선발 예정 인원의 10%를 초과할 수 없음

※ 선발 예정 인원이 10명 이상인 경우에 한하여 가산점을 적용함

③ 가산점 적용과 관련한 유의사항

- 가산점을 받고자 하는 자는 필기시험 시행 전일까지 해당 요건을 갖추어야 하며, 반드시 필기시험 답안지의 해당란에 표기하여야 합니다.

※ 가산비율을 잘못 기재하는 경우에는 응시자 본인이 불이익을 받을 수 있습니다.

- 가산특전대상자는 증빙서류(취업지원대상자 증명서 등)를 필기시험 합격자 발표일에 안내하는 방법으로 기간 내에 제출하여야 합니다.

기타사항

① 필기시험에서 과락(40점 미만) 과목이 있을 경우에는 불합격 처리되며, 그 밖의 합격자 결정방법 등 시험에 관한 구체적인 내용은 공무원임용시험령 및 관련법령을 참고하시기 바랍니다.

② 응시자는 응시표, 답안지, 시험시간 및 장소 공고 등에서 정한 주의사항에 유의하여야 하며, 이를 준수하지 않을 경우에는 본인의 불이익이 될 수 있습니다.

※ 2019년 공개경쟁 채용시험 공고를 바탕으로 작성한 것으로 변동될 수 있으며 자세한 사항은 우정사업본부 사이트를 참고하시기 바랍니다.

차례

Contents

PART 01

한국사의 바른이해

PART 02

선사시대의 문화와 국가의 형성

PART 03

통치구조와 정치활동

PART 04

경제구조와 경제생활

PART 05

사회구조와 사회생활

PART 06

민족문화의 발달

PART 07

근현대사의 흐름

PART 08

상용한자

한국사의 바른이해

01 역사의 학습목적

1 역사의 의미

(1) 역사의 뜻

일반적으로 '과거에 있었던 사실'과 '조사되어 기록된 과거'의 두 가지 뜻을 지니고 있다.

(2) 사실로서의 역사(history as past)와 기록으로서의 역사(history as historiography)

① **사실로서의 역사** … 객관적 의미의 역사, 시간적으로 현재에 이르기까지 일어났던 모든 과거 사건을 의미한다. 이러한 의미에서 역사란 바닷가의 모래알과 같이 수많은 과거 사건들의 집합체가 된다.

② **기록으로서의 역사** … 주관적 의미의 역사, 역사가가 과거의 사실을 토대로 조사 · 연구하여 주관적으로 재구성한 것을 의미한다. 이 경우의 역사는 기록된 자료 또는 역사서와 같은 의미가 된다.

TIP 랑케(L. Ranke)와 카(E.H. Carr)의 역사인식

㉠ 랑케(L. Ranke)의 역사의식 : "역사가는 자기 자신을 죽이고 과거가 본래 어떠했는가를 밝히는 것을 그의 지상과제로 삼아야 하고, 이 때 오직 역사적 사실로 하여금 이야기하게 해야 한다."라고 하여 사실로서의 역사를 강조하였다.

㉡ 카(E.H. Carr)의 역사의식 : "역사가와 역사상의 사실은 서로를 필요로 한다. 사실을 갖지 못한 역사가는 뿌리가 없는 존재로 열매를 맺지 못한다. 역사가가 없는 사실은 생명이 없는 무의미한 존재이다"라고 하여 기술로서의 역사를 강조하였다.

2 역사학습의 목적

(1) 역사학습의 의의

① **의미** … 역사 그 자체를 배워서 과거 사실에 대한 지식을 늘리는 것을 의미한다.

② **의의**

㉠ 역사를 통하여 현재를 살아가는 데 필요한 능력과 교훈을 얻을 수 있다.

㉡ 인간 생활에 대한 지식을 얻을 수 있다.

(2) 역사학습의 목적

① **과거 사실을 통한 현재의 이해** … 과거의 사실을 통해 현재를 바르게 이해할 수 있다. 역사는 개인과 민족의 정체성 확립에 유용하다.

② **삶의 지혜를 습득** … 현재 우리가 당면한 문제를 올바르게 파악하고 대처하여 미래에 대한 전망을 할 수 있다.

③ **역사적 사고력과 비판능력 함양** … 역사적 사건의 보이지 않는 원인과 의도, 목적을 추론하는 역사적 사고력이 길러지게 된다. 또한 잘잘못을 가려 정당한 평가를 내리는 비판능력을 길러준다.

02 한국사와 세계사

① 한국사의 보편성과 특수성

(1) 세계사적 보편성

국가와 민족을 초월한 전세계 인류의 공통성을 말한다. 동물이나 식물과 다른 인간 고유의 생활모습과 자유, 평등, 박애, 평화, 행복 등 공통적인 이상을 추구하는 것을 말한다.

(2) 민족의 특수성

인간이 살아가는 지역의 고유한 자연환경과 역사 경험을 통해 다양한 언어, 풍속, 종교, 예술, 사회제도가 창출되는 것을 말한다. 이는 교통과 통신이 발달하지 못했던 근대 이전에 두드러졌다. 이에 세계를 몇 개의 문화권으로 나누기도 하고 하나의 문화권 안에서 민족문화의 특수성을 추출하기도 한다.

(3) 우리 민족사의 발전

우리 민족은 국토의 자연환경을 효과적으로 활용하여 다양한 민족과 국가들과 문물을 교류하면서 내재적인 변화와 발전을 이룩하였다.

① **우리 역사의 보편성** … 자유와 평등, 민주와 평화 등 전인류의 공통적 가치를 추구해 왔다.

② **우리 민족의 특수성** … 반만년의 역사와 단일민족국가의 전통을 유지해오고 있다. 국가에 대한 충성과 부모에 대한 효도가 중시되고, 두레 · 계 · 향도와 같은 공동체조직이 발달하였다.

(4) 한국사의 이해

우리 민족의 역사적 삶의 특수성을 이해하고 그 가치를 깨우치는 것이어야 한다. 우리 역사와 문화의 특수성에 대한 이해는 한국사를 바르게 인식하는 데 기초가 될 뿐만 아니라 우리가 민족적 자존심을 잃지 않고 세계문화에 공헌하는 데에도 필요하다.

② 민족문화의 이해

(1) 민족문화의 형성

① 선사시대 … 아시아 북방문화와 연계되는 문화를 형성하였다. 조상들의 슬기와 노력으로 다른 어느 민족의 그것과도 구별되는 특수성을 지니고 있으면서도 보편적 가치를 추구해 왔다.

② 고대사회 … 중국 문화와 깊은 연관을 맺으면서 독자적인 고대문화를 발전시켰다.

③ 고려시대 … 불교를 정신적 이념으로 채택하였다.

④ 조선시대 … 삼강오륜과 같은 유교적 가치를 중시하였다.

TIP 우리나라 불교와 유교의 특수성 … 불교는 현세구복적이며 호국적인 성향이 매우 강하였고, 유교는 삼강오륜의 덕목 중에서 나라에 대한 의리를 강조하였다.

(2) 민족문화의 발전

① 튼튼한 전통문화의 기반 위에서 민족적 특수성을 유지하고 한국 문화의 개성을 확립하였다.

② 외래 문화를 주체적으로 수용하여 세계사적 보편성을 추구하였다.

(3) 세계화시대의 역사의식

안으로는 민족주체성을 견지하되, 밖으로는 외부세계의 변화에 적극적으로 대응하는 개방적 민족주의에 기초하여야 한다. 아울러 인류 사회의 평화와 복리 증진 등 인류 공동의 가치를 추구하는 진취적 역사정신이 세계화시대에 요구되는 사고라 할 수 있다.

출제 예상 문제

1 다음은 어떤 역사서의 서문이다. 역사를 바라보는 필자의 태도와 가장 가까운 진술은?

> 한민족은 고대로부터 그 시대 나름의 국제관계를 가지고 개별적인 민족사를 전개해 왔다. 그러므로 한국사의 특수성을 이해하기 위해서는 세계사와 연관, 세계사적 보편성에 대한 관심과 이해가 필요하며 주변 국가와의 연관성도 고찰하여야 한다.

① 역사는 과거의 복원이다.
② 역사는 과학 그 이상도 이하도 아니다.
③ 역사학습의 목적은 교훈을 얻는 데 있다.
④ 역사가는 과거의 사건을 평가해서는 안 된다.

TIP 제시된 내용은 기록으로서의 역사로, 과거의 사실을 토대로 역사가가 이를 조사하고 연구하여 주관적으로 재구성한 것이다.
①②④ 사실로서의 역사로, 객관적 사실만을 의미한다.

2 역사를 통해 배운다는 의미는 무엇인가?

① 모든 학문의 기초가 역사학임을 인식하는 것이다.
② 과거의 사실과 현재의 상황을 비교하여 구분한다.
③ 역사학습을 통하여 현재를 사는 우리들의 인간적 성숙을 꾀한다.
④ 역사학습을 통하여 과거 사실을 바르게 이해한다.

TIP '역사를 배운다'는 것은 '역사 그 자체를 배운다'는 의미와 '역사를 통하여 배운다'는 의미가 동시에 담겨 있는데, 특히 역사를 통하여 배운다는 것은 역사적 인물이나 사실들을 통하여 현재의 우리가 살아가는 데 필요한 능력과 교훈을 얻을 수 있다는 것을 의미한다.

Answer 1.③ 2.③

3 기록으로 역사와 관련이 없는 것은?

① 객관적 역사관이다.
② 현재와 과거는 만난다.
③ Carr의 입장이다.
④ 역사가의 주관적 요소가 개입되었다.

TIP 객관적 역사관
㉠ 과거로부터 시간적으로 현재에 이르기까지 일어났던 모든 과거 사건을 있는 그대로의 사실로 밝혀야 한다는 주장으로 역사의 객관성을 강조한다.
㉡ 랑케가 주장한 것으로, 사실로서의 역사의 역사관이다.
㉢ 실증주의 사관의 입장으로 역사란 수많은 과거들의 집합체다.
②③④ 역사의 주관성을 강조한 상대주의 사관으로 기록(서술)으로서의 역사의 내용이다.

4 역사의 의미에 대한 이해 중 다른 하나는?

① 역사는 있는 그대로의 사실을 가리킨다.
② 과거에 일어난 객관적 사실이 모두 역사에 해당된다.
③ 역사가는 자신을 숨기고 과거의 사실을 밝혀야 한다.
④ 역사가는 과거의 사실을 자신의 견해와 지식으로 재구성한다.

TIP 사실로서의 역사는 객관적 사실, 즉 시간적으로 현재에 이르기까지 일어났던 모든 과거 사건을 의미한다. 기록으로서의 역사는 과거의 사실을 토대로 역사가가 이를 조사하고 연구하여 주관적으로 재구성한 것이다.
①②③은 역사의 의미를 과거에 있었던 사실로 인식한 것이고, ④는 조사되어 기록된 과거로 인식한 것이다.

5 다음 중 역사학습의 목적으로 옳지 않은 것은?

① 현재의 문제를 올바르게 파악하고 대처하여 삶의 지혜를 습득한다.
② 역사적 사건의 보이지 않는 원인과 의도, 목적을 추론할 수 있다.
③ 정당한 평가를 내리는 역사적 비판력을 기른다.
④ 자연에 대한 경외심을 습득한다.

TIP 역사를 배움으로써 과거의 사실을 토대로 현재를 바르게 이해할 수 있고, 역사를 통하여 삶의 지혜를 습득할 수 있으며, 역사적 사고력과 비판력을 기를 수 있다.

Answer 3.① 4.④ 5.④

6 **다음 중 세계화시대에 갖추어야 할 바른 역사의식이 아닌 것은?**

① 우리 역사보다 세계사에 더 깊은 관심을 갖는다.
② 외부에 대해 개방적 민족주의로 대처한다.
③ 세계사의 변화에 능동적으로 대응하는 자세를 다진다.
④ 인류 사회에 기여할 수 있는 진취적 역사의식을 갖는다.

TIP 세계화시대의 역사인식은 안으로 민족주체성을 견지하고 밖으로는 외부세계의 변화에 적극적으로 대응하는 동시에 진취적인 역사정신을 갖는 것이다.

7 **다음 중 한국사의 이해와 관련이 없는 것은?**

① 한국인의 역사적 삶의 특수성을 인식하고 그 가치를 높게 인식하여야 한다.
② 우리의 역사를 교조주의의 틀에 맞추어 해석하고 서술해서는 안된다.
③ 우리의 역사를 옳게 이해하고 연구하기 위해서 세계사적 보편성의 논리에 충실하여야 한다.
④ 한국사의 특수성을 바르게 이해하려면 세계사적 보편성에도 관심을 가지고 이해의 폭을 넓혀야 한다.

TIP 우리의 역사를 바르게 이해하기 위해서는 한국사 전개의 특수성을 옳게 인식하고 그 바탕 위에서 세계사적 보편성과 잘 조화되도록 하여야 한다.

8 **다음 중 문화전통과 관련있는 사실과 다른 것은?**

① 민족문화의 발전은 전통문화의 기반 위에 선진외래문화를 주체적으로 수용하여야 한다.
② 삼국시대에는 중국으로부터 한자 및 유·불교사상 등의 선진 이데올로기를 수입하는 데 급급하여 우리 문화의 독자성을 개발하기 어려웠다.
③ 우리 조상들은 유·불교 등의 외래문화를 받아들였으나, 이를 소화하여 우리 것으로 만드는 데 성공하였다.
④ 우리의 민족문화에 대한 자부심과 긍지를 가지고 민족문화를 보존하는 자세가 필요하다.

TIP ② 삼국시대에는 중국을 통해 한자·유교·불교 등을 수용하였지만, 민족의 지혜와 독창성을 바탕으로 독특한 삼국문화를 이룩하였다.

Answer 6.① 7.③ 8.②

9 한국사가 세계사의 조류에 합류하기 시작한 것은 언제부터인가?

① 고려시대 이후
② 임진왜란 이후
③ 개항 이후
④ 광복 이후

TIP 우리 민족사가 세계사의 조류에 합류하기 시작한 것은 1876년 강화도조약을 통해 문호를 개방한 이후부터였다.

10 다음 글의 요지를 가장 바르게 설명한 것은?

> 한국의 불교는 현세구복적이고 호국적인 성향이 남달리 강하였다. 또한 한국의 유교는 삼강오륜의 덕목 중에서도 충 · 효 · 의가 강조되었는데, 이는 우리 조상이 가족질서에 대한 헌신과 국가수호, 그리고 사회정의 실현에 특별한 관심을 가졌음을 보여 주는 것으로, 중국의 유학이 인(仁)을 중심 개념으로 설정하고, 사회적 관용을 존중하는 것과 대비된다고 볼 수 있다.

① 우리 문화는 세계사적 보편성과 무관하다.
② 한국인들은 자신들만의 고유문화를 발전시켰다.
③ 우리 문화에는 보편성과 특수성이 함께 나타난다.
④ 세계 문화의 흐름이 우리 민족문화에도 그대로 나타난다.

TIP 유교와 불교는 동아시아 문화권이라 불릴 정도로 중국, 일본 등과의 공통적인 문화요소이다. 이러한 문화는 동아시아 삼국에 전파되어 각각 발달하면서 그 지역의 역사적 조건과 고유문화에 따라 독특한 모습을 띠게 되었다.
①② 모든 민족의 역사에는 보편성과 특수성이 함께 존재한다.
④ 문화는 생활양식의 총체로, 그 지역 사람들의 생활 속에서 주체적으로 수용된다.

Answer 9.③ 10.③

선사시대의 문화와 국가의 형성

01 선사시대의 전개

1 선사시대의 세계

(1) 인류의 기원

① **오스트랄로피테쿠스**(남방원숭이) … 약 300만 ~ 350만년 전에 출현한 최초의 인류이다. 직립보행을 하여 두 손으로 간단하고 조잡한 도구를 사용할 수 있었다.

② **호모 하빌리스**(손재주 좋은 사람) … 약 200만년 전에 출현하였고, 아프리카에서 발견되었다(구석기시대).

③ **호모 에렉투스**(곧선 사람) … 자바인, 베이징인, 하이델베르크인이 대표적이며, 불을 사용하였고, 사냥과 채집활동을 하였다.

④ **호모 사피엔스**(슬기 사람) … 네안데르탈인으로 석기를 제작하였고, 시체매장풍습이 있었다.

⑤ **호모 사피엔스 사피엔스**(슬기 슬기 사람) … 약 4만년 전에 출현하였고, 체질상의 특징이 오늘날의 인류와 거의 같으며 현생 인류에 속하는 여러 인종의 직계조상으로 추정되고 있다.

TIP 인류의 진화요인
㉠ 직립보행 : 도구 사용 가능, 두뇌용량의 커짐 → 지능 발달
㉡ 언어의 사용 : 의사소통 → 경험의 공유, 문화의 발전

(2) 신석기 문화와 청동기 문명의 발생

① 신석기 문화
㉠ 농경과 목축이 시작되었으며, 간석기와 토기를 사용하였다.
㉡ 정착생활을 하였으며, 촌락 공동체가 형성되었다.
㉢ 채집경제(수렵, 어로, 채집)에서 생산경제(농경, 목축)로 전환되면서 인류의 생활양식이 크게 변하였다.
㉣ 신석기혁명
- 지역 : 중동의 비옥한 초승달 지대, 중국, 동남아시아 등지에서 시작되었다.
- 의의 : 농경과 목축의 시작으로 식량생산 등의 경제활동을 전개하여 인류의 생활모습 · 양식이 크게 변화하였다.

② 청동기 문명의 발생
㉠ 기원전 3,000년경을 전후하여 4대 문명이 형성되었다(메소포타미아의 티그리스강과 유프라테스강, 이집트의 나일강, 인도의 인더스강, 중국의 황허강 유역).

㉡ 청동기시대에는 관개농업이 발달하고, 청동기가 사용되었으며, 도시가 출현하고, 문자를 사용하고, 국가가 형성되었다.

TIP 선사시대와 역사시대

㉠ 선사시대 : 문자를 사용하지 못한 구석기, 신석기시대를 말한다.

㉡ 역사시대 : 문자를 사용한 청동기시대 이후로, 우리나라는 철기시대부터 문자를 사용한 것으로 추정된다.

2 우리나라의 선사시대

(1) 우리 민족의 기원

① **우리 민족의 형성** … 우리 조상들은 만주와 한반도를 중심으로 동북아시아에 넓게 분포하였다. 신석기시대부터 청동기시대를 거쳐 민족의 기틀이 형성되었다.

② **동방문화권의 형성** … 인근 문화권과 교류하면서 독자적인 문화를 형성하였다.

③ **우리 민족의 특징**

㉠ 인종상으로 황인종에 속하고, 언어학상으로 알타이어족과 가까운 관계에 있다.

㉡ 우리 민족은 오래전부터 하나의 민족 단위를 형성하고 농경생활을 바탕으로 독자적인 문화를 이룩하였다.

(2) 구석기시대의 유물과 유적

① **시작** … 우리나라와 그 주변지역에 구석기시대 사람들이 살기 시작한 것으로 약 70만년 전부터이다.

② **시대구분**(석기를 다듬는 방식에 따라 세 시기로 구분)

㉠ **전기 구석기** : 큰 석기 한 개를 여러 용도에 사용하였다(평남 상원 검은모루동굴, 경기도 연천 전곡리 유적).

㉡ **중기 구석기** : 큰 몸돌에서 떼어낸 돌 조각인 격지로 잔손질을 하여 석기를 제작하였다.

㉢ **후기 구석기** : 쐐기같은 것을 대고 같은 형태의 돌날격지 여러 개를 제작하였다(충남 공주 석장리).

(3) 구석기시대의 생활

① **경제**

㉠ 뗀석기와 동물의 뼈나 뿔로 만든 뼈도구를 사용하여 채집과 사냥을 하면서 생활하였다.

㉡ 처음에는 찍개 같은 도구를 여러가지 용도로 썼으나 점차 뗀석기를 제작하는 기술이 발달함에 따라 용도가 뚜렷한 작은 석기들을 만들게 되었다.

㉢ 주먹도끼, 찍개, 팔매돌 등은 사냥도구이고 긁개, 밀개 등은 대표적인 조리도구이다.

② 주거

㉠ 동굴이나 바위 그늘에서 살거나 강가에 막집을 짓고 살았다(상원 검은모루동굴, 제천 창내, 공주 석장리).

㉡ 후기의 막집에는 기둥자리, 담자리, 불땐 자리가 남아 있고 집터의 규모는 작은 것은 3 ~ 4명, 큰 것은 10명이 살 수 있을 정도의 크기였다.

③ 사회

㉠ **무리생활** : 무리를 이루어 큰 사냥감을 찾아다니며 생활하였다.

㉡ **평등한 공동체적 생활** : 무리 가운데 경험이 많고 지혜로운 사람이 지도자가 되었으나 권력을 갖지는 못했으며, 모든 사람이 평등한 공동체적 생활을 하였다.

④ **종교, 예술** … 석회암이나 동물의 뼈 또는 뿔 등에 고래와 물고기를 새긴 조각품(단양 수양개)을 만들어 풍성한 사냥감을 비는 주술적 의미를 담았다.

⑤ 중석기시대

㉠ **환경** : 빙하기가 지나고 기후가 따뜻해져 큰 짐승 대신에 작고 빠른 짐승을 잡기 위해 활과 잔석기를 사용하였다.

㉡ **도구** : 한 개 내지 여러 개의 석기를 나무나 뼈에 꽂아 쓰는 이음도구(톱, 활, 창, 작살)를 만들었다.

TIP 슴베찌르개 … 주로 구석기시대 후기에 사용된 것으로 슴베(자루)가 달린 찌르개로서 창의 기능을 하였다.

㉢ **생활** : 기후가 따뜻해지면서 동식물이 번성하게 되어 식물의 채취와 고기잡이를 많이 하였다.

(4) 신석기시대의 유물과 유적

① **시작** … 우리나라의 신석기시대는 기원전 8,000년경부터 시작되었다.

② **간석기의 사용** … 돌을 갈아서 여러가지 형태와 용도를 가진 간석기를 사용하였다.

③ **토기의 사용** … 음식을 조리하고 저장하게 되었다.

④ 유적지와 토기

㉠ **빗살무늬토기 이전의 토기** : 이른 민무늬토기, 덧무늬토기, 눌러찍기문토기(압안문토기) 등이 발견되고 있다. 제주 한경 고산리, 강원 고성 문암리, 강원 양양 오산리, 부산 동삼동 조개더미 등에서 발견되었다.

㉡ **빗살무늬토기** : 도토리나 달걀모양의 뾰족한 밑 또는 둥근밑모양을 하고 있으며 크기가 다양하다. 전국 각지에서 널리 분포되어 있으며 대표적인 유적은 서울 암사동, 평양 남경, 김해 수가리 등으로 대부분 바닷가나 강가에 자리잡고 있다.

(5) 신석기시대의 생활

① 농경생활의 시작

㉠ **잡곡류의 경작**: 황해도 봉산 지탑리와 평양 남경의 유적에서 탄화된 좁쌀이 발견되어 잡곡류를 경작하였다는 것을 알 수 있다.

㉡ **농기의 사용**: 돌괭이, 돌삽, 돌보습, 돌낫 등이 주요 농기구였다.

TIP 현재 남아 있지는 않지만 중국이나 일본의 경우처럼 나무로 만든 농기구를 사용하였을 가능성도 있다.

㉢ **소규모 경작**: 집 근처의 텃밭이나 강가의 퇴적지를 소규모로 경작하였던 것으로 보인다.

② 경제

㉠ **사냥과 고기잡이**: 사냥은 주로 활이나 창으로 사슴류와 멧돼지 등을 잡았고, 고기잡이에는 여러가지 크기의 그물과 작살, 돌이나 뼈로 만든 낚시 등을 이용하였다.

㉡ 원시적 수공업인 가락바퀴나 뼈바늘이 출토되는 것으로 의복이나 그물을 제작하였다.

③ **주거** … 원형이나 둥근네모꼴의 바닥을 가진 움집에서 4 ~ 5명 정도의 가족이 거주하였다.

④ **사회** … 혈연을 바탕으로 한 씨족이 족외혼을 통해 부족을 형성하였고, 평등한 사회였다.

⑤ 원시신앙의 출현

㉠ **애니미즘**: 자연현상, 자연물에 영혼이 있다고 믿어 재난을 피하거나 풍요를 기원하는 것을 의미한다. 태양과 물에 대한 숭배가 대표적이다.

㉡ **영혼, 조상숭배**: 사람이 죽어도 영혼은 없어지지 않는다는 믿음을 말한다.

㉢ **샤머니즘**: 인간과 영혼 또는 하늘을 연결시켜 주는 존재인 무당과 그 주술을 믿는 것이다.

㉣ **토테미즘**: 자기 부족의 기원을 특정 동식물과 연결시켜 그것을 숭배하는 믿음이다.

⑥ **예술** … 흙으로 빚어 구운 얼굴 모습이나 동물의 모양을 새긴 조각품, 조개껍데기 가면, 조가비나 동물뼈 또는 이빨로 만든 치레걸이 등이 있다.

02 국가의 형성

1 고조선과 청동기문화

(1) 청동기의 보급

① **청동기시대의 시작** … 한반도에서는 기원전 10세기경에, 만주지역에서는 이보다 앞서는 기원전 13~15세기경에 청동기시대가 전개되었다.

② **사회변화** … 생산경제가 이전보다 발달하고 청동기 제작과 관련된 전문 장인이 출현하였으며 사유재산제도와 계급이 발생하게 되었다.

③ **유적** … 중국의 요령성과 길림성을 포함하는 만주지역과 한반도에 걸쳐 분포되어 있다.
- ㉠ **북한지역** : 함북 회령 오동리, 나진 초도, 평북 강계 공귀리, 의주 미송리, 평양 금탄리와 남경
- ㉡ **남한지역** : 경기 여주 흔암리, 파주 덕은리, 충남 부여 송국리, 충북 제천 황석리, 전남 순천 대곡리

④ **유물**
- ㉠ **석기** : 반달돌칼, 바퀴날 도끼, 홈자귀
- ㉡ **청동기** : 비파형 동검과 화살촉 등의 무기류, 거친무늬거울
- ㉢ **토기** : 미송리식 토기, 민무늬토기, 붉은간토기
- ㉣ **무덤** : 고인돌, 돌널무덤, 돌무지무덤

⑤ **비파형 동검과 민무늬토기**
- ㉠ **비파형 동검** : 만주로부터 한반도 전역에 이르는 넓은 지역에서 출토되어 미송리식 토기 등과 함께 이 지역이 청동기시대에 같은 문화권에 속하였음을 보여 준다.
- ㉡ **민무늬토기** : 밑바닥이 편평한 원통모양의 화분형과 밑바닥이 좁은 팽이형이 기본적인 모양이며, 빛깔은 적갈색이다.

(2) 철기의 사용

① **철기시대의 시작** … 우리나라에서는 중국 전국시대 혼란기에 유이민들이 전래하면서 기원전 4세기경부터 철기를 쓰기 시작하였다.

② 철기문화의 보급

㉠ 철제 농기구의 사용으로 농업이 발달하여 경제 기반이 확대되었다.

㉡ 철제 무기와 철제 연모의 사용으로 청동기는 의식용 도구로 변하였다.

③ 유물

㉠ **화폐 출토** : 명도전, 오수전, 반량전을 통하여 중국과의 활발한 교류를 알 수 있다.

㉡ **붓의 출토** : 경남 창원 다호리 유적에서 나온 붓은 한자를 사용했음을 알 수 있다.

④ 청동기의 독자적 발전

㉠ 비파형 동검은 세형 동검으로, 거친무늬거울은 잔무늬거울로 형태가 변하였다.

㉡ 거푸집의 사용 : 청동기를 제작하던 거푸집도 전국의 여러 유적에서 발견되고 있다.

⑤ **다양한 토기의 사용** … 민무늬토기 이외에 입술 단면에 원형 · 타원형 · 삼각형의 덧띠를 붙인 덧띠토기, 검은간토기 등이 사용되었다.

(3) 청동기 · 철기시대의 생활

① 경제생활의 발전

㉠ **농경의 발달** : 개간도구(돌도끼, 홈자귀, 괭이)로 곡식을 심고, 추수도구(반달돌칼)로 농경을 더욱 발전시켰다.

㉡ **농업** : 조, 보리, 콩, 수수 등 밭농사 중심이었지만 일부 저습지에서 벼농사가 시작되었다.

㉢ **수렵 · 어로 · 가축사육** : 사냥이나 고기잡이도 여전히 하고 있었지만 농경의 발달로 점차 그 비중이 줄어들었고 돼지, 소, 말 등의 가축의 사육은 증가되었다.

② 주거생활의 변화

㉠ 집터의 형태와 구조

- 대체로 직사각형이며 움집은 점차 지상가옥으로 바뀌어 갔다.
- 움집 중앙의 화덕은 한쪽 벽으로 옮겨지고, 저장구덩도 따로 설치하거나 한쪽 벽면을 밖으로 돌출시켜 만들었다.
- 창고와 같은 독립된 저장시설을 집 밖에 따로 만들기도 하였고, 움집을 세우는 데에 주춧돌을 이용하기도 하였다.

㉡ **다양한 용도의 집터** : 그 넓이가 다양한 것으로 보아 주거용 외에 창고, 공동작업장, 집회소, 공공의식장소 등도 만들었음을 알 수 있다. 이를 통하여 사회조직이 점차 발달하였고 복잡해졌다는 것을 추정할 수 있다.

㉢ **집터의 규모** : 보통의 집터는 부부를 중심으로 하는 4 ~ 8명 정도의 가족이 살 수 있는 크기이며, 이는 한 가족용으로 만들어진 것이다.

신석기시대와 청동기시대의 주거지

구분	신석기	청동기
형태	원형, 모서리가 둥근 네모꼴 움집	직사각형 움집, 지상가옥
화덕위치	중앙	한쪽 벽
저장구덩	화덕, 출입문 옆	따로 설치, 밖으로 돌출
규모	4 ~ 5명	4 ~ 8명

③ 사회생활의 변화

㉠ 성 역할의 분리 : 여성은 가사노동을, 남성은 농경 · 전쟁에 종사하였다.

㉡ 빈부격차와 계급의 발생 : 생산력의 증가에 따라 잉여생산물이 생기게 되자, 힘이 강한 자가 이를 개인적으로 소유하여 빈부의 격차와 계급의 분화를 촉진하였고 무덤의 크기와 껴묻거리의 내용에 반영되었다.

④ 고인돌의 출현

㉠ 계급사회의 반영 : 청동기시대에는 고인돌과 돌널무덤 등이 만들어졌고, 철기시대에는 널무덤과 독무덤 등이 만들어졌다.

㉡ 의의 : 무게가 수십 톤 이상인 덮개돌을 채석하여 운반하고 무덤에 설치하는 데에는 많은 인력이 필요하였다. 따라서 고인돌은 당시 지배층이 가진 정치권력과 경제력을 잘 반영해 주고 있다.

⑤ 군장의 출현

㉠ 선민사상의 대두 : 경제, 정치력이 우세한 부족이 스스로 하늘의 자손이라 믿는 선민사상을 가지고 주변의 약한 부족을 통합하거나 정복하고 공납을 요구하였다.

㉡ 정복활동의 활발 : 청동 · 철로 된 무기로 정복활동이 활발하였다.

㉢ 계급사회와 군장의 출현 : 평등사회는 계급사회로 바뀌게 되고 권력과 경제력을 가진 지배자인 군장이 출현하게 되었다.

(4) 청동기 · 철기시대의 예술

① 주술적 성격

㉠ 청동으로 만든 도구의 모양이나 장식에는 미의식과 생활모습이 표현되었고, 지배층의 무덤에서 출토된 청동으로 만든 의식용 도구에는 호랑이, 사슴, 사람의 손 모양 등을 사실적으로 조각하거나 기하학적 무늬를 정교하게 새겨 놓아 의식을 행하는 데 사용되었다.

㉡ 흙으로 빚은 사람이나 짐승모양의 토우는 본래의 용도 외에도 풍요를 기원하는 주술적 의미를 가지고 있다.

② 풍성한 수확의 염원

㉠ 울주반구대 바위그림 : 거북, 사슴, 호랑이, 새 등의 동물과 작살이 꽂힌 고래를 비롯한 여러 종류의 고래, 그물에 걸린 동물, 우리 안의 동물 등이 새겨져 있어 사냥과 고기잡이의 성공과 풍성한 수확을 기원하였다.

㉡ **고령 양전동 알터 바위그림** : 기하학 무늬가 새겨져 있어 태양숭배와 풍요를 기원하는 의미를 가진다.

(5) 단군과 고조선

① 고조선의 건국

㉠ **족장사회의 출현** : 청동기문화의 발전과 함께 족장이 지배하는 사회가 출현하였으며, 강한 족장을 주변의 여러 족장사회를 통합하면서 점차 권력을 강화해 갔다.

㉡ **고조선의 건국** : 족장사회에서 가장 먼저 국가로 발전한 것은 고조선으로 단군왕검이 건국(B.C. 2333)하였으며, 단군왕검은 지배자의 칭호였다.

㉢ **고조선의 세력범위** : 요령지방을 중심으로 성장하여 인접한 족장사회들을 통합하면서 한반도까지 발전하였는데, 비파형 동검과 고인돌의 출토분포로서 알 수 있다.

② **고조선의 발전** … 초기에는 요령지방, 후기에는 대동강 유역의 왕검성 중심으로 독자적인 문화를 이룩하면서 발전하였다.

㉠ **왕위 세습** : 부왕, 준왕 같은 강력한 왕이 등장하여 왕위를 세습하였다(B.C. 3세기경).

㉡ **관리 설치** : 상(相), 대부(大夫), 장군 등의 관직을 두었다.

㉢ **중국과 대립** : 요서지방을 경계로 하여 연(燕)과 대립하였다.

(6) 위만의 집권

① 위만 조선의 성립

㉠ **위만의 세력 확대** : 중국 유이민 집단인 위만이 준왕의 신임을 받아 서쪽 변경을 수비하는 임무를 맡게 되고 이주민 세력을 통솔하면서 자신의 세력을 점차 확대하여 나갔다.

㉡ **위만의 건국** : 준왕을 축출하고 위만이 왕이 되었다(B.C. 194).

② 위만 조선의 발전

㉠ 철기문화를 수용하였고 상업과 무역업이 발달하였다.

㉡ **정복사업의 전개** : 사회 · 경제의 발전을 기반으로 중앙정치조직을 갖춘 강력한 국가로 성장하고, 활발한 정복사업의 전개로 광대한 영토를 차지하였다.

㉢ **중계무역의 독점** : 지리적인 이점을 이용하여 중계무역의 이득을 독점하기 위해 한과 대립하였다.

③ 고조선의 멸망

㉠ **한과의 대항** : 위만 조선에 위협을 느낀 한의 무제는 대규모 침략을 강행하였으나 고조선은 한의 군대에 맞서 완강하게 대항하였다.

㉡ **위만 조선의 멸망** : 장기간의 전쟁으로 지배층의 내분이 일어나 왕검성이 함락되어 멸망하였다(B.C. 108).

④ **한 군현의 설치와 소멸** … 고조선이 멸망하자 한은 고조선의 일부 지역에 군현을 설치하여 지배하고자 하였으나 결국 고구려의 공격을 받아 소멸되었다.

(7) 고조선의 사회

① **8조법과 고조선의 사회상** … 권력과 경제력의 차이가 발생하고, 재산의 사유가 이루어지면서 형벌과 노비가 생겨나게 되었다.

> **TIP** 8조법의 내용과 고조선의 사회상
> ㉠ 기록 문헌 : 후한 때 반고의 한서지리지에 일부 조목의 내용만이 전해진다.
> ㉡ 주요 내용
> - 사람을 죽인 자는 즉시 사형에 처한다.
> - 사람을 상해한 자는 곡물로써 배상한다.
> - 남의 물건을 훔친 자는 노비로 삼되, 자속하려는 자는 돈 50만전을 내야 한다.
>
> ㉢ 사회상
> - 개인의 생명과 재산이 존중된 제정일치의 사회였다.
> - 사유재산제도가 발달하였다.
> - 농업 중심의 노예제 사회, 계급사회였다.
> - 가부장적 가족제도가 있었다.
> - 형벌과 노비가 존재했다.
> - 범죄를 수치로 여겼으며 여자의 절정을 귀하게 여겼다.

② **한 군현의 엄한 율령 시행**

㉠ **토착민들의 저항** : 한 군현이 설치된 후 억압과 수탈을 당하던 토착민들은 이를 피하여 이주하거나 단결하여 한 군현에 대항하였다.

㉡ **한 군현의 법 조항 확대**
- 엄한 율령을 시행하여 자신들의 생명과 재산을 보호하려 하였다.
- 법 조항도 60여조로 증가하였고 풍속도 각박해져 갔다.

2 여러 나라의 성장

(1) 부여

① **건국** … 만주 송화강 유역의 평야지대를 중심으로 성장하였다.

② **경제생활** … 농경과 목축을 주로 특산물로는 말 · 주옥 · 모피 등이 유명하였다.

③ **정치**

㉠ **발전과 쇠퇴** : 1세기 초에 왕호를 사용하였고, 중국과 외교관계를 맺는 등 발전된 국가의 모습을 보였다. 그러나 북쪽으로 선비족, 남쪽으로는 고구려와 접하고 있다가 3세기 말에 선비족의 침입으로 쇠퇴하여, 고구려에 편입되었다.

㉡ 정치조직

- 왕 아래에는 가축의 이름을 딴 마가, 우가, 저가, 구가와 대사자, 사자 등의 관리가 있으며, 가(加)는 저마다 따로 행정구획인 사출도를 다스리고 있었다.
- 왕의 권력이 미약하였으나 왕이 나온 대표 부족의 세력은 매우 강해서 궁궐, 성책, 감옥, 창고 등의 시설을 갖추고 있었다.

TIP 가의 역할 … 왕권이 미약하여 제가들이 왕을 추대 · 교체하기도 하였고, 수해나 한해로 농사가 잘 되지 않으면 그 책임을 왕에게 묻기도 하였다.

④ 법률(부여의 4조목)

㉠ 살인자는 사형에 처하고, 그 가족은 데려다 노비로 삼는다(연좌제 적용).

㉡ 절도죄를 지은 자는 12배의 배상을 물린다(1책12법).

㉢ 간음한 자는 사형에 처한다.

㉣ 부인이 투기가 심하면 사형에 처하되, 그 시체는 산 위에 버린다. 단, 그 여자의 집에서 시체를 가져가려면 소 · 말을 바쳐야 한다.

⑤ 풍습

㉠ 순장 : 왕이 죽으면 많은 사람들을 껴묻거리와 함께 묻는 순장의 풍습이 있었다.

㉡ 형사취수와 일부다처제 풍습이 있었다.

㉢ 제천행사 : 수렵사회의 전통을 보여주는 행사로 12월에 영고가 있었다.

㉣ 우제점복 : 소를 죽여 그 굽으로 길흉을 점치기도 하였다.

⑥ 역사적 의의 … 연맹왕국의 단계에서 멸망하였지만 고구려나 백제의 건국세력이 부여의 한 계통임을 자처하였다.

(2) 고구려

① 건국 … 부여 계통의 주몽이 부여의 지배계급 내의 분열, 대립과정에서 박해를 피해 남하하여 독자적으로 압록강 중류 졸본(환인)지방에서 건국하였다(B.C. 37).

② 경제 … 졸본지방은 큰 산과 깊은 계곡으로 된 산악지대였기 때문에 농토가 부족하고 토지가 척박하였으며, 힘써 일을 하여도 양식이 부족하였다.

③ 정치

㉠ 5부족연맹체를 토대로 발전 : 건국초기부터 주변의 소국들을 정복하고 평야지대로 진출하고자 하였다. 그리하여 압록강 가의 국내성(통구)으로 옮겨 5부족연맹을 토대로 발전하였다.

- 대가(大加)들의 관리 통솔 : 왕 아래 상가, 고추가 등의 대가들이 있었으며, 대가들은 독립적인 세력을 유지하였다. 이들은 각기 사자, 조의, 선인 등의 관리를 거느리고 있었다.
- 제가회의 : 중대 범죄자가 있으면 제가회의를 통하여 사형에 처하고, 그 가족을 노비로 삼았다.

㉡ **정복활동의 전개** : 활발한 정복전쟁으로 한의 군현을 공략하여 요동으로 진출하였고, 옥저를 정복하여 공물을 받았다.

④ **풍속**

㉠ **서옥제(데릴사위제)** : 혼인을 정한 뒤 신부집의 뒤꼍에 조그만 집을 짓고 거기서 자식을 낳고 장성하면 아내를 데리고 신랑집으로 돌아가는 제도이다.

㉡ **제천행사** : 10월, 동맹

㉢ **조상신 제사** : 건국 시조인 주몽과 그 어머니 유화부인을 조상신으로 섬겨 제사를 지냈다.

TIP 부여와 고구려의 공통점

㉠ 부여족의 자손으로 5부족연맹체를 이루었다.
㉡ 부여에는 영고, 고구려에는 동맹이라는 제천행사가 있었다.
㉢ 군장과 관리의 명칭에 가(加)와 사자(使者)가 있다.
㉣ 하호가 생산을 담당하였다.
㉤ 1책 12법이 행하여졌다.
㉥ 우제점법(점복)이 행하여졌다.

(3) 옥저와 동예

① **옥저**

㉠ **경제** : 비옥한 토지를 바탕으로 농사가 잘되었으며, 어물과 소금 등 해산물이 풍부하였다. 그러나 고구려에 공납으로 바쳤다.

㉡ **풍속** : 고구려와 같이 부여족의 한 갈래였으나 풍속이 달랐다.

- 민며느리제가 있었다.
- 골장제(가족공동무덤)가 유행하여 가족이 죽으면 시체를 가매장하였다가 나중에 그 뼈를 추려서 목곽에 안치하였다. 또 목곽 입구에는 죽은 자의 양식으로 쌀을 담은 항아리를 매달아 놓기도 하였다.

TIP 민며느리제 … 일종의 매매혼으로, 장래에 혼인할 것을 약속하고 여자를 남자집에서 어렸을 때부터 지내게 하는 것으로 성장한 후에 남자가 예물을 주고 혼인을 한다.

② **동예**

㉠ **경제**

- 토지가 비옥하고 해산물이 풍부하여 농경, 어로 등 경제생활이 윤택하였다.
- 명주와 삼베를 짜는 등 방직기술이 발달하였다.
- 단궁(활)과 과하마(조랑말), 반어피(바다표범의 가죽) 등이 유명하였다.

㉡ **풍속**

- 제천행사 : 무천이라는 제천행사를 10월에 열었다.
- 족외혼을 엄격하게 지켰다.
- 책화 : 각 부족의 영역을 함부로 침범하지 못하게 하고 만약 침범하면 노비와 소, 말로 변상하게 하였다.

TIP 옥저와 동예의 정치적 공통점

㉠ 대군왕은 없고 읍락에는 대를 이을 장수(삼로)들이 있었다. 그 언어는 고구려와 대동소이하다. 나라가 작아 큰 나라 사이에서 시달리다가 고구려에 복속되었다(삼국지 위서 동옥저전).

㉡ 대군장은 없으며, 후, 읍군, 삼로가 있어서 하호를 통괄하여 다스렸다(삼국지 위서 동예전).

③ 옥저와 동예의 한계

㉠ **위치** : 함경도 및 강원도 북부의 동해안의 변방에 위치하여 선진문화의 수용이 늦어졌으며, 고구려의 압력으로 크게 성장하지 못하였다.

㉡ **정치** : 각 읍락에 읍군, 삼로라는 군장이 자기 부족을 지배하였다. 고구려의 압력과 수탈로 큰 정치세력을 형성하지 못했다.

(4) 삼한

① 삼한의 형성

㉠ 마한

- 위치 : 천안 · 익산 · 나주지역을 중심으로 하여 경기 · 충청 · 전라도지방에서 발전하였다.
- 구성 : 54개의 소국으로 이루어졌고 모두 10만여 호였는데, 그 중에서 큰 나라는 1만여 호, 작은 나라는 수천 호였다.

㉡ 변한과 진한

- 위치 : 변한은 김해 · 마산지역을 중심으로, 진한은 대구 · 경주지역을 중심으로 발전하였다.
- 구성 : 변한과 진한은 각기 12개국으로 이루어졌고 모두 4만 ~ 5만 호였는데, 그 중에서 큰 나라는 4,000 ~ 5,000호, 작은 나라는 600 ~ 700호였다.

② 삼한의 주도 세력

㉠ **마한 목지국** : 삼한 중에서 마한의 세력이 가장 컸으며, 마한을 이루고 있는 소국의 하나인 목지국의 지배자가 마한왕 또는 진왕으로 추대되어 삼한 전체의 주도세력이 되었다.

㉡ **삼한의 정치적 지배자** : 삼한의 지배자 중 세력이 큰 것은 신지, 견지 등으로, 작은 것은 부례, 읍차 등으로 불렸다.

③ 삼한의 제정 분리

㉠ **천군(제사장)** : 정치적 지배자 외에 제사장인 천군이 있었다. 그리고 신성지역으로 소도가 있었는데, 이 곳에서 천군은 농경과 종교에 대한 의례를 주관하였다.

㉡ **소도(신성지역)** : 천군이 주관하는 소도는 군장의 세력이 미치지 못하는 곳으로, 죄인이라도 도망을 하여 이 곳에 숨으면 잡아가지 못하였다.

TIP 제사장의 기능 … 삼한시대 제사장의 존재에서 원시신앙의 변화와 제정의 분리를 엿볼 수 있는데, 당시 신 · 구문화의 충돌과 이에 따른 사회갈등을 완화시키는 역할을 하였다.

④ 삼한의 경제 · 사회상

㉠ **일반인의 생활** : 읍락에 살면서 농업과 수공업의 생산을 담당하였으며, 초가지붕의 반움집이나 귀틀집에서 살았다.

㉡ **공동체적인 전통** : 두레조직을 통하여 여러가지 공동작업을 하였다.

㉢ **제천행사** : 5월 수릿날과 10월 계절제가 있었다.

㉣ **철기문화를 바탕으로 한 농경사회** : 철제 농기구의 사용으로 인해 농경이 발달하였고 벼농사를 지었다.

㉤ **변한의 철 생산** : 변한에서는 철이 많이 생산되어 낙랑, 왜 등에 수출하였다. 철은 교역에서 화폐처럼 사용되기도 하였다. 마산의 성산동 등지에서 발견된 야철지는 제철이 성하였음을 보여주고 있다.

최근 기출문제 분석

2019. 10. 19. 우정서기보(계리직)

1 (가), (나)의 유물 · 유적을 사용하였던 사회에 대한 설명으로 가장 적절한 것을 〈보기〉에서 모두 고른 것은?

〈보기〉

㉠ (가) – 농경과 목축이 생활에서 차지하는 비중이 점차 높아졌다.
㉡ (가) – 주먹도끼, 슴베찌르개, 뚜르개, 찍개 등의 석기를 사용하였다.
㉢ (나) – 한반도에서는 주로 강가나 바닷가에 마을을 이루고 살았다.
㉣ (나) – 전문 장인이 출현하고 사유 재산 제도와 계급이 나타나게 되었다.

① ㉠, ㉡
② ㉡, ㉢
③ ㉢, ㉣
④ ㉠, ㉣

TIP (가) 빗살무늬 토기 – 신석기 시대
(나) 고인돌 – 청동기 시대
㉠ [O] 농경이 시작되기 전인 구석기 시대에는 수렵과 채집이 생활에서 높은 비중을 차지하였다면, 농경이 시작된 신석기 시대에는 농경과 목축이 생활에서 차지하는 비중이 점차 높아졌다.
㉡ [X] 주먹도끼, 슴베찌르개, 뚜르개, 찍개 등의 뗀석기를 사용한 것은 구석기 시대이다. 신석기 시대에는 돌보습, 돌낫, 갈돌과 갈판 등 간석기를 사용하였다.
㉢ [X] 주로 강가나 바닷가에 마을을 이루고 산 것은 신석기 시대이다. 청동기 시대에 주거지는 주로 구릉 지대에 위치하였다.
㉣ [O] 청동기 제작과 관련된 전문 장인이 출현하였으며, 사유 재산 제도로 인한 빈부격차와 계급이 발생하였다.

Answer 1.④

2019. 10. 19. 우정서기보(계리직)

2 **(가), (나)의 사실로 알 수 있는 나라의 풍속에 대한 설명으로 가장 적절한 것은?**

> (가) 국왕이 죽으면 옥갑(玉匣)을 사용하여 장례를 치렀다.
> (나) 성책(城柵)을 둥글게 만들었는데 그 모양이 마치 감옥과 비슷하였다.
>
> – 삼국지 –

① 머리 폭이 좁으며 남녀 모두 몸에 문신(文身)을 하였다.
② 전쟁을 할 경우에는 소[牛]를 잡아 그 발굽을 살펴 길흉을 점쳤다.
③ 10월에 나라 동쪽의 수혈(隧穴)에서 수신(隧神)을 모셔다 제사를 지냈다.
④ 옹기솥에 쌀을 담아서 목곽 무덤의 한 편에 매달아 두는 매장 풍습이 있었다.

TIP 옥갑과 성책을 만들어 사용한 나라는 부여이다.
② 우제점법은 부여에서 국가에 중대사가 있을 때 소의 발굽 모양을 보고 국가의 운세를 점쳤던 방법이다.
① 편두와 문신은 삼한(특히 진한, 변한)의 풍속이다.
③ 고구려의 제천행사인 동맹에 대한 설명이다.
④ 옥저는 가족이 죽으면 시신을 임시로 매장하였다가 뼈를 추려서 가족 공동무덤인 커다란 목곽에 안치하는 장례 풍습이 있었다.

2016. 7. 23. 우정서기보(계리직)

3 **밑줄 친 '이 시대'에 대한 옳은 설명을 〈보기〉에서 모두 고른 것은?**

> <u>이 시대</u> 사람들은 씨족별로 대략 20~30명씩 무리를 이루어 사냥과 고기잡이, 채집 등을 행하며 공동체적인 삶을 영위하였다. 도구와 기술이 뒤떨어져서 공동으로 사냥과 고기잡이를 하였고, 채집 생활도 함께 행하는 것이 일반적이었다.

> 〈보기〉
>
> ㉠ 집 근처의 텃밭을 이용하여 잡곡을 재배하였다.
> ㉡ 마을 주위를 토성이나 목책, 도랑 등으로 에워쌌다.
> ㉢ 특정 동물을 자기 부족의 기원과 연결시켜 숭배하였다.
> ㉣ 대표적인 유적으로는 부여 송국리, 고령 장기리가 있다.

① ㉠㉡
② ㉠㉢
③ ㉡㉣
④ ㉢㉣

Answer 2.② 3.②

TIP 밑줄 친 이 시대는 신석기 시대이다. 신석기 시대 사람들은 씨족별로 무리를 이루어 수렵과 채집 등을 행하며 공동체적인 삶을 영위하였다.

㉠㉢ 발농사와 토테미즘은 신석기 시대의 대표적인 특징이다.

㉡ 적이나 맹수로부터 마을을 방어하기 위해 주위를 목책으로 둘러싸고 도랑을 파는 것은 청동기 시대에 본격적으로 등장한 방어시설인 환호이다.

㉣ 부여 송국리와 고령 장기리는 청동기 시대의 대표적인 유적지이다.

2016. 7. 23. 우정서기보(계리직)

4 다음과 같은 생활 풍습이 있는 초기 국가에 대한 설명으로 옳은 것은?

> 해마다 씨를 뿌리고 난 뒤인 5월과 곡식을 거두어들인 10월에 귀신에게 제사를 지냈다. 이때 사람들이 모여 춤을 추고 노래를 부르고 술을 마시면서 밤낮으로 즐겼다.

① 족외혼을 엄격하게 지켰다.
② 서옥제라는 혼인 풍습이 있었다.
③ 식구가 죽으면 살던 집을 헐어 버렸다.
④ 신지, 읍차라고 불리는 지배자가 존재하였다.

TIP 제시된 내용은 삼한의 생활 풍습인 5월제와 10월제에 대한 내용이다. 신지와 읍차는 삼한의 정치적 지배자였다.

① 동예는 족외혼을 엄격하게 지켰다.
② 서옥제는 고구려의 혼인 풍습이다.
③ 동예에서는 식구가 심하게 앓거나 죽으면 살던 집을 헐어 버렸다.

2014. 2. 15. 우정서기보(계리직)

5 〈보기〉의 설명이 모두 해당하는 시대로 가장 적절한 것은?

> 〈보기〉
>
> - 부족 단위의 평등사회였다.
> - 애니미즘, 샤머니즘 등의 주술적 믿음을 갖고 있었다.
> - 움집 집터의 바닥은 대부분 원형 또는 모서리가 둥근 사각형이다.
> - 가락바퀴나 뼈바늘의 출토로 보아 수공업이 행해졌음을 알 수 있다.

① 구석기시대
② 신석기시대
③ 청동기시대
④ 철기시대

TIP 제시된 설명은 모두 신석기시대의 특징이다.

Answer 4.④ 5.②

출제 예상 문제

1 다음은 무엇에 관한 설명인가?

- 신석기시대의 유물이다.
- 토기 아래의 모양이 뾰족하다.
- 부산, 김해, 남해 도서지방 등의 토기가 대표적이다.

① 민무늬토기
② 빗살무늬토기
③ 덧무늬토기
④ 채문토기

TIP 빗살무늬토기 … 즐문토기라고도 하며, 신석기시대 후기의 대표적인 유물로 뾰족한 바닥 또는 둥근 바닥 모양 등이 있으며 우리나라 등지에서 발견된다.

2 선사시대를 대표하는 여러 유물에 대한 설명으로 옳지 않은 것은?

㉠ 뗀석기
㉡ 빗살무늬토기
㉢ 청동거울
㉣ 반달돌칼
㉤ 고인돌

① ㉠은 연모의 사용을 시작한 가장 초기의 유물이라고 할 수 있다.
② ㉡은 신석기시대 후기에 사용된 대표적 유물로 곡식을 담는 데 사용하였다.
③ ㉢은 청동검처럼 지배자들이 사용했던 물건이라 볼 수 있다.
④ ㉣과 같은 석기는 청동기시대에 이르면 거의 찾아볼 수 없는 유물이다.

TIP ④ 반달돌칼은 청동기시대에 곡식의 이삭을 자르는 데 사용하던 도구이다.

Answer 1.② 2.④

3 다음 중 신석기시대의 모습이 아닌 것은?

① 농경의 시작으로 사냥과 어로활동이 경제생활에서 차지하는 비중이 점차 줄어들었다.
② 비파형 동검을 사용하였다.
③ 아낙네들은 뼈바늘을 이용하여 그물을 손질하였다.
④ 집터는 대개 원형이나 모서리가 둥근 네모꼴이었다.

TIP ① 신석기시대에는 농경기술이 발달하면서 사냥과 어로활동이 경제생활에서 차지하는 비중이 점차 줄어들었지만 여전히 식량을 얻는 중요한 수단이었다.
② 비파형 동검은 청동기시대의 유물이다.
③ 뼈바늘과 가락바퀴의 출토로 옷이나 그물을 만들었음을 알 수 있다.
④ 집터는 움집자리로 원형이나 모서리가 둥근 네모꼴이었다.

4 다음 중 구석기시대에 관한 설명으로 옳지 않은 것은?

① 농경, 목축이 시작되었다.
② 강가나 해안가에서 집단으로 생활했다.
③ 뗀석기와 골각기를 사용하였다.
④ 주술적인 조각품을 남겼다.

TIP ① 농경과 목축이 시작된 시기는 신석기이다.

5 우리 민족의 기원에 대한 설명으로 옳지 않은 것은?

① 언어학상으로 알타이어족에 속한다.
② 구석기시대에서 신석기시대를 거치는 과정에서 민족의 기틀이 이루어졌다.
③ 인종상으로 황인종에 속한다.
④ 만주, 한반도를 중심으로 활동하였다.

TIP ② 우리나라에 사람이 살기 시작한 것은 구석기시대부터이며 신석기시대에서 청동기시대를 거치는 과정에서 민족의 기틀이 이루어졌다.

Answer 3.② 4.① 5.②

6 **신석기시대에 씨족사회에서 부족사회로 발전하게 된 요인은 무엇인가?**

① 씨족 간의 빈부차 발생으로 인해 지배와 피지배관계가 형성되었다.
② 씨족 간의 족외혼을 통해 부족공동체가 형성되었다.
③ 씨족 간의 전쟁을 통한 정복활동이 활발하게 전개되었다.
④ 씨족은 각각 폐쇄적인 독립된 사회를 이루고 있었다.

TIP 씨족은 혈연을 기초로 한 사회구성체이고, 부족은 자연적 사회구성체라고 할 수 있다. 혈연 중심의 씨족사회는 족외혼을 통하여 지역적 단일사회인 부족을 형성하게 되었다.

7 **다음 중 신석기시대의 사회에 대한 설명으로 옳지 않은 것은?**

① 자기 부족의 기원을 특정 동식물과 연결시킨 토테미즘이 나타난 것으로 보아 부족인간의 유대가 강하였다.
② 집자리의 움집에 취사와 난방을 위한 화덕이 있는 것으로 보아 정착생활을 하고 있었다.
③ 부족 간의 정복활동이 활발해지고, 우세한 부족은 선민사상을 가지기 시작하였다.
④ 부족사회를 이루고 있었으나, 경제활동은 씨족 내에서 공동으로 생산하고 소비하는 평등한 사회였다.

TIP ③ 신석기시대는 씨족을 단위로 한 부족사회이며, 권력자가 출현하지 않는 평등한 공동체사회였다. 전쟁과 선민사상은 청동기시대에 나타나는 특징이다.

8 **다음 중 기원전 4세기경의 사회변화로 옳은 것은?**

① 농경이 시작되면서 정착생활이 가능해졌다.
② 농업생산력이 상승하여 사유제산제도가 생겨났다.
③ 한반도의 독자적인 청동기문화가 형성되었다.
④ 철제도구를 사용하면서 계급이 발생하였다.

TIP 철기는 기원전 4세기경 중국의 혼란기에 유이민이 전래한 것으로 추정된다. 철기가 사용되면서 청동기는 의식용 도구로 변하였으며, 농업이 발달하여 경제기반이 확립되었다. 또한 비파형 동검은 세형동검으로, 거친무늬 거울은 잔무늬 거울로 변하는 등 청동기의 독자적인 발전이 나타났다.
① 신석기시대 ② 청동기시대

Answer 6.② 7.③ 8.③

9 다음에서 설명하는 시기에 해당하는 일이 아닌 것은?

> 집 근처의 조그만 텃밭을 이용하거나 강가의 퇴적지를 소규모로 경작하였다. 이 시기에 사냥과 고기잡이의 비중이 점차 줄어들었지만, 여전히 식량을 얻는 중요한 수단이었다.

① 곰을 부족의 수호신으로 섬겼다.
② 조개껍데기를 모아 목걸이를 만들었다.
③ 무당을 통해 조상에게 자신의 뜻을 전하였다.
④ 스스로 하늘의 자손이라 주장하는 부족이 나타났다.

TIP 제시된 글은 강가에 거주하면서 농사를 짓기 시작한 시기로, 식량채집단계에서 식량생산단계로 전환될 무렵인 신석기시대의 상황이다.

10 다음 중 청동기시대에 대한 설명으로 옳지 않은 것은?

① 금속기가 출현하면서 석기농기구는 사라졌다.
② 당시 지배층의 경제력과 정치력을 반영하는 것으로 고인돌이 있다.
③ 생산경제가 발달하고 분업이 이루어지면서 사유재산제와 계급이 발생하였다.
④ 우세한 부족이 선민사상을 가지고 주변의 약한 부족을 통합하거나 정복하고 공물을 요구하였다.

TIP 청동기시대에 청동기는 주로 무기제작에 활용되거나 귀족들의 사치품을 만드는 데 이용되었다. 그러나 농기구나 생활용품은 여전히 석기와 목기를 사용하였고 더욱 다양하고 정교해진 간석기 사용이 보편화되었다.

11 다음 중 삼한 사회의 특징으로 옳지 않은 것은?

① 제사와 정치가 분리되었다.
② 5부족연맹체가 형성되었다.
③ 철기문화가 발달하였다.
④ 벼농사가 성행하여 저수지가 만들어졌다.

TIP ② 5부족연맹체는 부여와 고구려의 특징이다.

Answer 9.④ 10.① 11.②

12 다음의 사실과 관련 있는 나라에 대한 설명으로 옳은 것은?

> • 큰 산과 깊은 골짜기가 많아 평원과 연못이 없어서 계곡을 따라 살며 골짜기 물을 식수로 마셨다.
> • 좋은 밭이 없어서 힘들여 일구어도 배를 채우기는 부족하였다.
> • 사람들은 성품이 흉악하고 급해서 노략질 하기를 좋아하였다.

① 요령을 중심으로 시작해서 한반도로 발전해 나갔다.
② 특산물로 단궁, 과하마, 반어피를 생산하였다.
③ 마가, 우가, 저가, 구가와 대사자, 사자 등의 관리가 있었다.
④ 10월에 동맹이라는 제천행사를 성대하게 행했다.

TIP 제시된 내용은 고구려의 척박한 자연환경으로 인한 생활상을 설명하고 있다.
① 고조선 ② 동예 ③ 부여

13 다음과 관련된 사회상에 대한 설명으로 옳은 것은?

> 정치적 지배자 외에 제사장인 천군이 있었다. 그리고 신성지역으로 소도라는 곳이 있었는데, 이곳에서 천군은 농경과 종교에 대한 의례를 주관하였다. 이곳은 군장의 세력이 미치지 못하는 곳으로, 죄인이 도망을 하여 이곳에 숨으면 잡아가지 못하였다.

① 철이 많이 생산되어 낙랑 · 왜 등에 수출하였다.
② 서옥제의 풍속과 동맹이라는 제천행사가 있었다.
③ 순장과 우제점법이 행해졌다.
④ 민며느리제와 가족공동무덤이 있었다.

TIP 제시된 내용은 삼한에 대한 설명이다. 삼한에는 정치적 지배자 외에 제사장인 천군이 있었던 제정분리사회였으며, 신성지역으로 소도라는 곳이 있어 이곳에서 천군은 농경과 종교에 대한 의례를 주관하였다.
① 삼한 중 변한에는 철이 많이 생산되어 낙랑, 왜 등에 수출하였고 철은 교역에서 화폐처럼 사용되기도 하였다.
② 고구려 ③ 부여 ④ 옥저

Answer 12.④ 13.①

14 다음 유물에 대한 설명이 옳은 것은?

① ㉠ 토기는 신석기시대에 널리 사용되었다.
② ㉡ 청동검은 독자적 청동기가 나타났음을 보여준다.
③ 두 유물이 출토되는 지역은 고조선의 영역과 거의 일치한다.
④ 두 유물은 청동기시대 지배층의 권력으로 상징되고 있다.

TIP ㉠은 미송리식 토기, ㉡은 비파형 동검으로 만주로부터 한반도 전역에 이르는 넓은 지역에서 출토되고 있어 청동기시대에 같은 문화권에 속하였음을 보여주며, 이는 고조선의 세력범위와 거의 일치한다.

15 다음 중 청동기시대의 특징으로 옳은 것은?

① 토테미즘, 샤머니즘, 애니미즘과 같은 원시신앙이 출현하였다.
② 빈부의 격차가 발생하고 계급이 점차 형성되었다.
③ 움집생활이 가능해져 좀 더 따뜻한 겨울을 보낼 수 있게 되었다.
④ 동굴이나 강가에서 무리를 지어 생활하였다.

TIP ①③ 신석기시대 ④ 구석기시대

Answer 14.③ 15.②

16 다음은 우리 역사상 존재한 나라에 관한 기록이다. 이 나라에 대한 설명으로 거리가 먼 것은?

> 큰 산과 깊은 골짜기가 많고 평원과 연못이 없어서 계곡을 따라 살며, 골짜기 물을 식수로 마셨다. 좋은 밭이 없어서 힘들여 일구어도 배를 채우기는 부족하였다. …(중략)… 백성들은 노래하며 유희를 즐긴다. 큰 창고는 없고 집집마다 조그만 창고가 있는데 이름을 부경이라 한다.
>
> – 삼국지 위지 동이전 –

① 형이 죽으면 동생이 형수와 같이 사는 혼인제도의 풍습이 있었다.
② 다른 부족의 생활권을 침범하면 책화라고 하여 노비와 소, 말로 변상하게 하였다.
③ 왕 아래에 상가, 고추가 등의 대가들이 있었으며, 각자 자체적으로 관리를 두었다.
④ 3세기 중엽에 중국 세력의 침략을 받아 수도가 함락되기도 했다.

TIP ② 동예에 대한 설명이다.
※ 설문은 고구려에 대한 설명으로 서옥제(혼인), 취수혼(형이 죽으면 형수를 처로 삼음), 동맹제(매년 10월 행한 제천의식) 등이 대표적인 사회상이였으며, 고구려는 법률이 매우 엄하여 살인자, 강간범 등을 사형으로 다스렸고, 도둑질은 한 자는 12배의 배상을 하게 하고 빚을 갚지 못한 자의 자녀를 노비로 삼고 소나 양을 죽인 자 역시 노비로 삼았다.

17 우리나라 청동기문화에 대한 내용으로 옳지 않은 것은?

① 미송리식 토기와 민무늬토기가 고인돌에서 발견되었다.
② 비파형 동검은 당시 문화권의 범위를 말해주고 있다.
③ 반달돌칼, 바퀴날도끼 등의 농기구가 사용되었다.
④ 군장세력이 출현하여 국가 전체를 지배하였다.

TIP ④ 군장세력은 청동기문화의 발전과 함께 등장하였으나, 국가 전체를 지배한 것은 아니었다. 국가 전체를 지배하게 된 것은 고대국가단계이다.

Answer 16.② 17.④

18 다음 중 연맹왕국의 성격을 바르게 나타낸 것은?

① 군장세력이 자기 부족에 대한 지배권을 행사하였다.
② 청동기와 철기문화를 기반으로 성립되었다.
③ 중앙집권적인 정치제도를 마련하였다.
④ 군장세력들은 왕의 명령하에 자기 부족을 지배하였다.

TIP ① 연맹왕국에서의 군장세력은 독립적으로 자기 부족을 지배하였다. 또한 왕을 선출 또는 교체할 수 있었고 국가의 중요한 결정에 큰 영향력을 가지고 있었다.

19 철기시대 여러 나라의 지배계층에 대한 설명으로 옳은 것은?

① 삼한에서는 제사장인 천군의 세력이 강화됨에 따라 점차 제정이 분리되었다.
② 옥저와 동예에서는 읍군이라는 연맹장 밑에 삼로라는 작은 족장이 있어, 자기 부락을 통치하였다.
③ 부여에서는 제가들이 왕명에 의하여 사출도를 다스렸다.
④ 고구려의 대가들은 각기 사자, 조의, 선인 등을 거느리고 독립적인 세력을 유지하였다.

TIP ① 삼한에서는 정치적 군장세력이 커지면서 제사장인 천군의 지배세력이 약화되었다.
② 옥저와 동예에서는 읍군이나 삼로라는 군장이 자기 부족을 다스렸다.
③ 부여의 제가들은 독자적으로 사출도를 통치하였으며 왕이 직접 통치하는 중앙과 합쳐 5부를 이루었다.

20 다음 중 철기의 보급으로 나타난 변화로 옳은 것은?

① 철제 농기구의 사용으로 농업생산이 활발하였다.
② 가축은 사육하지 않았으며, 육류는 주로 사냥을 통해 획득하게 되었다.
③ 철제 도구의 사용으로 석기는 사라지게 되었다.
④ 청동기는 주로 무기와 농기구로 사용되었다.

TIP ① 철기시대에는 보습, 쟁기, 낫 등의 철제 농기구를 사용함으로써 농업생산력이 증대하게 되었다.
② 사냥이나 고기잡이도 여전히 하고 있었지만, 농경의 발달로 점차 그 비중이 줄어들고 돼지, 소, 말 등 가축의 사육은 이전보다 늘어났다.
③ 간석기가 매우 다양해지고 기능도 개선되어 농경을 더욱 발전시켰다.
④ 청동기는 의식용 도구로 변하였다.

Answer 18.① 19.④ 20.①

21 다음 중 청동기시대의 사회모습으로 옳지 않은 것은?

① 촌락이 배산임수의 지형에 위치하고 있다.
② 주로 해안이나 강가에서 농경생활을 하였다.
③ 일부 저습지에서는 벼농사가 이루어졌다.
④ 금속제 무기를 사용하여 정복활동을 하였다.

TIP ② 신석기시대에는 주로 해안이나 강가에서 농경생활을 하였으며, 청동기시대에는 내륙의 구릉지대에서 생활하게 되었다.

22 우리 민족의 역사적 철기문화의 발달과정을 바르게 설명한 것을 모두 고르면?

㉠ 부여, 고구려는 철기문화를 바탕으로 성립하였다. ㉡ 외부의 영향 없이 한반도에서 독자적으로 발달하였다. ㉢ 위만 조선의 성립 이후 철기문화가 한반도 전역으로 확산되었다. ㉣ 고조선은 철기문화를 배경으로 성립하였음을 고고학 발굴을 통해 알 수 있다.

① ㉠㉡ ② ㉠㉢
③ ㉡㉣ ④ ㉢㉣

TIP 철기는 중국에서 전래되었고, 고조선은 청동기문화를 배경으로 성립하였다.

23 다음 중 위만 조선에 대한 설명으로 옳지 않은 것은?

① 철기문화를 본격적으로 수용하였다.
② 한과 진 사이의 중계무역으로 이득을 취하였다.
③ 토착민 출신의 관리들을 제거, 유이민집단이 정권을 독점하였다.
④ 한과 경제적·군사적 충돌을 자주 일으켰다.

TIP ③ 위만은 준왕을 몰아내고 왕이 된 이후에도 고조선의 관리들을 정부의 요직에 등용하였다. 위만 집권 당시 토착민 출신의 고위 관직자가 많았다.

Answer 21.② 22.② 23.③

24 다음 중 고조선에 대한 설명으로 옳지 않은 것은?

① 단군왕검은 제정일치사회의 지배자였다.
② 남의 물건을 훔친 자는 노비로 삼았다.
③ 대부, 장군 등의 관직이 설치되었다.
④ 만주와 한반도 전역에 걸쳐 발달하였다.

TIP ④ 고조선은 요령지방과 대동강 유역을 중심으로 독자적인 문화를 이룩·발전하게 된다.

25 우리나라의 초기 국가 중에서 책화, 족외혼 등 씨족사회의 풍습이 강하게 나타난 국가에 대한 설명은?

① 중앙집권국가로 발전하였다.
② 철을 생산하여 수출하였다.
③ 순장의 풍습이 있었다.
④ 방직기술이 발달하였으며, 무천이라는 제천행사가 있었다.

TIP 동예는 토지가 비옥하고 해산물이 풍부하여 농경, 어로 등 경제생활이 윤택하였다. 누에를 쳐서 명주를 짜고 삼베도 짜는 방직기술이 발달하였다. 단궁, 과하마, 반어피 등이 유명한 특산물이다. 매년 10월에 무천이라는 제천행사를 열었다.
① 고구려 ② 변한 ③ 부여

26 다음 중 부여의 생활모습으로 옳지 않은 것은?

① 말, 주옥, 모피 등을 주로 생산하였다.
② 데릴사위제의 일종인 서옥제라는 풍습이 유행하였다.
③ 부족장이나 왕이 죽으면 많은 사람을 함께 묻는 순장이 있었다.
④ 전쟁이 나면 소를 죽여 그 굽으로 길흉을 점치기도 하였다.

TIP ② 데릴사위제의 일종인 서옥제는 고구려의 풍습이다.

Answer 24.④ 25.④ 26.②

27 다음을 통해 알 수 있는 부여와 고구려 사회에 대한 설명으로 옳은 것은?

• 사출도	• 제가회의	• 대사자, 사자

① 제사와 정치가 분리되어 있었다.
② 일찍부터 연맹왕국으로 발전하였다.
③ 농경과 목축을 기반으로 한 사회였다.
④ 왕권이 강하여 중앙집권이 이루어졌다.

TIP 부여에는 왕 아래 마가, 구가, 저가와 대사자, 사자 등의 관리가 있었다. 가(加)들은 왕의 신하이면서도 자신의 출신 지역인 사출도를 독자적으로 다스렸다. 제가회의는 고구려의 귀족회의로 나라의 중요정책을 결정하고, 국가에 중대한 범죄자가 있으면 회의를 열어 형을 결정하기도 하였다. 이는 부여와 고구려가 여러 소국이 합쳐진 연맹왕국으로 발전하였음을 보여 주는 것이다.

28 다음 중 초기의 고구려에 대한 설명으로 옳지 않은 것은?

① 동맹이라는 제천행사를 거행하였다.
② 한 군현을 공략하여 요동지방으로 진출을 꾀하였다.
③ 초기부터 왕위세습이 이루어졌다.
④ 국가의 중요한 일은 제가회의를 통해 결정하였다.

TIP ③ 초기의 고구려는 5부족연맹체로 처음에는 연노부에서 왕이 선출되었지만, 나중에는 계루부 고씨가 왕에 선출되고 계속 세습되기 시작했다.

Answer 27.② 28.③

29 다음 중 고구려과 부여의 공통점이 아닌 것은?

① 소를 죽여 점을 보는 풍속이 있었다.

② 남의 물건을 훔친 자는 물건 값의 12배를 배상한다.

③ 5부족연맹체로 이루어져 있다.

④ 중국과 친선관계를 유지하였다.

TIP ④ 부여는 북방의 유목민족이나 고구려에 대항하기 위해 중국과 친선관계를 유지하였으며, 고구려는 한 군현과의 팽팽한 경쟁관계에서 발전하였다.

Answer 29.④

통치구조와 정치활동

01 고대의 정치
02 중세의 정치
03 근세의 정치
04 정치상황의 변동
05 최근 기출문제 분석
06 출제예상문제

01 고대의 정치

1 고대국가의 성립

(1) 고대국가의 성격

① **연맹왕국의 형성** … 철기문화의 보급과 이에 따른 생산력의 증대를 토대로 성장한 여러 소국들은 그 중 우세한 집단의 족장을 왕으로 하는 연맹왕국을 이루었다. 연맹왕국은 종래의 군장세력이 자기 부족에 대한 지배권을 행사했으므로 집권국가로서는 한계가 있었다.

② 고대국가의 형성

㉠ **대외정복활동** : 왕은 자기 집단 내부의 지배력을 강화하는 동시에 다른 집단에 대한 지배력을 키워 나갔고 이 과정에서 주변지역을 활발하게 정복하여 영역을 확대하고 정복과정에서 경제력과 군사력을 바탕으로 왕권이 강화되었다.

㉡ **율령 반포** : 통치체제가 정비되었다.

㉢ **불교 수용** : 집단의 통합을 강화하기 위하여 불교를 받아들였다.

③ 고대국가로의 발전과정

㉠ 선진문화의 수용과 지리적 위치에 따라 차이를 보인다.

㉡ 고구려, 백제, 신라의 순서로 고대국가체제가 정비되고, 가야연맹은 삼국의 각축 속에서 중앙집권화를 이루지 못하고 해체되었다.

(2) 삼국의 성립

① 초기의 고구려

㉠ **성장** : 졸본성에서 주변 소국을 통합하여 성장하였으며, 국내성으로 도읍을 옮겼다.

㉡ 지배체제의 정비

- 태조왕(1세기 후반) : 옥저와 동예를 복속하고, 독점적으로 왕위를 세습하였으며 통합된 여러 집단들은 5부 체제로 발전하였다.
- 고국천왕(2세기 후반) : 부족적인 전통을 지녀온 5부가 행정적 성격의 5부로 개편되었고 왕위의 계승도 형제상속에서 부자상속으로 바뀌었으며, 족장들이 중앙귀족으로 편입하는 등 중앙집권화와 왕권 강화가 진전되었다.

② 초기의 백제

㉠ 건국(B.C. 18) : 한강 유역의 토착민과 고구려 계통의 북방 유이민의 결합으로 성립되었는데, 우수한 철기문화를 보유한 유이민 집단이 지배층을 형성하였다.

㉡ 고이왕(3세기 중엽) : 한강 유역을 완전히 장악하고, 중국의 문물을 수용하였다. 율령을 반포하였으며 관등제를 정비하고 관복제를 도입하는 등 지배체제를 정비하였다.

③ 초기의 신라

㉠ 건국(B.C. 57) : 경주의 토착집단과 유이민 집단의 결합으로 건국되었다.

㉡ 발전 : 석탈해 집단의 합류로 박 · 석 · 김의 3성이 번갈아 왕위를 차지하였다. 주요 집단들의 독자적인 세력 기반을 유지하면서 유력 집단의 우두머리는 왕(이사금)으로 추대되었다.

㉢ 지배체제의 정비(내물왕, 4세기) : 활발한 정복활동을 통해 낙동강 유역으로 영역을 확장하고 김씨가 왕위를 세습하였으며 마립간의 칭호를 사용하였다.

㉣ 고구려의 간섭 : 광개토대왕의 군사지원으로 왜를 격퇴하고(내물왕), 중국 문물을 수용하였다.

TIP 신라 왕호의 변화 … 거서간(군장) → 차차웅(제사장) → 이사금(연맹장) → 마립간(대군장) → 왕(중국식 칭호)

④ 초기의 가야

㉠ 위치 : 낙동강 하류의 변한지역에서는 철기문화를 토대로 농업생산력이 증대되어 정치집단들이 등장하였다.

㉡ 전기 가야연맹(금관가야 중심)

- 농경문화의 발달과 철의 생산으로 경제적인 발전을 이루었다.
- 낙랑과 왜의 규슈지방 연결로 중계무역이 발달하였다.
- 백제와 신라의 팽창으로 세력이 약화되고(4세기 초) 고구려군의 가야지방 원정으로 몰락하게 되었다. 이에 따라 중심세력이 해체되어 낙동강 서쪽 연안으로 축소되었다.

2 삼국의 발전과 통치체제

(1) 삼국의 정치적 발전

① 고구려

㉠ 영토 확장

- 4세기 미천왕 때에 서안평을 점령하고 낙랑군을 축출하여 압록강 중류를 벗어나 남쪽으로 진출할 수 있는 발판을 마련하였다.
- 고국원왕 때는 전연과 백제의 침략으로 국가적 위기를 맞기도 하였다.

㉡ 국가체제의 정비와 국력의 확장(소수림왕, 4세기 후반)

- 불교의 수용, 태학의 설립, 율령의 반포로 중앙집권국가로의 체제를 강화하였다.
- 지방에 산재한 부족세력을 통제하면서 새로운 발전의 토대를 마련하였다.

② 백제

㉠ **대외 팽창**(근초고왕, 4세기 후반) : 마한의 대부분을 정복하였으며, 황해도 지역을 두고 고구려와 대결하기도 하였다. 또한 낙동강 유역의 가야에 지배권을 행사하였고, 중국의 요서지방과 산둥지방, 일본의 규슈지방까지 진출하였다.

㉡ **중앙집권체제의 정비**(근초고왕) : 왕권은 점차 전제화되고 왕위의 부자상속이 시작되었다.

㉢ **중앙집권체제 확립**(침류왕) : 불교를 공인하였다.

③ 신라

㉠ 국력의 신장

- 눌지왕 때에 고구려의 간섭을 배제하기 위해 나·제동맹을 결성하였다.
- 왕위의 부자상속(눌지왕)으로 자주적 발전을 시작하였다.
- 6촌을 6부의 행정구역으로 개편하면서 발전하였다.

㉡ 지배체제 정비

- 지증왕(6세기 초) : 국호(사로국→신라)와 왕의 칭호(마립간→왕)를 변경하고, 수도와 지방의 행정구역을 정리하였으며 대외적으로 우산국(울릉도)을 복속시켰다.
- 법흥왕(6세기 중엽) : 병부의 설치, 율령의 반포, 공복의 제정 등으로 통치질서를 확립하였다. 골품제도를 정비하고, 새로운 세력을 포섭하고자 불교를 공인하였다. 독자적 연호인 건원을 사용하여 자주국가로서의 위상을 높였고 금관가야를 정복하여 영토를 확장시켜 중앙집권체제를 완비하였다.

TIP 중앙집권국가의 특징
㉠ 영토 확장을 위한 정복사업
㉡ 왕위의 부자 세습
㉢ 권력의 중앙집권화
㉣ 관료제와 엄격한 신분제도
㉤ 율령 반포
㉥ 불교 수용

(2) 삼국 간의 항쟁

① 고구려의 대제국 건설

㉠ **광개토대왕**(5세기) : 대제국 건설의 기초마련의 시기이다.

- 영락이라는 연호를 사용하였다.
- 만주지방에 대한 대규모의 정복사업을 단행하였다.
- 백제를 압박하여 한강 이남으로 축출하였다.
- 신라에 침입한 왜를 격퇴함으로써 한반도 남부에까지 영향력을 확대하였다.

㉡ **장수왕**(5세기) : 동북 아시아의 대제국 건설의 시기이다.

- 남북조와 교류하면서 중국을 견제하였다.
- 평양 천도(427)를 단행하여 백제의 수도인 한성을 함락하였다.

- 죽령 ~ 남양만 이북을 확보(광개토대왕비와 중원고구려비 건립)하여 한강 유역으로 진출하였다.
- 만주와 한반도에 걸친 광대한 영토를 차지하여 중국과 대등한 지위의 대제국을 건설하였다.

TIP 광개토대왕비 … 장수왕 2년(414)에 건립된 것으로 만주 집안현 국내성에 위치하고 있다. 비문에는 고구려 건국, 광개토대왕의 업적, 연호 등이 기록되어 있는데 비려 정복, 숙신 정벌, 신라 · 가야의 왜구 정벌, 동부여 정벌 등 영토확장과정이 잘 드러나 있다.

㉢ **문자왕**(5세기 후반) : 동부여를 복속하고 고구려 최대의 영토를 확보하였다.

② **백제의 중흥**

㉠ **웅진**(공주) **천도**(문주왕, 5세기 후반) : 고구려의 남하정책으로 대외팽창이 위축되어 무역활동이 침체되는 가운데 정치적 혼란으로 왕권이 약화되고 귀족세력이 국정을 장악하게 되었다.

㉡ **체제 정비**(5세기 후반)
- 동성왕 : 신라와 동맹을 강화하여 고구려에 대항하였고 탐라를 복속하였다.
- 무령왕 : 지방의 22담로에 왕족을 파견하여 지방통제를 강화하였다.

㉢ **성왕**(6세기 중반)
- 체제 정비 : 사비(부여)로 천도(538)하고, 남부여로 국호를 개칭하였다.
- 제도 정비 : 중앙은 22부, 수도는 5부, 지방은 5방으로 정비하였다.
- 승려 등용 : 불교를 진흥시키고, 일본에 불교를 전파하였다.
- 중국의 남조와 교류

TIP 신라와 백제의 동맹
㉠ 나 · 제동맹(433) : 신라 눌지왕과 백제 비유왕
㉡ 결혼동맹(498) : 신라 소지왕과 백제 동성왕
㉢ 군사동맹 : 신라 진흥왕과 백제 성왕
㉣ 영향 : 한강 유역을 신라에 빼앗긴 성왕은 관산성(옥천) 전투에서 전사하고 나 · 제동맹은 결렬되었다.

③ **신라의 발전**(진흥왕, 6세기)

㉠ **체제 정비** : 화랑도를 국가적 조직으로 개편하고, 불교를 통해 사상적 통합을 꾀하였다.

㉡ **영토 확장**
- 한강 유역을 장악하여 경제적 기반을 강화하고 전략적 거점을 확보할 수 있었고 중국 교섭의 발판이 되었다.
- 북으로는 함경도, 남으로는 대가야를 정복하였다(단양적성비, 진흥왕 순수비).

TIP 신라의 영토확장 기념비
㉠ 단양적성비(진흥왕, 6세기 중엽)
- 신라군의 고구려 적성 점령기념비로 충북 단양에 소재하고 있다.
- 관직명과 율령 정비를 알 수 있다.

㉡ 진흥왕 순수비
- 북한산비(555) : 한강 유역 점령 기념
- 창령비(561) : 대가야 정복 기념
- 황초령비(568) · 마운령비(568) : 원산만 진출기념

④ 가야연맹의 해체

㉠ 후기 가야연맹 : 5세기 후반 고령지방의 대가야를 중심으로 새롭게 형성되었다. 신라와의 결혼동맹으로 국제적 고립에서 벗어나려 하였다.

㉡ 가야의 해체 : 중앙집권국가로 발전하지 못하고 금관가야는 신라 법흥왕, 대가야는 신라 진흥왕에 의해 각각 멸망되었다.

(3) 삼국의 통치체제

① 통치조직의 정비

㉠ 삼국 초기에는 부족 단위 각 부의 귀족들이 독자적으로 관리를 거느리는 방식으로 귀족회의에서 국가의 중요한 일을 결정하였다.

㉡ 중앙집권체제의 형성

- 왕을 중심으로 한 통치체제로 왕의 권한이 강화되었다.
- 관등제와 행정구역이 정비되어 각 부의 귀족들은 왕권 아래 복속되고, 부족적 성격이 행정적 성격으로 개편되었다.

② 관등조직 및 중앙관제

㉠ 정치조직

구분	관등	수상	중앙관서	귀족합의제
고구려	10여 관등	대대로(막리지)		제가회의
백제	16관등	상좌평	6좌평, 22부	정사암회의
신라	17관등	상대등	병부, 집사부	화백회의

㉡ 골품제도 : 관등제도와 함께 결합하여 운영하였는데 신분제에 의해 제약을 받았다.

③ 지방제도

㉠ 지방조직

구분	수도	지방(장관)	특수행정구역
고구려	5부	5부(욕살)	3경(평양성, 국내성, 한성)
백제	5부	5방(방령)	22담로(지방 요지)
신라	5부	6주(군주)	2소경[중원경(충주), 동원경(강릉)]

㉡ 지방제도의 정비 : 최상급 지방행정단위로 부와 방 또는 주를 두고 지방장관을 파견하였고, 그 아래의 성이나 군에도 지방관을 파견하여 지방민을 직접 지배하였으나 말단 행정단위인 촌은 지방관을 파견하지 않고 토착세력을 촌주로 삼았다. 그러나 대부분의 지역은 중앙정부의 지배가 강력히 미치지 못하여 지방세력가들이 지배하게 되었다.

④ 군사조직 … 지방행정조직이 그대로 군사조직이기도 하여 각 지방의 지방관은 곧 군대의 지휘관(백제의 방령, 신라의 군주)이었다.

③ 대외항쟁과 신라의 삼국통일

(1) 고구려와 수 · 당의 전쟁

① **동아시아의 정세**(6세기 말)

㉠ **중국** : 수(隋)가 남북조를 통일하여 고구려를 침공하였다.

㉡ **한반도** : 신라의 팽창으로 고구려와 백제가 여 · 제동맹을 맺어 대응하였다.

㉢ **국제** : 남북연합(돌궐 · 고구려 · 백제 · 왜) ↔ 동서연합(수 · 신라)

> TIP 동아시아 국제정세의 변화
> ㉠ 4세기 후반 : 동진, 백제, 왜 ↔ 전진, 고구려, 신라
> ㉡ 5～6세기 : 고구려 ↔ 신라, 백제
> ㉢ 6세기 중엽～7세기 : 돌궐, 고구려 ↔ 신라, 수, 당, 백제, 왜

② **수와의 전쟁** … 고구려가 요서지방을 선제공격하자 수의 문제와 양제는 고구려를 침입해왔는데 을지문덕이 살수에서 큰 승리를 거두었다(612).

③ **당과의 전쟁**

㉠ 초기에는 고구려에 유화정책을 취했으나 곧이어 동북아시아로 세력을 뻗쳐왔다.

㉡ 고구려는 당의 침략에 대비하여 천리장성을 축조하고 연개소문은 대당 강경정책을 추진하였다.

㉢ 당 태종은 요동의 여러 성을 공격하고 전략상 가장 중요한 안시성을 공격하였으나 고구려에 의해 패하였다(645). 이후 고구려는 당의 빈번한 침략을 물리쳐 당의 동북아시아 지배야욕을 좌절시켰다.

(2) 백제와 고구려의 멸망

① **한반도 정세의 변화** … 여 · 제동맹 이후 나 · 당연합이 결성되었다.

② **백제의 멸망**

㉠ **과정** : 신라는 황산벌에서 백제를 격파하여 사비성으로 진출하였고, 당군은 금강 하구로 침입하였다. 결국 사비성은 함락되었다(660).

㉡ **원인** : 정치질서의 문란과 지배층의 향락으로 국방이 소홀해지면서 몰락하게 되었다.

㉢ **부흥운동** : 복신과 흑치상지, 도침 등은 주류성과 임존성을 거점으로 하여 사비성과 웅진성을 공격하였으나 나 · 당연합군에 의하여 진압되었다. 이 때 왜군이 백제 지원을 나섰으나 백강 전투에서 패배하고 말았다.

③ **고구려의 멸망**

㉠ **과정** : 나 · 당연합군의 침입으로 평양성이 함락되었다(668).

㉡ **원인** : 지배층의 분열과 국력의 약화로 정치가 불안정하였다.

㉢ **부흥운동** : 보장왕의 서자 안승을 받든 검모잠과 고연무 등은 한성과 오골성을 근거지로 한 때 평양성을 탈환하였으나 결국 실패하였다. 그러나 7세기 후반 고구려 유민들의 발해 건국을 통해 고구려의 전통을 지속할 수 있었다.

(3) 신라의 삼국통일

① **과정** … 신라 · 고구려 · 백제 유민의 연합으로 당과 정면으로 대결하였다.

㉠ **당의 한반도 지배의지** : 한반도에 웅진도독부, 안동도호부, 계림도독부를 설치하였다.

㉡ **나 · 당전쟁** : 신라의 당 주둔군에 대한 공격으로 매소성과 기벌포싸움에서 승리를 거두게 되고 당군을 축출하여 삼국통일을 이룩하였다(676).

② 삼국통일의 의의와 한계

㉠ **의의** : 당의 축출로 자주적 성격을 인정할 수 있으며 고구려와 백제 문화의 전통을 수용하고, 경제력을 확충함으로써 민족문화 발전의 토대를 마련하였다는 점에서 큰 의의가 있다.

㉡ **한계** : 외세(당)의 협조를 받았다는 점과 대동강에서 원산만 이남에 국한된 불완전한 통일이라는 점에서 한계성을 가진다.

4 남북국시대의 정치 변화

(1) 통일신라의 발전

① 왕권의 전제화

㉠ **무열왕** : 진골인 무열왕은 통일과정에서 왕권을 강화하였으며 이후 무열왕 직계자손이 왕위를 계승하게 되었다.

㉡ **유교정치이념의 수용** : 통일을 전후하여 유교정치이념이 도입되었고, 중앙집권적 관료정치의 발달로 왕권이 강화되어 갔다.

㉢ **집사부 시중의 기능 강화** : 상대등의 세력을 억제하였고 왕권의 전제화가 이루어졌다.

㉣ **신문왕**

- 귀족세력을 숙청하고 정치세력을 다시 편성하였다.
- 군사조직을 9서당 10정으로 정비하고 지방행정조직도 9주 5소경으로 완비하였다.
- 관료전을 지급하고 녹읍을 폐지하여 귀족의 경제기반을 약화시켰다.
- 유학사상을 강조하고 국학을 설립하여 유교정치이념을 확립시켰다.

TIP 신라의 시대구분

㉠ 박 · 석 · 김 ~ 진덕여왕 : 상대(내물계 성골)

㉡ 태종 무열왕 ~ 혜공왕 : 중대(무열계 진골)

㉢ 선덕왕 ~ 경순왕 : 하대(내물계 진골)

② 정치세력의 변동

㉠ 왕권이 전제화되면서 진골귀족의 세력은 약화되었고 진골귀족에 정치적으로 성장할 수 없었던 6두품 세력은 왕권과 결탁하여 상대적으로 부각되었다.

㉡ **6두품의 진출** : 학문적 식견을 바탕으로 왕의 정치적 조언자로 활동하거나 행정실무를 총괄하였다. 이들은 전제왕권을 뒷받침하고, 학문 · 종교분야에서 활약하였다.

TIP 6두품 … 지방 대족장 출신으로 학문적 · 정치적으로 활발한 활동을 전개하였으나, 무열계 왕권의 붕괴로 정치활동에서 배제되었다. 도당 유학생이 되거나 선종 9산을 개창하여 중앙귀족정치의 문란을 규탄하거나 개혁을 주장하였으나 진골귀족에 의해 탄압당하거나 배척되어 반신라적 경향을 띠게 되었다.

③ **전제왕권의 동요**(8세기 후반, 경덕왕)

㉠ 진골귀족 세력의 반발로 흔들리기 시작하였다.

㉡ 녹읍제가 부활하고, 사원의 면세전이 증가되어 국가재정의 압박을 가져왔다.

㉢ 귀족들이 특권적 지위를 고수하려 하고, 향락과 사치가 계속되자 농민의 부담은 가중되었다.

(2) 발해의 건국과 발전

① 건국

㉠ 요동지방을 중심으로 대당 저항을 계속하였고, 당의 보장왕을 이용한 회유책에 의해 고구려 유민의 동족의식은 강화되었다.

㉡ 고구려 출신의 대조영이 길림성에 건국하여 남쪽의 신라와 북쪽의 발해가 공존하는 남북국이 형성되었다(698).

② 국가성격

㉠ **이원적 민족구성** : 지배층은 고구려인이고 피지배층은 말갈인으로 구성되었다.

㉡ **고구려 계승의식 표방** : 일본에 보낸 국서에 고려 또는 고려국왕이라는 칭호를 사용하였고, 고구려 문화와 유사성이 있다.

③ 발해의 발전

㉠ **영토 확장**(무왕)

- 동북방의 여러 세력을 복속시켜 북만주 일대를 장악하였다.
- 당의 산둥반도를 공격하고, 돌궐 · 일본과 연결하여 당과 신라에 대항하였다.

㉡ **체제 정비**(문왕)

- 당과 친선관계를 맺고 문물을 수입하였다.
- 지배체제의 정비와 함께 중경에서 상경으로 천도하였고, 신라와의 대립관계를 해소하려 상설교통로를 개설하였다.
- 천통(고왕), 인안(무왕), 대흥(문왕), 건흥(선왕) 등 독자적 연호 사용으로 중국과 대등한 지위에 있음을 과시하기도 하였다.
- 지배층의 내분으로 한 때 국력이 약화되기도 하였다.

㉢ **중흥기**(선왕) : 요동지방으로 진출하였으며 남쪽으로는 신라와 국경을 접할 정도로 넓은 영토를 차지하고, 지방제도를 완비하였다. 당에게서 '해동성국'이라는 칭호를 받았다.

㉣ **멸망** : 거란의 세력 확대와 귀족들의 권력투쟁으로 인한 국력이 쇠퇴하자 거란에 멸망당하였다(926).

(3) 남북국의 통치체제

① 통일신라

㉠ **중앙정치체제** : 전제왕권의 강화

- 집사부 중심의 관료기구가 강화되었다. 집사부 시중의 지위가 강화되고(국정 총괄) 집사부 아래에 위화부와 13부를 두고 행정업무를 분담하였다.
- 관리들의 비리와 부정방지를 위한 감찰기관인 사정부를 설치하였다.

㉡ **유교정치이념의 수용** : 국학을 설립하였다.

㉢ **지방행정조직의 정비**(신문왕) : 9주 5소경으로 정비하여 중앙집권체제를 강화하였다.

㉣ **군사조직의 정비**

- 9서당 : 중앙군으로 부속민에 대한 회유와 견제의 양면적 성격이 있다.
- 10정 : 9주에 각 1정의 부대를 배치하였으나 한산주에는 2정(남현정, 골내근정)을 두었다.

㉤ **통치체제 변화의 한계와 의의** : 중국식 정치제도의 도입으로 강력한 중앙집권적 전제국가로 발전하였다. 그러나 진골귀족이 권력을 독점하는 한계를 가지고 있었다.

② 발해

㉠ **중앙정치체계** : 당의 제도를 수용하였으나 명칭과 운영은 독자성을 유지하였다.

- 3성 : 정당성(대내상이 국정총괄), 좌사정, 우사정(지 · 예 · 신부)
- 6부 : 충부, 인부, 의부, 자부, 예부, 신부

TIP 시대별 중앙행정기관의 비교

신라	발해	고려	조선
위화부	충부	이부	이조
창부	인부	호부	호조
예부	의부	예부	예조
병부	지부	병부	병조
좌이방부	예부	형부	형조
공장부	신부	공부	공조

- 중정대(감찰), 주자감(중앙의 최고교육기관)

㉡ **지방제도** : 5경 15부 62주로 조직되었고, 지방행정의 말단인 촌락은 주로 말갈인 촌장이 지배하였다.

㉢ **군사조직** : 중앙군(10위), 지방군

(4) 신라말기의 정치 변동과 호족세력의 성장

① 전제왕권의 몰락

㉠ 국가기강의 해이 : 진골귀족들의 반란과 왕위쟁탈전이 심화되었다.

㉡ 귀족연합정치 : 집사부 시중보다 상대등의 권력이 더 커졌다.

㉢ 지방민란의 발생 : 김헌창의 난(822)과 같은 지방민란이 발생하여 중앙의 지방통제력이 더욱 약화되는 계기가 되었다.

TIP 김헌창의 난 … 선덕왕이 죽고 나서 내물왕계의 진골귀족인 김경신과 무열왕계인 김주원이 왕위를 다투었는데 여기서 김경신이 승리하여 원성왕이 되었다. 옹천주 도독이며 김주원의 아들이었던 김헌창은 이에 불만을 품고 반란을 일으켰다.

② 농민의 동요

㉠ 농민부담의 증가 : 귀족들의 대토지 소유가 확대되고 왕실과 귀족들의 사치와 향락으로 국가재정이 바닥나면서 농민의 부담은 증가되었다.

㉡ 과중한 수취체제와 자연재해는 농민의 몰락을 가져오고, 신라 정부에 저항하게 되었다.

③ 호족세력의 등장 … 지방의 행정 · 군사권과 경제적 지배력을 가진 호족세력은 성주나 장군을 자처하며 반독립적인 세력으로 성장하였다.

④ 개혁정치 … 6두품 출신의 유학생과 선종의 승려가 중심이 되어 골품제사회를 비판하고 새로운 정치이념을 제시하였다. 지방의 호족세력과 연계되어 사회개혁을 추구하였다.

(5) 후삼국의 성립

① 후백제 … 농민 출신의 견훤이 군진 · 호족세력을 토대로 완산주(전주)에 건국하였다(900).

㉠ 중국과는 외교관계를 맺었으나 신라에는 적대적이었다.

㉡ 한계 : 농민에 대한 지나친 조세 부과로 반감을 샀으며, 호족세력의 포섭에 실패하는 한계를 갖고 있었다.

② 후고구려

㉠ 건국 : 신라 왕실의 후손 궁예가 초적 · 호족세력을 토대로 송악(개성)에 건국하였다(901).

㉡ 국호는 후고구려 → 마진 → 태봉으로 바뀌었고 도읍지도 송악에서 철원으로 옮겨졌다.

㉢ 관제 : 국정최고기구인 광평성과 여러 관서를 설치하고 9관등제를 실시하였다.

㉣ 한계 : 농민에 대한 지나친 조세를 부과하였고 미륵신앙을 이용한 전제정치를 펼쳐 신하들에 의해 축출되었다.

02 중세의 정치

1 중세사회의 성립과 전개

(1) 고려의 성립과 민족의 재통일

① **고려의 건국** … 고구려의 후계자임을 강조하여, 국호를 고려라 하고 송악에 도읍을 세웠다. 조세 경감, 노비 해방으로 민심을 수습하고 호족세력을 융합하였다.

② **민족의 재통일** … 중국의 혼란기를 틈타 외세의 간섭 없이 통일이 성취되었다.

㉠ **고려의 정책** : 지방세력을 흡수 · 통합하였고, 중국 5대와 교류하였다.

㉡ **후삼국통일** : 신라에 우호정책을 펼쳐 신라를 병합하고(935) 후백제를 정벌하였으며(936), 후삼국뿐만 아니라 발해의 유민을 수용하여 민족의 재통일을 이루었다.

(2) 태조의 정책

① **취민유도(取民有度)정책** … 흩어진 백성을 모으고 조세를 징수함에 법도가 있게 한다는 민생안정정책으로 유교적 민본이념을 나타낸다.

㉠ **조세경감** : 호족의 지나친 수취를 금지하였다.

㉡ **민심수습** : 노비를 해방하고, 빈민구제기관인 흑창을 설치하였다.

② **통치기반 강화**

㉠ **관제 정비** : 태봉의 관제를 중심으로 신라와 중국의 제도를 참고하여 정치제도를 만들고, 개국공신과 호족을 관리로 등용하였다.

㉡ **호족 통합** : 호족과 정략결혼을 하였으며 그들의 향촌지배권을 인정하고, 공신들에게는 역분전을 지급하였다.

㉢ **호족 견제** : 사심관제도(우대)와 기인제도(감시)를 실시하였다.

> TIP 고려의 호족견제책
>
> ㉠ 사심관제도 : 중앙의 고관들을 출신지방의 사심관으로 임명하였으며, 이들에게 부호장 이하의 향리임명권을 주어 향리를 규찰하고 치안유지의 책임을 맡게 하였다.
>
> ㉡ 기인제도 : 지방호족의 자제를 수도에 오게 하여 왕실 시위를 맡게 한 제도였는데, 초기에는 볼모적 성격이 강하였으나, 이 기회를 이용하여 교육을 받고 과거를 거쳐 중앙관리로 편입되기도 하였다.

㉣ **통치규범** : 정계, 계백료서를 지어 관리들이 지켜야 할 규범을 제시하였고, 후손들이 지켜야 할 교훈이 담긴 훈요 10조를 남겼다.

TIP 훈요 10조

㉠ 국가의 대업(건국)은 제불(諸佛)의 호위와 지덕에 힘입음을 기억하라.
㉡ 사사(寺社)의 쟁탈 · 남조를 금하라.
㉢ 연등과 팔관의 주신(主神)을 함부로 가감치 말라.
㉣ 왕위는 적자적손의 계승 · 원칙이되 불초하면 형제 중 인망 있는 자를 선택하라.
㉤ 거란과 같은 야만국의 풍속을 본받지 말라.
㉥ 서경(西京)은 수덕이 순조로워 대업만대의 판이니 중시하라.
㉦ 차현 이남, 공주강(금강) 외의 산형지세는 배역하여 인심도 같으므로 등용치 말라.
㉧ 관리의 녹봉은 그 직무에 따라 제정하라.
㉨ 백성을 부리되 때를 가려서 하고, 요역 · 부역을 가벼이 하라.
㉩ 소인을 멀리하고 현인을 친하게 하며, 조세를 적게 하며, 상벌을 공평히 하라.

③ **북진정책** … 고구려를 계승하였음을 강조하여 국호를 고려라 하고 국가의 자주성을 강조하기 위해 천수(天授)라는 연호를 사용하였다.

㉠ **서경(평양) 중시** : 청천강 ~ 영흥만으로의 영토를 회복하였다.
㉡ **거란 배척** : 발해를 멸망시킨 무도한 국가로 인식하여 거란을 배척하였다.

(3) 광종의 개혁정치

① **고려초의 혼란기**

㉠ **왕위계승분쟁** : 호족과 공신세력의 연합정권이 형성되어 왕자들과 외척들 사이에 왕위계승다툼이 일어났다.
㉡ **왕규의 난** : 정략결혼과 호족, 외척세력의 개입으로 나타난 부작용이었다.

TIP 왕규의 난(945) … 태조의 외척인 왕규는 두 딸을 태조의 15, 16비로 바쳐 권세를 장악하다가 혜종 때 16비의 소생인 광주원군을 왕으로 삼으려고 일으킨 반란이다.

② **광종의 개혁정치** … 왕권의 안정과 중앙집권체제를 확립하기 위한 것이었다.

㉠ **노비안검법** : 불법적으로 노비가 된 자를 해방하는 것으로 호족의 경제적 · 군사적 기반을 약화시켜 왕권을 강화하고 조세와 부역의 담당자인 양인을 확보하여 국가재정을 강화하였다.
㉡ **과거제도** : 문신 유학자를 등용하여, 신 · 구세력의 교체를 도모하였다.
㉢ **공복제도** : 관료의 기강을 확립(자, 단, 비, 녹)하기 위하여 실시하였다.
㉣ **불교장려** : 귀법사와 홍화사를 짓고 혜거를 국사로, 탄문을 왕사로 임명하였다.
㉤ **제위보의 설치** : 빈민구제기금을 만들어 빈민을 구제하였다.
㉥ **외교관계** : 송과 문화적 · 경제적 목적에서 외교관계를 수립하였으나, 군사적으로는 중립적 자세를 취하였다.
㉦ **전제왕권의 확립** : 공신과 호족세력을 숙청하고, 칭제건원, 광덕, 준풍 등의 독자적인 연호를 사용하였다.

③ **경종의 전시과제도 실시** … 중앙관료의 경제적 기반을 보장하기 위한 것이었다.

(4) 유교적 정치질서의 강화

① 최승로의 시무 28조

㉠ 유교정치이념의 강조 : 유교를 진흥하고 불교행사를 축소시켰다.

㉡ 지방관의 파견 : 중앙집권화와 호족세력에 대한 통제를 위한 것이었다.

㉢ 통치체제의 정비 : 문벌귀족 중심의 정치를 이룩하였다.

② 성종의 중앙집권화

㉠ 6두품 출신의 유학자를 등용하여 유교정치이념을 실현하고자 하였다.

㉡ 12목에 지방관을 파견하여 지방세력의 발호를 방지하였다.

㉢ 향리제도를 실시하여 지방의 호족을 향리로 편제하였다.

㉣ 국자감과 향교를 설치하고 지방에 경학박사와 의학박사를 파견하였으며, 과거제도를 실시하였다.

㉤ 중앙통치기구는 당, 태봉, 신라, 송의 관제를 따랐다.

2 통치체제의 정비

(1) 중앙의 통치조직

① 정치조직(2성 6부)

㉠ 2성

- 중서문하성 : 중서성과 문하성의 통합기구로 문하시중이 국정을 총괄하였다.
- 상서성 : 실제 정무를 나누어 담당하는 6부를 두고 정책의 집행을 담당하였다.

㉡ 중추원(추부) : 군사기밀을 담당하는 2품 이상의 추밀과 왕명출납을 담당하는 3품의 승선으로 구성되었다.

㉢ 삼사 : 화폐와 곡식의 출납에 대한 회계업무만을 담당하였다.

㉣ 어사대 : 풍속을 교정하고 관리들의 비리를 감찰하는 감찰기구이다.

㉤ 6부(이 · 병 · 호 · 형 · 예 · 공부) : 상서성에 소속되어 실제 정무를 분담하던 관청으로 각 부의 장관은 상서, 차관은 시랑이었다.

② 귀족 중심의 정치

㉠ 귀족합좌 회의기구(중서문하성의 재신, 중추원의 추밀)

- 도병마사 : 재신과 추밀이 함께 모여 회의로 국가의 중요한 일을 결정하는 곳이다. 국방문제를 담당하는 임시기구였으나 도평의사사(도당)로 개편되면서 구성원이 확대되고 국정 전반에 걸친 중요사항을 담당하는 최고정무기구로 발전하였다.

TIP 재신과 추밀 … 6부를 비롯한 주요 관부의 최고직을 겸하여 중앙의 정치 운영에서 가장 핵심적인 위치를 차지하고 있었다.

• 식목도감 : 임시기구로서 재신과 추밀이 함께 모여 국내 정치에 관한 법의 제정 및 각종 시행규정을 다루던 회의기구였다.

㉡ **대간(대성)제도** : 어사대의 관원과 중서문하성의 낭관으로 구성되었다. 비록 직위는 낮았지만 왕이나 고위관리들의 활동을 지원하거나 제약하여 정치 운영의 견제와 균형을 이루었다.

• 서경권 : 관리의 임명과 법령의 개정이나 폐지 등에 동의하는 권리
• 간쟁 : 왕의 잘못을 말로 직언하는 것
• 봉박 : 잘못된 왕명을 시행하지 않고 글로 써서 되돌려 보내는 것

(2) 지방행정조직의 정비

① **정비과정**

㉠ **초기** : 호족세력의 자치로 이루어졌다.

㉡ **성종** : 12목을 설치하여 지방관을 파견하였다.

㉢ **현종** : 4도호부 8목으로 개편되어 지방행정의 중심이 되었고, 그 후 전국을 5도와 양계, 경기로 나눈 다음 그 안에 3경 · 4도호부 · 8목을 비롯하여 군 · 현 · 진을 설치하였다.

② **지방조직**

㉠ **5도(일반행정구역)** : 상설 행정기관이 없는 일반 행정 단위로서 안찰사를 파견하여 도 내의 지방을 순찰하게 하였다. 도에는 주와 군(지사) · 현(현령)이 설치되고, 주현에는 지방관을 파견하였지만 속현에는 지방관을 파견하지 않았다.

㉡ **양계(군사행정구역)** : 북방의 국경지대에는 동계와 북계의 양계를 설치하여 병마사를 파견하고, 국방상의 요충지에 군사특수지역인 진을 설치하였다.

㉢ **8목 4도호부** : 행정과 군사적 방비의 중심적인 역할을 맡은 곳이다.

㉣ **특수행정구역**

• 3경 : 풍수설과 관련하여 개경(개성), 서경(평양), 동경(경주, 숙종 이후 남경)에 설치하였다.
• 향 · 소 · 부곡 : 천민의 집단거주지역이었다.

㉤ **지방행정** : 실제적인 행정사무는 향리가 실질적으로 처리하여 지방관보다 영향력이 컸다(속현, 향, 소, 부곡 등).

고려 · 조선시대의 향리

고려	조선
조세, 공물, 노동력 징발	수령 보좌(지위 격하)
신분 상승 가능	신분 상승 제한
문과 응시 허용 → 사대부 성장	문과 응시 불허
외역전 받음(세습)	무보수 → 폐단 발생

(3) 군역제도와 군사조직

① 중앙군

㉠ **2군 6위** : 국왕의 친위부대인 2군과 수도경비와 국경방어를 담당하는 6위로 구성되었다.

㉡ **직업군인** : 군적에 올라 군인전을 지급받고, 군역을 세습하였으며, 군공을 세워 신분을 상승시킬 수 있는 중류층이었다. 이들은 상장군, 대장군 등의 무관이 지휘하였다.

> TIP 중앙군의 성격 … 초기에는 전문직업군인으로 군역을 세습하면서 군인전을 받았다. 중기에 이르러서는 각종 노역에 동원되면서 도망자가 속출하자 일반 농민으로 충원되면서 질적으로 저하되었다. 특수군인 별무반, 삼별초를 별도로 편성하기도 했다.

② 지방군

㉠ **주진군(양계)** : 상비군으로 좌군, 우군, 초군으로 구성되어 국경을 수비하는 의무를 지녔다.

㉡ **주현군(5도)** : 지방관의 지휘를 받아 치안과 지방방위 · 노역에 동원되었고 농민으로 구성하였다.

> TIP 특수군
>
> ㉠ 광군 : 정종 때 거란족의 침입에 대비하기 위하여 호족의 군대를 연합하여 편성한 것으로서 뒤에 주현군의 모체가 되었다.
>
> ㉡ 별무반 : 여진족 정벌을 위해 숙종 때 윤관의 주장에 의해 편성된 군대로 신기군(기병), 신보군(보병), 항마군(승병)으로 편성되었다.
>
> ㉢ 삼별초 : 최우 집권시 편성된 좌 · 우별초, 신의군이 포함되어 조직되었으며, 공적인 임무를 띤 군대로 최씨 정권에 의해 사병화되었고 개경 환도 후 몽고에 항쟁하였다.
>
> ㉣ 연호군 : 양민과 천민으로 구성된 혼성부대이다.

(4) 관리임용제도

① 과거제도(법적으로 양인 이상이면 응시가 가능)

㉠ **제술과** : 문학적 재능과 정책을 시험하는 것이다.

㉡ **명경과** : 유교경전에 대한 이해능력을 시험한다.

㉢ **잡과** : 기술관을 선발하는 것으로 백정이나 농민이 응시하였다.

㉣ **한계와 의의** : 능력 중심의 인재등용과 유교적 관료정치의 토대 마련의 계기가 되었으나 과거출신자보다 음서출신자가 더 높이 출세할 수밖에 없었고, 무과는 실시하지 않았다.

② **음서제도** … 공신과 종실의 자손 외에 5품 이상의 고관의 자손은 과거를 거치지 않고 관직에 진출할 수 있는 제도이다.

③ 문벌귀족사회의 성립과 동요

(1) 문벌귀족사회의 성립

① **출신유형** … 지방호족 출신이 중앙관료화된 것으로, 신라 6두품 계통의 유학자들이 과거를 통해 관직에 진출하여 성립되었다.

② **문벌귀족의 형성** … 대대로 고위관리가 되어 중앙정치에 참여하게 되고, 과거와 음서를 통해 관직을 독점하였다.

③ **문벌귀족사회의 모순**

㉠ **문벌귀족의 특권**
- 정치적 특권 : 과거와 음서제를 통해 고위 관직을 독점하였다.
- 경제적 특권 : 과전, 공음전, 사전 등의 토지겸병이 이루어졌다.
- 사회적 특권 : 왕실 및 귀족들 간의 중첩된 혼인관계를 이루었다.

㉡ **측근세력의 대두** : 과거를 통해 진출한 지방 출신의 관리들이 국왕을 보좌하면서 문벌귀족과 대립하였다.

㉢ **이자겸의 난, 묘청의 서경천도운동** : 문벌귀족과 측근세력의 대립으로 발생한 사건들이다.

(2) 이자겸의 난과 서경천도운동

① **이자겸의 난**(인종, 1126)

㉠ 경원 이씨의 권력독점은 문종 ~ 인종까지 80여년간 이어져 왔다.

㉡ 여진(금)의 사대관계 요구에 이자겸 정권은 굴복하여 사대관계를 유지하였다.

㉢ 인종의 척준경 회유로 이자겸의 왕위찬탈반란은 실패로 돌아가게 되었다.

㉣ **결과** : 귀족사회의 동요가 일어나고 묘청의 서경천도운동의 계기가 되었다.

② **묘청의 서경천도운동**(1135)

㉠ **배경** : 이자겸의 난 이후 왕권이 약화되고, 궁궐이 소실되었으며, 서경길지론이 대두되어 민심이 동요하였다.

㉡ **내용**
- 서경(평양) 천도, 칭제건원, 금국정벌을 주장하였으나 문벌귀족의 반대에 부딪혔다.
- 묘청의 거사는 대위국 건국과, 연호(천개) 제정으로 추진되었다.

㉢ **결과** : 개경파 문벌귀족의 반대로 김부식이 이끄는 관군에 진압되고 말았다.

㉣ **영향** : 분사제도와 삼경제가 폐지되고 숭문천무풍조가 생겨나 무신정변의 계기가 되었다.

> TIP 신채호의 묘청 평가 … 한말 민족사가였던 신채호는 조선사연구초에서 묘청의 난을 '조선 역사상 일천년래 제1대 사건'이라 하여 그 민족적 자주성을 높이 평가하였다. 그는 이 사건의 성격을 '낭불(郎佛)과 유(儒)의 싸움, 국풍파 대 한학파의 싸움, 독립당 대 사대당의 싸움, 진취사상 대 보수사상의 대립'으로 보았다. 신채호는 묘청이 패배하고 유학자인 김부식이 승리함으로써 그 이후 우리 역사가 민족적 자주성을 상실하고 사대적인 유교사상에 속박당하게 되었다고 주장하였다.

(3) 무신정권의 성립

① 무신정변(1170)

㉠ 원인 : 숭문천무정책으로 인한 무신을 천시하는 풍조와 의종의 실정이 원인이 되었다.

㉡ 과정 : 정중부, 이의방 등이 의종을 폐하고 명종을 추대하였다.

㉢ 무신정권의 전개 : 정중부(중방정치)에서 경대승(도방정치), 이의민(중방정치), 최충헌으로 정권이 넘어갔다.

㉣ 결과

- 정치면 : 문신 중심의 귀족사회에서 관료체제로 전환되는 계기가 되었다.
- 경제면 : 전시과체제가 붕괴되고 무신에 의해 토지의 독점이 이루어져 사전과 농장이 확대되었다.
- 문화면 : 조계종이 발달하고 패관문학과 시조문학이 발생하였다.

② 사회의 동요

㉠ 무신정권에 대한 반발로 김보당의 난과 조위총의 난이 일어났다.

㉡ 하극상인 농민(김사미 · 효심의 난) · 천민의 난(망이 · 망소이의 난)이 일어났으며, 신분 해방을 추구하였다.

③ 최씨 정권

㉠ 최충헌의 독재정치 : 민란을 진압하고 반대파를 제거하며 시작되었다.

㉡ 최씨 정권의 기반

- 정치적 : 교정도감(최충헌)과, 정방(최우), 서방(최우)을 중심으로 전개되었다.
- 경제적 : 광대한 농장을 소유하였다.
- 군사적 : 사병을 보유하고 도방을 설치하여 신변을 경호하였다.

㉢ 한계 : 정치적으로 안정되었지만 국가통치질서는 오히려 약화되었다. 최씨 정권은 권력의 유지와 이를 위한 체제의 정비에 집착했을 뿐, 국가의 발전이나 백성들의 안정을 위한 노력에는 소홀하였다.

TIP 무신정권의 주요 권력기구

기구	설치자	성격
중방		무신의 최고회의기관
도방	경대승, 최충헌	사병집단, 무인정권의 군사배경
정방	최우	최씨정권 최고인사기구(공민왕 때 폐지)
서방	최우	최씨정권 문인우대기구
교정도감	최충헌	관리비위규찰 · 인사행정 · 세정담당장인 교정별감이 국정을 장악

④ 대외관계의 변화

(1) 거란의 침입과 격퇴

① **고려의 대외정책** … 친송배요정책으로 송과는 친선관계를 유지했으나 거란은 배척하였다.

② **거란(요)의 침입과 격퇴**

㉠ **1차 침입**(성종, 993) : 서희의 담판으로 강동 6주를 확보하였으며, 거란과 교류관계를 맺었다.

㉡ **2차 침입**(현종, 1010) : 고려의 계속되는 친송정책과 강조의 정변을 구실로 침입하여 개경이 함락되었고, 현종의 입조(入朝)를 조건으로 퇴군하였다.

㉢ **3차 침입**(현종, 1018) : 현종의 입조(入朝)를 거부하여 다시 침입하였으나 강감찬이 귀주대첩으로 큰 승리를 거두어 양국은 강화를 맺었다.

㉣ **결과** : 고려, 송, 거란 사이의 세력균형을 유지하게 되었다.

㉤ **영향** : 나성과 천리장성(압록강 ~ 도련포)을 축조하여 수비를 강화하였다.

(2) 여진 정벌과 9성 개척

① **윤관의 여진 정벌**

㉠ **고려의 대 여진정책** : 회유와 동화정책을 펴서 여진을 포섭해 나갔다.

㉡ **동북 9성** : 기병을 보강한 윤관의 별무반이 여진을 토벌하여 동북 9성을 축조하였다.

㉢ **9성의 반환** : 여진의 계속된 침입으로 고려는 여진의 조건을 수락하면서 9성을 돌려주었다.

② **여진의 금(金) 건국**(1115) … 여진은 더욱 강해져 거란을 멸한 뒤 고려에 대해 군신관계를 요구하자 현실적인 어려움으로 당시의 집권자 이자겸은 금의 요구를 받아들였다.

(3) 몽고와의 전쟁

① **몽고와의 전쟁**

㉠ **원인** : 몽고는 과중한 공물을 요구하였으며, 몽고의 사신 저고여가 피살되는 사건이 일어났다.

㉡ **몽고의 침입**

- 제 1 차 침입(1231) : 몽고 사신의 피살을 구실로 몽고군이 침입하였고 박서가 항전하였으나, 강화가 체결되고 철수되었다.
- 제 2 차 침입(1232) : 최우는 강화로 천도하였고, 용인의 김윤후가 몽고의 장군 살리타를 죽이고 몽고 군대는 쫓겨갔다.
- 제 3 차 ~ 제 8 차 침입 : 농민, 노비, 천민들의 활약으로 몽고를 끈질기게 막아냈다.

㉢ **결과** : 국토가 황폐화되고 민생이 도탄에 빠졌으며 대장경(초판)과 황룡사의 9층탑이 소실되었다.

㉣ **최씨 정권의 몰락** : 온건파의 활약으로 최씨 정권은 무너지고 왕실이 몽고와 강화조약을 맺어 개경환도가 이루어졌다(1270).

② **삼별초의 항쟁**(1270 ~ 1273)

㉠ **배경** : 배중손은 무신정권의 붕괴와 몽고와의 굴욕적인 강화를 맺는 데 반발하였다.

㉡ **경과** : 개경으로 환도하자 대몽 항쟁에 앞장섰던 삼별초는 배중손의 지휘 아래 장기 항전을 계획하고 진도로 옮겨 저항하였고, 여 · 몽연합군의 공격으로 진도가 함락되자 다시 제주도로 가서 김통정의 지휘 아래에 계속 항쟁하였으나 여 · 몽연합군에 의해 진압되었다.

㉢ **장기항쟁 가능 이유** : 몽고군이 접근하기 어려운 지리적 이점과 일반 민중들의 적극적인 지원이 있었기 때문이다.

㉣ **의의** : 고려인의 배몽사상과 자주정신을 나타내었다.

⑤ 고려후기의 정치 변동

(1) 원(몽고)의 내정 간섭

① **정치적 간섭**

㉠ **일본 원정** : 두 차례의 원정에 인적 · 물적 자원이 수탈되었으나, 실패하였다.

㉡ **영토의 상실과 수복**

- 쌍성총관부 : 원은 화주(영흥)에 설치하여 철령 이북 땅을 직속령으로 편입하였는데, 공민왕 때 유인우가 무력으로 탈환하였다.
- 동녕부 : 자비령 이북 땅에 차지하여 서경에 두었는데, 충렬왕 때 고려의 간청으로 반환되었다.
- 탐라총관부 : 삼별초의 항쟁을 평정한 후 일본 정벌 준비를 위해 제주도에 설치하고(1273) 목마장을 두었다. 충렬왕 27년에 고려에 반환하였다.

㉢ **관제의 개편** : 관제를 격하시키고(3성 → 첨의부, 6부 → 4사) 고려를 부마국 지위의 왕실호칭을 사용하게 하였다.

㉣ **원의 내정간섭**

- 다루가치 : 1차 침입 때 설치했던 몽고의 군정지방관으로 공물의 징수 · 감독 등의 내정 간섭을 하였다.
- 정동행성 : 일본 원정 준비기구로 설치된 정동행중서성이 내정간섭기구로 남았다. 고려 · 원의 연락기구였다.
- 이문소 : 정동행성에 설립된 사법기구로 고려인을 취조 · 탄압하였다.

② **사회 · 경제적 수탈** … 금, 은, 베, 인삼, 약재, 매 등의 막대한 공물의 부담을 가졌으며 몽고어, 몽고식 의복과 머리가 유행하고, 몽고식 성명을 사용하는 등 풍속이 변질되었다.

(2) 공민왕의 개혁정치

① 원 간섭기의 고려 정치

㉠ **권문세족의 횡포** : 권문세족은 고위관직을 독점하고 농장을 확대하였으며 막대한 노비를 소유하였다.

㉡ 충선왕과 충목왕이 개혁의지를 불태웠으나 원의 간섭으로 실패하였다.

② 공민왕의 개혁정치

㉠ 반원자주정책

- 기철로 대표되던 친원세력을 숙청하였다.
- 고려의 내정을 간섭하던 정동행성 이문소를 폐지하였다.
- 몽고식 관제를 폐지하고 원 간섭 이전의 관제로 복구하였다.
- 원의 연호, 몽고풍을 금지하였다.
- 유인우로 하여금 무력으로 쌍성총관부를 공격하게 하여 철령 이북의 땅을 수복하였다.
- 요동지방을 공략하여 요양을 점령하였다.

㉡ 왕권강화책

- 왕권을 제약하고 신진사대부의 등장을 억제하고 있던 정방을 폐지하였다.
- 성균관을 통하여 유학교육을 강화하고, 과거제도를 정비하여 많은 인재를 배출하였다.
- 전민변정도감의 설치 : 세력이 없는 집안 출신의 승려 신돈을 등용하여 권문세족들이 부당하게 빼앗은 토지와 노비를 본래의 소유주에게 돌려주거나 양민으로 해방시켰다.

㉢ **개혁의 실패원인** : 권문세족들의 강력한 반발로 신돈이 제거되고, 개혁추진의 핵심인 공민왕까지 시해되면서 중단되고 말았다. 결국 이 시기의 개혁은 개혁추진세력인 신진사대부 세력이 아직 결집되지 못한 상태에서 권문세족의 강력한 반발을 효과적으로 제어하지 못하였고, 원나라의 간섭 등으로 인해 실패하고 말았다.

(3) 신진사대부의 성장

① **출신배경** … 학문적 실력을 바탕으로 과거를 통하여 중앙에 진출한 지방의 중소지주층과 지방향리 출신이 많았다.

② 정치활동

㉠ 정치이념으로는 성리학을 수용하였으며, 불교의 폐단을 비판하였다.

㉡ 개혁정치를 추구하여 권문세족의 비리와 불법을 견제하였다.

㉢ 홍건적과 왜구의 침입을 격퇴하면서 성장한 신흥무인세력과 손을 잡으면서 사회의 불안과 국가적인 시련을 해결하고자 하였다.

③ **한계** … 권문세족의 인사권 독점으로 관직의 진출이 제한되었고, 과전과 녹봉도 제대로 받지 못하는 등 경제적 기반이 미약하다는 한계를 가졌다.

(4) 고려의 멸망

① **신흥무인세력의 등장** … 홍건적과 왜구의 침입을 격퇴하는 과정에서 성장한 세력이다.

② **위화도 회군**(1388)

㉠ **요동정벌** : 우왕 말에 명은 쌍성총관부가 있던 땅에 철령위를 설치하여 명의 땅으로 편입하겠다고 통보하였다. 이에 최영은 요동정벌론을 이성계는 4불가론을 주장하여 대립하였다.

㉡ **경과** : 최영의 주장에 따라 요동정벌군이 파견되었으나 위화도 회군으로 이성계가 장악하였다.

㉢ **결과** : 급진개혁파(혁명파)는 정치적 실권을 장악하고 새 왕조를 개창할 수 있는 기반을 마련하였으며, 명(明)과의 관계를 호전시켜 나갔다.

③ **과전법의 실시** … 전제개혁을 단행하여 과전법을 마련하였다. 과전법 실시로 고갈된 재정이 확충되고 신진관료들의 경제기반이 마련되었으며 피폐한 농민생활을 개선시켜 주고 국방에 필요한 재원을 확보할 수 있었다.

④ **조선의 건국** … 급진개혁파는 역성혁명을 반대하던 온건개혁파를 제거하고 도평의사사를 장악하였다. 뒤이어 공양왕의 왕위를 물려받아 조선을 건국하였다.

03 근세의 정치

1 근세사회의 성립과 전개

(1) 조선의 건국

① 고려 말의 정세

㉠ **권문세족의 횡포** : 고위 관직을 독점하고 대농장을 소유하였다.

㉡ **신진사대부의 개혁 요구** : 사원경제의 폐단과 토지제도의 개혁을 주장하였다.

㉢ **신진사대부의 분열**

- 온건개혁파 : 이색, 정몽주 등이 고려 왕조 체제 내의 점진적 개혁을 주장하였다.
- 급진개혁파 : 정도전 등이 고려 왕조를 부정하고 역성혁명을 주장하였다.

② **조선의 개창**(1392) … 정도전 등의 혁명파는 위화도 회군으로 정권을 장악하고 전제개혁을 단행하게 되었다(과전법 실시로 권문세족의 경제기반 붕괴). 이성계와 급진개혁파는 온건개혁파를 제거하고 조선을 건국하였다.

(2) 국왕 중심의 통치체제 정비와 유교정치의 실현

① 태조

㉠ **국호 개정** : 국호를 '조선'이라 하여 고조선의 후계자임을 자처하였다.

㉡ **한양 천도**(풍수지리설의 영향) : 한양은 풍부한 농업생산력을 보유하였고 교통과 군사의 중심지 역할을 하였다.

㉢ **3대 정책** : 숭유억불정책, 중농억상정책, 사대교린정책이다.

㉣ **정도전의 활약** : 민본적 통치규범을 마련하고(조선경국전), 재상 중심의 정치를 주장하였으며, 불교를 비판하며(불씨잡변) 성리학을 통치이념으로 확립하였다.

② 태종(국왕 중심의 통치체제)

㉠ **왕권 확립** : 두 차례의 왕자의 난을 통해 개국공신세력을 견제하고 숙청하게 되었다.

㉡ **관제개혁** : 도평의사사를 폐지하고(의정부 설치) 6조직계제를 실시하였으며 사간원을 독립시켜 대신들을 견제하고, 신문고를 설치하였다.

㉢ **경제기반 안정과 군사력 강화** : 양전사업을 실시하고, 호패법도 시행하였다. 사원전을 몰수하였으며, 노비도 해방시키고 사병도 폐지하였다.

③ 세종(유교정치의 실현)

㉠ 집현전을 설치하여 유학자를 우대하고, 한글을 창제하였다.

㉡ 6조직계제를 폐지하고 의정부서사제(재상합의제)로 정책을 심의하였다. 이는 왕권과 신권의 조화를 말해준다.

TIP 의정부서사제 … 왕이 인사와 군사 두 분야만 친히 관여하고 나머지 6조에서 올라오는 모든 일들은 의정부의 영의정, 좌의정, 우의정이 논의한 후 결정된 사항을 왕이 결재하는 형식이다.

(3) 문물제도의 정비

① 세조(왕권의 재확립과 집권체제의 강화)

㉠ 문종 이후 비대해진 조정권신과 지방세력을 억제하기 위해 문물을 정비하였다.

㉡ 6조직계제를 실시하고 집현전과 경연을 폐지하였다.

㉢ 경국대전의 편찬에 착수하였다.

② 성종(유교적 집권체제의 완성)

㉠ 홍문관(집현전 계승)을 설치하여 학문을 연구하고, 왕의 자문기구 역할을 하였다.

㉡ 경연을 활성화하여 홍문관 관원 및 정승 등 고위관리가 참석하여 주요 정책을 토론하게 하였다.

㉢ 경국대전을 완성, 반포하여 조선의 기본통치방향과 이념을 제시하였다(유교적 법치국가 확립).

2 통치체제의 정비

(1) 중앙정치체제

① 양반관료체제의 확립

㉠ 경국대전으로 법제화하고 문 · 무반이 정치와 행정을 담당하게 하였다.

㉡ 18품계로 나뉘며 당상관(관서의 책임자)과 당하관(실무 담당)으로 구분하였다. 관직은 경관직(중앙관)과 외관직(지방관)으로 편제하였다.

② 의정부와 6조 … 고관들이 중요정책회의에 참여하거나 경연에 참여함으로써 행정의 통일성과 전문성 및 효율성의 조화를 꾀하였다.

③ 언론학술기구 … 삼사로 정사를 비판하고 관리들의 부정을 방지하였다.

㉠ 사간원(간쟁) · 사헌부(감찰) : 서경권을 행사(관리임명에 동의권 행사)하였다.

㉡ 홍문관 : 학문적으로 정책결정을 자문하는 기구이다.

TIP 삼사의 언관 … 관직은 높지 않았으나, 학문과 덕망이 높은 사람이 임명되어 특별한 일이 없는 한 판서나 정승 등 고위 관직에 오를 수 있었다. 삼사의 기능 강화는 권력의 독점과 부정을 방지하는 데 크게 기여하였다.

④ **왕권강화기구** … 왕명을 출납하는 승정원과 큰 죄인을 다스리는 국왕 직속인 의금부, 서울의 행정과 치안을 담당하는 한성부가 있다.

⑤ **춘추관** … 역사서의 편찬과 보관을 담당하였다.

⑥ **성균관** … 최고 교육기관이었다.

⑦ **한성부** … 수도의 행정과 치안을 담당하였고 일반 범죄사건도 다루었다.

(2) 지방행정조직

① 중앙집권체제의 강화

㉠ 모든 군현에 수령을 파견하였고 수시로 암행어사를 보냈다.

㉡ 향 · 소 · 부곡을 일반 군현으로 승격시킨 것은 백성에 대한 국가의 공적 지배력이 강화되었음을 의미한다.

② **지방조직** … 전국을 8도로 나누고, 하부에 부 · 목 · 군 · 현을 설치하였다. 지방관의 임명에는 상피제가 적용되었다.

㉠ **관찰사**(감사) : 8도의 지방장관으로서 행정, 군사, 감찰, 사법권을 행사하였다. 수령에 대한 행정을 감찰하는 역할을 담당하였다.

㉡ **수령** : 부, 목, 군, 현에 임명되어 관내 주민을 다스리는 지방관으로서 행정, 사법, 군사권을 행사하였다.

㉢ **향리** : 6방에 배속되어 향역을 세습하면서 수령을 보좌하였다(아전).

③ 향촌사회

㉠ **면 · 리 · 통** : 향민 중에서 책임자를 선임하여, 수령의 명령을 받아 인구 파악과 부역 징발을 주로 담당하게 하였다.

㉡ 양반 중심의 향촌사회질서 확립

- 유향소(향청) : 향촌양반의 자치조직으로 좌수와 별감을 선출하고, 향규를 제정하며, 향회를 통한 여론의 수렴과 백성에 대한 교화를 담당하였다.
- 경재소 : 유향소와 정부간 연락을 통해 유향소를 통제하여 중앙집권을 효율적으로 강화하였다.

(3) 군역제도와 군사조직

① 군역제도

㉠ **양인개병제** : 양인의 신분이면 누구나 병역의 의무를 지는 제도이다.

㉡ **운영** : 현직관료와 학생을 제외한 16세 이상 60세 이하의 양인 남자의 의무이다.

㉢ **보법** : 정군(현역군인)과 보인(정군의 비용 부담)으로 나눈다.

㉣ **노비** : 권리가 없으므로 군역이 면제되고, 특수군(잡색군)으로 편제되었다.

② 군사조직

㉠ **중앙군**(5위) : 궁궐과 서울을 수비하며 정군을 중심으로 갑사(시험을 거친 직업군인)나 특수병으로 지휘 책임을 문관관료가 맡았다.

㉡ **지방군** : 병영(병마절도사)과 수영(수군절도사)으로 조직하였다.

- 초기 : 영진군으로 국방상 요지인 영이나 진에 소속되어 복무하였다.
- 세조 이후 : 진관체제를 실시하였다.

TIP 진관체제 … 지역 단위의 방위체제로 각 도에 한두 개의 병영을 두어 병마절도사가 관할지역군대를 장악하고, 병영 밑에 몇 개의 거진을 설치하여 거진의 수령이 그 지역 군대를 통제하는 체제였다. 수군도 육군과 같은 방식으로 편제되었다.

㉢ **잡색군** : 서리, 잡학인, 신량역천인(신분은 양인이나 천한 일에 종사), 노비 등으로 조직된 일종의 예비군으로 유사시에 향토방위를 담당한다(농민은 제외).

③ 교통 · 통신체계의 정비

㉠ **봉수제(통신)** : 군사적 목적으로 설치하였으며, 불과 연기를 이용하여 급한 소식을 알렸다.

㉡ **역참** : 물자 수송과 통신을 위해 설치되어 국방과 중앙집권적 행정 운영이 한층 쉬워졌다.

(4) 관리등용제도

① 과거

㉠ 종류

- 문과 : 문관을 선발하는 시험이며 예조에서 담당하였다.
- 무과 : 무관선발시험은 병조에서 담당하고 28명을 선발하였다.
- 잡과 : 해당 관청에서 역과, 율과, 의과, 음양과의 기술관을 선발하였다.

㉡ **응시자격** : 양인 이상이면 응시할 수 있으나 실제로는 양반이 주로 응시하였다. 문과의 경우 탐관오리의 아들, 재가한 여자의 아들과 손자, 서얼에게는 응시를 제한하고 무과와 잡과에는 제한이 없었다.

㉢ **시험의 실시시기** : 정기시험인 식년시(3년 단위), 부정기시험인 별시(증광시, 알성시) 등이 수시로 행하였다.

② **취재** … 재주가 부족하거나 나이가 많아 과거 응시가 어려운 사람이 특별채용시험을 거쳐 하급 실무직에 임명되는 제도이다.

③ **음서와 천거** … 과거를 거치지 않고 고관의 추천을 받아 간단한 시험을 치른 후 관직에 등용되거나 음서를 통하여 관리로 등용되는 제도이다. 그러나 천거는 기존의 관리들을 대상으로 하였고, 음서도 고려시대에 비하여 크게 줄어들었고 문과에 합격하지 않으면 고관으로 승진하기 어려웠다.

④ 인사관리제도의 정비

㉠ **상피제** : 권력의 집중과 부정을 방지하였다.

㉡ **서경제** : 사헌부와 사간원에서 관리 임명시에 심사하여 동의하는 절차로서 5품 이하 관리 임명시에 적용하는 것이다.

㉢ **근무성적평가** : 하급관리의 근무성적평가는 승진 및 좌천의 자료가 되었다.

TIP 과거제도의 영향

㉠ 시학(詩學) 또는 유교경전의 학습심화효과를 가져옴
㉡ 유교사상의 배타적 성격으로 사대사상을 조장
㉢ 부정합격자를 배출하여 정치기강이 문란해짐
㉣ 이론적 정치를 하게 되어 사화와 당쟁의 원인이 됨
㉤ 순수학문 연구보다는 출세목적의 교육에 집착하여 형식화됨

③ 사림의 대두와 붕당정치

(1) 훈구와 사림

① 훈구세력

㉠ **출신배경** : 세조의 즉위를 도운 공신세력들이다.
㉡ **세력 형성** : 고위 관직을 독점 및 세습하고, 왕실과의 혼인으로 성장하였다.
㉢ **정치적 역할** : 조선초기 문물제도의 정비에 기여하였다.

② 사림세력

㉠ **출신배경** : 여말 온건파 사대부의 후예로서 길재와 김종직에 의해 영남과 기호지방에서 성장한 세력을 말한다.
㉡ **경제 기반** : 대부분이 향촌의 중소지주이다.

③ 훈구파와 사림파

훈구파	사림파
• 15세기 민족문화 창조 • 중앙집권 추구 • 부국 강병, 민생 안정 추구 • 과학기술 중시 • 패도정치 인정, 왕도정치 추구 • 사장 중시 • 자주성이 강함	• 16세기 사상계 주도 • 향촌자치 주장 • 의리와 도덕 숭상 • 과학기술 천시 • 왕도정치 이상 • 경학 중시 • 중국 중심의 세계관

(2) 사림의 정치적 성장

① 사림의 정계 변동

㉠ 성종 때 김종직과 그 문인들이 중앙정계에 진출하여 이조전랑(인사권 담당)과 3사의 언관직을 담당하였으나 훈구세력이 이를 비판하게 되었다.

TIP 이조전랑 … 이조전랑의 품계가 5, 6품에 불과하였으나, 홍문관 출신 중에서 명망이 높은 자가 선임되었다. 이조전랑은 자신의 마음에 들지 않는 인물은 천거를 거부할 수 있을 정도로 문관인사에 큰 영향력을 행사하였다. 특별한 과오가 없으면 재상까지 승진할 수 있었으며, 자신의 후임자는 스스로 천거할 정도로 요직이었다. 이조전랑직을 둘러싼 다툼이 붕당정치를 격화시킨 한 요인이 되었다.

㉡ 성종은 사림을 등용하고 훈구세력을 견제하였다.

② 사화의 발생

㉠ **원인** : 사림과 훈구세력 간의 정치적 · 학문적 대립으로 발생하였다.

TIP 사화 발생의 직접적 원인 … 주자학의 폐단, 사회경제제도의 모순, 연산군의 실정, 신구학파의 대립

㉡ **무오사화**(1498) · **갑자사화**(1504) : 연산군의 폭정으로 발생하였으며 영남 사림은 몰락하게 되었다.

㉢ **조광조의 개혁정치**(왕도정치의 추구)

- 정치 · 경제 : 현량과(천거제의 일종)를 실시하여 사림을 등용하여 급진적 개혁을 추진하였다. 위훈삭제사건으로 훈구세력을 약화시켰으며, 공납의 폐단을 시정하였다.
- 사회 : 불교와 도교행사를 폐지하고, 소학교육을 장려하고, 향약을 보급하였다.
- 결과 : 훈구세력의 반발을 샀으며 기묘사화(1519)로 조광조는 실각되고 말았다.

㉣ **을사사화**(명종, 1545) : 중종이 다시 사림을 등용하였으나 명종 때 외척다툼으로 을사사화가 일어나고 사림은 축출되었다.

TIP 사화의 발생과 사림세력의 확대
㉠ 무오사화 : 세조를 비방한 조의제문(弔義帝文)을 사초에 기록한 것을 트집잡아 이극돈 · 유자광 등의 훈구파가 연산군을 충동하여 사림파를 제거하였다.
㉡ 갑자사화 : 임사홍 등은 연산군의 생모 윤비 폐출사건을 들추어서 윤필상, 한명회 등의 훈구파와 김굉필 등의 사림파를 제거하였다.
㉢ 기묘사화 : 남곤 · 심정 등의 훈구파가 조광조의 혁신정치에 불만을 품고, 조광조 일파(조광조, 김식, 김안국 등의 사림파)를 모략하여 처형하였다.
㉣ 을사사화 : 왕위계승문제로 명종의 외척인 윤원형이 선왕인 인종의 외척 윤임 일파를 제거하였고, 사림의 세력은 크게 꺾였다.

③ **결과** … 사림은 정치적으로 위축되었으나 중소지주를 기반으로 서원과 향약을 통해 향촌에서 세력을 회복하게 되었다.

(3) 붕당의 출현(사림의 정계 주도)

① **동인과 서인** … 척신정치(권력을 독점한 권세가들이 마음대로 하는 정치)의 잔재를 청산하기 위한 방법을 둘러싸고 대립행태가 나타났다.

㉠ **동인**

- 신진사림 출신으로서 정치개혁에 적극적이다.
- 수기(修己)를 강조하고 지배자의 도덕적 자기절제를 강조하였다.
- 이황, 조식, 서경덕의 학문을 계승하였다.

㉡ 서인
- 기성사림 출신으로서 정치개혁에 소극적이다.
- 치인(治人)에 중점을 두고 제도개혁을 통한 부국안민에 힘을 썼다.
- 이이, 성혼의 문인들을 중심으로 구성되었다.

② 붕당의 성격과 전개
㉠ 성격 : 학문과 이념에 따라 성립되었으며, 정파적 성격과 학파적 성격을 지녔다.
㉡ 전개 : 초기에는 강력한 왕권으로 형성이 불가능하였으나, 중기에 이르러 왕권이 약화되고 사림정치가 전개되면서 붕당이 형성되었다.

(4) 붕당정치의 전개

① 붕당의 분화
㉠ 동인의 분당은 정여립의 모반사건을 계기로 세자책봉문제(건저의문제)를 둘러싸고 시작되었다.
- 남인은 온건파로 초기에 정국을 주도하였다.
- 북인은 급진파로 임진왜란이 끝난 뒤부터 광해군 때까지 정권을 장악하였다.

㉡ 광해군의 개혁정치
- 명과 후금 사이의 중립외교를 펼쳤으며, 전후복구사업을 추진하였다.
- 북인은 정권을 독점하려 하였고, 무리한 전후복구사업으로 민심을 잃은 광해군과 북인세력은 서인이 주도한 인조반정으로 몰락하였다.

② 붕당정치의 전개
㉠ 서인과 남인의 공존관계 유지 : 서인이 집권하여 남인 일부와 연합하고, 상호비판 공존체제가 수립되었다.
㉡ 정치여론 수렴 : 서원을 중심으로 여론을 수렴하여 중앙정치에 반영되었다.
㉢ 예송논쟁(현종) : 효종의 왕위계승 정통성에 대하여 서인과 남인의 정치적 대립이 격화되었다.
- 기해예송 : 서인의 주장을 채택하여 서인정권이 지속되었다.
- 갑인예송 : 남인의 주장을 채택하여 서인의 세력이 약화되고 남인정권이 운영되었다.

> TIP 서인과 남인의 비교
> ㉠ 서인 : 노비속량과 서얼허통에 비교적 적극적이고 상업과 기술 발전에 호의적인 부국 강병에 관심이 있었다.
> ㉡ 남인 : 수취체제의 완화와 자영농민의 육성에 치중하였고, 상업과 기술 발전에 소극적이었다.

㉣ 공존의 붕괴 : 서인과 남인의 정치공존은 경신환국(서인이 남인을 역모죄로 몰아 숙청하고 정권을 독점)으로 붕괴되었다.

(5) 붕당정치의 성격

① 공론 중시
㉠ 비변사를 통한 여론 수렴이 이루어졌다.
㉡ 3사의 언관과 이조전랑의 정치적 비중이 증대되었다.
㉢ 재야의 여론이 수렴되어 재야의 공론주도자인 산림이 출현하였고, 서원과 향교를 통한 수렴이 이루어졌다.

② 붕당정치는 정치참여의 확대와 정치의 활성화에 기여했다고 할 수 있다.

③ 한계

㉠ 국가의 이익보다는 당파의 이익을 앞세워 국가 발전에 지장을 주기도 하였다.

㉡ 현실 문제를 경시하고 의리와 명분에 치중하였다.

㉢ 지배층의 의견만을 정치에 반영하였다.

4 조선초기의 대외관계

(1) 명과의 관계

① 외교정책의 원칙

㉠ 사대외교 : 명과의 관계를 말하며 왕권의 안정과 국가의 안전 보장을 목적으로 한다.

㉡ 교린정책 : 중국 이외의 주변 민족에 대한 회유와 교류정책이다.

② 대명외교

㉠ 조공외교 : 명의 정치적 간섭은 배제하고 정기사절과 부정기사절을 파견하였다.

- 정치적 목적에서 파견하였지만 문화의 수입과 물품교역이 이루어졌다.
- 자주적 실리외교로 선진문물을 흡수하였고, 국가 간의 공무역이었다.

㉡ 태조 때 정도전 중심의 요동수복운동으로 대립하였으나 태종 이후 정상화되었다.

(2) 여진과의 관계

① 대여진정책(강온양면정책)

㉠ 회유책 : 귀순을 장려하였고, 북평관을 세워 국경무역과 조공무역을 허락하였다.

㉡ 강경책 : 본거지를 토벌하고 국경지방에 자치적 방어체제를 구축하여 진 · 보를 설치하였다.

② 북방개척

㉠ 4군 6진 : 최윤덕, 김종서 등은 압록강에서 두만강에 이르는 4군 6진을 설치하였다.

㉡ 사민정책 : 삼남지방의 주민을 강제로 이주시켜 북방개척과 국토의 균형 있는 발전을 꾀하였다.

㉢ 토관제도 : 토착인을 하급관리로 등용하는 것이다.

(3) 일본 및 동남아시아와의 관계

① 대일관계

㉠ 왜구의 토벌 : 고려 말부터 이어진 왜구의 약탈에 조선은 수군을 강화하고, 화약무기를 개발하는 등 왜구 격퇴에 노력하였다. 이에 왜구가 무역을 요구해오자 조선은 제한된 무역을 허용하였다. 그러나 왜구의 약탈은 계속되었으므로 이종무가 쓰시마섬을 토벌하였다(세종).

㉡ 교린정책 : 3포(부산포, 제포, 염포)를 개항하여, 계해약조를 맺고 조공무역을 허용하였다.

② 동남아시아와의 교역 … 조공, 진상의 형식으로 물자 교류를 하고 특히 불경, 유교경전, 범종, 부채 등을 류큐(오키나와)에 전해주어 류큐의 문화 발전에 기여하였다.

5 양 난의 극복과 대청관계

(1) 왜군의 침략

① 조선의 정세

㉠ 왜구약탈 : 3포왜란(임신약조) → 사량진왜변(정미약조) → 을묘왜변(교역중단)

㉡ 국방대책 : 3포왜란 이후 군사문제를 전담하는 비변사가 설치되었다.

㉢ 16세기 말 : 사회적 혼란이 가중되면서 국방력이 약화되어 방군수포현상이 나타났다(군적수포제 실시).

㉣ 국론의 분열 : 붕당에 따라 일본 정세에 대한 인식의 차이가 노출되어 적극적인 대책이 강구되지 못하였다.

② 임진왜란(1592) … 왜군 20만이 기습하고 정발과 송상현이 분전한 부산진과 동래성의 함락과 신립의 패배로 국왕은 의주로 피난하였다. 왜군은 평양, 함경도까지 침입하였고 명에 파병을 요청하였다.

(2) 수군과 의병의 승리

① 수군의 승리

㉠ 이순신(전라좌수사)의 활약 : 판옥선과 거북선을 축조하고, 수군을 훈련시켰다.

㉡ 남해의 재해권 장악 : 옥포(거제도)에서 첫 승리를 거두고, 사천(삼천포, 거북선을 이용한 최초의 해전), 당포(충무), 당항포(고성), 한산도대첩(학익진 전법) 등지에서 승리를 거두어 남해의 제해권을 장악하였고 전라도지방을 보존하였다.

㉢ 왜군의 수륙병진작전이 좌절되자 전세전환의 계기가 마련되었다.

② 의병의 항쟁

㉠ 의병의 봉기 : 농민이 주축이 되어 전직관리, 사림, 승려가 주도한 자발적인 부대였다.

㉡ 전술 : 향토지리와 조건에 맞는 전술을 사용하였다. 매복, 기습작전으로 아군의 적은 희생으로 적에게 큰 타격을 주었다.

㉢ 의병장 : 곽재우(의령), 조헌(금산), 고경명(담양), 정문부(길주), 서산대사 휴정(평양, 개성, 한성 등), 사명당 유정(전후 일본에서 포로 송환) 등이 활약하였다.

㉣ 전세 : 관군이 편입되어 대일항전이 조직화되고 전력도 강화되었다.

(3) 전란의 극복과 영향

① 전란의 극복

㉠ **조 · 명연합군의 활약** : 평양성을 탈환하고 행주산성(권율) 등지에서 큰 승리를 거두었다.

㉡ **조선의 군사력 강화** : 훈련도감과 속오군을 조직하였고 화포 개량과 조총을 제작하였다.

> TIP 훈련도감 … 임진왜란 때 왜군의 조총에 대항하기 위하여 조총으로 무장한 부대를 만들었다. 훈련도감은 포수, 사수, 살수의 삼수병으로 편제되었다.

㉢ **휴전회담** : 왜군은 명에게 휴전을 제의하였으나, 왜군의 무리한 조건으로 3년만에 결렬되었다.

㉣ **정유재란** : 왜군은 조선을 재침하였으나 이순신에게 명량 · 노량해전에서 패배하였다.

② 왜란의 영향

㉠ 국내적 영향

- 인구와 농토가 격감되고 농촌이 황폐화되어 민란이 발생하였다.
- 국가재정 타개책으로 공명첩을 대량으로 발급하여 신분제가 동요되었고, 납속이 실시되었다.

> TIP 공명첩 … 성명이 기록되어 있지 않은 관직임명장으로 왜란, 호란 중에 국가재정 확보를 위해 임시방편으로 곡식이나 금전을 바치는 자에게 발급되었다. 납속과 함께 신분제를 크게 동요시켰다.

- 토지대장과 호적이 소실되어 조세, 요역의 징발이 곤란하였다.
- 경복궁, 불국사, 서적, 실록 등의 문화재가 소실 · 약탈당하였다.
- 일본을 통하여 조총, 담배, 고추, 호박 등이 전래되었다.

㉡ 국제적 영향

- 일본은 문화재를 약탈하고, 성리학자와 도공을 납치하였다. 이는 일본 문화가 발전하는 계기가 되었다.
- 여진족은 급성장하였으나(후금 건국, 1616), 명은 쇠퇴하였다.

(4) 광해군의 중립외교

① 내정개혁

㉠ **부국책** : 양안(토지대장)과 호적을 재작성하여 국가재정기반을 확보하고, 산업을 진흥하였다.

㉡ **강병책** : 군사력을 강화하기 위해 성곽과 무기를 수리하였다.

㉢ **문화시책** : 동의보감(허준)을 편찬하고 소실된 사고를 5대 사고로 재정비하였다.

② 대외정책

㉠ **후금의 건국** : 임진왜란 동안 조선과 명이 약화된 틈을 타서 여진이 후금을 건국하였다(1616).

㉡ **명의 원군 요청** : 후금은 명에 대하여 전쟁을 포고하고, 명은 조선에 원군을 요청하였다.

㉢ **중립외교** : 조선은 명의 후금공격 요구를 거절할 수 없었고 후금과 적대관계를 맺을 수도 없었다. 이에 명을 지원하였으나 상황에 따라 대처하였고 명의 원군 요청을 적절히 거절하면서 후금과 친선정책을 꾀하는 중립적인 정책을 취하였다.

㉣ **의의** : 국내에 전쟁의 화가 미치지 않아 왜란 후의 복구사업에 크게 기여하였다.

(5) 호란의 발발과 전개

① **정묘호란**(1627)

㉠ **원인** : 명의 모문룡 군대의 가도 주둔과 이괄의 난 이후 이괄의 잔당이 후금에 건너가 조선 정벌을 요구한 것으로 발생하였다.

> TIP 이괄의 난(1624) … 이괄은 인조반정에 큰 공을 세웠으나 논공행상에서 2등 공신이 되자, 이에 불만을 품고 난을 일으켜 서울을 점령하였다.

㉡ **경과** : 후금의 침입으로 정봉수, 이립 등이 의병으로 활약하였다. 후금의 제의로 쉽게 화의(정묘조약)가 이루어져 후금의 군대는 철수하였다.

> TIP 정묘조약 … 조선은 후금과 형제관계를 맺으며 조공을 약속하고 명과 후금에 대해 조선은 중립을 지키며 중강개시와 회령개시를 열 것 등을 조약으로 맺었다.

② **병자호란**(1636)

㉠ **원인** : 후금이 중국을 장악한 후 국호를 청으로 고치고 군신관계를 요구하자 조선은 거부하였다(척화주전론).

㉡ **경과**

- 청 태종이 한양을 점령하였고 인조는 남한산성에 피신하여 항전하였으나 삼전도에서 항복하고(삼전도의 굴욕) 청과 군신관계를 맺게 되었다.
- 소현세자와 봉림대군(효종)이 인질로 끌려갔다.

③ **호란의 영향**

㉠ **청에 대한 반감 고조** : 전쟁의 피폐와 잔혹한 강화조건에 대한 반감이 고조되었다.

㉡ **북벌론 등장** : 문화가 높은 우리나라가 문화가 낮은 오랑캐에게 당한 수치를 씻고 임진왜란 때 우리를 도와준 명에 대한 의리를 지키기 위하여 청을 정벌하자는 주장이다.

(6) 북벌운동의 전개

① **추진세력** … 서인세력(송시열, 송준길, 이완 등)은 군대를 양성하는 등의 계획을 세웠으나 실천하지 못하였다.

② **추진동기** … 서인의 정권 유지를 위한 것이었다.

③ **효종의 북벌계획** … 이완을 훈련대장으로 임명하고 군비를 확충하였지만 효종의 죽음으로 북벌계획은 중단되었다.

④ **북학운동** … 청의 우수한 문물을 적극 수용해야 한다는 이른바 북학운동의 대두로 점차 북벌론은 쇠퇴하였다.

> TIP 나선정벌 … 북벌운동준비중 청과 연합하여 만주에 침입하는 러시아군을 물리쳤다.

04 정치상황의 변동

1 통치체제의 변화

(1) 정치구조의 변화

① 비변사의 기능 강화

㉠ 중종 초(1510)에 여진족과 왜구에 대비하기 위해 설치한 임시기구였으나 임진왜란을 계기로 문무고관의 합의기구로 확대되었다.

㉡ 군사뿐만 아니라 외교, 재정, 사회, 인사 등 거의 모든 정무를 총괄하였다.

㉢ 전란이 끝난 뒤에도 붕당간의 이해관계 조정기구로 그 성격이 바뀌었다.

㉣ 영향 : 왕권이 약화되고, 의정부와 6조의 기능이 약화되었다.

> TIP 비변사의 폐지 … 흥선대원군의 개혁으로 기능이 크게 약화되어, 일반 정무는 다시 의정부가 담당하고 국방 문제는 새로 설치된 삼군부가 담당하게 됨으로써 폐지되었다.

② 정치 운영의 변질

㉠ 삼사의 언론기능 : 공론을 반영하기보다 각 붕당의 이해관계를 대변하였다.

㉡ 이조 · 병조의 전랑 : 상대 붕당을 견제하는 기능으로 변질되어 붕당 간의 대립을 격화시켰다.

(2) 군사제도의 변화

① 중앙군(5군영)

㉠ 설치배경 : 대외관계와 국내정세 변화에 따라 설치되었으며 서인정권의 군사적 기반이 되었다.

㉡ 5군영

- 훈련도감 : 삼수병(포수 · 사수 · 살수)으로 구성되었으며, 직업적 상비군이었다.
- 어영청 : 인조 2년 이괄의 난 때 설치되어, 효종 때 북벌운동의 중추기관이 되었다. 기 · 보병으로 구성되며, 지방에서 교대로 번상하였다.
- 총융청 : 인조 때 이괄의 난을 계기로 설치되어 북한산성 등 경기 일대의 방어를 위해 속오군으로 편성되었다.
- 수어청 : 정묘호란 후 인조 때 설치되어 남한산성을 개축하고 이를 중심으로 남방을 방어하기 위해 설치되었다.
- 금위영 : 숙종 때 수도방위를 위해 설치되었다. 기 · 보병 중심의 선발 군사들로 지방에서 교대로 번상케 하였다.

> TIP 5군영 … 조선전기의 5위제가 방군수포제의 실시로 유명무실화되고 군사력이 약화되었다. 그 결과 임진왜란 초기에 관군이 패배하는 주요 요인이 되었으며, 이에 따라 왜란 중에 군사제도 개편 주장이 대두되어 훈련도감이 설치되었다. 그 뒤 4개의 군영이 설치되었으나, 군영마다 군인의 종류가 제각각이었다.

② **지방군**(속오군)

㉠ **지방군제의 변천**

- 진관체제 : 세조 이후 실시된 체제로 외적의 침입에 효과가 없었다.
- 제승방략체제(16세기) : 유사시에 필요한 방어처에 각 지역의 병력을 동원하여 중앙에서 파견되는 장수가 지휘하게 하는 방어체제이다.
- 속오군체제 : 진관을 복구하고 속오법에 따라 군대를 정비하였다.

㉡ **속오군** : 양천혼성군(양반, 농민, 노비)으로서, 농한기에 훈련하고 유사시에 동원되었다. 양반의 군역 기피로 사실상 상민과 노비로만 편성되었다.

(3) 수취제도의 개편

① **배경** … 경제구조의 변동과 신분제의 동요 등으로 다수의 농민은 생존조차 어려웠다. 이에 따른 농민들의 불만 해소와 사회 안정을 도모하기 위해서 수취제도를 개편하였다.

② **전세제도의 개편**

㉠ **영정법** : 전세를 풍흉에 관계없이 1결당 미곡 4두로 고정시켰다.

㉡ **결과** : 전세율이 다소 낮아졌으나 농민의 대다수인 전호들에게는 도움이 되지 못하였고 전세 외에 여러 가지 세가 추가로 징수되어 조세의 부담은 증가하였다.

③ **공납제도의 개편**

㉠ **방납의 폐단** : 방납이 이루어지는 과정에서 농민들의 부담이 컸다.

㉡ **대동법** : 종전의 민호에 토산물을 부과·징수하던 공납을 토지의 결수에 따라 미, 포, 전을 납입하게 하는 제도이다.

㉢ **결과**

- 농민의 부담이 감소하였다.
- 조세의 금납화가 촉진되었다.
- 국가재정이 회복되었다.
- 상공업의 발달이 촉진되었다.
- 진상·별공은 여전히 존속하였다.
- 양반의 몰락이 촉진되었다.
- 지주에게 부과된 대동세가 소작농에게 전가되는 경우가 있었다.
- 상업도시의 발전을 가져왔다.

④ **군역제도의 개편**

㉠ **군포징수의 폐단** : 징수기관이 통일적으로 이루어지지 않아 농민들이 이중, 삼중의 부담을 가졌다.

㉡ **균역법** : 12개월마다 내던 군포 2필을 1필로 반감하였다.

㉢ **결과** : 일시적으로 농민부담이 경감되었으나 폐단이 다시 발생하여 농민으로부터 반감을 사게 되고 전국적인 저항을 불러왔다.

⑤ 향촌지배방식의 변화

㉠ **조선전기** : 사족의 향촌자치를 인정하였으나 후기에는 수령과 향리 중심의 지배체제로 바뀌어 농민수탈이 심해졌다.

㉡ 농민들의 향촌사회 이탈을 막고자 호패법과 오가작통제를 강화하였다.

2 정쟁의 격화와 탕평정치

(1) 붕당정치의 변질

① **원인** … 17세기 후반 사회 · 경제적 변화가 원인이 되었다.

㉠ 농업생산력의 향상과 상품화폐경제의 발달로 정치집단이 상업적 이익에 대한 관심이 높아져 독점하는 경향이 커졌다.

㉡ 정치적 쟁점이 예론(예송논쟁)에서 군영의 장악(군사력, 경제력 확보)으로 변질되었다.

㉢ 지주제와 신분제가 동요하자 양반의 향촌지배력이 약화되고, 붕당정치의 기반이 붕괴되었다.

② 변질양상

㉠ **숙종** : 붕당 사이의 견제와 균형을 유지하던 붕당정치형태가 무너지고 정국을 주도하는 붕당과 견제하는 붕당이 서로 교체됨으로써 특정 붕당이 정권을 독점하는 일당전제화 추세가 대두되었다.

㉡ **경신환국 이후의 서인** : 노장세력과 신진세력 간에 갈등이 생기면서 노론(대의명분 존중, 민생 안정)과 소론(실리 중시, 적극적 북방개척 주장)으로 나뉘게 되었다.

③ 정치운영의 변질

㉠ 국왕이 환국을 주도하여 왕실의 외척 및 종실 등 왕과 직결된 집단의 정치적 비중이 증대되었다.

㉡ 환국이 거듭되는 동안 자기 당의 이익을 직접 대변하는 역할을 하여 삼사와 이조전랑의 정치적 비중이 감소되었다.

㉢ 고위 관원의 정치 권력이 집중되면서 비변사의 기능이 강화되었다.

④ 결과

㉠ **왕위계승문제** : 상대방에 대한 보복으로 사사(賜死)가 빈번하였고, 외척의 정치적 비중이 높아져 갔으며, 정쟁의 초점이 왕위계승문제에 두어지는 등 붕당정치가 정상적으로 운영되지 못하였다.

㉡ **벌열가문의 정권 독점** : 정권은 몇몇 벌열가문에 의해 독점되었고, 지배층 사이에서는 종래 공론에 의한 붕당보다도 개인이나 가문의 이익을 우선하는 경향이 현저해졌다.

㉢ **양반층의 분화** : 양반층이 분화되면서 권력을 장악한 부류도 있었으나, 다수의 양반은 몰락하여 갔다. 중앙의 정쟁에서 패한 사림들은 정계에서 배제되어 지방 세력화하였으니, 그들은 연고지로 낙향하여 서원을 설립하여 세력의 근거지로 삼았다.

㉣ **서원의 남설(濫設)** : 특정 가문의 선조를 받드는 사우(祠宇)와 뒤섞여 도처에 세워졌다.

(2) 탕평론의 대두

① 붕당정치변질의 문제점

㉠ **정쟁과 사회분열** : 공론(公論)과 공리(公理)보다 집권욕에만 집착하여 균형관계가 깨져서 정쟁이 끊이지 않고 사회가 분열되었다.

㉡ **왕권의 약화** : 정치집단 간의 세력균형이 무너지고 왕권 자체도 불안하게 되었다. 이에 강력한 왕권을 토대로 국왕이 정치의 중심에 서서 세력의 균형을 유지하려는 탕평론(蕩平論)이 제기되었다.

② 숙종의 탕평론

㉠ **탕평론의 제시** : 공평한 인사관리를 통해 정치집단 간의 세력 균형을 추구하였다.

㉡ **한계** : 명목상의 탕평책에 불과하여 편당적인 인사관리로 빈번한 환국이 발생(경신환국, 기사환국, 갑술환국)하였다.

> TIP 붕당정치 변질과정의 사건들
>
> ㉠ 경신환국(庚申換局) : 경신대출척이라고도 한다. 숙종(1680) 때 서인이 남인인 허적의 서자 허견 등의 역모사건을 고발하여 남인이 축출되고 서인이 중용되었다. 경신환국 직후 서인 내에서 남인에 대한 처분을 놓고 강경론을 편 송시열 등이 노론으로, 온건한 처벌을 주장한 윤증 등 소장파가 소론으로 분열되었다.
>
> ㉡ 기사환국(己巳換局) : 숙종 15년(1689)에 희빈 장씨가 출산한 왕자(경종)를 세자로 책봉하는 과정에서 서인이 몰락하고 남인이 재집권하였는데, 이 때 남인이 서인에 대하여 극단적인 보복을 가하였다.
>
> ㉢ 갑술환국(甲戌換局) : 숙종 20년(1694) 폐비 민씨가 복위하는 과정에서 이를 주도한 서인이 다시 집권하게 되었는데, 이 때 서인이 남인에게 보복을 가하였다.

(3) 영조의 탕평정치

① 탕평책의 추진

㉠ **한계** : 탕평의 교서를 발표하여 탕평책을 추진하였으나 편당적 조처로 정국이 불안정하였다.

㉡ **이인좌의 난** : 소론과 남인의 일부 강경파는 노론정권에 반대하고 영조의 정통을 부정하였다.

> TIP 이인좌의 난(1728) … 소론 강경파와 남인 일부가 경종의 죽음에 영조와 노론이 관계되었다고 하면서 영조의 탕평책에 반대하여 일으킨 반란이다.

② **정국의 수습과 개혁정치** … 탕평파를 육성하고, 붕당의 근거지인 서원을 정리하였고, 이조전랑의 권한을 약화시키기 위해 이조전랑의 후임자 천거제도를 폐지하였다. 그 결과 정치권력은 국왕과 탕평파 대신에게 집중되었다.

③ 영조의 치적

㉠ 군역 부담을 줄이기 위하여 균역법을 시행하고, 군영을 정비하여 세 군문(훈련도감, 금위영, 어영청)이 도성을 방어하였다.

㉡ 악형을 폐지하고 사형수에 대한 삼심제를 채택하였다.

㉢ 속대전을 편찬하여 제도와 권력구조의 개편을 반영하였다.

④ **한계** … 강력한 왕권으로 붕당 사이의 다툼을 일시적으로 억제하기는 하였으나 소론 강경파의 변란(이인좌의 난, 나주괘서사건)획책으로 노론이 권력을 독점하게 되었다.

(4) 정조의 탕평정치

① **정치세력의 재편** … 사도세자의 죽음을 둘러싼 갈등을 겪은 정조는 강력한 탕평책을 추진하여 벽파를 물리치고 시파를 고루 기용하여 왕권의 강화를 꾀하였다.

② **왕권 강화**

㉠ **규장각의 육성** : 붕당의 비대화를 막고 국왕의 권력과 정책을 뒷받침하는 기구이다.

> TIP 규장각 … 본래 역대 왕의 글과 책을 수집 보관하기 위한 왕실 도서관의 기능을 기구로 설치되었다. 그러나 정조는 여기에 비서실의 기능과 문한기능을 통합적으로 부여하고, 과거시험의 주관과 문신교육의 임무까지 부여하였다.

㉡ **탕평론** : 탕평정치는 왕이 중심이 되어서 붕당정치에서 나타난 문제점을 극복하려는 것이었다. 그것은 붕당 사이의 대립을 조정하고, 사회 · 경제적 변화 사이에서 지배층에게 부분적인 양보를 요구하는 정책을 추진하는 등 개혁적인 측면이 있었다. 그러나 탕평정치는 근본적으로 왕권을 중심으로 권력의 집중과 정치세력의 균형을 꾀하면서 기존사회체제를 재정비하여 안정시키려는 것이었다. 따라서 여러 정책들이 보수적인 성격을 띠고 있었고, 정치 운영에서 왕의 개인적인 역량에 크게 의존하는 것이어서 탕평정치가 구조적인 틀을 갖추어 안정적으로 유지되기는 어려웠다.

㉢ **장용영의 설치** : 국왕의 친위부대를 설치하고 병권을 장악하여, 왕권을 뒷받침하는 군사적 기반이 되었다.

㉣ **수원 육성** : 화성을 세워 정치적 · 군사적 기능을 부여함과 동시에 상공인을 유치하여 자신의 정치적 이상을 실현하는 상징적 도시로 육성하고자 하였다.

㉤ **수령의 권한 강화** : 수령이 군현 단위의 향약을 직접 주관하게 하여 지방 사림의 영향력을 줄이고 국가의 백성에 대한 통치력을 강화하였다.

㉥ 서얼과 노비의 차별을 완화하였으며, 통공정책으로 금난전권을 폐지하였다.

㉦ 대전통편, 동문휘고, 탁지지 등을 편찬하였다.

3 정치질서의 변화

(1) 세도정치의 전개(19세기)

① **배경** … 정조의 탕평정치로 왕에게 권력이 집중되었던 것이 정조가 죽은 후 왕이 행하던 역할을 하지 못하게 되자 정치세력 간의 균형이 다시 깨지고 몇몇 유력가문 출신의 인물들에게 권력이 집중되었다.

② **세도정치의 전개**

㉠ **순조** : 정순왕후가 수렴청정을 하면서 노론 벽파가 정권을 잡았으나 정순왕후가 죽자 순조의 장인인 김조순을 중심으로 안동 김씨의 세도정치가 시작되었다.

㉡ 헌종, 철종 때까지 풍양조씨, 안동 김씨의 세도정치가 이어졌다.

TIP 세도정치 … 18세기 이전에는 인격이 출중하고 학식이나 덕망이 뛰어나서 사림의 지지를 받는 자에게 정치의 대권을 맡겨서 왕도정치의 이상을 구현하는 정치로 존중되었다. 그러나 18세기 이후에 들어서는 국왕과의 정실관계로 집권한 왕실의 외척으로서 국왕의 총애하에 정보와 사찰, 인사행정을 장악하여 폐쇄적 · 독점적인 정치풍토를 조성하는 폐단을 낳았다.

(2) 세도정치기의 권력구조

① 정치집단의 폐쇄 … 소수의 집단이 권력을 장악하고 정치권력의 사회적 기반이 약화되자 왕실의 외척, 산림 또는 관료가문인 이들은 서로 연합하거나 대립하여 권력과 이권을 독점하였다.

② 권력구조의 변화

㉠ 정2품 이상만 정치권력을 발휘하고 중하급 관리는 행정실무만 담당하게 되었다.

㉡ 의정부와 6조의 기능은 약화되고 유력한 가문 출신의 인물들이 차지한 비변사의 권한은 강화되었다.

(3) 세도정치의 폐단

① 체제 유지

㉠ 사회 변화에 소극적으로 대응하여 상업 발달과 서울의 도시적 번영에 만족하였다.

㉡ 남인, 소론, 지방 사족, 상인, 부농 등의 다양한 정치세력의 참여를 배제하였다.

② 정치기강의 문란

㉠ 수령직의 매관매직으로 탐관오리의 수탈이 극심해지고 삼정(전정, 군정, 환곡)이 문란해졌다. 그 결과 농촌경제는 피폐해지고, 상품화폐경제는 둔화되었다.

㉡ 피지배계층의 저항은 전국적인 민란으로 발생하였다.

③ 세도정치의 한계 … 고증학(경전의 사실 확인을 위해 실증을 앞세우는 학문)에 치중되어 개혁의지를 상실하였고 지방의 사정을 이해하지 못했다.

4 대외관계의 변화

(1) 청과의 관계

① 이중적 대청관계 … 병자호란 이후 명분상으로는 소중화론을 토대로 하여 청을 배척하였으나 실제로는 사대관계를 인정하여 사신을 파견하기도 했다.

② 북벌정책

㉠ 17세기 중엽, 효종 때 추진하였다.

㉡ 청의 국력 신장으로 실현가능성이 부족하여 정권 유지의 수단이 되기도 하였다.

㉢ 양난 이후의 민심 수습과 국방력 강화에 기여하였다.

③ 북학론의 대두

㉠ 청의 국력 신장과 문물 융성에 자극을 받았다.

㉡ 사신들은 천리경, 자명종, 화포, 만국지도, 천주실의 등의 신문물과 서적을 소개하였다.

㉢ 18세기 말 북학파 실학자들은 청의 문물 도입을 주장하였다.

④ 백두산정계비 건립

㉠ 청나라는 자신들의 고향인 간도지방을 중요하게 생각하였다. 그러나 조선인도 그곳에 정착하여 사는 사람이 많았기 때문에 청과 국경분쟁이 일어났다.

㉡ 숙종 때(1712) 백두산 정계비를 세워 국경이 압록강에서 토문강으로 확정되었다.

㉢ **간도분쟁** : 19세기에 토문강의 위치에 대한 해석 차이로 간도귀속문제가 발생하였다. 결국 조선의 외교권이 상실된 을사조약 후 청과 일본 사이의 간도협약(1909)으로 청의 영토로 귀속되었다.

TIP 백두산정계비

㉠ 비문 : '서로 압록강, 동으로 토문강을 경계로 한다.'

㉡ 1880년 토문강에 대한 해석상의 차이로 간도귀속문제가 발생하였다(조선은 '쑹화강의 지류', 청은 '두만강'으로 해석).

㉢ 1909년 일본은 을사조약으로 조선의 외교권을 박탈한 뒤에 그들의 그들의 세력을 만주대륙으로 확장하고 푸순탄광채굴권의 이권을 보장받는 대신 간도를 청의 영토로 인정하는 간도협약을 체결하였다.

(2) 일본과의 관계

① 대일 외교관계

㉠ **기유약조**(1609) : 임진왜란으로 조선과 일본의 외교 단절 이후 도쿠가와 막부의 요청으로 부산포에 왜관을 설치하고, 대일무역이 행해졌다.

㉡ 조선통신사 파견

- 17세기 초 이후부터 200여년간 12회에 걸쳐 파견하였다.
- 일본의 막부 정권이 파견을 요청하였다.
- 외교사절의 역할뿐만 아니라 조선의 선진학문과 기술을 일본에 전파하였다.

② **울릉도와 독도** … 안용복이 일본으로 건너가(숙종) 일본 막부에게 울릉도 와 독도가 조선 영토임을 확인받고 돌아왔다. 그 후 조선 정부는 울릉도의 주민 이주를 장려하였고, 울릉도에 군을 설치하고 관리를 파견하여 독도까지 관할하였다.

최근 기출문제 분석

2019. 10. 19. 우정서기보(계리직)

1 **㈎와 ㈏의 사건 사이에 신라에서 있었던 일로 옳지 않은 것은?**

㈎ 위두(衛頭)를 전진(前秦)에 사신으로 보냈다. ㈏ 아시촌(阿尸村)에 소경(小京)을 설치하였다.

① 실직국과 압독국을 정복하였다.
② 복호(卜好)를 고구려에 볼모로 보냈다.
③ 나을(奈乙)에 신궁(神宮)을 설치하였다.
④ 상복법(喪服法)을 제정해 반포, 시행하였다.

TIP ㈎ 고구려를 통하여 위두를 전진에 사신으로 파견한 것은 4세기 내물왕 때의 일이다.
㈏ 아시촌 소경은 지증왕 15년(514)에 설치된 최초의 소경이다. 신라의 소경 설치는 6세기 초에 걸쳐 진행된 체제 정비와 수도 도시 계획 일환이었다.
① 파사왕은 재위 23년(102)에 음집벌국(경북 울진 · 안강), 실직국(강원 삼척), 압독국(경북 경산)을 차례로 쳐 병합시켰다.
② 실성왕 11년(412) 고구려가 미사흔의 형 복호(卜好)를 볼모로 삼고자 하여, 왕은 복호를 고구려에 보냈다.
③ 시조 탄생지인 나을에 신궁을 설치한 것은 소지왕 9년(487)의 일이다.
④ 지증왕 5년(504)에는 상복법(喪服法)을 제정하여 전통적 장례의식을 혁파하였다.

Answer 1.①

2019. 10. 19. 우정서기보(계리직)

2 ㈎왕과 ㈏국가에 대한 옳은 설명을 〈보기〉에서 모두 고른 것은?

> 경자(庚子)년에 ㈎왕이 보병과 기병 5만을 보내 ㈏을/를 구원하게 하였다. 관군이 이르자 왜적이 물러가므로, 뒤를 급히 추격하여 임나가라의 종발성(從拔城)에 이르렀다. 성이 곧 항복하자 병력을 두어 지키게 하였다.

〈보기〉

㉠ ㈎왕의 왕호를 새긴 유물이 신라 왕도에서 출토되었다.
㉡ ㈎왕은 아단성 등 백제의 58성 700여 촌을 공략하였다.
㉢ ㈏국가는 포상(浦上) 8국의 공격을 받은 가야를 구원하였다.
㉣ ㈏국가는 왜(倭)의 아스카[飛鳥] 문화 형성에 큰 영향을 주었다.

① ㉠
② ㉠, ㉡
③ ㉠, ㉡, ㉢
④ ㉠, ㉡, ㉢, ㉣

TIP 제시된 사료는 광개토대왕이 신라를 도와 왜적을 물리친 내용으로 ㈎는 광개토대왕, ㈏는 신라이다.

㉠ [O] 신라의 왕도(王都)인 경주에 위치한 호우총에서 '광개토대왕'명 청동 호우가 출토되었다.
㉡ [O] 광개토대왕은 396년 수륙양면작전으로 백제를 공격하여 아단성 등 58성 700여 촌을 함락시켰다.
㉢ [O] 포상 8국은 낙동강 하류 및 경상남도 연안 지역에 있었던 8개의 소국으로, 『삼국사기』 '신라본기'에서는 '내해왕 14년(209) 가을 7월에 포상 8국이 공모하여 가라(加羅, 阿羅)를 침범하자 가라 왕자가 구원을 요청했다. 왕이 태자 우로와 이벌찬 이음으로 하여금 6부의 군사를 거느리고 가서 구원해 주도록 하여 8국의 장병을 격살하고 포로 6천여 명을 사로잡아 돌아왔다'라고 서술하고 있다.
㉣ [X] 왜의 아스카 문화 형성에 큰 영향을 준 것은 백제이다.

Answer 2.③

2019. 10. 19. 우정서기보(계리직)

3 ㈎왕의 재위 시기의 사실로 옳지 않은 것은?

> 공주는 우리 대흥보력효감금륜성법대왕(大興寶曆孝感金輪聖法大王)의 둘째 딸이다. 고왕과 무왕, 그리고 공주의 아버지 ㈎왕은 왕도를 일으키고 무공을 크게 떨쳤다고 말할 수 있다. 만일 이들이 때를 맞추어 정사를 처리하면 그 밝기가 일월이 내려 비치는 것과 같고, 기강을 세워 정권을 주도하면 그 어진 것이 천지가 만물을 포용하는 것과 같을 것이다.

① 신라는 관리 등용을 위해 독서삼품과를 설치하였다.
② 일본에서는 엔닌[圓仁]이 구법을 위해 당으로 갔다.
③ 발해는 당(唐)으로부터 '발해 국왕'이라는 칭호를 받았다.
④ 당에서는 안록산과 사사명(史思明)의 난(亂)이 일어났다.

TIP 제시된 사료는 정혜공주묘지병서 내용의 일부이다. 정혜공주는 발해의 3대 왕인 문왕의 둘째 딸이다. 따라서 ㈎왕은 문왕(737~793)이다.

② 일본의 승려 엔닌이 구법을 위해 당으로 건너간 것은 9세기의 일이다. 엔닌이 당나라의 불교 성지를 돌아보고 기록한 여행기인 『입당구법순례행기』는 838년 6월부터 847년 12월까지 약 9년 6개월간의 기록이다.
① 신라의 관리선발제도인 독서삼품과가 설치된 것은 원성왕 4년(788)이다.
③ '발해 군왕'에서 '발해 국왕'으로 승격한 것은 762년이다.
④ 안녹산과 사사명 등이 일으킨 반란인 안사의 난은 755년부터 763년까지 약 9년 동안 이어졌다.

Answer 3.②

2019. 10. 19. 우정서기보(계리직)

4 **다음 사실을 일어난 순서대로 나열한 것은?**

> ㉠ 이몽학이 농민과 자신이 조직한 회원들을 이끌고 홍산에서 난을 일으켰다.
> ㉡ 권율이 이끄는 관군과 백성은 합심하여 행주산성에서 왜군을 물리쳤다.
> ㉢ 조선 정부는 전란 중에 새로운 군대의 필요성을 절감하여 훈련도감을 설치하였다.
> ㉣ 왜군이 조선 수군을 습격하여 통제사 원균(元均), 전라 수사이억기(李億祺), 충청 수사 최호(崔湖) 등이 죽었다.

① ㉠-㉡-㉢-㉣ ② ㉠-㉡-㉣-㉢
③ ㉡-㉠-㉣-㉢ ④ ㉡-㉢-㉠-㉣

TIP ㉡ 행주대첩 – 1593년 2월
㉢ 훈련도감 설치 – 1593년 8월(임시기구로 설치)
㉠ 이몽학의 난 – 1596년
㉣ 정유재란 – 1597~1598년

2018. 7. 21. 우정서기보(계리직)

5 **밑줄 친 '이 나라'의 정치 제도에 대한 설명으로 옳은 것을 〈보기〉에서 모두 고른 것은?**

> 이 나라는 5경박사를 두어 유학을 가르치고 『서기』라는 역사책을 편찬하는 등 유교 문화 수준이 높았다. 그리고 '사택지적비'를 보면 노장 사상에 대해서도 상당한 지식이 있었음을 알 수 있다.

> 〈보기〉
> ㉠ 16등급의 관등 제도와 6좌평의 제도를 두었다.
> ㉡ 귀족들이 모여서 수상인 대대로를 선출하였다.
> ㉢ 소경(小京)이라는 특수 행정 구역을 설치하였다.
> ㉣ 지방에 22개의 담로를 두고 왕족을 보내 다스렸다.

① ㉠, ㉡ ② ㉡, ㉢
③ ㉢, ㉣ ④ ㉠, ㉣

TIP ③이 나라'는 백제다.
㉡ 고구려 ㉢ 통일 신라

Answer 4.④ 5.④

2018. 7. 21. 우정서기보(계리직)

6 **다음 사건들이 일어난 순서를 옳게 나열한 것은?**

㉠ 살수대첩	㉡ 안시성 싸움
㉢ 황산벌 전투	㉣ 대가야 멸망

① ㉠ - ㉡ - ㉢ - ㉣　　② ㉡ - ㉢ - ㉣ - ㉠
③ ㉢ - ㉣ - ㉠ - ㉡　　④ ㉣ - ㉠ - ㉡ - ㉢

TIP ㉣ 대가야 멸망(562년) - ㉠ 살수대첩(612년) - ㉡ 안시성 싸움(645년) - ㉢ 황산벌 전투(660년)

2018. 7. 21. 우정서기보(계리직)

7 **다음 제도들을 시행한 까닭으로 가장 적절한 것은?**

• 기인 제도	• 사심관 제도
• 상수리 제도	• 경재소 제도

① 각 지방의 균형 있는 발전을 도모하고자 하였다.
② 문벌귀족 중심의 정치 체제를 강화하고자 하였다.
③ 지방 세력을 통제하여 중앙 권력을 강화하고자 하였다.
④ 귀족 세력을 억압하고 관리 등용 제도를 마련하고자 하였다.

TIP ③ 모두 왕권강화를 위해 지방세력을 견제하기 위한 제도이다.
㉠ **기인 제도**: 태조 왕건은 지방 호족의 자제를 볼모로 중앙에 머물게 하는 기인 제도를 실시하였다. 기인 제도는 호족 세력을 견제하여 왕권을 강화하기 위해 실시하였다.
㉡ **사심관 제도**: 고려 태조 때 지방 호족 세력을 약화시키려고 실시한 왕권 강화책이다. 935년 고려에 항복한 신라의 마지막 왕인 경순왕(김부)을 경주의 사심관으로 삼은 데에서 시작되었다. 그 지방의 관리를 그 지방 사람으로 임명하여 지방에서 반역의 일이 발생하면 사심관 직에 임명된 관리에게 연대 책임을 지게 함으로써 지방 세력을 약화시키는 것이다.
㉢ **상수리 제도**: 신라시대 중앙정부가 일종의 볼모를 이용해 지방세력을 통제하던 방식으로 고려시대 기인제도(其人制度)의 전신이다.
㉣ **경재소 제도**: 조선 전기 중앙의 고위 관리가 자기 출신지역 유향소의 품관들을 관리 감독하며 정부와 지역 간의 여러가지 일을 주선하던 중앙기구다.

Answer 6.④ 7.③

출제 예상 문제

1 **다음 중 광개토대왕의 업적에 해당하지 않는 것은?**

① 내물왕의 요청으로 낙동강 유역에 군대를 보내 왜군을 격파하였다.
② 평양 천도를 단행하여 고조선 문화를 계승하였다.
③ 후연을 정벌하여 요동으로 진출하였다.
④ 숙신을 복속시켜 북쪽의 판도를 넓혔다.

TIP ② 평양 천도는 장수왕 때의 사실이다.

2 **다음 내용을 시대순으로 나열하면?**

> ㉠ 백제는 수도를 사비로 천도하고 국호를 남부여로 고치면서 중흥을 꾀하였다.
> ㉡ 대가야가 멸망하면서 가야연맹체가 완전 해체되었다.
> ㉢ 고구려는 위의 침입으로 위축되기도 하였다.
> ㉣ 고구려는 평양 천도 후에 백제의 한성을 함락하였다.
> ㉤ 백제는 수군을 정비하여 요서지방으로 진출하였다.

① ㉢ – ㉠ – ㉡ – ㉢ – ㉤
② ㉢ – ㉣ – ㉠ – ㉡ – ㉣
③ ㉢ – ㉣ – ㉤ – ㉠ – ㉡
④ ㉢ – ㉤ – ㉣ – ㉠ – ㉡

TIP ㉠ 6세기 초반 ㉡ 6세기 후반 ㉢ 3세기 ㉣ 5세기 ㉤ 4세기

Answer 1.② 2.④

3 다음 중 신라중대의 특징이 아닌 것은?

① 6두품은 왕의 정치적 조언자 역할
② 집사부 시중의 권한 강화
③ 국학 설치
④ 왕위 계승이 진골에서 성골로 교체

TIP ④ 왕위 계승은 무열왕의 등극 이후부터는 진골들이 계승하였다.

4 다음과 관련이 있는 것을 고르면?

마운령비, 황초령비, 북한산비, 창령비, 단양적성비

㉠ 중앙 집권 이후 영토 확장을 알려주는 금석문이다.
㉡ 고구려와 연합하여 한강 유역을 차지하였음을 알 수 있다.
㉢ 진흥왕의 중앙관제와 지방제도를 알 수 있다.
㉣ 신라의 영토가 대동강과 원산만에 이른다는 것을 알려주는 금석문이다.

① ㉠㉡ ② ㉠㉢
③ ㉡㉢ ④ ㉢㉣

TIP 제시된 내용은 진흥왕 순수비로서 중앙집권 이후 영토 확장을 알려주는 금석문임과 동시에, 중앙관제와 지방제도를 알 수 있다. 백제와 연합하여 한강 유역과 원산만을 차지하였다.

Answer 3.④ 4.②

5 **다음은 신라에서 최초로 우역이 설치된 기록이다. 그 시대적 상황과 가장 거리가 먼 것은?**

> 비로소 사방에 우역(郵驛)을 두고 맡은 관청에 명하여 관도(官道)를 수리하게 하였다.
>
> – 삼국사기 –

① 왕위의 부자상속제 확립
② 활발한 정복사업의 전개
③ 수도의 방리(坊里) 명칭 제정
④ 수도에 시장 설치

TIP 신라 소지왕 9년 설치한 우역이 기록된 것이다. 그러므로 5세기 때의 상황이 아닌 것이 정답이 된다.
① 5세기 초 눌지왕
② 6세기 지증왕
③④ 5세기말 소지왕
※ 우역이란 신라시대의 공문서 전달, 관물의 운송, 관리의 숙박 편의 제공 등을 위해 설치한 국가의 육상기관으로 이 제도는 국력신장으로 이어져 지증왕 때 활발한 정복사업, 법흥왕 때 중앙집권적 통치체제의 확립에 기여하였다.

6 **다음 중 8세기 초 동아시아의 정세로 옳은 것은?**

① 발해는 수군을 보내 당의 산둥지방을 선제 공격하였다.
② 발해는 당에 신을 파견하였으며 유학생들도 건너갔다.
③ 발해는 흑수부 말갈족을 이용해 당을 견제하려 하였다.
④ 만주에서 거란족이 일어나 발해를 멸망시켰다.

TIP 8세기 초의 발해는 인안이라는 독자적 연호를 사용하고 정복활동을 활발히 한 무왕 때이다. 무왕이 동북방의 여러 세력을 복속하고 북만주 일대를 장악하자 신라는 북방경계를 강화하였고 흑수부 말갈족도 당과 연결하고자 하였다. 이에 무왕은 장문휴의 수군으로 당의 산둥지방을 공격하고 그 곳에 발해관을 설치할 정도로 강력한 적대정책을 취하였다. 돌궐 · 일본 등과 연결하면서 당과 신라를 견제하여 동북아시아에서 세력 균형을 유지할 수 있었다.
② 당과 국교를 수립하고 당의 3성 6부제를 도입하는 등의 국가 운영의 기틀을 마련한 시기는 8세기 후반의 문왕 때이다.
③ 흑수부 말갈족은 발해와 대립적 관계에 있는 부족이며, 당은 발해가 강성해지자 흑수부 말갈족을 이용하여 발해를 견제하기도 하였다.
④ 거란에 의해 발해가 멸망한 시기는 10세기 초반이다(926).

Answer 5.② 6.①

7 신라 진흥왕의 영토 확장 연구에 적절하지 않은 것은?

① 북한산비 – 한강유역의 진출과정
② 울진 봉평 신라비 – 동해안 지방으로의 영토 확장
③ 삼국사기 – 6세기 삼국의 대립관계
④ 창녕비 – 낙동강 진출

TIP ① 북한산비는 6세기 신라 진흥왕(555)이 한강 하류까지의 진출을 알 수 있는 비이다.
② 울진 봉평 신라비는 법흥왕(524) 때에 세워진 신라의 비석으로 신라 6부의 성립, 법흥왕 때의 율령의 시행 등을 알 수 있다.
③ 삼국사기는 고려 인종 때 김부식 등이 왕명을 받아 편찬한 것으로 고려 초에 쓰여진 구삼국사를 기본으로 유교적 합리주의 사관에 기초하여 삼국시대 정사를 서술하였다. 따라서 삼국이 존속한 10세기간 전쟁 사실의 기록을 통해(전쟁기사) 신라 영토 확장에 대해 알 수 있다.
④ 창녕비는 신라 진흥왕(561) 때 세워진 것으로 대가야를 정벌하고 낙동강 유역을 평정한 뒤 세워졌다.

8 다음 통일신라 지방통치제도의 시행 목적으로 옳은 것은?

외사정, 9주 5소경, 상수리제도

① 백제와 고구려의 유민통합
② 지방 통치의 강화
③ 지방 군사력의 강화
④ 지방 토착세력의 통합

TIP 통일신라는 주 · 군에 감찰임무를 가진 외사정을 파견하여 중앙집권적 통치조직을 강화시켰으며 9주 5소경을 두어 수도인 금성이 지역적으로 동남쪽에 치우쳐 있는 것을 보완하고, 각 지방의 균형 있는 발전을 꾀하였다. 또한 지방호족의 자제를 상경시켜 놓음으로써 지방세력을 통제하였다.

Answer 7.② 8.②

9 **고구려의 중앙집권국가로의 발전과정에 대한 설명으로 옳지 않은 것은?**

① 같은 부여계통인 백제와는 친선관계를 유지했지만, 신라는 견제하였다.
② 초기의 왕위계승은 형제상속이었으나 점차 부자상속으로 바뀌었다.
③ 부족적 성격을 가진 5부가 행정적인 5부로 바뀌었다.
④ 낙랑군을 축출, 중국세력을 우리나라에서 몰아내었다.

TIP ① 고구려와 백제는 한 군현의 땅을 둘러싸고 계속적으로 대립하였다.

10 **다음 중 고대의 군사제도에 대한 설명으로 옳은 것은?**

① 신라는 9서당을 신라인으로 구성하였다.
② 신라는 통일 후 각 주에 서당을 배치하였다.
③ 발해는 10위를 전국에 배치하였다.
④ 삼국은 지방관이 군대를 지휘하였다.

TIP ① 신라는 통일 후 9서당을 신라, 고구려, 백제, 말갈인으로 조직하였다.
② 신라의 지방군은 10정으로 각 주에 1정씩 배치하고 북쪽 국경지대인 한주(한산주)에는 2정을 두었다.
③ 발해의 중앙군은 10위이다.

11 **다음 중 가야연맹에 대한 설명으로 옳지 않은 것은?**

① 철의 생산이 풍부해 경제가 발달하였다.
② 신라, 왜의 세력을 끌어들여 백제를 공략하는 동시에 중앙집권국가로 발전하게 되었다.
③ 벼농사 중심의 농경문화가 발달하였다.
④ 한 군현, 왜와의 중계무역을 통해 많은 이득을 얻었다.

TIP ② 가야는 왜, 백제와 연결하여 신라를 자주 공격하였지만, 중앙집권국가로는 발전하지 못하였다.

Answer 9.① 10.④ 11.②

12 다음은 신라 신문왕의 정책들이다. 이러한 정책을 시행할 목적은?

• 국학의 설립	• 9주 5소경 설치
• 문무관료에게 토지 지급	• 녹읍 폐지
• 달구벌 천도 시도	• 귀족세력의 숙청

① 귀족의 경제적 특권 보장
② 유교이념을 통한 귀족체제의 강화
③ 중앙집권적 전제왕권 강화
④ 국가재정의 확보책

TIP 신문왕은 중앙정치기구(14부 완성)와 군사조직(9서당 10정)을 정비하고, 지방행정조직(9주 5소경)을 완비하여 정치체제를 정비하였으며, 문무관리에게 관료전을 지급하고 귀족의 경제 기반이었던 녹읍을 폐지하기도 하였다. 또한 달구벌(대구지역) 천도계획이 경주를 중심으로 한 토착귀족들의 반발로 백지화되었지만, 이러한 신문왕의 정책은 모두 귀족세력을 숙청하고 정치세력을 다시 편성하여 중앙집권적 전제왕권을 강화하려는 의도였다.

13 통일신라와 발해의 감찰기구를 설명한 것이다. 이를 토대로 두 나라의 정치상황을 바르게 추론한 것은?

• 신라 – 관리들의 비리와 부정을 방지하기 위하여 감찰기구인 사정부를 두었으며, 외사정을 파견하여 지방관을 감찰하였다.
• 발해 – 당의 어사대 기능을 참작하여 중정대란 기구를 두어 관리들의 비위를 감독하였다.

① 왕권이 더욱 전제화되었다.
② 문관 중심의 통치구조가 확립되었다.
③ 지방세력의 성장을 억제하였다.
④ 당의 제도를 바탕으로 통치기구를 정비하였다.

TIP 감찰기구를 만든 것은 관료기구를 확대하면서도 국왕의 통치권을 효과적으로 보장하기 위해서였다. 이러한 감찰기구를 통해 왕을 중심으로 하는 중앙집권적 지배체제를 강화하였다.

Answer 12.③ 13.①

14 나 · 제동맹 체결 당시의 사실로 옳지 않은 것은?

① 남북조를 통일한 수나라는 고구려를 압박하였다.
② 백제는 웅진에서 사비로 수도를 옮겼다.
③ 신라는 고구려의 정치적 간섭에서 벗어나기 시작하였다.
④ 가야연맹은 신라의 압박으로 세력이 약해졌다.

TIP ① 나 · 제동맹은 433 ~ 553년까지 이루어졌고 수의 남북조 통일은 6세기 말의 일이다.

15 삼국의 발전과정에서 나타난 사실이다. 공통적인 성격은 무엇인가?

- 2세기 태조왕 – 계루부 고씨의 왕위 세습
- 3세기 고이왕 – 6좌평 행정 분담
- 4세기 눌지왕 – 김씨 왕위 세습, 마립간 칭호 사용

① 고조선의 통치질서를 계승하였다.
② 국왕을 중심으로 한 중앙집권체제가 강화되었다.
③ 연맹왕국의 확립을 위한 제도를 정비하였다.
④ 유교정치이념을 구현하였다.

TIP 중앙집권체제의 정비는 왕위 세습, 율령 반포, 관등이나 관직 등의 제도를 정비함으로써 더욱 강화되었다.

16 백제가 한강 유역을 지배하던 시기의 역사적 사실로 옳은 것은?

① 요서지방에 진출하였다.
② 결혼동맹이 체결되었다.
③ 왕명을 불교식으로 사용했다.
④ 수, 당이 침입하였다.

TIP 백제는 3세기 중엽 고이왕 때 한강 유역을 대부분 통합하게 된다. 4세기 중엽 근초고왕 때는 중국의 요서와 산동지방, 일본의 규슈에 진출하여 고대 상업세력권을 형성하였다.
② 5세기 ③ 6세기 초 ④ 당이 7세기에 신라를 공격

Answer 14.① 15.② 16.①

17 백제와 고구려가 멸망하게 된 공통적인 원인으로 옳은 것은?

① 중앙집권적 정치조직을 갖추지 못하였다.
② 수도의 천도로 국가의 재정적 낭비가 심하였다.
③ 중국과 외교관계를 수립하지 못하였다.
④ 지배층의 사치와 국론분열현상이 심하였다.

TIP 백제와 고구려는 정치질서의 문란과 지배층의 향락으로 국방이 소홀해지면서 국력이 약화되어 멸망하게 되었다.

18 신라의 삼국통일을 전후하여 나타난 정치적 변화로 옳지 않은 것은?

① 6두품이 왕권을 뒷받침하였다.
② 유교정치이념이 강조되었다.
③ 호족세력이 새롭게 중앙정치에 진출하였다.
④ 무열왕 계열의 진골들이 왕위를 독점하였다.

TIP ③ 호족세력이 중앙정치에 진출하게 된 것은 신라말기의 일이다.

19 발해를 우리 민족사의 일부로 포함시키고자 할 때 그 증거로 제시할 수 있는 내용들로만 묶은 것은?

㉠ 발해를 건국한 대조영은 고구려의 유민이었다. ㉡ 발해의 문화 기반은 고구려 문화를 계승하였다. ㉢ 발해는 당과는 다른 독자적인 정치운영을 하였다. ㉣ 발해는 신라와 함께 당의 빈공과에 많은 합격자를 내었다. ㉤ 발해의 왕이 일본에 보낸 국서에 '고(구)려국왕'을 자처하였다.

① ㉠㉡㉢
② ㉠㉡㉣
③ ㉠㉡㉤
④ ㉡㉢㉤

TIP 발해가 건국된 지역은 고구려 부흥운동이 활발하게 일어난 요동지역이었다. 발해의 지배층 대부분은 고구려 유민이었으며 발해의 문화는 고구려적 요소를 많이 포함하고 있었다.

Answer 17.④ 18.③ 19.③

20 다음은 각 시대별 중앙 관제이다. 이들의 공통적인 역할은?

> • 사정부
> • 중정대
> • 어사대

① 관리들을 감찰하였다.
② 역사를 편찬하였다.
③ 재정과 회계사무를 담당하였다.
④ 국가 최고 기관으로 국정을 총괄하였다.

TIP 사정부(통일신라), 중정대(발해), 어사대(고려)는 관리들의 비위를 감찰하는 역할을 수행하였다.
② 춘추관(고려)
③ 창부(통일신라), 인부(발해), 호부(고려)
④ 집사부(통일신라), 정당성(발해), 중서문하성(고려)

21 다음 중 신진사대부에 대한 설명으로 옳지 않은 것은?

① 원의 세력을 이용하여 권력을 장악하였다.
② 학문적 교양을 갖춘 학자적 관료가 대부분이었다.
③ 공민왕 때에 와서야 본격적으로 중앙정계에 진출하게 되었다.
④ 권문세족과는 달리, 대체로 청렴결백한 생활태도를 지니고 있었다.

TIP ① 권문세족에 대한 설명이다.
※ 신진사대부 … 유교적 소양을 갖추고 행정실무에도 능한 학자 출신으로 하급관리나 향리집안에서 과거를 통해 배출된 학자적 관료이다.
㉠ 무신정권이 붕괴되고 중앙정계에 진출하여 활발히 세력을 확장하였다.
㉡ 고려말 충선왕의 개혁정치에서 두각을 나타내다가 공민왕 때에 권문세족과 대항할 정도의 커다란 사회세력으로 성장하였다.
㉢ 대부분 지방의 중소지주 출신으로 어느 정도의 경제적 토대를 가지고 있었기 때문에 청렴결백한 생활태도와 지조를 갖추었다.
㉣ 불법적인 방법으로 대토지를 소유하고 있던 권문세족에 대항하여 사전폐지 등의 개혁을 주장하였다.

Answer 20.① 21.①

22 다음은 고려초기 정책들이다. 시기순으로 올바르게 배열된 것은?

㉠ 시정전시과를 제정하였다.	㉡ 비로소 12주목에 외관을 파견하였다.
㉢ 사심관을 처음으로 두었다.	㉣ 노비안검법을 실시하였다.

① ㉠㉡㉣㉢
② ㉠㉢㉡㉣
③ ㉢㉠㉡㉣
④ ㉢㉣㉠㉡

TIP ㉠ 경종 ㉡ 성종 ㉢ 태조 ㉣ 광종

23 다음은 어느 시대의 불합리한 제도를 개혁하고자 했던 내용이다. 이와 같은 상황이 전개되던 시기에 있었던 역사적 사실로 옳은 것을 모두 고르면?

> 신돈이 전민변정도감 두기를 청하고 …… "종묘, 학교, 창고, 사원 등의 토지와 세업전민(世業田民)을 호강가(壕强家)가 거의다 빼앗아 차지하고는 혹 이미 돌려주도록 판결 난 것도 그대로 가지고 있으며, 혹 양민을 노비로 삼고있다. …… 이제 전민변정도감을 두어 고치도록 하니 잘못을 알고 스스로 고치는 자는 죄를 묻지 않을 것이나, 기한이 지나 일이 발각되는 자는 엄히 다스릴 것이다. …… "

㉠ 대외적으로 반원자주정책이 시행되고 있었다.
㉡ 왕권을 제약하고 신진사대부의 등장을 억제하고 있던 정방이 폐지되었다.
㉢ 사림원(詞林院)을 설치하고 개혁정치를 주도하였다.
㉣ 풍수지리설이 결부된 자주적 전통사상과 사대적 유교정치사상의 충돌이 일어났다.
㉤ 고구려의 옛 땅을 되찾기 위하여 요동지방을 공략하였다.

① ㉠㉡㉢
② ㉠㉡㉤
③ ㉠㉢㉣
④ ㉢㉣㉤

TIP 제시된 내용은 공민왕의 개혁정치와 관련된 것이다.
㉢의 사림원은 충선왕 때의 중심기구이며, ㉣은 묘청의 난을 설명하는 것이다.

Answer 22.④ 23.②

24 다음 중 발해의 대외관계에 대한 설명으로 옳은 것은?

① 고구려 계승의식을 가진 발해는 당과 적대관계를 지속하였다.
② 발해는 신라와 상설교통로를 개설하여 대립관계를 해소하려 하였다.
③ 발해는 당과 대결하기 위해 신라, 일본과는 우호관계를 가졌다.
④ 발해는 흑수부 말갈족을 이용하여 당을 배후에서 견제하였다.

TIP ① 발해는 처음에는 당과 적대관계를 가졌지만 문왕 이후에는 친선관계를 유지하였다.
③ 발해가 일본과 우호관계를 맺은 것은 신라를 견제하기 위해서였다.
④ 당이 흑수부 말갈족을 이용하여 발해를 견제하였다.

25 고려시대 지방행정조직의 특징을 나열한 것이다. 이를 분석한 것으로 사실과 다른 것은?

- 성종은 12목을 설치하고 지방관을 파견하였다.
- 현종은 5도 양계를 정비하였다.
- 주현보다 속현이 많았으며 향 · 소 · 부곡이 설치되었다.

① 이원적 행정조직체계를 가지고 있었다.
② 전국의 모든 군현에 지방관을 파견하였다.
③ 향리들이 지방행정실무를 담당하였다.
④ 특수행정구역을 별도로 설치하였다.

TIP ① 일반행정구역과 군사행정구역이 있었다.
② 고려시대에는 지방관이 파견되는 주군, 주현 아래 지방관이 파견되지 않는 속군, 속현이 있었다. 지방관이 파견되지 않고 실제 행정은 향리가 담당하는 속현이 더 많았다.
④ 향, 소, 부곡이 있었다.

Answer 24.② 25.②

26 고려전기에 실시된 정책들이다. 직접적 배경에 대한 설명으로 옳은 것은?

• 지방관 파견	• 과거제 정비
• 향리제도 마련	• 과도한 불교행사 억제

① 최승로의 시무 28조 ② 묘청의 서경천도운동
③ 태조 왕건의 훈요 10조 ④ 성리학 수용

TIP 제시된 내용은 최승로의 시무28조에 의하여 실시된 정책들이다.

27 다음과 같은 고려 태조의 정책과 관계가 없는 사실은?

• 각처의 도적들이 내가 처음 왕위에 올랐다는 것을 듣고 혹 변방에서 변란을 일으킬 것에 대해 염려된다. 단사(單使)를 각지로 파견하여 폐백을 후히 하고 언사를 낮추어 '혜화(惠和)'의 뜻을 보이게 하라.
• 상주(尙州)의 적의 우두머리(적수) 아자개(阿字盖)가 사절을 보내 귀순하여 오니 왕이 의례를 갖추어 맞이하도록 명령하였다.

① 호족들을 중앙 관료로 편입시켰다.
② 훈요 10조를 남겼다.
③ 왕실이 호족과 혼인관계를 맺거나 호족 상호간의 혼인을 장려하였다.
④ 지방 호족의 자녀들을 중앙에 머물게 하여 지방 행정의 고문에 응하게 하였다.

TIP 제시된 내용은 태조의 정책 중 지방호족의 회유 · 견제책과 관련된 내용이다. 훈요 10조는 후대 왕들이 지켜야 할 방안들을 제시한 것으로 정치안정을 도모하기 위해 남겼다.

Answer 26.① 27.②

28 다음에서 고려시대의 정치제도에 대한 설명으로 옳은 것을 모두 고른 것은?

> ㉠ 6조는 왕권에 따라 실무처리 권한이 강화되기도 하였다.
> ㉡ 식목도감은 대내적인 법령 문제를 다루는 재추의 회의기관이었다.
> ㉢ 지방관이 파견된 주현보다 파견되지 않은 속현이 더 많았다.
> ㉣ 면리제를 실시하여 촌락주민에 대한 지배를 원활히 하고자 하였다.

① ㉠㉡
② ㉡㉢
③ ㉢㉣
④ ㉠㉣

TIP 고려시대의 정치제도

㉠ 중앙정치제도는 3성 6부이며, 국가 중요의식 및 법령제정을 관장한 임시기구인 식목도감 등을 마련 제도의 기틀을 확립하였다.
㉡ 음서제도의 발달로 품계만 있는 직책이 많았으며, 관리의 품계는 문산계와 무산계로 분류하였다.
㉢ 지방행정제도로 일반 행정구역 5도를 두었고 도 밑에는 주 · 현을 두고 군 · 현에 한하여 외관을 파견하였다.
㉣ 지방관이 파견되지 않은 속군과 속현이 더 많아 외군이 없는 속군과 속현은 외관이 파견된 군형을 통하여 간접적으로 다스렸다.
㉤ 지방의 영향력 있는 향리 세력의 견제를 위해 사심관제도와 기인제도를 실시하였다.

29 공민왕의 개혁정치에 대한 설명으로 적합하지 않은 것은?

① 친원세력을 숙청하였다.
② 반원자주정책을 추진하였다.
③ 쌍성총관부를 무력으로 철폐하였다.
④ 권문세족의 적극적인 후원을 받았다.

TIP 공민왕의 개혁정치

㉠ 반원자주정책 : 친원세력 숙청, 정동행성 이문소 폐지, 관제 복구, 몽고풍 일소, 쌍성총관부 수복, 요동지방 공략
㉡ 내정개혁 : 신돈의 등용, 권문세족 억압, 정방 폐지, 전민변전도감 설치, 성균관의 설치, 신진사대부 등용
㉢ 실패원인 : 원의 압력, 권문세족의 반발, 신진사대부의 미약

Answer 28.② 29.④

30 다음은 어떤 사건에 대한 평가이다. 옳지 않은 것은?

> 그 실상은 낭가와 불가 양가 대 유교의 싸움이며, 국풍파 대 한학파의 싸움이며, 독립당 대 사대당의 싸움이며, 진취사상 대 보수사상의 싸움이다.

① 풍수지리설을 내세워 서경으로 도읍을 옮겨 문벌귀족세력을 누르려 하였다.
② 칭제건원과 자주적 혁신정치를 주장하였다.
③ 고구려 계승이념에 대한 이견과 갈등으로 일어난 것이다.
④ 민생 안정을 위해 금과 사대관계를 추구하였다.

TIP 제시된 내용은 신채호의 조선사연구초에서 묘청의 난을 평가한 내용 중 일부이다. 묘청의 서경파는 당시 실권자였던 김부식을 비롯한 개경파와 대립하였는데, 김부식 등 개경파는 민생 안정을 구실로 서경 천도와 금국 정벌을 반대하여 금과 사대관계를 추구하였다.
① 묘청은 풍수지리설을 내세워 개경의 보수적 문벌귀족의 정치에서 벗어나고자 하였다.
② 묘청도 칭제건원과 금국정벌론을 내세웠으며 자주적인 혁신정치를 시행하려 하였다.
③ 묘청의 서경천도운동은 금국정벌론을 내세워 고구려 계승이념을 내세웠고 이에 대한 이견 등으로 일어난 것이다.

31 다음은 고려의 대외관계와 관련된 사건들이다. 시대순으로 바르게 배열한 것은?

> ㉠ 몽고와의 전쟁
> ㉡ 홍건적과 왜구의 침입
> ㉢ 금의 사대요구 압력
> ㉣ 거란의 침입과 귀주대첩

① ㉠㉡㉢㉣
② ㉢㉣㉠㉡
③ ㉣㉢㉠㉡
④ ㉣㉢㉡㉠

TIP ㉠ 1231년부터 6회의 침입
㉡ 14세기 후반 공민왕 ~ 우왕
㉢ 1125년
㉣ 993 ~ 1019년

Answer 30.④ 31.③

32 다음 중 무신정변 이후의 정세에 대한 설명으로 옳지 않은 것은?

① 문신 중심의 정치조직은 기능이 마비되고 중방을 중심으로 정치가 행해졌다.
② 천민과 농민들의 신분해방운동이 곳곳에서 일어남으로써 사회적 동요가 심하였다.
③ 하극상 풍조가 퍼지면서 사회적 동요가 격심하게 진행되었다.
④ 무신정권은 정권의 정통성 부족으로 이민족의 침략과 압박에는 소극적으로 대처하였다.

TIP ① 무신정변은 문신 중심의 관료체제를 붕괴시키고 중방을 중심으로 독재정치를 행하였다.
②③ 무신정변의 영향으로 하극상 풍조가 퍼지면서 농민과 천민까지도 신분 해방을 주장하며 각지에서 봉기하였다.
④ 최우 집권기에는 자신들의 정권 유지를 위해 몽고의 침입에 강화 천도까지 단행하는 등 끝까지 항전하였다.

33 훈요 10조의 내용이다. 왕건이 궁예나 견훤을 누르고 후삼국을 통일할 수 있었던 이유로 옳은 것은?

> • 연등과 팔관의 행사를 성대히 거행하도록 하라.
> • 백성을 부리되 때를 가려서 하고, 요역을 가볍게 하고, 세금을 적게 하도록 하라.
> • 짐은 삼한 산천의 음덕에 힘입어 대업을 달성하였다. 서경은 수덕이 순조로와 대업을 만대에 정할 땅이므로 중시하라.

① 고대의 수취체제를 지양하고, 민생 안정을 도모하였다.
② 지방 호족세력들을 효과적으로 흡수 · 통합하였다.
③ 건국의 이념으로서 북진정책의 자주성을 표방하였다.
④ 유교정치사상을 도입하여 중앙집권체제를 강화하였다.

TIP 훈요 10조의 내용은 불교와 민간재래의 관습 중시, 풍수지리설 존중과 서경 중시, 취민유도(取民有度)를 내세운 과도한 수취 금지 등이다. 이들 내용의 공통적인 특징은 민생 안정을 중시하였던 것이다. 궁예나 견훤은 고대의 수취체제를 벗어나지 못하고 백성에 대한 수탈이 심하였으므로 민심을 획득하지 못했으나, 왕건은 백성에 대한 수취를 완화하여 민심을 얻고, 호족들의 지지도 얻을 수 있었다.

Answer 32.④ 33.①

34 다음 중 고려의 문벌귀족을 신라의 진골귀족과 비교했을 때 뚜렷한 차이점으로 옳은 것은?

① 소수의 혈연적 특권 계층이 문벌을 이루었다.
② 몰락하여 지방세력화하는 경우가 많았다.
③ 관직이나 토지지급 등에서 특혜를 누렸다.
④ 개인의 능력을 중시하는 보다 개방적인 존재였다.

TIP 문벌귀족은 지방호족 출신들로 과거나 음서를 거쳐 관직에 진출하였다. 이들은 음서와 공음전이라는 정치 · 경제적 특권도 있었으나 과거를 통한다는 점에 있어서 골품제보다 개인의 능력이 중시된다고 할 수 있다.

35 고려전기에 통치체제가 정비되는 과정에서 시행된 정책들이다. 순서대로 나열된 것은?

> ㉠ 학문성적에 따라 관리를 채용하였다.
> ㉡ 12목을 설치하고 지방관을 파견하였다.
> ㉢ 인품에 따라 전지와 시지를 지급하였다.
> ㉣ 관료의 본분을 밝힌 계백료서를 발표하였다.

① ㉠ − ㉡ − ㉢ − ㉣
② ㉠ − ㉢ − ㉡ − ㉣
③ ㉡ − ㉠ − ㉢ − ㉣
④ ㉣ − ㉠ − ㉢ − ㉡

TIP ㉠ 신 · 구세력의 교체를 목적으로 과거제도를 실시하였다(광종).
㉡ 최승로의 시무 28조를 채택하여 전국에 12목을 설치하고 지방관을 파견하였다(성종).
㉢ 전국적 규모로 모든 관리에게 등급에 따라 토지를 지급하는 전시과를 실시하였다(경종).
㉣ 지방호족들을 견제하고 지방통치를 보완하기 위하여 사심관과 기인제도를 실시하였고 정계와 계백료서를 지었다(태조).

Answer 34.④ 35.④

36 다음 중 고려의 대간제도에 대한 설명으로 옳은 것은?

① 왕권 보좌의 역할만을 담당하였다.
② 서경과 간쟁의 권한을 행사하였다.
③ 재신과 추밀들로 구성되었다.
④ 법제 · 격식문제를 협의하였다.

TIP ① 왕권의 보좌뿐 아니라 견제의 역할까지 담당하였다.
③ 도병마사와 관련있다.
④ 식목도감에서 담당하였다.

37 다음 중 고려시대의 군사제도에 대한 설명으로 옳지 않은 것은?

① 중앙군은 무과합격자들이 지휘하였다.
② 중앙군은 2군 6위 부대로 편성되었다.
③ 상장군, 대장군들이 회의기구로 중방을 두었다.
④ 양계에는 초군, 좌군, 우군으로 구성된 주진군을 배치하였다.

TIP ① 고려시대에는 무과가 시행되지 않았다.

38 다음 중 최씨 무신정권에 대한 설명으로 옳지 않은 것은?

① 도방과 삼별초는 군사적 기반이 되었다.
② 최우는 정방을 두어 인사권을 행사하였다.
③ 교정도감이 최고 집정부 역할을 하였다.
④ 광대한 공음전을 세습하여 경제적 기반으로 삼았다.

TIP ④ 최씨 정권은 정치적 권력을 이용하여 사유지를 늘려 농장으로 삼아 부를 축적하였다.

Answer 36.② 37.① 38.④

39 다음 (　　) 안에 들어갈 정치세력에 대한 설명으로 옳지 않은 것은?

진골귀족 → 호족 → (　　) → 무신

① 많은 토지를 차지하여 경제력을 독점하였다.
② 호족 출신으로 중앙관료가 된 인사들이 많았다.
③ 측근세력으로 왕권을 뒷받침하는 역할을 하였다.
④ 과거에 합격하거나 음서를 통해 관직에 진출하였다.

TIP (　　) 안에는 문벌귀족이 들어간다. 문벌귀족들은 여러 세대에 걸쳐 중앙에서 고위관리를 배출한 가문을 일컫는데, 과거와 음서를 통해 관직을 독점하고 중서문하성과 중추원의 재상이 되어 정국을 주도하였다. 이들은 국가로부터 과전과 공음전을 지급받고 불법적으로 토지를 차지하여 부와 권력을 독점하였다.
③ 통일신라시대의 6두품에 대한 설명이다.

40 다음 글과 관련 있는 민란은?

"이미 우리 시골(소)의 격을 올려서 현으로 삼고, 또 수령을 두어 그로써 안무하였는데, 돌이켜 다시 군사를 내어와서 토벌하여 내 어머니와 처를 잡아들여 얽어매니 그 뜻이 어디에 있는가……. 반드시 왕경에 이른 뒤에야 그칠 것이다."

① 조위총의 난
② 최광수의 난
③ 효심의 난
④ 망이 · 망소이의 난

TIP 향, 소, 부곡은 천민거주자로 망이 · 망소이의 난은 천민들의 신분해방운동이었다. 이 난으로 인해 공주명학소는 충순현으로 승격되었다.

Answer 39.③ 40.④

41 다음 중 태조 왕건의 정책에 관한 설명으로 옳은 것은?

① 거란과 연합하여 여진을 공격하고 청천강에서 영흥만까지 영토를 회복하였다.
② 공신과 호족세력을 숙청하고 집권체제를 강화하였다.
③ 군현제를 정비하고 호족세력을 지방관으로 임명하였다.
④ 고구려의 옛 땅을 되찾기 위해서 북방 영토의 확장에 힘썼다.

TIP ① 거란을 배격하는 북진정책을 펴서 청천강에서 영흥만까지 영토를 회복하였다.
② 태조 왕건은 호족세력에 대한 회유와 포섭정책으로 정략결혼을 하고 향촌지배권을 인정하였다.
③ 성종때 전국에 12목을 설치하여 지방관을 파견하였다.

42 다음은 고려시대의 연표이다. ㉢시기에 있었던 역사적 사실은?

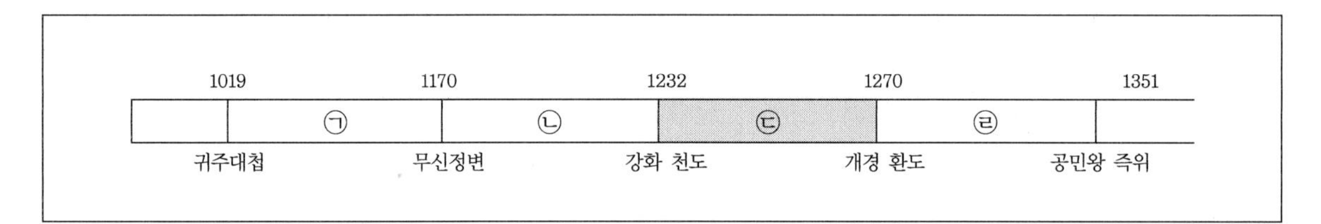

① 위화도 회군
② 강동 6주 설치
③ 몽고에 대한 항쟁
④ 동북 9성 축조

TIP 몽고와의 전쟁
㉠ 원인 : 몽고의 과중한 공물 요구, 몽고 사신 저고여의 피살
㉡ 몽고의 침입
- 1차(1231) : 박서의 항전, 강화 체결로 철수
- 2차(1232) : 최우의 강화 천도, 김윤후의 활약
- 그 후 6차의 침입을 격퇴 : 농민, 노비, 천민의 분전

㉢ 결과 : 국토의 황폐, 민생 도탄, 대장경판 · 황룡사 9층탑 소실
㉣ 강화 : 온건파 득세 → 최씨정권 붕괴 → 몽고와 강화 → 개경 환도(1270)
㉤ 대몽 강화의 의미 : 고려의 끈질긴 항쟁으로 몽고가 고려정보계획을 포기 → 고려의 주권과 고유한 풍속을 인정

Answer 41.④ 42.③

43 다음 중 조선시대의 군사제도에 대한 설명으로 옳지 않은 것은?

① 태조는 모든 양인 남자는 군역을 지게 하는 양인개병제를 실시하였다.
② 현직관료나 학생은 군역이 면제되었다.
③ 중앙에는 별기군을 설치하고 지방은 영진군을 조직하였다.
④ 노비는 군역의 의무는 없었으나 잡색군으로 편입되기도 하였다.

TIP ③ 조선시대 중앙군은 5위(의흥위, 용양위, 호분위, 충좌위, 충무위)였으며, 별기군은 조선후기에 만들어진 신식군대이다.

44 다음 중 고려시대의 향리와 조선시대의 향리의 공통점은?

① 지방의 행정을 담당했다.
② 중앙으로부터 파견되었다.
③ 역에 대한 대가로 외역전을 지급받았다.
④ 문과에 응시할 수 없었다.

TIP 고려시대와 조선시대의 향리는 권한의 차이는 있으나 지방의 행정을 담당하였다.
※ 고려시대와 조선시대 향리의 차이점

고려시대	조선시대
• 촌의 평민과 부곡 · 향 · 소의 천민의 조세, 공물의 징수와 부역 징발의 사무를 맡아봄으로써 권한이 강화되었다. • 외역전을 지급받아 세습이 되었다. • 과거에 응시할 수 있었다. • 조선시대 향리에 비하여 여러가지 특권이 주어지고 후기에 사대부계층을 형성하였다.	• 조세, 부역, 공물과 관련된 사무를 수령이 맡아봄으로써 향리는 권한이 축소되어 수령 밑에 예속되었다. • 토지나 보수를 받지 못하였다. • 과거의 응시가 제한되었다. • 양반으로의 신분상승을 제약받고, 행정보조원(실무행정담당)으로 전락되어 중인계층을 형성하였다.

Answer 43.③ 44.①

45 다음 자료에 나타난 정책과 그 목적이 알맞게 짝지어진 것은?

> 의정부의 서사를 나누어 6조에 귀속시켰다. …… 처음에 왕은 의정부의 권한이 막중함을 염려하여 이를 혁파할 생각이었지만, 신중하게 여겨 서두르지 않았는데 이때에 이르러 단행하였다. 의정부가 관장한 것은 사대문서와 중죄수의 심의뿐이었다.
>
> – 태종실록 –

① 의정부서사제 – 왕권 강화
② 6조직계제 – 왕권 강화
③ 의정부서사제 – 왕권과 신권의 조화
④ 6조직계제 – 왕권과 신권의 조화

TIP 제시된 내용은 조선 태종 때 6조직계제에 관한 설명이다. 태종은 국정운영체제를 의정부서사제에서 6조직계제로 고쳐 왕권 강화를 꾀하였다. 이는 국정 운영의 총괄기구였던 의정부의 권한 약화를 의미하는 것이었다.

46 다음 내용의 학파와 밀접한 관련이 있는 사실은?

> • 서경덕은 기를 중심으로 세계를 중시하였다.
> • 조식은 학문의 실천을 강조하였다.
> • 16세기 중반 이후 하나의 중요한 사상적 조류를 형성하였다.
> • 동서 붕당이 성립했을 때 동인을 형성했다가 정여립 모반사건을 계기로 이황학파와 분열되었다.

① 후금과 친선관계로 중립외교정치를 시행하였다.
② 의리와 명분을 중시해서 병자호란을 일으켰다.
③ 경신환국으로 몰락하였다.
④ 남인과 대립하였다.

TIP 제시된 내용은 북인에 대한 설명으로, 임진왜란이 끝난 뒤 북인이 집권하여 광해군을 지지하였다. 광해군은 국제정세의 변화 속에서 명과 후금 사이에 중립외교를 전개하면서 전후복구사업을 추진했다.

Answer 45.② 46.①

47 다음과 관련된 정치세력에 대한 설명으로 옳은 것은?

• 향촌자치 추구	• 왕도정치 추구
• 도덕과 의리 숭상	• 관념적 이기론 중시

① 공민왕의 개혁정치에 적극 참여하였다.
② 역성혁명을 주도한 세력이다.
③ 15세기의 수준높은 근세문화 발달에 이바지하였다.
④ 현량과를 통한 관리 등용을 주장하였다.

TIP 제시된 내용과 관련된 정치세력은 사림파이다. 15세기 말경 언관직을 맡아 의리와 정통을 숭상하고 도덕정치를 구현하려는 한편, 훈구파의 독주와 비리에 대해 비판적 입장을 지녔으며, 삼사를 중심으로 발언권을 크게 확대시켜 갔다. 16세기에는 조광조를 비롯한 당시의 사림은 유교적 도덕국가의 건설을 정치적 목표로 삼아 왕도정치의 이상을 실현하기 위하여 현량과를 실시하여 인물 중심으로 사림을 등용하였다. 또한 경연의 강화, 언론활동의 활성화, 위훈 삭제, 소격서의 폐지, 소학의 보급, 방납의 폐단 시정 등을 주장하였다.

48 조선시대의 지방행정조직에 대한 설명으로 옳지 않은 것은?

① 향리의 권한이 강화되어 지방관이 파견되지 않은 속현이 더 많았다.
② 고려시대까지 특수행정구역이었던 향, 부곡, 소도 일반 군현으로 승격시켰다.
③ 군현 아래에는 면 · 리(里) · 통을 두었다.
④ 전국 8도에 관찰사를 파견하고, 수시로 암행어사를 지방에 보내기도 하였다.

TIP ① 고려시대의 지방행정에 대한 내용으로 지방관이 파견되는 주현을 통하여 간접적으로 중앙정부의 통제를 받았다. 조선시대에는 속현을 폐지하고 전국의 주민을 국가가 직접 지배하기 위하여 모든 군현에 수령을 파견하였다.

Answer 47.④ 48.①

49 다음과 같은 상황이 발생하게 된 공통적 배경은?

> • 북방의 여진족이 급속히 성장하여 후금을 건국하였다.
> • 일본은 사상과 예술분야의 진보가 두드러지게 나타났다.
> • 공명첩의 발생, 납속책의 시행 등은 신분제의 동요를 초래하였다.

① 임진왜란
② 병자호란
③ 북벌론
④ 나선정벌

TIP 임진왜란의 영향

㉠ 국내적 영향
- 재정 궁핍 : 인구의 격감, 토지 황폐, 토지대장의 소실로 재정수입이 감소되었다. 이에 대한 타개책으로 납속이나 공명첩이 발급되었다.
- 신분의 동요 : 호적대장과 노비문서의 소실, 공명첩과 속오군의 등장으로 신분의 구분이 모호해졌다.
- 민란의 발생 : 사회가 혼란해지면서 이몽학의 난과 같은 민란이 도처에서 일어났다.
- 문화재 소실 : 경복궁과 불국사가 병화를 당했으며, 사고가 소실되었다(전주사고만 보존).

㉡ 국제적 영향
- 중국 : 조선과 명이 전쟁에 지친 틈을 계기로 북방의 여진족이 급속히 성장하여 청을 건국하고 명을 공략하였다.
- 일본 : 활자, 서적, 그림 등 문화재를 약탈하고 학자와 도공 등 기술자를 납치해갔다. 그리하여 왜란 후에 성리학이 전해지고, 도자기술 · 회화 · 인쇄술이 발달하였다.

50 다음 시기의 외교정책은?

> 명 · 청교체기에 청의 위협에 대비하여 명은 조선에 출병을 요청하였다.

① 사대교린정책
② 광해군의 중립외교
③ 친청정책
④ 친명배금정책

TIP 여진족이 후금을 세우고 명을 위협하자 명은 조선에 공동출병을 제의했다. 이에 광해군은 임진왜란 때 도움을 준 명의 요구를 거절하기가 어려웠다. 그러나 신흥하는 후금과 적대관계를 가지는 것도 현명하지 못하다고 판단하여 강홍립으로 하여금 출병하게 한 다음, 정세를 보아 향배를 결정하도록 조치하였다. 광해군의 이러한 중립외교로 인해 국내에는 전화가 미치지 않아 왜란 후의 복구사업에 크게 기여할 수 있었다.

Answer 49.① 50.②

51 조선시대 통신수단 중 파발에 대한 설명으로 옳지 않은 것은?

① 봉수제가 유명무실해지면서 등장한 통신수단으로 임진왜란 이후 간헐적으로 시행되었다.
② 말을 사용하여 신속하게 전달하는 기발(騎撥)과 사람의 도보에 의한 보발(步撥)이 있었다.
③ 한양을 중심으로 서발, 북발, 남발 등 3개의 간선망과 그 사이에 보조 노선이 있었다.
④ 파발이 교대하는 참(站)은 대개 보발은 50리마다, 기발은 100리마다 두었다.

TIP 파발은 서울로부터 황해~평안도 지방에 이르는 서발, 서울~강원~함경도 지방에 이르는 북발, 그리고 서울~충청~경상도 지방에 이르는 남발 등 크게 세 선로로 구성되었으며, 중국과의 연락관계로 가장 중요시하였던 서발의 대로가 기발이고, 나머지는 보발로 운영되었다. 기발에는 25리마다, 보발에는 60리마다 각각 참이 설치되어 파발이 교대하였다.

52 다음의 각 항을 연대순으로 옳게 연결한 것은?

㉠ 계해약조	㉡ 3포의 개항
㉢ 을묘왜변	㉣ 쓰시마 정벌
㉤ 사량진왜변	

① ㉠㉡㉢㉣㉤
② ㉡㉣㉠㉢㉤
③ ㉢㉤㉡㉠㉣
④ ㉣㉡㉠㉤㉢

TIP ㉠ 계해약조(1443) : 세종 25년에 세견선 50척, 세사미두 200석 등의 제한된 범위 내에서 교역을 허락하였다.
㉡ 삼포의 개항(1427) : 세종 8년에 부산포, 염포, 제포를 개항하여 무역을 허용하였다.
㉢ 을묘왜변(1555) : 명종 때 전라남도 연안지방을 습격, 이후 일본과 교류가 일시 단절되었다.
㉣ 쓰시마 정벌(1419) : 세종 1년에 이종무가 쓰시마섬을 정벌하여 왜구의 근절을 약속받고 돌아왔다.
㉤ 사량진왜변(1544) : 중종 39년에 왜선 20여척이 경상남도 통영시 사량진에 침입하여 사람과 말을 약탈해 갔다. 사량진왜변을 계기로 임신조약을 폐기하고 왜인의 왕래를 엄금하였다.

Answer 51.④ 52.④

53 조선초기 왕과 그 업적을 짝지은 것 중에서 옳지 않은 것은?

① 태조 – 유교적이고 농본적인 기본정책 ② 태종 – 사원경제에 대한 개혁
③ 세조 – 의정부의 정책결정권 강화 ④ 성종 – 집권체제 정비작업 일단락

TIP ③ 세조 때 의정부의 정책결정권을 약화시키고 집현전과 경연을 폐쇄하였으며, 6조직계제로 전환하였다.

54 다음 조선 건국 후의 지방행정에 관한 내용에서 추론할 수 있는 사실로 옳은 것은?

> • 모든 군현에 수령을 파견하여 속현이 소멸되고 향리의 지위가 격하되었다.
> • 향 · 소 · 부곡이 소멸되고 면 · 리제를 편성하여 향민 중에서 책임자를 선임, 수령의 명령을 집행하게 하였다.

① 백성들은 지방세력가의 임의적인 지배에서 벗어나게 되었다.
② 성문화된 법전이 정비되어 법치주의 이념이 구현되었다.
③ 사림세력이 크게 성장하고 향약이 널리 보급되었다.
④ 향촌자치를 광범위하게 허용하였다.

TIP 지방에 관리를 파견하고 제도를 정비함으로써 중앙집권체제가 완성되었다.

55 다음과 같은 제도를 실시하였던 이유를 설명한 것 중 옳지 않은 것은?

> 경연, 서연, 상소, 구언

① 전제왕권을 제도적으로 보장하였다. ② 신민의 여론을 반영하였다.
③ 군주와 관료의 횡포를 견제하였다. ④ 언론과 학문이 중시되었다.

TIP 경연과 서연제도는 국왕과 세자에게 학술을 강의하고 대신들이 모여 학술과 정책을 토론하는 제도이다. 상소와 구언제도는 유림, 백관, 민중의 의견을 정책에 반영할 수 있도록 한 여론수렴의 방법이다.

Answer 53.③ 54.① 55.①

56 조선시대 성종대를 전후하여 등장한 새로운 정치세력에 대한 설명으로 옳은 것은?

> ㉠ 사장을 매우 중시하였다.
> ㉡ 성리학 이외의 사상을 수용하였다.
> ㉢ 훈구세력의 대토지 소유를 비판하였다.
> ㉣ 중앙집권체제보다 향촌자치를 내세웠다.
> ㉤ 삼사에서 언론과 문필직을 담당하면서 정치적 영향력을 발휘하였다.

① ㉠㉡㉢ ② ㉠㉢㉣
③ ㉡㉣㉤ ④ ㉢㉣㉤

TIP ④ 사림파에 대한 설명을 찾는 문제이다.
※ 조선시대의 훈구파와 사림파

훈구파(관학파)	사림파(사학파)
• 대지주층 • 실용주의, 국가사회주의, 공리주의 강조 • 중앙집권, 부국 강병 강조 • 법제와 사장 강조 • 민간신앙 등 이단 수용 : 소격서 설치 • 민족의 주체성 강조 : 훈민정음 창제	• 중소지주층 • 왕도주의, 도덕규범 강조 : 계급질서 강조 • 향촌자치, 향약 실시 : 민생안정 지향 • 경학 중심의 학문 강조 : 16세기 서원 발달 • 유교문화 이외의 이단(불교, 민간신앙 등) 배척 • 존화주의 : 중국 중심의 세계관(기자) 중시

57 조선시대의 군사제도의 특징에 대한 설명 중 옳지 않은 것은?

① 갑사(甲士)를 제외한 군역은 농병일치인 부병제를 원칙으로 하였다.
② 대개 중앙군은 국방을, 지방군은 치안 · 노역을 담당하였다.
③ 중앙군으로서 5위 도총부와 지방군으로서 병영 · 수영으로 구분되었다.
④ 조선의 군사제도는 조선왕조의 정비과정에 따라 성립되었다.

TIP ② 대개 중앙군은 수도방어를, 지방군은 국방 · 치안 · 노역을 담당하였다.

Answer 56.④ 57.②

58 **다음의 내용을 통해 알 수 있는 조선시대의 외교정책은?**

> • 명 : 태종 이후 사대관계를 바탕으로 사신의 왕래가 계속되었다.
> • 여진 : 화전양면정책을 취하였다.
> • 일본 : 세종 때 쓰시마를 정벌한 이후 3포를 개항하였다.

① 평화 유지를 근본적인 목적으로 추구하였다.
② 영토의 수복을 위한 정책이 가장 우선되었다.
③ 실리보다 민족자주의 원칙을 내세웠다.
④ 여진과 일본을 끌어들여 명의 압력에 대항하려 하였다.

TIP 조선시대의 외교정책은 사대교린으로, 명과는 친선관계를 유지하여 국가의 안전을 보장받고 다른 주변국가에 대해서는 교린정책을 취하였다.

59 **다음과 같은 역사적 평가를 내릴 때, 그 근거로 옳은 것은?**

> 조선의 건국은 정치권력과 경제력을 독점하고 있던 권문세족을 무너뜨리고, 신진사대부들이 사회의 주도 세력으로 성장하였음을 보여 주고 있다.

① 한양 천도
② 위화도 회군
③ 과전법 실시
④ 집현전 실시

TIP 위화도 회군으로 실권을 잡은 신진사대부들은 과전법을 마련하여 전제개혁을 단행함으로써 농장을 해체하여 권문세족의 경제기반을 무너뜨리고, 신진관료들에게 토지를 지급할 수 있게 하였다.

60 **비변사 설치의 계기가 된 사건은?**

① 삼포왜란
② 나선정벌
③ 을묘왜변
④ 임진왜란

Answer 58.① 59.③ 60.①

TIP 비변사가 처음으로 설치된 때는 1510년 삼포왜란을 계기로 설치되었다가 1555년 을묘왜변을 계기로 상설기구화되었다.

61 조선시대에 다음 ㉠, ㉡의 대외정책을 추진한 결과를 바르게 묶은 것은?

> ㉠ 명이 쇠약해지고 북방의 여진족이 강성해진 정세 변화를 인식하고 신중한 중립적 외교정책으로 대처하였다.
> ㉡ 명과의 의리를 내세워 친명배금정책을 강력히 추진하였다.

	㉠	㉡		㉠	㉡
①	나선정벌	북학운동	②	임진왜란	북벌운동
③	인조반정	정묘호란	④	서인 집권	북인 집권

TIP ㉠ 광해군과 북인정권이 추진한 실리적 중립외교정책으로 서인들은 광해군의 중립외교, 인목대비 폐출, 영창대군 살해 등 비윤리적 패륜행위를 구실로 인조반정을 일으켰다.
㉡ 서인의 친명배금정책으로 청의 침입을 초래하였다.

62 다음 중 영·정조가 탕평책을 시행한 이유로 옳은 것은?

① 기존사회체제를 탈피하고 적극적인 개혁을 추진하기 위하여
② 공정한 인사관리를 통해 뛰어난 인재들의 활동을 제한하기 위하여
③ 붕당 사이의 대립을 완화시키고 왕권을 강화하기 위하여
④ 일반 유생들이 당론과 관련하여 자유롭게 상소하도록 하기 위하여

TIP 정치집단 간의 세력균형이 무너지고 왕권 자체도 불안하게 되자, 강력한 왕권을 토대로 국왕이 정치의 중심에 서서 세력의 균형을 유지하려는 탕평론이 제기되었다.

Answer 61.③ 62.③

63 다음과 같이 이루어지는 정치형태는?

> 2품 이상의 고위직만이 정치적 기능을 발휘하였고, 그 아래 관리들은 언론활동과 같은 정치적 기능을 거의 잃은 채 행정실무만 맡게 되었다. 실질적인 힘은 비변사로 집중되었고, 실질적 역할을 담당하는 자리는 대개 유력가문 출신인물들이 차지하였다.

① 붕당정치
② 사림정치
③ 세도정치
④ 탕평정치

TIP 제시된 내용은 조선후기 외척세력이 비변사를 독점적으로 장악하여 사실상 중앙정치기구를 유명무실하게 하여 권력을 행사하는 세도정치를 표현한 것이다.

64 다음 비문과 관련 있는 비문은?

> 西爲鴨綠 東爲土門 故於分水嶺上 ……

① 백두산정계비
② 진흥왕순수비
③ 광개토대왕비
④ 임신서기석

TIP 제시된 내용은 백두산정계비의 내용이다. 백두산정계비는 조선과 청 두 나라 대표가 백두산 일대를 답사하고 세운 영토에 대한 비석인데, 19세기에 토문강의 위치를 둘러싸고 간도귀속문제가 일어났다.

Answer 63.③ 64.①

65 다음 주어진 내용이 일어났던 때의 왕과 업적이 바르게 연결된 것은?

- 이인좌의 난을 계기로 붕당간의 관계를 다시 조정하여 왕과 신하 사이의 의리를 확립할 필요가 있음을 절감하였다.
- 이조전랑이 자신의 후임자를 천거하고, 3사의 관리를 선발할 수 있게 해주던 관행을 없앴다.

① 숙종 – 금위영
② 영조 – 균역법
③ 정조 – 신해통공
④ 광해군 – 중립외교

TIP 제시된 내용은 영조의 탕평파 중심의 정국 운영에 대한 것이다.
※ 영조의 개혁정치
㉠ 법전체계를 재정리하였다.
㉡ 군역 부담을 완화하기 위하여 균역법을 실시하였다.
㉢ 군영을 정비하여 훈련도감 · 금위영 · 어영청 세 군문이 도성을 나누어 방위하는 체제를 갖추었다.
㉣ 가혹한 형벌을 폐지하고 사형수에 대한 삼심제를 엄격하게 시행하였다.

66 조선후기에 다음과 같은 문제를 해결하고 농민 부담을 줄이기 위해 추진한 정책은?

조선후기에는 지주제가 강화되면서 다수의 농민이 토지를 잃고 전호나 임노동자로 전락하였으며, 과중한 수취로 인하여 생존이 어려울 지경이었다.

㉠ 5군영 설치
㉡ 대동법 실시
㉢ 균역법 실시
㉣ 호패법 강화

① ㉠㉡
② ㉡㉢
③ ㉡㉣
④ ㉢㉣

TIP 조선후기 경제구조의 변동과 신분제의 동요, 지주제가 강화되면서 농민들은 생존조차 어려울 지경이었다. 이에 따른 농민들의 불만 해소와 사회 안정을 도모하기 위하여 농민의 부담을 줄이고 지주의 부담을 늘리는 수취제도로 개편하였다.

Answer 65.② 66.②

67 **19세기 세도정치시기에 있었던 사실이 아닌 것은?**

① 진주민란 등 전국적 농민봉기가 일어났다.
② 실학사상이 국가정책에 충실히 반영되었다.
③ 탐관오리를 비방하는 벽서사건이 빈발하였다.
④ 동학이 삼남지방을 중심으로 널리 확산되었다.

TIP 19세기 세도정치시기에는 붕당정치와 세도정치의 폐해로 인해 농민들의 전국적인 민란이 발생하였으며, 탐관오리들의 농민에 대한 수탈이 자행되어 탐관오리를 비방하는 벽서사건이 빈발하였고, 동학이 경주지방을 시작으로 삼남지방에 교세를 확장해 가고 있었다.
② 실학사상은 정치적 실권과는 거리가 먼 몰락한 양반들 중심의 개혁이었기에 현실에 반영되기 어려운 한계를 가지고 있었다.

68 **다음 중 조선후기 북벌 추진과 관련이 깊은 것은?**

① 수도방위를 위하여 설치된 금위영
② 이괄의 난을 계기로 설치된 어영청
③ 임진왜란 중 설치된 훈련도감
④ 남한산성에 설치된 수어청

TIP ② 어영청은 인조반정 후 이괄의 난 때 왕권 호위를 위하여 설치되었다. 그 후 효종(1652) 때 북벌 추진으로 더욱 기능이 강화되었다.

69 **다음 중 비변사에 관한 설명으로 옳지 않은 것은?**

① 3정승, 5판서, 군영대장, 유수, 대제학 등 당상관 이상의 문무관리가 참여하였다.
② 처음에는 국방문제만 다루었으나, 후기에는 국가정무에까지 관여하였다.
③ 문무고위관리들의 합의기구로 확대된 것은 임진왜란이 계기가 되었다.
④ 설치 초기부터 비변사 재상을 중심으로 군무사무를 협의하는 상설기구로 시작하였다.

TIP 16세기 초에 비변사는 왜구와 여진을 대비하는 군무협의 임시기구였으나, 임진왜란을 맞이하여 상설기구화되었다.

Answer 67.② 68.② 69.④

70 **다음과 같은 특징을 지닌 정치형태가 발달할 수 있었던 토대나 여건으로 볼 수 없는 것은?**

- 정치세력 간의 상호 비판과 견제의 기능을 가졌다
- 16세기 후반 사림들이 중앙의 정치에서 주도권을 장악하게 되면서 나타났다.
- 정치의 활성화와 정치참여의 폭을 넓히는 데 기여하였다.

① 훈구세력의 등장
② 족당의 형성
③ 농장의 발달
④ 서원의 설립

TIP 16세기 후반에 이르러서는 사림들이 중앙정치의 주도권을 장악하게 되면서 붕당이 출현하였다. 붕당정치는 다수의 붕당이 공존함으로써 상호견제와 비판을 통하여 정치가 운영되었다. 공론을 중시하였고 정치참여의 확대와 정치의 활성화에 기여하였으나, 현실문제를 경시하고 의리와 명분에 치우쳤고 지배층의 의견만을 정치에 반영하였으며 당파의 이익을 앞세워 국가발전에 지장을 주기도 하였다.

71 **다음 중 조선후기 정치에 대한 설명으로 옳지 않은 것은?**

① 붕당정치의 문제점을 해결하고자 하였다.
② 전제적 통치체제를 유지 · 강화하기 위한 것이었다.
③ 탕평론의 본질은 정치적 균형관계를 재정립함에 있었다.
④ 숙종, 영조, 정조에 걸쳐 추진되어 근본적인 모순은 해결되었다.

TIP ④ 탕평론 자체가 전제적 통치체제를 유지 · 강화하는 데 목적을 두었기 때문에 붕당 사이의 융화나 붕당 자체의 문제를 근본적으로 해결하지는 못하였다.

Answer 70.① 71.④

72 다음은 영조와 정조의 탕평책을 비교한 설명이다. 이 시기의 탕평책에 대한 설명으로 옳은 것은?

> 영조는 붕당을 없앨 것을 내세우며 왕이 내세우는 논리에 동의하는 탕평파를 중심으로 정국을 운영하였다. 그러나 정조는 각 붕당의 주장이 옳고 그른 지를 명백히 가리는 적극적인 탕평책을 추진하였다.

① 정조는 소속 붕당보다 명분과 능력을 강조하였다.
② 영조 때에 탕평파는 붕당과 무관한 인물로 구성되었다.
③ 영조와 정조의 탕평책으로 붕당간의 대립이 없어졌다.
④ 정조는 장용영을 설치하여 각 군영의 독립성을 보장하였다.

TIP 영조와 정조의 탕평책

영조의 탕평정치	정조의 탕평정치
• 탕평파 육성 • 산림의 존재 부정, 서원 정리 • 이조전랑의 후임자 천거제도 폐지 • 균역법 시행 • 군영정비(훈련도감, 금위영, 어영청) • 삼심제 채택 • 속대전 편찬	• 의리와 명분에 합치되고 능력 있는 사람을 중용 • 규장각 설치 • 초계문신제 시행 • 장용영 설치 • 서얼과 노비의 차별 완화 • 금난전권 폐지 • 화성 건설 • 대전통편 편찬

Answer 72.①

73 다음 시에서 저자가 주장을 하게 된 배경에 대한 설명으로 옳은 것은?

> 힘써하는 싸움, 나라 위한 싸움인가 / 옷밥에 묻혀 있어 할 일 없이 싸우놋다.
> 아마도 그치지 아니하니 다시 어이 하리오. / 말리소서, 말리소서, 이 싸움을 말리소서.
> 지공 무사히 말리소서, 말리소서 / 진실로 말리옷 말리시면 탕탕평평하리다.

① 남인은 서인의 북벌 추진을 비판하면서 예송논쟁을 전개하였다.
② 외척가문에 의해서 국정의 중요한 일들이 대부분 처리되었다.
③ 왕위계승싸움 및 붕당의 일당전제화가 전개되었다.
④ 유교적 명분론을 바탕으로 인조반정이 발생하였다.

TIP 제시된 글은 이덕일의 '당쟁상심가'이다. 임진왜란 후 광해군의 폭정과 당파싸움을 피하여 향리에 묻혀 살며 당시 세태와 당쟁을 개탄하여 읊은 작품이다.

74 다음은 세도정치하의 사회현상이다. 이의 결과로 옳은 것은?

> • 외척세력의 정권 장악
> • 매관매직의 성행
> • 재정의 궁핍 심화
> • 삼정문란의 심화

① 농민이 양반으로 신분 상승
② 중앙집권체제의 약화
③ 상품화폐경제의 발전
④ 농민의 지배층에 대한 저항 심화

TIP 제시된 사실들로 인하여 사회불안이 가중되고 지배층에 대한 불신이 커지면서 그들에 대한 저항 의식을 키워나가게 되었다.

Answer 73.③ 74.④

75 다음 중 17 ~ 18세기 청나라와의 대외관계에 관한 설명으로 옳지 않은 것은?

① 청에 대한 사대를 주장하는 북학론이 대두되었다.
② 청에서 경계를 명백히 하자고 교섭해 와 백두산 정계비를 세웠다.
③ 청의 국력이 신장하고 문물이 크게 일어났다.
④ 호란 이후부터 표면상으로 사신이 왕래하며 정치적 관계가 지속되었다.

TIP ① 북학론은 17 ~ 18세기 청의 국력이 신장되고 문물이 크게 일자 일부 학자들이 청을 배척하지만 말고 청에서 이로운 것을 받아들이자는 실리적 주장으로 사대주의로 볼 수는 없다.

76 다음 5군영을 설치된 순서로 배열하면?

㉠ 훈련도감	㉡ 총융청
㉢ 어영청	㉣ 수어청
㉤ 금위영	

① ㉠ － ㉡ － ㉢ － ㉣ － ㉤
② ㉠ － ㉡ － ㉣ － ㉢ － ㉤
③ ㉠ － ㉡ － ㉣ － ㉤ － ㉢
④ ㉠ － ㉡ － ㉤ － ㉣ － ㉢

TIP 5군영은 선조에서 숙종 때까지 설치되었다. 임기응변으로 그때 그때 설치되어 용병, 번상병, 속오군 등 각기 병종이 달랐다. 훈련도감은 삼수병으로 편제되었으며, 총융청은 경기 일대 방위를 위해 설치되었다.
㉠ 선조 27년 ㉡ 인조 2년 ㉢ 효종 3년 ㉣ 인조 4년 ㉤ 숙종 8년

Answer 75.① 76.②

77 다음과 같은 세제개혁이 보여 주는 공통점으로 옳은 것은?

> • 공납으로 내던 특산물을 미 · 포 · 전으로 내게 하되 1결에 12두씩 거뒀다.
> • 1년에 2필씩 내던 군포를 1년에 1필로 줄이고, 그 대신에 1결당 2두씩 내게 하며, 양반층에게도 선무군관포 1필을 내게 하고, 궁방의 재정수입이었던 어 · 염 · 선세를 균역청 수입으로 충당하였다.

① 지대의 금납화
② 조세의 전세화
③ 은 본위제의 확립
④ 부역 노동의 고용화

TIP 조선후기 수취제도를 개혁하면서 전세는 영정법, 공납은 대동법, 군역은 균역법으로 바뀌었다. 대동미나 결작은 모두 토지 소유량에 대한 부과방법으로 조세의 전세화를 의미한다.

Answer 77.②

경제구조와 경제생활

01 고대의 경제
02 중세의 경제
03 근세의 경제
04 경제상황의 변동
05 최근 기출문제 분석
06 출제예상문제

01 고대의 경제

1 삼국의 경제생활

(1) 삼국의 경제정책

① 정복활동과 경제정책

㉠ 정복지역의 지배자를 내세워 공물을 징수하였다.

㉡ 전쟁포로들은 귀족이나 병사에게 노비로 지급하였다.

㉢ 군공을 세운 사람에게 일정 지역의 토지와 농민을 지급하였다(식읍).

㉣ 정복지역에 대한 정책 변화 : 피정복민에 대한 차별이 감소되어 갔으나 신분적 차별은 여전하였고 더 많은 경제적 부담을 졌다.

② 수취체제의 정비

㉠ **초기** : 농민으로부터 전쟁물자를 징수하고, 군사를 동원하였다. 그 결과 농민의 경제 발전이 억제되고 농민의 토지 이탈이 발생하여 사회체제가 동요되었다.

㉡ **수취체제의 정비** : 노동력의 크기로 호를 나누어 곡물 · 포 · 특산물 등을 징수하고 15세 이상 남자의 노동력을 징발하였다.

③ 농민경제의 안정책

㉠ 철제 농기구를 보급하고, 우경이나 · 황무지의 개간을 권장하였으며, 저수지를 축조하였다.

㉡ 농민구휼정책으로 진대법을 실시하였다(고구려 고국천왕).

④ **수공업** … 노비들이 무기나 장신구를 생산하였으며, 수공업 생산을 담당하는 관청을 설치하였다.

⑤ **상업** … 도시에 시장이 형성되었으며, 시장을 감독하는 관청을 설치하였다.

⑥ **국제무역** … 왕실과 귀족의 수요품을 중심으로 공무역의 형태로 이루어졌다(4세기 이후 발달).

㉠ **고구려** : 남북조와 북방민족을 대상으로 하였다.

㉡ **백제** : 남중국, 왜와 무역하였다.

㉢ **신라** : 한강 확보 이전에는 고구려, 백제와 교류하였으나 한강 확보 이후에는 당항성을 통하여 중국과 직접 교역하였다.

(2) 경제생활

① 귀족의 경제생활

㉠ 경제기반 : 자신이 소유한 토지와 노비, 국가에서 지급받은 녹읍과 식읍을 바탕으로 하였다.

TIP 녹읍 … 관료에게 일정한 지역의 토지를 지급한 것으로, 토지의 소유권을 지급한 것이 아니라 조세를 거둘 수 있는 권리인 수조권을 지급한 것이다. 귀족관료들은 그 토지에 딸린 노동력과 공물도 모두 수취할 수 있었다. 녹읍제는 신문왕 때에 폐지되었다가 귀족들의 반발로 경덕왕 때에 부활하였다.

㉡ 농민 지배 : 귀족은 그들의 지배하에 있는 농민을 동원하여 농장을 경영하고, 고리대금업으로 농민의 땅을 빼앗거나 노비로 만들어 재산을 늘렸다.

㉢ 주거생활 : 기와집, 창고, 마구간, 우물, 주방을 설치하여 생활하였다.

② 농민의 경제생활

㉠ 경작활동 : 자기 소유의 토지(민전)나 남의 토지를 빌려 경작하였다.

㉡ 농기구의 변화 : 돌이나 나무 농기구에서 철제 농기구로 변하였고 우경이 확대되었다.

㉢ 수취의 부담 : 생활이 어려울 정도로 곡물 · 삼베 · 과실을 부담하였고, 노동력을 징발당하였다.

㉣ 생활 개선 : 농사기술을 개발하고 경작지를 개간하였다.

2 남북국시대의 경제적 변화

(1) 통일신라의 경제정책

① 목적 … 피정복민과의 갈등 해소와 사회 안정을 위한 것이었다.

② 수취체제의 변화

㉠ 조세 : 생산량의 10분의 1 정도를 수취하였다.

㉡ 공물 : 촌락 단위로 그 지역의 특산물을 징수하였다.

㉢ 역 : 군역과 요역으로 이루어져 있었으며, 16에서 60세의 남자를 대상으로 하였다.

③ 민정문서 … 촌주가 3년마다 작성하였다.

㉠ 내용 : 토지크기, 인구 수, 소와 말의 수, 토산물 등을 기록하였다.

㉡ 목적 : 조세 · 공물 · 부역을 징수하기 위한 것이다.

TIP 신라의 민정문서(신라장적)

㉠ 내용: 토지는 논, 밭, 촌주위답(촌주가 그 직위로 받은 논) 등 토지의 종류와 면적을 기록하였고, 사람들은 인구, 가호, 노비의 수와 3년 동안의 사망, 이동 등 변동내용을 기록하였다. 그 밖에 소나 말의 수, 뽕나무, 잣나무, 호두나무의 수까지 기록하였다.

㉡ 목적: 호의 등급을 사람의 다소에 따라 9등급으로 나누고, 인구의 조사는 남녀별, 연령별로 6등급으로 조사하였다. 이는 부역의 기준을 세우기 위한 것이라 할 수 있다. 또한 토지의 종류와 면적을 정확히 기재하고, 가축이나 유실수의 수까지 파악하고 있는 것으로 보아 정확한 조세 징수를 위한 것이라고 할 수 있다.

④ **토지제도** … 귀족에 대한 국왕의 권한을 강화하기 위한 것이었으며, 농민경제의 안정을 추구하였다.

㉠ 식읍을 제한하고, 녹읍을 폐지하였으며 관료전을 지급하였다.

㉡ 왕토사상에 의거하여 백성에게 정전(丁田)을 지급하고, 구휼정책을 강화하였다.

㉢ 경덕왕 때 녹읍제가 부활되고 관료전이 폐지되었다.

(2) 통일신라의 경제활동

① 경제력의 성장

㉠ **중앙** : 통일 이후 인구와 상품 생산이 증가되어, 동시(지증왕) 외에 서시와 남시(효소왕)가 설치되었다.

㉡ **지방** : 지방의 중심지나 교통의 요지에서 물물교환이 이루어졌다.

② 무역의 발달

㉠ **대당 무역** : 나·당전쟁 이후 8세기 초(성덕왕)에 양국관계가 재개되면서 공무역과 사무역이 발달하였고, 산둥반도와 양쯔강 하류에 신라방(거주지), 신라소(자치기관), 신라관(여관), 신라원(절)이 설치되었다.

㉡ **대일 무역** : 초기에는 무역을 제한하였으나, 8세기 이후에는 무역이 활발하였다.

㉢ **국제무역** : 이슬람 상인이 울산을 내왕하였다.

㉣ **청해진 설치** : 장보고가 해적을 소탕하였고 남해와 황해의 해상무역권을 장악하여 당, 일본과의 무역을 독점하였다.

(3) 발해의 경제 발달

① 수취제도

㉠ **조세** : 조·콩·보리 등의 곡물을 징수하였다.

㉡ **공물** : 베·명주·가죽 등 특산물을 징수하였다.

㉢ **부역** : 궁궐·관청 등의 건축에 농민이 동원되었다.

② **귀족경제의 발달** … 대토지를 소유하였으며, 당으로부터 비단과 서적을 수입하였다.

③ 농업

㉠ **밭농사** : 기후조건의 한계로 콩, 조, 보리, 기장 등의 밭농사가 중심이 되었다.

㉡ **논농사** : 철제 농기구를 사용하고, 수리시설을 확충하여 일부 지역에서 이용하였다.

④ **목축과 수렵** … 돼지, 말, 소, 양을 사육하고, 모피, 녹용, 사향을 생산 및 수출하였다.

⑤ **어업** … 고기잡이도구를 개량하고, 숭어, 문어, 대게, 고래 등을 잡았다.

⑥ **수공업** … 금속가공업(철, 구리, 금, 은), 직물업(삼베, 명주, 비단), 도자기업 등 다양하게 발달하였다. 철의 생산이 풍부했으며, 구리 제련술이 발달하였다.

⑦ **상업** … 도시와 교통요충지에 상업이 발달하고, 현물, 화폐를 주로 사용하였으나 외국화폐가 유통되기도 하였다.

⑧ **무역** … 당, 신라, 거란, 일본 등과 무역하였다.

㉠ **대당 무역** : 산둥반도의 덩저우에 발해관을 설치하였다. 수출품은 주로 토산품과 수공업품이었고(모피, 인삼, 불상, 자기), 수입품은 귀족들의 수요품인 비단, 책 등이었다.

㉡ **대일 무역** : 일본과의 외교관계를 중시하여 활발한 무역활동을 전개하였다.

㉢ **신라와의 관계** : 필요에 따라 사신이 교환되고 소극적인 경제, 문화 교류를 하였다.

02 중세의 경제

❶ 경제정책

(1) 농업 중심의 산업 발전

① **중농정책** … 개간한 땅은 일정 기간 면제하여 줌으로써 개간을 장려하고, 농번기에 잡역의 동원을 금지하여 농사에 지장을 주지 않게 하였다.

㉠ **광종** : 황무지 개간 규정을 만들어 토지 개간을 장려하였다.

㉡ **성종** : 무기를 거둬들여 이를 농기구로 만들어 보급하였다.

② **농민안정책** … 재해시에 세금을 감면해주고, 고리대의 이자를 제한하였으며, 의창제를 실시하였다.

③ **상업**

㉠ 개경에 시전을 설치하였고 국영점포를 운영하였다.

㉡ 쇠 · 구리 · 은 등을 금속화폐로 주조하여 유통하기도 하였다.

④ **수공업**

㉠ **관청수공업** : 관청에 기술자를 소속시켜 왕실과 국가 수요품을 생산하였으며, 무기와 비단을 제작하였다.

㉡ **소(所)** : 먹, 종이, 금, 은 등 수공업 제품을 생산하여 공물로 바쳤다.

㉢ 자급자족적인 농업경제로 상업과 수공업의 발달은 부진하였다.

(2) 국가재정의 운영

① 국가재정의 정비

㉠ 문란한 수취체제를 정비하고 재정담당관청을 설치하였다.

㉡ 양안과 호적을 작성하여 국가재정을 안정적으로 운영하였다.

㉢ 왕실, 중앙 및 지방관리, 향리, 군인 등에게 수조권을 지급하였다.

② 국가재정의 관리

㉠ **호부** : 호적과 양안의 작성 및 관리(인구와 토지 관리)를 담당하였다.

㉡ **삼사** : 재정의 수입과 관련된 사무를 담당하였다.

③ 재정은 대부분 관리의 녹봉, 일반 비용, 왕실의 공적 경비, 각종 제사 및 연등회나 팔관회의 비용, 건물의 건축이나 수리비, 왕의 하사품, 군선이나 무기의 제조비에 지출하였다.

(3) 수취제도

① **조세** … 토지에서 거두는 세금을 말한다.

㉠ **대상** : 논과 밭으로 나누고 비옥도에 따라 3등급으로 구분하였다.

㉡ **조세율**

- 민전 : 생산량의 10분의 1
- 공전 : 수확량의 4분의 1
- 사전 : 수확량의 2분의 1

㉢ 거둔 조세는 조창에서 조운을 통해 개경으로 운반하였다.

② **공물** … 토산물의 징수를 말하며, 조세보다 큰 부담을 주었다.

㉠ 중앙관청에서 필요한 공물의 종류와 액수를 나누어 주현에 부과하면 주현은 속현과 향 · 소 · 부곡에 이를 할당하여 운영하였다.

㉡ 매년 징수하는 상공(常貢)과 필요에 따라 수시로 징수하는 별공(別貢)이 있었다.

③ **역**

㉠ **대상** : 국가에서 백성의 노동력을 무상으로 동원하는 것으로 정남(16 ~ 60세 남자)에게 의무가 있었다.

㉡ **종류** : 요역과 군역이 있는데 요역은 성곽, 관아, 도로 보수 등과 광물 채취, 그 밖에 노동력을 동원하는 것이다.

④ **기타** … 어염세(어민)와 상세(상인) 등이 있다.

(4) 전시과제도와 토지의 소유

① **토지제도의 근간** … 고려는 국가에 봉사하는 대가로 관료에게 전지와 시지를 차등 있게 나누어 주는 전시과와 개인 소유의 토지인 민전을 근간으로 운영하였다.

② **전시과제도의 특징**

㉠ **원칙** : 토지소유권은 국유를 원칙으로 하나 사유지가 인정되었다. 수조권에 따라 공 · 사전을 구분하여 수조권이 국가에 있으면 공전, 개인 · 사원에 속해 있으면 사전이라 하였으며 경작권은 농민과 외거노비에게 있었다.

㉡ **수조권만 지급** : 문무관리로부터 군인, 한인에 이르기까지 18등급으로 나누어 곡물을 수취할 수 있는 전지와 땔감을 얻을 수 있는 시지를 주었다. 이 때 지급된 토지는 수조권만 갖는 토지였다.

㉢ **세습 불가** : 관직 복무와 직역에 대한 대가로 지급되었기 때문에 이 토지를 받은 자가 죽거나 관직에서 물러날 때에는 토지를 국가에 반납하도록 하였다.

③ **토지제도의 정비과정**

㉠ **역분전**(태조) : 후삼국 통일과정에서 공을 세운 사람들에게 충성도와 인품에 따라 경기지방에 한하여 지급하였다.

㉡ **시정전시과(경종)** : 공복제도와 역분전제도를 토대로 전시과제도를 만들었다. 관직이 높고 낮음과 함께 인품을 반영하여 역분전의 성격을 벗어나지 못하였고 전국적 규모로 정비되었다.

㉢ **개정전시과(목종)** : 관직만을 고려하여 지급하는 기준안을 마련하고, 지급량도 재조정하였으며, 문관이 우대되었고 군인전도 전시과에 규정하였다.

㉣ **경정전시과(문종)** : 현직 관리에게만 지급하고, 무신에 대한 차별대우가 시정되었다.

㉤ **녹과전(원종)** : 무신정변으로 전시과체제가 완전히 붕괴되면서 관리에게 생계 보장을 위해 지급하였다.

㉥ **과전법(공양왕)** : 권문세족의 토지를 몰수하여 공전에 편입하고 경기도에 한해 과전을 지급하였다. 이로써 신진사대부의 경제적 토대가 마련되었다.

TIP 전시과와 과전법

구분	전시과	과전법
공통점	• 토지의 국유제 원칙 • 수조권의 지급 • 관직에 따른 차등 지급 • 예외는 있으나 원칙적으로 세습 불가	
차이점	• 전국 • 관리의 수조권 행사 가능 • 농민의 경작권 보장됨	• 경기도에 한정 • 관리의 수조권 행사 불가 • 농민의 경작권 보장 안됨

④ 토지의 종류

㉠ **공음전** : 5품 이상의 고위관리에게 지급하였고 세습이 가능하였다.

㉡ **한인전** : 관직에 오르지 못한 6품 이하 하급 관료의 자제에게 지급하였다.

㉢ **군인전** : 군역의 대가로 지급하는 것으로 군역이 세습가능하였다.

㉣ **구분전** : 하급 관료, 군인의 유가족에게 지급하였다.

㉤ **내장전** : 왕실의 경비 충당을 위해 지급하였다.

㉥ **공해전** : 중앙과 지방의 관청운영을 위해 지급하였다.

㉦ **사원전** : 사원의 운영을 위해 지급하였다.

㉧ **별사전** : 승려 개인에게 지급하였다.

㉨ **과전** : 관직 복무 대가로 지급한 수조권으로 사망 · 퇴직시 반납하였다.

㉩ **외역전** : 향리에게 분급되는 토지로, 향리직이 계승되면 세습되었다.

㉪ **공신전** : 전시과규정에 따라 문무관리에게 차등 있게 분급되는 토지로 세습되었다.

TIP 영업전 … 공음전, 공신전, 외역전, 내장전 등 세습이 가능한 토지를 말한다.

㉫ **민전** : 조상으로부터 세습된 땅으로 매매, 상속, 기증, 임대가 가능한 농민의 사유지이다.

- 소유권 보장 : 함부로 빼앗을 수 없는 토지였으며, 민전의 소유자는 국가에 일정한 세금을 내야 했다.
- 소유자 : 대부분의 경작지는 개인 소유자인 민전이었지만, 왕실이나 관청의 소유지도 있었다.

② 경제활동

(1) 귀족의 경제생활

① **경제기반** … 대대로 상속받은 토지와 노비, 관료가 되어 받은 과전과 녹봉 등이 기반이 되었다.

㉠ **조세의 징수**(전시과)
- 과전 : 조세로 수확량의 10분의 1을 징수하였다.
- 소유지 : 공음전이나 공신전은 수확량의 2분의 1을 징수하였다.

㉡ **녹봉** : 현직에 근무하는 관리들은 쌀이나 보리 등의 곡식이나 베, 비단 등을 지급받았다.

② **수입** … 노비에게 경작시키거나 소작을 주어 생산량의 2분의 1을 징수하고, 외거노비에게 신공으로 매년 베나 곡식을 징수하였다.

③ **농장경영** … 권력이나 고리대를 이용하여 농민의 토지를 빼앗거나 헐값에 사들여 지대를 징수하였다.

④ **생활방식** … 과전과 소유지에서 나온 수입으로 화려하고 사치스러운 생활을 하였다.

(2) 농민의 경제생활

① **생계 유지** … 민전을 경작하거나, 국유지나 공유지 또는 다른 사람의 토지를 경작하여, 품팔이를 하거나 가내 수공업에 종사하였다.

② **개간활동** … 황무지를 개간하면 일정 기간 소작료나 조세를 감면해 주었으며, 주인이 있을 경우 소작료를 감면해 주었고 주인이 없을 경우에는 토지소유를 인정하였다.

③ **새로운 농업기술의 도입**

㉠ **농기구** : 호미, 보습 등의 농기구가 개량되었다.

㉡ **변화된 농법**
- 소를 이용한 깊이갈이(심경법)가 일반화되었다.
- 가축의 배설물을 거름으로 사용하는 시비법이 발달하였다.
- 2년 3작의 윤작이 보급되었다.
- 직파법 대신 모내기(이앙법)가 남부지방에서 유행하였다.

④ **농민의 몰락** … 농업생산력이 증가하였으나 권문세족의 토지약탈과 과도한 수취체제로 농민이 몰락하였다.

(3) 수공업자의 활동

① **관청수공업** … 공장안에 등록된 수공업자와 농민 부역으로 운영되었다. 주로 무기, 가구, 세공품, 견직물, 마구류 등을 제조하였다.

② **소(所)수공업** … 금, 은, 철, 구리, 실, 각종 옷감, 종이, 먹, 차, 생강 등을 생산하여 공물로 납부하였다.

③ **사원수공업** … 베, 모시, 기와, 술, 소금 등을 생산하였다.

④ **민간수공업** … 농촌의 가내수공업이 중심이 되었으며(삼베, 모시, 명주 생산), 고려후기에는 관청수공업에서 제조하던 물품(놋그릇, 도자기 등)을 생산하였다.

(4) 상업활동

① 도시의 상업활동

㉠ **관영상점의 설치** : 개경, 서경(평양), 동경(경주) 등 대도시에 서적점, 약점, 주점, 다점 등의 관영상점을 설치하였다.

㉡ **비정기 시장** : 도시민의 일용품이 매매되었다.

㉢ **경시서 설치** : 매점매석과 같은 상행위를 감독하고 물가를 조절하는 기능을 하였다.

② 지방의 상업활동

㉠ **지방시장** : 관아 근처에서 쌀이나 베를 교환할 수 있는 시장을 열었다.

㉡ **행상활동** : 행상들은 지방시장을 하였다.

③ **사원의 상업활동** … 소유하고 있는 토지에서 생산한 곡물과 승려나 노비들이 만든 수공업품을 민간에 판매하였다.

④ **고려후기의 상업활동** … 도시와 지방의 상업이 전기보다 활발해졌다.

㉠ **도시** : 민간의 상품 수요가 증가하였고, 시전의 규모가 확대되었다. 업종별로 전문화되었으며, 벽란도가 교통로와 산업의 중심지로 발달하였다.

㉡ **지방** : 조운로를 따라 교역활동이 활발하였으며, 여관인 원이 발달하여 상업활동의 중심지가 되었다.

㉢ **국가의 상업 개입** : 국가가 재정수입을 늘리기 위하여 소금의 전매제가 실시되었고, 관청, 관리 등은 농민에게 물품을 강매하거나, 조세를 대납하게 하였다. 이 과정에서 상인과 수공업자가 성장하여 부를 축적하거나, 일부는 관리로 성장하였다.

(5) 화폐 주조와 고리대의 유행

① 화폐 주조

㉠ 화폐의 발행

- 성종 때 최초의 화폐인 건원중보(철전)를 만들었으나 유통엔 실패하였다.
- 숙종은 의천의 건의에 따라 주전도감을 설치하고 삼한통보 · 해동통보 · 해동중보(동전), 활구(은병)를 만들었다.
- 공양왕 때는 저화(최초의 지폐)가 만들어졌다.

㉡ **한계** : 자급자족적 경제구조로 유통이 부진하였고 곡식이나 삼베가 유통의 매개가 되었다.

② **고리대의 성행**

㉠ 왕실, 귀족, 사원의 재산 증식의 수단이 되었다.

㉡ 농민은 토지를 상실하거나 노비가 되기도 했다.

㉢ 장생고라는 서민금융기관을 통해 사원과 귀족들은 폭리를 취하여 부를 확대하였다.

③ **보(寶)** … 일정한 기금을 조성하여 그 이자를 공적인 사업의 경비로 충당하는 것을 말한다. 학보, 경보, 팔관보, 제위보 등이 있었으나 이자취득에만 급급하여 농민생활에 폐해를 가져왔다.

(6) 무역활동

① **무역 발달** … 공무역을 중심으로 발전하였으며, 벽란도가 국제무역항으로 번성하게 되었다.

② **송**

㉠ 광종 때 수교를 한 후 문물의 교류가 활발하였다(962).

㉡ 고려는 문화적 · 경제적 목적으로 송은 정치적 · 군사적 목적으로 친선관계를 유지하였다.

㉢ 왕실과 귀족의 수요품인 서적, 비단, 자기, 약재, 문방구, 악기 등이 수입되었고, 종이나 인삼 등의 수공업품과 토산물은 수출하였다.

③ **거란과 여진** … 은과 농기구, 식량을 교역하였다.

④ **일본** … 11세기 후반부터 김해에서 내왕하면서 수은 · 유황 등을 가지고 와서 식량 · 인삼 · 서적 등과 바꾸어 갔다.

⑤ **아라비아(대식국)** … 송을 거쳐 고려에 들어와 수은 · 향료 · 산호 등을 판매하였다. 이 시기에 고려의 이름이 서방에 알려졌다.

TIP 시대별 무역항

㉠ 삼국시대 : 당항성, 김해

㉡ 통일신라시대 : 울산항, 당항성, 영암

㉢ 고려 : 벽란도, 합포

㉣ 조선 : 3포(부산포, 염포, 제포)

⑥ **원 간섭기의 무역** … 공무역이 행해지는 한편 사무역이 다시 활발해졌다. 상인들이 독자적으로 원과 교역하면서 금, 은, 소, 말 등이 지나치게 유출되어 사회적으로 물의가 일어날 정도였다.

03 근세의 경제

1 경제정책

(1) 농본주의 경제정책

① **경제정책의 방향** … 조선은 고려 말의 파탄된 국가재정을 확충시키고, 왕도정치사상에 입각한 민생안정을 도모하기 위해 농본주의 경제정책을 세웠다.

② **중농정책** … 신진사대부는 농경지의 확대 및 농업생산력 증대로 농민생활을 안정시키려 하였다.
- ㉠ 토지 개간을 장려하고 양전사업을 실시하였으며, 새로운 농업기술과 농기구를 개발하여 보급하였다.
- ㉡ 농민생활의 안정을 위해 농민의 조세부담을 경감시켰다.

③ **상공업정책** … 상공업자는 허가를 받고 영업해야 했다.
- ㉠ **국가 통제** : 물화의 종류와 수량을 국가가 규제하였다.
- ㉡ **유교적 경제관** : 검약한 생활을 강조하고, 소비생활을 억제하였다.
- ㉢ 사 · 농 · 공 · 상 간의 차별로 상공업자들은 대우받지 못하였고, 자급자족적 경제로 상공업활동은 부진하였다.

(2) 과전법의 시행과 변화

① **과전법의 시행**
- ㉠ **배경** : 국가의 재정기반과 신진사대부세력의 경제기반을 확보하기 위해 시행되었다.
- ㉡ **과전** : 경기지방의 토지에 한정되었고 과전을 받은 사람이 죽거나 반역을 한 경우에는 국가에 반환하였고 토지의 일부는 수신전, 휼양전, 공신전 형태로 세습이 가능하였다.

> TIP 수신전과 휼양전
> ㉠ 수신전 : 관리가 죽은 후 재혼하지 않은 미망인에게 지급
> ㉡ 휼양전 : 사망한 관리의 어린 자식에게 지급

② **과전법의 변화** … 토지가 세습되자 신진관리에게 나누어 줄 토지가 부족하게 되었다.
- ㉠ **직전법**(세조) : 현직 관리에게만 수조권을 지급하였고 수신전과 휼양전을 폐지하였다.
- ㉡ **관수관급제**(성종) : 현직 관리에게만 수조권을 준 결과 실제 조세보다 더 많이 걷는 폐단이 생겼다. 이런 폐단을 시정하기 위하여 관청에서 수조권을 행사하고, 관리에게 지급하여 국가의 지배권이 강화되었다.
- ㉢ **직전법의 폐지**(16세기 중엽) : 수조권 지급제도가 없어졌다.

TIP 과전법의 3대 원칙

㉠ 전직과 재야세력에 대한 회유책
- 품계 있고 직역이 없는 관리인 전직과 산관에게 지급하였다.
- 한량에게는 군전을 지급하였다.
- 세종 이후 군인은 조선시대의 급전대상에서 제외된다.

㉡ 농민에게 유리한 조항
- 민심 획득을 위한 방법이다.
- 혁명 때 농민병사로 참여한 결과이다.
- 조 : 공 · 사전 모두 10분의 1이었고 국가가 경작권을 보장하였다.
- 세 : 사전만 15분의 1이었다.

㉢ 사대부에 유리한 조항
- 관리가 농민에게 직접 조를 받는 직접수조권을 행사하였다.
- 관리가 죽으면 과전을 반납하는 것이 원칙이었으나, 수신전 · 휼양전의 명목으로 세습되었다.
- 불법적 농장 매매 · 겸병 등으로 후에 농장을 설립했다.

③ **지주제의 확산**

㉠ **배경** : 직전법이 소멸되면서 고위층 양반들이나 지방 토호들은 토지 소유를 늘리기 시작하였다.

㉡ **지주전호제** : 토지가 늘어나면서 대토지를 갖는 지주와 그 땅을 경작하는 전호가 생겨나게 되었다.

㉢ **병작반수제** : 지주전호제가 일반화되면서 농민은 생산량의 2분의 1을 지주에게 바쳤다.

(3) 수취체제의 확립

① **조세** … 토지 소유자가 부담하게 되어 있는데 지주들은 소작농에게 대신 납부하도록 강요하는 경우가 많았다.

㉠ **과전법** : 수확량의 10분의 1을 징수하고, 매년 풍흉에 따라 납부액을 조정하였다.

㉡ **전분6등법 · 연분9등법**(세종) : 1결당 최고 20두에서 최하 4두를 징수하였다.
- 전분6등법 : 토지의 비옥한 정도에 따라 6등급으로 나누고 그에 따라 1결의 면적을 달리하였다.
- 연분9등법 : 한 해의 풍흉에 따라 9등급으로 구분하여 작황의 풍흉에 따라 1결당 최고 20두에서 최하 4두까지 차등을 두었다.

㉢ **조세 운송** : 군현에서 거둔 조세는 조창(수운창 · 해운창)을 거쳐 경창(용산 · 서강)으로 운송하였으며, 평안도와 함경도의 조세는 군사비와 사신접대비로 사용하였다.

② **공납**

㉠ **징수** : 중앙관청에서 각 지역의 토산물을 조사하여 군현에 물품과 액수를 할당하여 징수한다.

㉡ **종류** : 지방토산물, 수공업제품, 광물, 모피, 약재 등으로 다양하다.

㉢ **문제점** : 납부기준에 맞는 품질과 수량을 맞추기 어려우면 다른 곳에서 구입하여 납부해야 하므로 부담이 컸다.

③ **역** … 16세 이상의 정남에게 의무가 있다.

㉠ **군역** : 정군은 일정 기간 군사복무를 위하여 교대로 근무했으며, 보인은 정군이 복무하는 데에 드는 비용을 보조하였다. 양반, 서리, 향리는 군역이 면제되었다.

㉡ **요역** : 가호를 기준으로 정남의 수를 고려하여 뽑았으며, 각종 공사에 동원되었다. 토지 8결당 1인이 동원되었고, 1년에 6일 이내로 동원할 수 있는 날을 제한하였으나 임의로 징발하는 경우도 많았다.

④ 국가재정

㉠ **세입** : 조세, 공물, 역 이외에 염전, 광산, 산림, 어장, 상인, 수공업자의 세금으로 마련하였다.

㉡ **세출** : 군량미나 구휼미로 비축하고 왕실경비, 공공행사비, 관리의 녹봉, 군량미, 빈민구제비, 의료비 등으로 지출하였다.

❷ 양반과 평민의 경제활동

(1) 양반 지주의 생활

① **경제기반** … 과전, 녹봉, 자기 소유의 토지와 노비 등이다.

② **경작** … 농장은 노비의 경작과 주변 농민들의 병작반수의 소작으로 행해졌다.

③ **경영** … 양반이 직접하기도 하였지만 대개 친족이 거주하며 관리하였고 때로는 노비만 파견하여 농장을 관리하기도 하였다.

④ **노비** … 재산의 한 형태로 구매, 소유 노비의 출산 및 혼인으로 확보되었으며, 외거노비는 주인의 땅을 경작 및 관리하고 신공을 징수하였다.

(2) 농민생활의 변화

① 농업생활

㉠ **농업보호책** : 조선 정부는 세력가의 농민에 대한 토지약탈을 규제하고, 농업을 권장하였다.

㉡ **농업의 향상** : 정부는 개간을 장려하고, 수리시설을 확충하였다. 농사직설 · 금양잡록 등의 농서를 간행 · 보급하였다.

② 농업의 발달

㉠ 농업기술의 발달

- 밭농사 : 조 · 보리 · 콩의 2년 3작이 널리 행해졌다.
- 논농사 : 남부지방에 모내기 보급과 벼와 보리의 이모작으로 생산량이 증가되었다.
- 시비법 : 밑거름과 덧거름을 주어 휴경제도가 거의 사라졌다.
- 농기구 : 쟁기, 낫, 호미 등의 농기구도 개량되었다.
- 수리시설이 확충되었다.

㉡ **상품 재배** : 목화 재배가 확대되어 의생활이 개선되었고, 약초와 과수 재배가 확대되었다.

③ 농민의 생활안정대책

㉠ **농민의 생활** : 지주제의 확대와 자연재해, 고리대, 세금부담 등으로 소작농이 증가하였으며, 수확의 반 이상을 지주에게 납부해야 했다.

㉡ **정부의 대책**

- 잡곡, 도토리, 나무껍질 등을 가공하여 먹을 수 있는 구황방법을 제시하였다.
- 호패법과 오가작통법으로 농민 통제를 강화하였다.
- 지방 양반들도 향약을 시행하여 농촌사회를 안정시키려 하였다.

(3) 수공업 생산활동

① **관영수공업**

㉠ **운영**

- 관청에 속한 장인인 관장은 국역으로 의류, 활자, 화약, 무기, 문방구, 그릇 등을 제작하여 공급하였다.
- 관장은 국역기간이 끝나면 자유로이 필수품을 제작하여 판매할 수 있었다. 단, 세금을 내야 했다.

㉡ **쇠퇴** : 16세기 이후 부역제가 해이해지고 상업이 발전하면서 쇠퇴되었다.

> **TIP** 조선전기의 관영수공업
>
> ㉠ 운영 : 원칙적으로 수공업자는 모두 공장안에 등록된 관장이었는데, 이들은 전문적인 수공업자들로서 관청에 소속되어 각종 제품을 제작, 공급하였다.
>
> ㉡ 공장(工匠)의 구분 : 중앙의 각급 관청에 소속된 경공장과 지방관아에 소속된 외공장으로 나뉘어 있었는데, 경공장은 2,800여 명, 외공장은 3,500여 명이었다.
>
> ㉢ 관장(官匠) : 관장은 대개 양인이나 공노비였다. 이들은 자신의 책임량을 초과한 생산품에 대해서는 공장세를 납부하고서 판매할 수 있었고, 관청에 동원되는 기간 이외에는 자신의 물품을 제조할 수 있었다.

② **민영수공업** … 농기구 등 물품을 제작하거나, 양반의 사치품을 생산하는 일을 맡았다.

③ **가내수공업** … 자급자족 형태로 생활필수품을 생산하였다.

(4) 상업활동

① **시전 상인** … 정부에서 종로거리에 상점가를 설치하였고, 시전으로부터 점포세와 상세를 징수하였다.

㉠ 왕실이나 관청에 물품을 공급하는 특정 상품의 독점판매권(금난전권)을 획득하였으며, 육의전(시전 중 명주, 종이, 어물, 모시, 삼베, 무명을 파는 점포)이 번성하였다.

㉡ 경시서를 설치하여 불법적인 상행위를 통제하였고 도량형을 검사하고 물가를 조절하였다.

㉢ **난전** : 시전 상인의 경계로 발달하지 못하였다.

② **장시** … 서울 근교와 지방에서 농업생산력 발달에 힘입어 정기 시장으로 정착되었다. 보부상이 판매와 유통을 주도하였다.

> **TIP** 보부상 … 5일마다 열리는 장시를 통하여 농산물, 수공업제품, 수산물, 약재 등을 비롯한 생활필수품을 유통시킨 행상이다.

③ **화폐** … 저화(태종, 조선 최초의 지폐)와 조선통보(세종)를 발행하였으나 유통이 부진하였다. 농민에겐 쌀과 무명이 화폐역할을 하였다.

④ **대외무역** … 주변 국가와의 무역을 통제하였다.

㉠ **대명 무역** : 공무역과 사무역을 허용하였다.

㉡ **대여진 무역** : 국경지역에서 무역소를 통해 교역하였다.

㉢ **대일본 무역** : 동래에 설치한 왜관을 통해 무역하였다.

(5) 수취제도의 문란

① **공납의 폐단 발생**

㉠ **방납** : 중앙관청의 서리들이 공물을 대신 납부하고 수수료를 징수하는 방납이라는 폐단이 생겨났다. 방납이 증가할수록 농민의 부담은 증가되었고 농민이 도망가면 이웃이나 친척에게 부과하였다. 이에 유망농민이 급증하였다.

㉡ **개선안** : 현물 대신 쌀로 걷는 수령이 등장하기도 하였다. 이이 · 유성룡은 공물을 쌀로 걷는 수미법을 주장하였다.

② **군역의 변질**

㉠ **군역의 요역화** : 농민생활이 어려워지고 요역 동원으로 농사에 지장을 초래하게 되자 농민들이 요역동원을 기피하게 되었다. 이에 농민 대신에 군인을 각종 토목공사에 동원시키고 군역을 기피하게 하였다.

㉡ **대립제** : 15세기 말 이후 보법의 실시로 군인의 이중부담이 문제가 되어, 보인들에게서 받은 조역가로 사람을 사서 군역을 대신시키는 현상이다.

> TIP 보법
> ㉠ 조선시대 양인이 부담하던 군역의 일종이다.
> ㉡ 세조는 보법의 실시로 군역의 평준화와 국방 강화를 이루었다.
> ㉢ 결과적으로 군역은 확대되었지만 요역부담자가 감소되면서 군역부담자가 요역까지 겸하게 되었다.
> ㉣ 대립제를 초래하였고 군적수포제로 대립제를 제도화하였다.

㉢ **군적수포제**(대역수포제)

- 대립제의 악화로 대립제를 양성화시켜 장정에게 군포를 받아 그 수입으로 군대를 양성하는 직업군인제이다.
- 군대의 질이 떨어졌고 모병제화되었으며 농민의 부담이 가중되는 결과를 낳았다.

㉣ **폐단** : 군포 부담의 과중과 군역기피현상으로 도망하는 자가 늘어나면서 군적도 부실해지고 각 군현에서는 정해진 액수를 맞추기 위해서 남아 있는 사람에게 그 부족한 군포를 부담시키자 남아 있는 농민의 생활이 더욱 어려워졌다.

③ **환곡** … 농민생활의 안정을 위해 농민에게 곡물을 빌려 주고 10분의 1 정도의 이자를 거두는 제도로서 지방수령과 향리들이 정한 이자보다 많이 징수하는 폐단을 낳았다.

04 경제상황의 변동

1 수취체제의 개편

(1) 전세의 정액화

① 조세정책의 변화

㉠ 배경 : 양 난 이후 농경지가 황폐화되고, 토지제도가 문란해졌다.

㉡ 대책

- 농지 개간을 권장하고 개간자에게 개간지의 소유권과 3년간의 면세의 혜택을 주었다.
- 전세를 확보하기 위해 토지조사사업을 실시하였다.

② 영정법의 실시(1635)

㉠ 배경 : 지주전호제가 강화되어 가는 속에서 다수의 농민들이 토지를 잃고 전호로 전락하였다. 또한 전분6등급과 연분9등급이 제대로 운영되지 않았다.

㉡ 내용 : 풍흉에 관계 없이 전세로 토지 1결당 미곡 4두를 징수하였다.

㉢ 결과 : 전세율은 이전보다 감소하였으나 여러 명목의 비용을 함께 징수하여 전세를 납부할 때 수수료, 운송비, 자연 소모에 따른 보조비용 등이 함께 부과되기 때문에 농민의 부담은 증가하였고 또한 지주전호제하의 전호들에겐 적용되지 않았다.

(2) 공납의 전세화

① 배경 … 방납의 폐단을 시정하고 농민의 토지 이탈을 방지하기 위해서 실시되었다.

② 대동법의 실시

㉠ 목적 : 농민의 부담을 경감시키고, 국가재정을 보완하기 위함이다.

㉡ 과정 : 경기지방에서 실시된 후 전국으로 확대되었다.

TIP 대동법의 실시과정

㉠ 광해군(1608) : 이원익, 한백겸의 주장으로 선혜청을 설치하고 경기도에서 처음으로 실시되었다.
㉡ 인조(1624) : 조익의 주장으로 강원도에서 실시되었다.
㉢ 효종(1651) : 김육의 주장에 따라 충청도, 전라도에서 실시되었다.
㉣ 숙종(1708) : 허적의 주장에 따라 함경도, 평안도를 제외한 전국에서 실시되었다.
㉤ 시행이 지연된 이유 : 대동법이 전국적으로 실시되는 데에 100년이란 기간이 소요된 것은 양반 지주들의 반대가 심하여 이들의 이해를 배려하면서 확대 · 시행하였기 때문이다.

㉢ **내용** : 토지의 결수에 따라 쌀 · 삼베 · 무명 · 동전 등으로 납부하는 제도로 대체로 1결당 미곡 12두만을 납부하면 되었다.

㉣ **결과** : 과세기준이 종전의 가호에서 토지 결 수로 바뀌어 농민의 부담이 감소하였다.

③ 영향

㉠ **공인의 등장** : 관청에서 공가를 미리 받아 물품을 사서 납부하는 어용상인인 공인이 등장하였다.

㉡ **농민부담의 경감** : 농민들은 대체로 토지 1결당 미곡 12두만을 납부하면 되었기 때문에 토지가 없거나 적은 농민에게 과중하게 부과되었던 공물부담은 없어지거나 어느 정도 경감되었다.

㉢ **장시와 상공업의 발달** : 공인의 활동이 활발해지면서 각 지방에 장시가 발달하였고, 생산활동이 활발해지면서 경제질서가 자급자족의 경제에서 유통경제로 바뀌었고 도고상업이 발달하였다.

㉣ **상업도시의 성장** : 쌀의 집산지인 삼랑진, 강경, 원산 등이 성장하였다.

㉤ **상품 · 화폐경제의 성장** : 공인들이 시장에서 많은 물품을 구매하였으므로 상품 수요가 증가하였고, 농민들도 대동세를 내기 위하여 토산물을 시장에 내다 팔아 쌀, 베, 돈을 마련하였다.

㉥ **봉건적 양반사회의 붕괴** : 대동법의 실시로 인한 상품화폐경제의 성장은 궁극적으로 농민층의 분해를 촉진시켰고, 나아가 종래의 신분질서와 경제를 와해시키는 등 양반사회를 무너뜨리는 작용을 하였다.

㉦ **현물 징수의 존속** : 농민들은 진상이나 별공을 여전히 부담하였고, 지방 관아에서는 필요에 따라 수시로 토산물을 징수하였다.

④ 의의

㉠ **조세의 금납화** : 종래의 현물 징수가 미곡, 포목, 전화 등으로 대체됨으로써 조세의 금납화가 이루어졌다.

㉡ **공납의 전세화** : 토지 소유의 정도에 따라 차등을 두어 과세하였으므로 보다 합리적인 세제라 할 수 있다.

(3) 균역법의 시행

① 군역의 폐단

㉠ **수포군의 증가** : 모병제의 제도화로 1년에 2필의 군포를 내는 것으로 군역을 대신하는 수포군이 증가하여 군영의 경비가 충당되었다.

㉡ **농민부담의 가중** : 군영, 지방 감영, 병영에서 독자적으로 군포를 징수하였다.

㉢ **군역의 재원 감소** : 납속이나 공명첩으로 양반 수가 증가되고, 농민의 도망으로 군포의 부과량이 증가하였다.

② 균역법의 실시

㉠ **내용** : 농민 1인당 1년에 군포 1필을 부담하게 하였다.

㉡ **재정의 보충** : 지주에게 결작이라고 하여 1결당 미곡 2두를 징수하고, 일부 선무군관이란 칭호로 상류층에게 군포 1필을 징수하였으며 어장세, 선박세 등 잡세 수입으로 보충하였다.

③ **결과** … 농민의 부담은 일시적으로 경감하였지만 농민에게 결작의 부담이 강요되었고 군적의 문란으로 농민의 부담이 다시 가중되었다.

② 서민경제의 발전

(1) 양반 지주의 경영 변화

① 양반의 토지 경영

㉠ **농토의 확대** : 토지 개간에 주력하고, 농민의 토지를 매입하였다.

㉡ **지주전호제 경영** : 소작 농민에게 토지를 빌려 주고 소작료를 받는 형식이다.

② **지주전호제의 변화** … 상품화폐경제가 발달되면서 변화해 갔다.

㉠ 소작인의 소작권을 인정하고, 소작료 인하 및 소작료를 일정액으로 정하는 추세가 등장하게 되었다.

㉡ 지주와 전호 간의 관계가 신분적 관계에서 경제적 관계로 변화하였다.

③ 양반의 경제활동

㉠ 소작료와 미곡 판매로 이득을 남겨 토지 매입에 주력하였다.

㉡ 물주로서 상인에게 자금을 대거나 고리대로 부를 축적하기도 하였다.

㉢ 경제 변동에 적응하지 못하고 몰락하는 양반이 등장하게 되었다.

(2) 농민경제의 변화

① **농촌의 실정** … 수취체제의 조정으로 18세기(영 · 정조시대)에는 농촌사회의 동요가 진정되는 듯 하였으나, 궁극적으로는 양반 중심의 지배체제를 유지하는 데 목적이 있었기 때문에 농촌사회 안정에 한계가 있었다.

② **농민들의 대응책** … 황폐한 농토를 개간하고, 수리시설을 복구하였다. 농기구와 시비법을 개량하고, 새로운 영농방법을 시도하였다.

③ 모내기법(이앙법)의 확대

㉠ **벼와 보리의 이모작 가능** : 보리는 수취의 대상에서 제외되어 소작농에게 선호되었다.

㉡ **경영의 변화** : 잡초를 제거하는 일손의 감소로 경작지의 규모가 확대되었다.

㉢ **결과** : 광작으로 농가의 소득이 증대되자, 농민의 일부는 부농으로 성장하여 농민의 계층을 분화시켰다.

> TIP 광작(廣作) … 모내기법 등 새로운 농법은 농업생산성을 높이는 동시에 파종, 김매기, 추수에서 노동력을 크게 덜어주었다. 그리하여 농민은 경작할 수 있는 농토의 면적이 더 넓어졌는데, 이를 광작이라 한다.

④ **상품작물의 재배** … 장시가 증가하여 상품의 유통이 활발해졌다.

㉠ **내용** : 쌀, 면화, 채소, 담배, 약초 등을 재배하였다.

㉡ **결과** : 쌀의 상품화로 밭을 논으로 바꾸는 현상이 일어났다.

⑤ 소작권의 변화

㉠ **소작쟁의** : 유리한 경작조건을 확보하고 소작권을 인정받았다.

㉡ **소작료** : 타조법에서 도조법으로 변화하였고 곡물이나 화폐로 지불하였다.

㉢ **결과** : 농민들은 소득이 향상되어 토지 개간이나 매입을 통해 지주로 성장하였다.

TIP 타조법과 도조법
㉠ 타조법 : 일정 비율로 소작료를 내는 방식으로 대개 수확량의 2분의 1을 납부한다. 전세와 종자, 농기구가 소작인의 부담으로 불리한 조건이다.
㉡ 도조법 : 일정 액수를 내는 방식으로 대개 수확량의 3분의 1 정도를 납부한다. 소작인에게 타조법보다 유리하였다.

⑥ 몰락 농민의 증가

㉠ **원인** : 부세의 부담, 고리채의 이용, 관혼상제의 비용 부담 등으로 토지를 판매하기도 하였다.

㉡ **지주의 소작지 회수** : 품팔이를 통해 광작으로 인하여 소작지를 확보하는 것이 어려워졌다. 소작지를 잃은 농민은 농촌을 떠나거나 농촌에 머물러 생계를 유지하였다.

㉢ **농민의 농촌 이탈** : 도시에서 상공업에 종사하거나, 광산이나 포구의 임노동자로 전환되었다.

(3) 민영수공업의 발달

① 발달배경

㉠ **상품화폐경제의 발달** : 시장 판매를 위한 수공업제품의 생산이 활발하였다.

㉡ **도시인구의 증가** : 제품의 수요가 증가되었으며, 대동법의 실시로 관수품의 수요가 증가하였다.

② **민영수공업** … 관영수공업이 쇠퇴하고 민영수공업이 증가하였다.

㉠ 장인세의 납부로 자유로운 생산활동이 이루어졌다.

㉡ 민영수공업자의 작업장은 점(店)이라고 불렸으며 철점과 사기점이 도시를 중심으로 발달하였다.

③ **농촌수공업** … 전문적으로 수공업제품을 생산하는 농가가 등장하여, 옷감과 그릇을 생산하였다.

④ 수공업 형태의 변화

㉠ **선대제수공업** : 상인이나 공인으로부터 자금이나 원료를 미리 받고 제품을 생산하는 것이다(종이, 화폐, 철물 등).

㉡ **독립수공업** : 독자적으로 제품을 생산하고 판매하였다(18세기 후반).

(4) 민영 광산의 증가

① 광산 개발의 변화

㉠ **조선전기** : 정부가 독점하여 광물을 채굴하였다.

㉡ **17세기** : 허가받은 민간인에게 정부의 감독 아래 광물 채굴을 허용하였다.

㉢ **18세기 후반** : 국가의 감독을 받지 않고 민간인이 광물을 자유롭게 채굴하였다.

② 광산 개발의 증가

㉠ 민영수공업의 발달로 광물의 수요가 증가되었다.

㉡ 대청 무역으로 은의 수요가 증가하였다.

㉢ 상업자본의 채굴과 금광 투자가 증가하고, 잠채가 성행하였다.

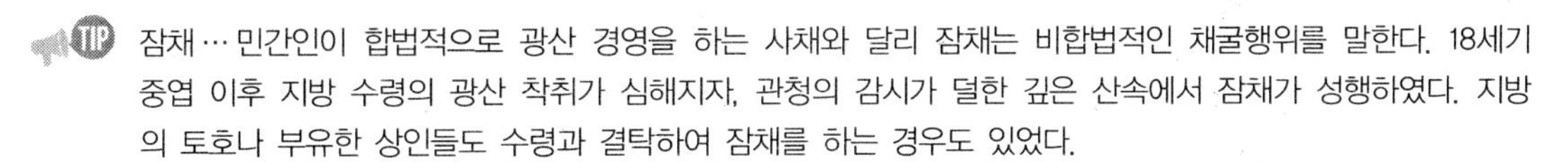

TIP 잠채 … 민간인이 합법적으로 광산 경영을 하는 사채와 달리 잠채는 비합법적인 채굴행위를 말한다. 18세기 중엽 이후 지방 수령의 광산 착취가 심해지자, 관청의 감시가 덜한 깊은 산속에서 잠채가 성행하였다. 지방의 토호나 부유한 상인들도 수령과 결탁하여 잠채를 하는 경우도 있었다.

❸ 상품화폐경제의 발달

(1) 사상의 대두

① 상품화폐경제의 발달

㉠ 배경
- 농업생산력이 증대되었다.
- 수공업 생산이 활발해졌다.
- 부세 및 소작료의 금납화현상으로 상품 유통이 활성화되었다.

㉡ **상업인구의 증가** : 농민의 계층 분화로 도시유입인구가 증가되었고 상업활동은 더욱 활발해졌다.

㉢ **주도** : 상업활동은 공인과 사상이 주도하였다.

㉣ **공인의 활동**
- 공인의 등장 : 대동법의 실시로 등장한 어용상인이다.
- 공인의 역할 : 관청의 공가를 받아 수공업자에게 위탁생산한 물품을 납품하여 수공업 성장을 뒷받침하였다.
- 도고의 성장 : 서울의 시전과 지방장시를 중심으로 활동하였고, 특정 상품을 집중적 · 대량으로 취급하여 독점적 도매상인인 도고로 성장하였다.
- 조선후기의 상업활동 주도 : 사상들이 성장하기 이전에는 공인들의 활동이 활발하였다.

② 사상의 성장

㉠ **초기의 사상**(17세기 초) : 농촌에서 도시로 유입된 인구의 일부가 상업으로 생계를 유지하여 시전에서 물건을 떼어다 파는 중도아(中都兒)가 되었다.

㉡ **사상의 성장**(17세기 후반) : 시전상인과 공인이 상업활동에서 활기를 띠자 난전이라 불리는 사상들도 성장하였고 시전과 대립하였다.

㉢ **시전의 특권 철폐**(18세기 말) : 시전상인들은 금난전권을 얻어내어 사상들을 억압하려 하였으나 사상의 성장을 막을 수 없었던 정부는 육의전을 제외한 나머지 시전의 금난전권을 폐지하였다.

TIP 금난전권 … 시전상인들이 가졌던 전매특권으로 일반 상인이나 다른 시전이 같은 물품을 팔지 못하게 금지할 수 있는 권리이다. 처음에는 육의전에만 허용하였으나 조선후기에 난전이 본격적으로 전개되어 금난전권이 무의미해졌고, 마침내 정조 15년(1791)의 신해통공 조치로 육의전을 제외한 시전상인의 금난전권을 철폐하였다.

③ **사상의 활동**(18세기 이후)

㉠ **사상** : 칠패, 송파 등 도성 주변과 개성, 평양, 의주, 동래 등 지방도시에서 활동하였다. 각 지방의 장시와 연결되어 각지에 지점을 설치하여 상권을 확대하였고 청 · 일본과의 대외무역에도 참여하였다.

㉡ **종류** : 개성의 송상, 평양의 유상, 의주의 만상, 동래의 내상 등이 유명하였다.

TIP 송상 … 개성을 중심으로 전국에 송방이라는 지점을 설치하고, 주로 인삼을 재배하여 판매하였다. 대외 무역에도 관여하였다.

(2) 장시의 발달

① **장시의 증가** … 15세기 말 개설되기 시작한 장시는 18세기 중엽 전국에 1000여개 소가 개설되었다.

② **전국적 유통망 형성** … 18세기 말 광주의 송파장, 은진의 강경장, 덕원의 원산장, 창원의 마산포장 등은 전국적 유통망을 연결하는 상업의 중심지로 발돋움하였다.

③ **보부상의 활동**

㉠ 농촌의 장시를 하나의 유통망으로 연결시켰고 생산자와 소비자를 이어주는 데 큰 역할을 하였다.

㉡ 자신들의 이익을 지키고 단결을 굳게 하기 위하여 보부상단 조합을 결성하였다.

(3) 포구에서의 상업활동

① **포구의 성장**

㉠ **수로 운송** : 도로와 수레가 발달하지 못하여 육로보다 수로를 이용하였다.

㉡ **포구의 역할 변화** : 세곡과 소작료 운송기지에서 상업의 중심지로 성장하였다.

㉢ **포구상권의 형성** : 연해안이나 큰 강 유역에 형성되어 있는 포구들 중 인근 포구 및 장시와 연결되었다.

㉣ **선상, 객주, 여각** : 포구를 거점으로 상행위를 하는 상인이 등장했다.

② **유통권의 형성** … 활발한 선상활동으로 하나의 유통권을 형성하여 갔고 포구가 칠성포, 강경포, 원산포에서는 장시가 열리기도 했다.

③ **상업활동**

㉠ **선상** : 선박을 이용하여 포구에서 물품을 유통하였다.

㉡ **경강상인** : 대표적인 선상으로 운송업에 종사하였으며, 한강을 근거지로 소금, 어물과 같은 물품의 운송과 판매를 장악하여 부를 축적하였고 선박의 건조 등 생산분야에까지 진출하였다.

㉢ **객주, 여각** : 선상의 상품매매를 중개하거나, 운송 · 보관 · 숙박 · 금융 등의 영업을 하였다.

TIP 객주와 여각 · 거간

㉠ 객주 : 상인을 유숙시키기도 하고, 그들의 물화를 보관 · 운송하기도 하며 위탁 판매와 대금 결제를 맡아 처리하였다.

㉡ 여각 : 각지에 산재하던 여인숙이며, 사람을 유숙시키기도 하고 물품교역의 중개역할도 담당했다.

㉢ 거간 : 매매를 소개 · 성립시키는 중개인으로, 계약이 성립되면 일정한 보수를 받았다. 상품매매 · 어음 거간 등을 주로 하였다.

(4) 중계무역의 발달

① **대청 무역** … 17세기 중엽부터 활기를 띠었다.

㉠ **형태** : 개시(공적 무역), 후시(사적 무역)가 이루어졌다.

- 공무역 : 중강개시, 회령개시, 경원개시
- 사무역 : 중강후시, 책문후시, 회동관후시, 단련사후시

㉡ **교역품**

- 수입품 : 비단, 약재, 문방구 등
- 수출품 : 은, 종이, 무명, 인삼 등

② **대일 무역** … 17세기 이후 국교가 정상화되었다.

㉠ **형태** : 왜관개시를 통한 공무역이 활발하게 이루어졌고 조공무역이 이루어졌다.

㉡ **교역품** : 조선은 인삼, 쌀, 무명 등을 팔고 청에서 수입한 물품들을 넘겨 주는 중계무역을 하고 일본으로부터 은, 구리, 황, 후추 등을 수입하였다.

③ **상인들의 무역활동** … 활발한 활동을 보인 상인은 의주의 만상, 동래의 내상, 개성의 송상은 청과 일본을 중계하여 큰 이득을 남겼다.

④ **영향** … 수입품 중에는 사치품이 많았고 수출품 중에는 은과 인삼의 비중이 커서 국가재정과 민생에 여러 가지 문제를 남겼다.

(5) 화폐 유통

① **화폐의 보급**

㉠ **배경** : 상공업의 발달에 따라 동전(금속화폐)이 전국적으로 유통되었다.

㉡ **과정** : 인조 때 동전이 주조되어, 개성을 중심으로 유통되다가 효종 때 널리 유통되었다. 18세기 후반에는 세금과 소작료도 동전으로 대납이 가능해졌다.

② **동전 발행의 증가**

㉠ 동광의 개발로 구리의 공급이 증가되고, 동전의 발행이 권장되었다.

㉡ 불법으로 사적인 주조도 이루어졌다.

③ **동전 부족(전황)** … 지주, 대상인이 화폐를 고리대나 재산 축적에 이용하였다.

㉠ **원인** : 상인이나 지주 중에는 화폐를 재산으로 여겨, 늘어난 재산을 화폐로 바꾸어 간직하고 유통시키지 않았다.

㉡ 실학자 이익은 전황의 폐단을 지적하며 폐전론을 주장하기도 하였다.

④ **신용화폐의 등장** … 상품화폐경제의 진전과 상업자본의 성장으로 대규모 상거래에 환 · 어음 등의 신용화폐를 이용하였다.

최근 기출문제 분석

2019. 10. 19. 우정서기보(계리직)

1 **㈎에 대한 설명으로 옳은 것은?**

> 비로소 직관·산관 각 품(品)의 ㈎을/를 제정하였는데 관품의 높고 낮은 것은 논하지 않고 다만 인품(人品)만 가지고 토지의 등급을 결정하였다. 자삼(紫衫) 이상은 18품(品)으로 나눈다.
>
> -『고려사』-

① 문종 때에 제정된 토지제도로 5품 이상의 관리에게 지급하였으며 자손에게 세습도 허용하였다.

② 문종 때에 산직은 누락하고 철저하게 실직을 대상으로 하여 지급하였으며, 무반의 대우가 이전보다 좋아졌다.

③ 광종 때에 제정된 4색 공복제도를 참작하여 직관과 산관 모두를 대상으로 하였으며, 관직과 관계(官階)도 지급 기준이 되었다.

④ 성종 때에 마련된 관료체계를 바탕으로 하여 분급기준이 단일화 되었으며, 인품을 지급대상에서 제외하고 실직 중심으로 지급되었다.

TIP 인품만 가지고 토지의 등급을 결정하였다는 것으로 보아 경종 1년(976)에 제정한 시정전시과에 대한 설명이다.

① 공음전에 대한 설명이다.

② 문종 30년(1076)에 실시한 경정전시과에 대한 설명이다.

④ 목종 1년(998)에 새롭게 정비하여 제정한 개정전시과에 대한 설명이다.

Answer 1.③

2019. 10. 19. 우정서기보(계리직)

2 **토지제도 ㈎에 대한 설명으로 옳은 것을 〈보기〉에서 모두 고른 것은?**

> 도평의사사(都評議使司)에서 왕에게 글을 올려 ㈎을/를 제정할 것을 요청하니 왕이 이 제의를 좇았다. 문종 때에 정한 바에 의하여 경기 주군(京畿州郡)으로 결정된 고을들을 좌우도(左右道)로 나누어 설치한다. 1품으로부터 9품과 산직(散職)에 이르기까지 18과(科)로 나누었다.
>
> －「고려사」－

〈보기〉

㉠ 전주(田主)는 전객(佃客)에게 전조(田租)로 수확량의 1/10을 징수하였다.
㉡ 양반 관료층의 경제적 보장을 위해 현임이나 퇴임을 막론하고 토지를 지급하였다.
㉢ 토지를 받았던 관리가 죽었을 경우, 수신전이라는 명목으로 사실상 세습이 가능하였다.
㉣ 수조권자의 직접적인 전조(田租)의 수취를 봉쇄하고 납조자(納租者)가 전조를 관리에게 납부하였다.

① ㉠
② ㉠, ㉡
③ ㉠, ㉡, ㉢
④ ㉠, ㉡, ㉢, ㉣

TIP 사료에서 설명하고 있는 토지제도는 과전법이다.
㉠ [O] 과전법은 농민이 수조권자에게 수확량의 50%를 내던 병작반수제를 금지하고, 논은 현미 30말, 밭은 잡곡 30말을 한도로 수확량의 1/10만 전조로 받을 수 있게 했다.
㉡ [O] 과전은 현직 관리, 서울에 거주하는 전직 관리들을 품계에 따라 18과(科)로 구분해 10결에서 150결까지 차등을 두어 지급했다.
㉢ [O] 원칙상 세습을 허용하지 않아 죽은 뒤에는 국가에 반환하도록 되어 있었으나 미망인과 미성년 자녀에게 수신전 · 휼양전의 명목으로 지급되어 실질적으로는 세습이 가능하였다.
㉣ [X] 과전법은 수조권을 가진 수조권자가 직접 시행하여 농민에게 과도하게 전조를 수취하는 문제가 끊이지 않았다.

Answer 2.③

2018. 7. 21. 우정서기보(계리직)

3 다음 경제 정책을 시대 순으로 옳게 나열한 것은?

> ㉠ 신해통공으로 금난전권을 대부분 철폐하였다.
> ㉡ 공납제를 대동법으로 바꾸어 경기도에 시행하였다.
> ㉢ 영정법을 시행하여 흉풍에 관계없이 전세를 확정하였다.
> ㉣ 균역법을 통해 양인의 군역 부담을 군포 1필로 낮추었다.

① ㉠ - ㉡ - ㉢ - ㉣
② ㉡ - ㉢ - ㉣ - ㉠
③ ㉢ - ㉣ - ㉠ - ㉡
④ ㉣ - ㉠ - ㉡ - ㉢

TIP ㉡ 선조~광해군 - ㉢ 인조 - ㉣ 영조 - ㉠ 정조

2014. 2. 15. 우정서기보(계리직)

4 고려시대와 조선시대의 사회경제에 대한 설명으로 옳지 않은 것은?

① 고려시대에는 관청, 소(所), 사찰, 민간에서 수공업 활동이 이루어졌다.
② 조선 초기에는 직전제를 실시하여 관리들에게 수조권 분급제도를 확대하였다.
③ 15세기 말에 전라도 지방에서 발생한 장시는 조선 후기에 이르러 전국적으로 확대되었다.
④ 고려시대에는 국가의 특정한 복지기금을 마련하기 위해 광학보, 제위보, 팔관보 등 보(寶)를 많이 만들었다.

TIP ② 조선 초기에는 직전제를 실시하여 관리들에게 수조권 분급제도를 축소하였다.

Answer 3.② 4.②

출제 예상 문제

1 다음 중 삼국시대의 농업에 대한 설명으로 옳은 것은?

① 가축의 힘을 이용한 우경이 실시되었다.
② 이앙법이 전국적으로 실시되었다.
③ 보리, 콩, 조 등을 돌려짓기하는 윤작법이 실시되었다.
④ 시비법이 등장하여 휴경지가 점차 줄어들었다.

TIP ② 조선후기 ③④ 고려

2 다음 사료는 고구려시대 농민들의 삶의 일면을 나타내고 있다. 이와 같은 상황에서 실시되었던 정책으로 적절한 것은?

> 16년 10월 왕이 사냥을 나갔을 때 길거리에서 우는 사람이 있어서 왜 우냐고 물었더니 "신(臣)은 가난하여 품팔이로 어머니를 봉양하는데 금년에는 곡식이 잘 되지 않아 품팔이도 할 수 없고, 한되, 한말의 식도 얻을 수 없어 웁니다." 이에 왕이 ……
>
> – 삼국사기 –

① 궁핍한 백성에게 봄에 곡식을 빌려주고 가을에 갚게 하였다.
② 백성들을 징발하여 성곽과 도로를 보수하였다.
③ 민정문서를 작성하여 조세와 노동력 징발의 자료로 삼았다.
④ 특산물세를 쌀로 대신 내게 하고 군포도 경감하였다.

TIP 제시된 내용은 궁핍한 백성에게 봄에 곡식을 빌려주고 가을에 갚게 하는 춘대추납의 빈민구제제도인 진대법 정책시행의 상황을 설명한 것이다.

Answer 1.① 2.①

3 다음 자료에 대한 설명으로 옳은 것은?

> 가축으로는 말이 25마리가 있으며, 그 중 전부터 있던 것이 22마리, 3년간에 보충된 말이 3마리였다. 소는 22마리였고, 그 중 전부터 있던 소가 17마리, 3년간에 보충된 소가 5마리였다. 논(畓)을 합하면 102결(結) 2부(負) 4속(束)이며, 관모전(官謨田)이 4결, 내시령답(內視令畓)이 4결, 연(烟)이 받은 것이 94결(結) 2부(負) 4속(束)이며, 그 중에 촌주(村主)가 그 직위로서 받은 논이 19결(結) 70부(負)가 포함되어 있다. 밭(田)은 합해서 62결(結) 10부(負) 5속(束)이며, 모두 연(烟)이 받은 것이다. 마전(麻田)은 합하여 1결(結) 9부(負)이다. 뽕나무는 모두 1,004그루였으며, 3년간에 심은 것이 90그루, 그 전부터 있던 것이 914그루이다. 잣나무는 모두 120그루였으며, 3년간에 심은 것이 34그루, 그 전부터 있던 것이 86그루이다. 호두나무는 모두 112그루였으며, 3년간에 심은 것이 38그루, 그 전부터 있던 것이 74그루이다.

① 노동력 수취를 위한 기초자료로 만들어졌다.
② 촌주를 견제하기 위해 기인제도를 시행하였다.
③ 촌주는 매년 변동사항을 조사하여 5년마다 다시 작성하였다.
④ 16세에서 60세까지 남자인구를 연령별 9등급으로 조사한다.

TIP 제시된 내용은 1933년 일본 도다이사(동대사) 정창원에서 발견된 민정문서이다.
② 기인제도는 고려시대 호족세력의 견제를 위한 제도이다.
③ 촌주는 3년을 기준으로 문서를 작성하였다.
④ 연령별로 6등급, 인정의 다과에 따라 9등급으로 나누었으며 남 · 여별로 조사하였다.

Answer 3.①

4 다음 중 고대 농민의 생활상으로 옳은 것을 바르게 묶은 것은?

> ㉠ 삼국시대 농업생산력은 저조하였다.
> ㉡ 삼국시대 지방 농민은 잡역과 군역을 담당하였다.
> ㉢ 통일신라 때에는 왕토사상에 기초하여 일반 백성에게 토지를 지급하였다.
> ㉣ 농민들도 녹읍과 식읍을 받았다.
> ㉤ 일본에서 발견된 민정문서를 통해 삼국의 생활상을 알 수 있다.

① ㉠㉡㉢ ② ㉠㉢㉣
③ ㉡㉢㉣ ④ ㉡㉣㉤

TIP ㉣ 녹읍과 식읍은 귀족들이 받는 토지였다.
㉤ 일본에서 발견된 민정문서는 통일신라 때의 문서로, 당시 촌락의 경제와 국가의 세무를 알 수 있다.

5 다음 중 삼국의 국제무역에 대한 설명으로 옳은 것은?

① 백제는 요서와 산둥지방으로 진출한 이래 북중국과의 교류가 활발히 전개되었다.
② 삼국의 국제무역은 낙랑군이 소멸된 4세기 이후 발달하였다.
③ 신라는 삼국을 통일한 이후부터 중국과 자유로이 무역을 할 수 있었다.
④ 고구려는 중국세력을 견제하며 주로 북방민족과만 교류하였다.

TIP ① 백제는 남중국, 일본과 교류하였다.
③ 나당전쟁 이후 한동안 당과 불편한 관계를 유지하였다.
④ 고구려는 대외적으로 중국의 남북조와 각각 교류하면서 이들을 견제하고 북방 유목민족 유연과도 수교하였다.

Answer 4.① 5.②

6 다음의 '이것'에 해당하는 것에 대한 설명으로 옳은 것은?

> 통일 후 신라의 귀족들은 '이것'을 소유하고, 그 곳에 사는 백성들에게서 조세와 공물을 징수하며 노동력까지 징발하였다.

> ㉠ 서원경 부근에 관한 민정문서는 '이것'의 실상을 알려주는 좋은 자료이다.
> ㉡ 신라하대에는 진골귀족들의 경제적 · 군사적 기반이 되었다.
> ㉢ 신문왕은 한 때 귀족세력을 억누르기 위하여 '이것'을 폐지하기도 하였다.
> ㉣ 왕이 귀족에게 하사한 것이나, 왕토사상에 의해 왕이 마음대로 처분할 수 있었다.

① ㉠㉡ ② ㉠㉢
③ ㉡㉢ ④ ㉢㉣

TIP 녹읍에 대한 설명으로 신라의 귀족들은 본래 소유하였던 토지 외에도 녹읍을 통해 사적으로 지배하는 토지를 증가시켰다. 또한 그 토지에 딸린 노동력과 공물을 수취할 수 있었고, 이것들은 귀족들의 경제적 혹은 군사적 기반이 되었다.
㉠ 민정문서는 당시 촌락의 경제상황과 국가의 세무행정을 보여주는 자료지만, 녹읍의 실상을 알려주는 자료는 아니다.
㉣ 모든 영토는 왕의 소유라는 왕토사상이 있었으나, 실제로는 개인의 사유지가 존재하였고, 개인의 사유지를 왕이라고 하여 마음대로 처분할 수는 없었다.

7 다음의 ( ) 안에 들어갈 말의 순서로 옳은 것은?

> 신라는 귀족세력의 약화를 위해 신문왕 때 ( )을(를) 지급하였으나, 경덕왕 때 ( )이(가) 부활되었고 성덕왕 때는 자유 농민의 확보를 위해 ( )을(를) 마련하였다.

① 정전제 － 녹읍제 － 관료전 ② 관료전 － 녹읍제 － 정전제
③ 별시전 － 정전제 － 녹읍제 ④ 공신전 － 식읍제 － 정전제

TIP 통일신라에서는 신문왕 때 귀족세력을 누르기 위하여 녹읍을 폐지하고 대신 관료전을 지급하였다. 그러나 경덕왕 때에 귀족의 반발로 다시 녹읍제가 부활되었고, 사원의 면세전이 계속 증가하여 국가재정이 위태롭게 되었다. 또한 성덕왕 때에는 백성들에게 정전을 지급하고 국가에 조를 바치게 하였다.

Answer 6.③ 7.②

8 **통일신라시대 귀족세력을 억누르고 국가의 토지지배권을 강화하기 위해 지급한 토지는?**

㉠ 녹읍	㉡ 관료전
㉢ 정전	㉣ 식읍

① ㉠㉢ ② ㉠㉣

③ ㉡㉢ ④ ㉢㉣

TIP ㉠ 귀족관료들에게 관직복무의 대가로 지급된 토지(수조권만 지급)
㉡ 관리들에게 봉급 대신 지급한 토지
㉢ 일반 백성에게 지급된 토지, 조를 바치게 하였음
㉣ 전쟁에서 공을 세운 장군이나 귀족에게 지급된 토지
※ 신라 정부는 귀족세력들을 억누르기 위해 관리에게 관료전을 지급하고 녹읍을 폐지하였다. 그리고 일반 백성들에게는 정전을 주어 경작하게 하고 국가에 조세를 바치도록 하였다. 이는 귀족세력의 경제기반을 약화시켜 귀족세력을 억누르고 국가가 직접 농민을 지배하기 위한 정책이었다.

9 **다음에서 발해의 경제생활에 대한 설명으로 옳은 것은?**

㉠ 밭농사보다 벼농사를 주로 하였다.
㉡ 제철업이 발달하여 금속가공업이 성행하였다.
㉢ 어업이 발달하여 먼 바다에 나가 고래를 잡기도 하였다.
㉣ 가축의 사육과 함께 모피, 녹용, 사향 등이 생산되었다.

① ㉠㉡ ② ㉠㉡㉢

③ ㉠㉡㉣ ④ ㉡㉢㉣

TIP 발해는 일부 논농사도 하였으나 기후조건의 한계로 주로 밭농사를 하였고 목축과 수렵, 어업, 금속가공업, 직물업, 도자기업 등 다양한 분야가 발달하였다.

Answer 8.③ 9.④

10 **다음 중 백제의 고대무역이 발달한 이유로 옳지 않은 것은?**

① 백제에서 일본으로 건너간 유이민과의 경제적 교섭 때문이다.
② 삼한시대부터 발달한 농업으로 미곡수출이 활발하였다.
③ 남중국 및 일본 지역과 연결하기 좋은 위치 때문이다.
④ 중국 문물을 수입하기 편리한 지리적 위치 때문이다.

TIP 삼국 중에서 백제가 무역이 가장 발달한 이유는 중국의 문물을 수용하기 편리한 지리적인 위치와 일본으로 건너간 유이민과의 활발한 경제적 교섭 때문이었다.

11 **다음 중 발해의 대외무역활동으로 옳지 않은 것은?**

① 대당 무역은 조공무역이 위주였으나 민간무역도 존재하였다.
② 당과의 무역이 주를 이루었다.
③ 수입품은 불상, 유리잔, 자기, 직물, 책 등 공예품이었다.
④ 수출품은 주로 모피, 삼, 금, 말, 은 등의 토산품이었다.

TIP 발해의 대당 무역에서 수출품은 불상, 자기, 유리잔과 같은 수공업품과 모피, 삼, 말, 금, 은과 같은 토산품이었으며 수입품은 비단, 책 등이었다.

Answer 10.② 11.③

12 다음 정책들을 실시한 공통적인 목적으로 옳은 것은?

> • 녹읍을 폐지하고 관료전을 지급하였다.
> • 일반 백성에게 정전을 지급하고, 국가에 조를 바치게 하였다.
> • 지방관으로 하여금 민정문서를 작성하게 하여 남녀별 · 연령별의 인구와 가축, 유실수 등의 수를 3년마다 한 번씩 통계를 내게 하였다.

① 농민생활의 안정
② 지방세력가의 성장 억제
③ 대토지 소유의 발달 억제
④ 노동력과 생산자원에 대한 국가의 지배력 강화

TIP 녹읍은 토지뿐만 아니라 그 토지에 속한 농민까지 지배할 수 있었다. 녹읍을 폐지하고 관료전을 지급한 것은 귀족들의 농민에 대한 지배권을 제한시켰고 국가의 토지지배권이 강화된 것이다. 정전을 지급하고 민정문서를 작성한 것은 농민을 국가재정의 기반으로 인식하여 이를 확보하기 위한 것이라고 할 수 있다.

13 다음 중 고대사회의 농업생산력의 향상을 위한 정책으로 옳지 않은 것은?

① 소를 이용한 우경을 장려하였다.
② 철제 농기구를 일반 농민에게 보급하였다.
③ 정복한 지역에 녹읍과 식읍을 설치하였다.
④ 저수지를 만들고 수리시설을 확충하였다.

TIP ③ 녹읍과 식읍의 설치는 농민들을 귀족들에게 예속시켜 오히려 농민경제를 어렵게 만드는 요소이다.

Answer 12.④ 13.③

14 다음 중 고대사회 농민들의 생활상에 대한 설명으로 옳은 것은?

① 녹읍의 확대로 농민은 국가뿐만 아니라 귀족의 수취대상이 되기도 하였다.
② 고리대는 법으로 금지되어 있어서, 이를 갚지 못해도 처벌받지 않았다.
③ 법적으로 토지를 소유할 수 없었으므로 귀족의 토지를 빌려 농사를 지어야 했다.
④ 엄격한 신분제도의 실시로 농민과 노비의 구분이 뚜렷하여 신분이동은 이루어지지 않았다.

TIP ②④ 고리대업이 성행하여 이를 갚지 못하면 노비로 전락하거나 유랑민, 도적이 되었다.
③ 평민들은 자기 소유의 토지를 경작하였다.

15 다음 중 통일신라의 경제정책으로 옳지 않은 것은?

① 경제정책의 기본방향은 피정복민과의 갈등을 해소하고 사회를 안정시키는 것이다.
② 조세, 공물 등을 거두기 위해 촌주에게 몇 개의 촌락을 책임지게 하였다.
③ 토지제도를 비롯한 경제문제에 국가의 개입을 가급적 억제하였다.
④ 식읍을 제한하고 녹읍을 폐지하였으며, 백성에게 정전을 지급하였다.

TIP 신라는 토지제도를 바꾸어 식읍을 제한하고 녹읍을 폐지하였으며, 왕토사상에 의거하여 백성에게 정전을 지급하였다. 또한 촌주에게 몇 개의 촌락을 책임지게 하여 조세, 공물, 부역 등을 국가에 바치게 하였다. 이러한 것들은 귀족에 대한 국왕의 권한을 강화하고 국가가 경제문제에 적극적으로 개입한 것이라 할 수 있다.

Answer 14.① 15.③

16 다음과 같은 사회현상에 대처하기 위해 고대사회에서 실시한 정책으로 옳은 것은?

> 신라 한기부 여권의 딸 지은은 홀어머니 밑에서 나이 32세가 되도록 시집을 가지 못하고 어머니를 봉양하였다. 집안이 어려워 남의 집 일을 하고 삯을 받아 겨우 먹고 살았다. 나중에는 부잣집 종으로 몸을 팔아 어머니를 봉양하였다. 뒷날 어머니가 내막을 알고는 밥도 먹지 않고 모녀가 대성통곡하였다.
>
> – 삼국사기 –

① 동시전 설치　　② 진대법 실시
③ 민정문서 작성　　④ 향, 부곡 설치

TIP 진대법은 고구려 고국천왕 때 실시한 것으로 궁핍한 농민들에게 곡식을 빌려 주어 노비로 전락하는 것을 막고자 하였다.

17 다음 중 삼국통일 이후의 신라 농민에 대한 설명으로 옳은 것은?

> ㉠ 촌에 거주하면서 중앙에서 파견된 촌주의 행정적 지배를 받았다.
> ㉡ 귀족들이 고리로 빌려 준 곡물을 갚지 못하면 노비로 전락하였다.
> ㉢ 정전 지급대상에서 제외되었다.
> ㉣ 향, 부곡 등에 거주하는 천민들은 수취 대상에 편제되었다.

① ㉠㉡　　② ㉠㉢
③ ㉠㉣　　④ ㉡㉣

TIP ㉠ 촌주는 지방 토착민으로 임명하였다.
㉢ 국가로부터 정전을 지급받아 경작하면서 국가에 조를 바쳤다.

Answer 16.② 17.④

18 다음 중 삼국의 경제생활에 대한 설명으로 옳지 않은 것은?

① 고리대업이 성행하여 농민들이 노비로 전락하기도 하였다.
② 공을 세운 장군이나 귀족들은 녹읍이나 식읍을 지급받았다.
③ 왕토사상에 의해 개인의 토지사유는 허용되지 않았다.
④ 주요 산업이 농업이어서 토지에 대한 관심이 매우 컸다.

TIP ③ 왕토사상에 의해 토지는 국유제가 원칙이었으나 통일 이후 농민들은 자기 소유의 토지를 경작하였으며, 성덕왕 때 토지가 없는 백성에게 정전을 지급하여 경작하게 하였다.

19 신라시대의 촌주에 관한 설명 중 옳은 것은?

① 신라중대에는 호족과 대립관계에 놓여 있었다.
② 1개의 촌에 1명의 촌주를 파견하였다.
③ 촌주에게는 연수유답이 지급되었다.
④ 남산신성비는 군상촌주, 군중촌주 등의 명칭이 보인다.

TIP **촌주** … 왕경인이 아닌 토착인 중에서 국가가 임명하는데, 촌 단위의 장적을 작성하고 몇 개의 촌을 관할하여 일반농민들을 관리하였다.
② 여러 개의 촌에 1명의 촌주를 파견하였다.
③ 촌주위답이 지급되었다.
④ 영일냉수리비에 촌주에 대한 용어가 있으므로 촌주는 그 이전에 등장하였다.

Answer 18.③ 19.①

20 다음은 고려시대 여러 정책들이다. 이에 대한 각각의 해석으로 옳지 않은 것은?

> ㉠ 황무지를 개간하거나, 갈지 않고 버려둔 진전을 새로 경작하는 경우 일정 기간 면세해 주었다.
> ㉡ 농민들에게는 토지에서 거두는 조세, 집집마다 토산물을 거두는 공물, 장정의 수에 따른 역 등이 부과되었다.
> ㉢ 부모의 유산은 자녀에게 골고루 분배되었으며 태어난 차례대로 호적을 기재하였다.
> ㉣ 개경과 서경 및 각 12목에 상평창을 두었으며, 평시에 곡물을 비치하였다가 흉년에 빈민을 구제하는 의창도 두었다.

① ㉠ – 문벌귀족들의 토지 소유를 확대하는 데 목적이 있었다.
② ㉡ – 국가재정의 안정적인 확보를 위해 시행된 것이다.
③ ㉢ – 가족 내에서 여성의 지위가 높았음을 의미한다.
④ ㉣ – 물가와 농민생활의 안정을 위한 정책이다.

TIP ① 몽고침략기 이후 국가에 의해 본격적으로 개간이 장려되었는데 이는 국가의 재정과 농민생활의 안정과 관련이 있는 것이다.

Answer 20.①

21 고려 토지제도의 변천과정을 시대순으로 바르게 나열한 것은?

> ㉠ 관직의 고하와 인품에 따라 수조권을 지급하였다.
> ㉡ 관직에 따라 전 · 현직자에게 토지의 수조권을 지급하였다.
> ㉢ 후삼국을 통일하는 데 공을 세운 공적에 따라 역분전을 지급하였다.
> ㉣ 문무 현직자 관등에 따라 수조권을 지급하였다.

① ㉠→㉡→㉢→㉣
② ㉡→㉠→㉣→㉢
③ ㉡→㉢→㉣→㉠
④ ㉢→㉠→㉡→㉣

TIP ㉠ 시정전시과 ㉡ 개정전시과 ㉢ 역분전 ㉣ 경정전시과

※ 전시과제도의 정비과정

명칭	시기	지급대상과 기준	특징
역분전	태조	충성도, 성행, 공로에 따라 개국공신에게 지급	논공행상적 성격
시정전시과	경종	관직의 고하와 인품을 반영하여 문무직 · 산관에게 지급	역분제를 모체로 국가적 규모의 토지제도
개정전시과	목종	관리의 품계만을 고려하여 문무 직 · 산관에게 지급	18품 전시과
경정전시과	문종	관리의 품계를 고려하여 현직 관리에게만 지급	전시과 완비, 공음전 병행

22 다음 중 고려시대 국가재정의 운영에 관한 설명으로 옳지 않은 것은?

① 정확한 수취를 위하여 양안과 호적을 작성하였다.
② 왕실 및 관리들에게 조세를 수취할 수 있는 권한을 부여하였다.
③ 재정은 녹봉과 일반 비용, 국방비, 왕실 경비 등으로 지출되었다.
④ 국가재정에 필요한 수입은 오로지 중앙정부에서만 거둘 수 있었다.

TIP 고려는 재정을 운영하는 관청으로 호부와 삼사를 두어 인구와 토지를 관리하고 재정과 관련된 사무를 처리하였다. 각 관청은 관청운영경비로 사용할 수 있는 토지를 지급받았으나 경비가 부족할 경우에는 필요한 경비를 각 관청에서 스스로 마련하기도 하였다.

Answer 21.④ 22.④

23 다음 중 고려시대의 대외무역상황에 대한 내용으로 옳지 않은 것은?

① 북방민족은 고려로부터 생필품을 수입하였다.
② 고려는 여진과 거란에 대한 회유책으로 무역을 허용하였다.
③ 은의 다량 유입으로 활구(은병)가 화폐로서 널리 유통되었다.
④ 고려는 송으로부터 주로 선진문물을 수입하는 데 주력하였다.

TIP 고려의 대외무역에서 가장 큰 비중을 차지한 것은 대송 무역이었다. 고려는 송으로부터 비단, 약재, 책, 악기 등을 수입하였으며 금, 은, 인삼, 종이, 붓, 먹, 나전칠기, 화문석 등을 수출하였다. 그 밖에 거란, 여진과도 무역이 이루어졌으며 활발하지는 못하였으나 일본과도 무역을 하였다.
③ 은이 대송 무역과 북방민족과의 무역에서 교류되었던 것은 사실이나 활구는 일부 귀족들 사이에서 유통되었을 뿐이다.

24 다음 중 고려의 경제정책에 대한 설명으로 옳은 것은?

> ㉠ 이자율을 제한하고 의창제를 실시하였다.
> ㉡ 상업을 통제하여 민간 상인의 활동을 금지하였다.
> ㉢ 개간을 장려하고 농번기에는 잡역 동원을 금지하였다.
> ㉣ 관청 이외의 곳에서 행해지는 수공업활동을 억제하였다.

① ㉠㉡
② ㉠㉢
③ ㉡㉢
④ ㉢㉣

TIP 고려는 건국 초기부터 농업을 중시하여 개간한 땅은 소작료를 일정 기간 면제하여 개간을 장려하였고 농번기에 잡역의 동원을 금지하였다. 재해시에는 세금을 감면하고 의창제를 실시하여 농민의 생활 안정을 추구하였다. 또한 광종 때는 황무지 개간 규정을 만들어 토지 개간을 장려하였고 성종 때는 무기를 농기구로 만들어 보급하였다.

Answer 23.③ 24.②

25 고려시대 상업과 금융에 대한 설명으로 옳지 않은 것은?

① 수도에는 시전상업이 행해졌다.
② 경시서에서 상행위를 감독하였다.
③ 화폐가 교환의 주된 수단이 되었다.
④ 고리대의 성행에 대응하여 각종 보(寶)가 설립되었다.

TIP ③ 고려는 농업 중심의 경제구조였기 때문에 상업은 부진하였으며, 현물이 교환의 매개 수단으로 널리 활용되었다.

26 다음 중 전시과의 운영원칙에 대한 설명으로 옳은 것은?

① 직역 담당자에게 수조권을 분급하였다.
② 수조권은 매매, 양도, 상속이 가능하였다.
③ 수조권자는 조세, 요역을 징발할 수 있었다.
④ 농민에게 토지를 균등하게 분배하였다.

TIP 전시과에서 관리에게 토지를 지급한다는 것은 소유권을 주는 것이 아니라 수조권을 지급하는 것이다. 수조권자는 지급받은 토지에서 조세만 거둘 뿐 요역을 징발할 수는 없었고 사망, 퇴직시에 국가에 반납해야 했다.

27 다음 중 고려시대의 화폐에 대한 설명으로 옳지 않은 것은?

① 은을 무게로 달아서 쇄은이라 하여 사용하기도 하였다.
② 전기에는 곡물과 베가 주로 사용되었으나, 중기 이후에는 화폐가 전국적으로 크게 유통되었다.
③ 성종 때에는 철전, 숙종 때에는 동전과 은병 등을 주조하였다.
④ 지식인 중에서 화폐 유통의 필요성을 인식하여 주전론을 주장하기도 하였다.

TIP ② 성종 때 건원중보(최초의 화폐), 숙종 때 해동통보, 해동중보, 삼한통보, 활구(은병)를 만들었으나 대부분의 농민들은 자급자족을 하였고 곡식이나 베가 유통의 매개가 되어 유통이 부진하였다.

Answer 25.③ 26.① 27.②

28 다음 중 고려시대의 권농정책과 농민생활의 안정책으로 옳은 것은?

㉠ 공전을 개간하면 3년간 조세를 면제하였다. ㉡ 상평창을 설치하여 곡가를 조절 · 안정시켰다. ㉢ 고리대를 통한 이식사업을 장려하였다. ㉣ 농번기에는 부역동원을 못하게 하였다. ㉤ 벽란도를 국제무역항으로 발전시켰다.

① ㉠㉡㉣　　② ㉠㉢㉤
③ ㉠㉣㉤　　④ ㉡㉣㉤

TIP 이식사업의 장려는 농민생활의 어려움을 초래하였고, 벽란도가 국제무역항으로 발전한 것은 귀족들의 사치생활과 관계가 있다.

29 다음 중 고려시대의 농업에 대한 설명으로 옳은 것은?

㉠ 2년 3작의 윤작법 보급	㉡ 벼와 보리의 이모작 성행
㉢ 우경에 의한 깊이갈이의 일반화	㉣ 시비법의 발달과 휴경방식의 소멸

① ㉠㉡　　② ㉠㉢
③ ㉢㉣　　④ ㉠㉣

TIP 고려시대에는 소를 이용한 깊이갈이(심경법)가 일반화되었고 시비법이 발달하였으며 2년 3작의 윤작이 보급되었다. 벼와 보리의 이모작이나 휴경방식의 소멸은 조선전기에 이루어졌다.

Answer 28.① 29.②

30 다음의 제도가 있었던 시대의 고려의 사회상으로 옳은 것은?

• 학보
• 경보
• 제위보
• 팔관보

① 고리대업의 성행
② 빈민구제제도의 발달
③ 화폐유통의 활발
④ 대외무역의 발달

TIP 고려시대에는 기금을 조성하여 그 이자로 공적인 사업의 경비로 충당하는 보가 발달하였으나 원래의 취지와 달리 이들은 이자 취득에만 급급해 고리대업을 성행시켜 농민생활에 큰 폐해를 가져왔다.

31 다음 중 고려후기에 나타난 상업활동의 변화에 대한 설명으로 옳은 것은?

㉠ 시전의 규모가 확대되고 업종별 전문화가 나타났다.
㉡ 국가가 재정수입을 늘리기 위해 소금의 전매제를 실시하였다.
㉢ 농업생산력이 크게 진전되어 농민들도 상업활동에 적극 참여하였다.
㉣ 지방경제의 쇠퇴로 시장을 배경으로 한 행상의 활동이 크게 위축되었다.

① ㉠㉡
② ㉠㉣
③ ㉡㉢
④ ㉢㉣

TIP 고려후기에는 도시와 지방의 상업활동이 활발해졌다. 도시에서는 인구가 늘어남에 따라 상품수요가 증가하여 시전의 규모도 확대되고 업종별 전문화가 나타났으며 벽란도가 교통로와 산업의 중심지로 발달하였다. 지방에서는 조운로를 따라 교역활동이 활발하였으며 시장에서 물품을 사고 파는 행상의 활동이 두드러졌다. 또한 국가는 재정수입을 늘리기 위해 소금의 전매제를 실시하였다.

Answer 30.① 31.①

32 다음 중 고려시대의 토지제도에 대한 설명으로 옳지 않은 것은?

① 경종 때 마련된 전시과의 지급기준은 관직의 고하와 인품의 우열에 따라 지급되었다.
② 전시과제도는 토지 그 자체를 준 것이 아니라 수조권을 지급한 것이다.
③ 한인전은 하급 관리의 자제로서 관직에 오르지 못한 사람에게 지급한 토지였다.
④ 농민들에게 민전을 지급하고 마음대로 매매할 수 없게 하여 농민들의 경제를 안정적으로 유지하도록 하였다.

TIP ④ 일부 농민들이 가지고 있는 민전은 조상으로부터 세습받은 사유지로 매매, 상속, 기증, 임대 등이 가능하였다.

33 다음 중 고려시대의 사원경제에 대한 설명으로 옳지 않은 것은?

① 사원은 세속적인 세계에도 큰 세력을 가지고 있었다.
② 토지 겸병과 개간에 의하여 사원전을 확대시켜 농장화하였다.
③ 사원과 승려는 세금을 면제받았고, 군역·부역 등의 면제도 있었다.
④ 국가재정의 기반이 되었다.

TIP 사원은 국가에서 지급하는 사원전 외에도 장생고와 같은 영리행위로 막대한 토지를 소유하였고, 또한 귀족들이 기증해 오는 토지를 겸병하여 거대한 농장세력으로 확대되어 갔다.

34 다음 중 고려의 전시과제도를 설명한 것으로 옳지 않은 것은? ㅎ

① 관직이나 직역을 담당한 자에게 지급하였다.
② 관리는 수조권을 받았으며, 이는 세습할 수 없었다.
③ 공음전은 고관에게 지급되었으며, 세습이 허용되었다.
④ 농민은 민전을 지급받고, 국가에 2분의 1의 조(租)를 바쳤다.

TIP ④ 민전은 조상으로부터 세습받은 농민 사유지를 말하는 것으로 생산량의 10분의 1을 조세로 국가에 바쳤다.

Answer 32.④ 33.④ 34.④

35 다음 고려시대의 토지제도 가운데 영업전으로만 묶은 것은?

㉠ 공음전	㉡ 과전
㉢ 군인전	㉣ 구분전
㉤ 외역전	

① ㉠㉡㉢ ② ㉠㉡㉣
③ ㉠㉢㉤ ④ ㉠㉣㉤

TIP 영업전은 세습이 허용되는 토지를 말한다. 공음전은 5품 이상의 고위 관리에게 주는 토지로 세습 가능하고, 과전은 현직 관리에게 토지의 수조권을 지급한 것이다. 군인전은 군역의 대가로 지급한 것으로 외역전은 향리에게 지급한 토지로 향직이 세습되었기 때문에 사실상 토지도 세습되었다. 영업전은 공음전, 군인전, 외역전 외에도 공신전, 내장전 등이 있다.

36 다음 중 고려의 수취제도에 대한 설명으로 옳은 것은?

① 어민과 상인은 수취에서 제외되었다.
② 조세는 비옥도에 관계없이 면적에 따라 징수하였다.
③ 지방에서 거둔 조세는 조운을 통해 개경으로 옮겨졌다.
④ 국가가 백성의 노동력을 동원할 때에는 반드시 대가를 지불하였다.

TIP ① 어민에게 어염세를 걷거나 상인에게 상세를 거두어 재정에 사용하였다.
② 조세는 논과 밭으로 나누고 비옥한 정도에 따라 3등급으로 나누어 부과하였다.
③ 고려는 수취를 통해 거둔 조세를 각 군현의 농민을 동원하여 조창까지 옮긴 다음, 조운을 통해서 개경의 좌우창으로 운반하여 보관하였다.
④ 역은 국가에서 백성의 노동력을 무상으로 동원하였다.

Answer 35.③ 36.③

37 다음 중 고려전기의 토지제도를 설명한 것으로 옳은 것은?

㉠ 공음전은 자손에게 세습되었다.
㉡ 문종 때에는 현직 관리에게만 토지를 지급하였다.
㉢ 하급 관리 및 군인의 유가족에게는 수신전을 주었다.
㉣ 향리는 토지를 지급받지 못하였다.

① ㉠㉡
② ㉠㉢
③ ㉡㉣
④ ㉢㉣

TIP ㉠ 공음전은 5품 이상의 고위관리가 받을 수 있는 토지로 자손에게 세습할 수 있다.
㉡ 문종 때 전시과(경정전시과)가 완성되어 현직 관리에게만 토지를 지급하였다.
㉢ 하급 관리, 군인의 유가족에게는 구분전이 지급되었다.
㉣ 향리에게는 외역전이 지급되었으며 향직이 세습되었기 때문에 사실상 토지도 세습되었다.

38 다음 조선초기의 상업에 대한 내용을 토대로 당시 조선의 상업정책을 바르게 파악한 것은?

- 경시서에서 도량형 검사와 물가 조절 담당
- 시전 상인들이 특정 상품에 대해 독점판매권 행사
- 관허 상인인 보부상에 의해 장시의 물품 유통

① 농업생산력의 증대와 맞추어 상공업을 장려하였다.
② 저화, 조선통보 등의 화폐가 교역의 주된 매개체였다.
③ 지방의 장시에서는 자유로운 상업행위가 권장되었다.
④ 상업은 전반적으로 국가의 통제하에 운영되었다.

TIP 조선시대 경제의 중심은 토지에 있었다. 지배층의 유교적 농본사상은 농업을 본업으로, 상공업을 말업으로 취급하여 농업을 장려하고 상공업을 억제하였고 상공업을 국가가 통제하지 않으면 사치와 낭비가 조장되며 농업이 피폐하여 빈부의 격차가 커진다고 생각하였다. 상업은 국가 통제하에 있는 시전을 중심으로 이루어졌는데, 경시서는 이러한 시전을 감독하기 위해 설치된 기구이다. 장시에서는 정부의 허가를 받은 보부상이 활동하였다.

Answer 37.① 38.④

39 **다음 중 조준, 남은 등이 추진한 토지제도는?**

① 18등급으로 나누고 곡물을 수취하는 전지와 땔감을 얻는 시지를 지급하였다.
② 휼양전과 수신전을 몰수하고 현직 관리에게만 토지를 지급하였다.
③ 국역의 대가로 지급된 토지로 수조권을 지급하였으며 노동력 징발도 가능하였다.
④ 경기도 지역 토지의 수조권을 지급하였으며, 사망시 국가에 반환되었다.

TIP 고려말 권문세족의 농장 확대로 국가 재정이 문란해지고 농민들의 생활이 어려워지자 조준, 정도전 등은 사전을 혁파할 것을 주장하였다. 이에 경기도 지역의 토지만 지급하고 사망시에는 국가에 반환하도록 하는 과전법이 실시되었다. 과전법의 실시로 신진사대부의 경제적 기반이 마련되었으며, 농민의 생활이 안정되고, 국가 재정이 확보되었다.
① 전시과 ② 직전법 ③ 녹읍

40 **다음 중 조선초기에 대한 설명으로 옳은 것은?**

① 16세기 때 시전상인의 독점권에 불만이 나타났다.
② 16세기 방납의 폐단은 상업 발전의 방증이다.
③ 중국과 사무역은 일체 허용되지 않았다.
④ 장인들은 관청에만 등록되어 사적으로 전혀 물건을 못 팔았다.

TIP ① 시전상인의 독점권에 대한 불만은 17세기 후반에 이르러 사상의 성장으로 나타난 현상이다.
③ 사신들의 왕래에 따른 사무역도 존재하였다.
④ 책임량을 초과한 생산품은 세를 내고 판매하였다.

41 **다음의 토지변화현상 중 옳은 것은?**

- 과전법
- 직전법
- 관수관습제
- 녹봉제

① 국가가 토지에 대한 지배권을 강화하였다. ② 관리들의 수조권이 강화되었다.
③ 지급되어진 토지의 세습이 강화되었다. ④ 지주전호제가 약화되었다.

Answer 39.④ 40.② 41.①

TIP 토지제도의 변화원인 … 왕권이 확립되고 국가활동이 활발해짐에 따라 관료의 수와 세습되는 토지가 늘어나, 새로 관료가 되는 사람에게 지급할 토지가 부족하게 되었다. 따라서 토지의 세습화와 사유화를 막고 국가의 토지지배권을 강화함으로써, 토지국유화를 다시 확립하여 왕토사상의 원칙을 지키고자 한 것이다.

42 다음 설명에 부합되는 정책이 아닌 것은?

> 조선은 고려 말의 파탄된 국가재정과 민생문제를 해결하고 재정의 확충과 민생의 안정을 위한 방안으로 농본주의 경제정책을 내세웠다.

① 새로운 농업기술 개발
② 양전사업의 실시
③ 토지 개간 장려
④ 상공업 활동의 장려

TIP ④ 조선의 건국 주도 세력인 신진사대부들은 상공업을 천시하고 농업을 중시하는 성리학 이념에 따라 중농억상정책을 국가산업 시책의 기본으로 하였다. 이에 따라 호적제도와 호패제도를 통해 농민들의 농지 이탈을 통제하는 한편, 상공업자에 비해 사회적으로 농민의 지위를 더 높게 대우하였다. 조선초기의 상공업은 국가의 통제하에 놓여 있어 자유로운 활동이 억제되었고, 유교적인 검약생활로 인해 물자의 소비가 많지 않아 그다지 발달하지 못하였다.

※ 중농정책

㉠ 정책의 방향 : 고려말 신진사대부들은 중농정책을 국가산업시책의 기본으로 삼아 문란했던 고려시대의 경제질서를 바로잡고자 함

㉡ 결과 : 토지 개간과 양전사업이 적극적으로 추진되어 15세기 중엽에는 경지면적이 160여만 결로 상승하였고, 농업 생산을 향상시키는 갖가지의 새로운 농법이 개발됨

㉢ 신농법의 소개

- 이앙법, 벼와 보리의 이모작이 일부지역에 보급, 시비법(토질 향상을 위한 퇴비법) 등장 → 연작이 가능해져 휴경지가 소멸됨
- 조, 보리, 콩 등의 전통적 밭작물도 2년 3작을 하여 생산량이 비약적으로 증가함
- 수리시설이 확충됨
- 토지대장의 작성 : 조세부담의 합리화와 세수의 정확한 수취를 위해 20년마다 토지대장인 양안(量案)을 작성

Answer 42.④

43 다음 중 조선시대 중농정책의 시행과 관련이 깊은 것은?

㉠ 개간사업 장려	㉡ 양전사업 실시
㉢ 병작반수제 실시	㉣ 지주전호제 확대

① ㉠㉡　　② ㉠㉣
③ ㉡㉢　　④ ㉢㉣

TIP 조선은 중농정책을 펼치면서 토지 개간을 장려하고 양전을 실시하였고, 수리시설을 확장하였다. 그리고 농사직설, 금양잡록 등의 농서 편찬을 통한 농업기술의 보급에 힘썼다.

44 다음과 같이 토지제도가 변화된 이유는?

과전법 → 직전법

① 조세 수취가 늘어나 농민들의 반발이 심해서
② 면세전이 늘어나 국가재정이 부족해서
③ 현직 관료의 수조권 지배력을 강화하기 위해서
④ 새로운 관료에게 줄 토지가 부족해서

TIP 과전은 경기지방의 토지로 지급하였는데, 받은 사람이 죽거나 반역을 하면 국가에 반환하도록 정해져 있었다. 그러나 죽은 관료의 가족들이 생계를 유지할 수 있도록 하기 위하여 받았던 토지 중 일부를 수신전, 휼양전의 명목으로 다시 지급하여 세습이 가능하였고, 공신전도 세습할 수 있었다. 그러나 이렇게 토지가 세습되자 새로 관직에 나간 관리에게 줄 토지가 부족하게 되었다. 이러한 문제를 해결하려고 15세기 후반에는 직전법으로 바꾸어 현직 관리에게만 수조권을 지급하였다.

Answer 43.① 44.④

45 조선시대 조세제도와 재정의 운영에 대한 설명으로 옳은 것은?

① 공납은 농가별로 토지소유면적에 따라 부과되었다.
② 양인 정남은 농가별로 매년 한 명씩 요역에 징발되었다.
③ 보법의 실시로 군역과 요역은 서로 분리되어 적용되었다.
④ 국가는 농민 보유지인 민전의 경작권을 보장해주고 조세를 징수하였다.

TIP ① 공납은 각 가호(家戶)별로 부과되었다.
② 요역은 경작하는 토지 8결을 기준으로 1명씩 차출되었다.
③ 보법제도에서 보인은 현역복무를 하는 정군의 비용을 부담하였다.

46 다음 중 조선중기 농촌의 모습을 바르게 서술한 것은?

① 족징, 인징 등의 폐단을 해결하기 위하여 방군수포(放軍收布)가 행해졌다.
② 방납의 폐단으로 농민의 부담이 가중되자 공납을 쌀로 내게 하자는 수미법이 주장되었다.
③ 지주전호제가 일반화되면서 농민의 경제적 부담은 점차 가벼워졌다.
④ 구휼제도인 환곡제가 사창에서 실시되면서 고리대로 변질되어 농민을 괴롭히는 결과를 초래하였다.

TIP ① 족징, 인징은 도망한 농민을 대신해서 그 친족이나 이웃에게 공납을 부과하는 것이며 방군수포는 군포를 받고 군역을 면제해 주는 것이다.
③ 지주전호제는 농민의 부담을 더욱 가중시키는 것이다.
④ 환곡은 상평창에서 실시되었으며, 사창은 향촌을 단위로 양반들에 의해 자율적으로 시행되는 구휼제도였다.

Answer 45.④ 46.②

47 다음은 조선시대에 시행된 제도들이다. 이 제도들이 시행된 배경과 목적이 가장 바르게 짝지어진 것은?

- 흉년에는 조세를 감면해 주었다.
- 의창과 상평창에서 환곡제를 운영하였다.
- 농번기에는 잡역에 동원하지 못하게 하였다.
- 5가(家)를 1통(統)으로 묶어 관리하였다.
- 호적을 작성하고 호패제를 실시하였다.

① 양반층의 토지 겸병 – 자영농민의 육성
② 토지제도의 문란 – 국가수조권의 강화
③ 농민의 토지 이탈 – 농민에 대한 통제 강화
④ 이민족의 빈번한 침입 – 국방력의 강화

TIP 조선 사회에서 농민생활의 안정은 곧 국가 사회의 안정과 직결되어 있었다. 때문에 농민생활을 안정시키기 위해 정부는 흉년시 조세를 감면하고, 농번기에 잡역 동원을 금하였으며, 의창과 상평창의 환곡을 실시하였다. 그러나 이러한 사회시설은 당시의 농민문제에 대한 근본적인 대책일 수는 없었으며, 다만 농민에게 최소한의 생활을 보장해 줌으로써 농토에서의 농민의 유망을 방지하기 위한 미봉책에 불과하였다. 오히려 정부는 농민들을 효과적으로 통제하기 위하여 오가작통법과 호패법을 적극적으로 실시하였고, 이를 통하여 농토로부터 농민의 이탈을 억제하고자 하였다.

48 다음 제도의 시행에 따른 영향은?

공납의 폐단을 막고 농민의 부담을 경감시키기 위해 농민 집집마다 토산물을 징수하였던 공물납부방식을 토지의 면적에 따라 쌀과 베나 무명, 동전 등으로 납부하게 하였다.

① 군역이 전세화되었다.
② 공인의 등장으로 상품화폐경제가 발달하였다.
③ 별공과 진상이 폐지되었다.
④ 결작이 부과되었다.

TIP 제시된 내용은 대동법의 실시를 설명한 것이다. 대동법의 실시는 물품 조달을 위한 공인의 등장으로 각 지방에 장시와 상품화폐경제의 발달로 유통경제의 촉진을 가져와 궁극적으로 계층 분화, 기존의 신분질서와 경제질서 등 사회 전반의 변화를 초래했다.

Answer 47.③ 48.②

49 다음 중 고려시대와 조선시대 토지제도의 공통점으로 옳은 것은?

① 공 · 사전을 막론하고 수확량의 2분의 1을 전세로 바쳤다.
② 국유를 원칙으로 하고 공전과 사전으로 구분하였다.
③ 5품 이상의 고관에게는 별도의 토지를 지급하였다.
④ 향리에게도 약간의 토지를 지급하였다.

TIP 고려시대와 조선시대 토지제도는 토지국유제의 원칙, 현직 관리에게 수조권 지급, 관등에 따른 차등 지급, 세습 불가 등의 유사점이 많다.
① 고려시대의 공전은 수확량의 4분의 1, 사전은 수확량의 2분의 1, 조선시대에는 공 · 사전을 막론하고 매 결당 10분의 1을 조로 국가에 납부하였다.
③ 고려시대와 조선시대 모두 고위 관리에게 지급하는 공음전이라는 토지가 있었으나, 고려는 5품 이상의 관리에게 조선은 2품 이상의 관리에게 지급하였다.
④ 고려시대에만 향리에게 외역전이라는 토지를 지급하였다.

50 다음 중 16세기 경제에 대한 설명으로 옳지 않은 것은?

① 환곡의 고리대화로 인해 농촌경제가 더욱 궁핍해졌다.
② 대립제의 양성화로 신역이 조세화되었다.
③ 수미법의 실시로 차츰 공납의 폐해가 완화되었다.
④ 공납의 부족을 채우기 위한 족징 · 인징 등의 방법으로 농민 부담이 가중되었다.

TIP ③ 공납의 폐해를 개선하는 방법으로 이이와 유성룡 등은 공물을 쌀로 걷는 수미법을 주장하였으나 정부 관료들에 의해 거부되었다.

Answer 49.② 50.③

51 다음 중 조선전기의 농민생활에 대한 설명으로 옳지 않은 것은?

① 밭농사에서는 조 · 보리 · 콩의 2년 3작이 널리 행해졌다.
② 논농사에서는 정부의 주도하에 모내기법이 전국으로 확대되었다.
③ 목화, 약초, 과수 재배 등이 확대되어 소득 향상에 도움이 되었다.
④ 농민들은 호패법과 오가작통법에 의해 정부로부터 거주 이전의 자유를 통제받았다.

TIP ② 논농사에서 모내기는 벼와 보리의 이모작을 가능하게 하여 생산량의 증가를 가져왔지만, 봄 가뭄으로 인한 수리문제 때문에 남부 일부 지역으로 제한되었다.

52 조선시대 과전법이 시행된 이후의 변화를 나타낸 것이다. 이러한 변화의 결과에 대해 옳은 것은?

> 과전법 → 직전법 → 관수관급제 → 현물 녹봉제

① 농민들의 경작권이 점차 보장되었다.
② 관리들의 수조권 행사가 점차 강화되었다.
③ 관리들의 토지소유욕구가 점차 줄어들었다.
④ 병작반수의 지주제 경영방식이 점차 확대되었다.

TIP 과전법은 전직 관리에게도 토지를 지급하였지만, 직전법은 현직 관리에게만 토지를 지급하였다. 그 결과 농민들에게 과중한 조세를 걷는 폐단이 생겼고 이런 폐단을 없애기 위해 성종대에 관수관급제를 시행하였다. 이에 관리가 토지와 농민을 지배하는 방식은 사라지고 국가의 토지지배권은 강화되었다. 그 결과 관료들은 직접 토지를 소유하려 했기 때문에 토지의 사유화가 진전되고 지주전호제가 확산되었다.

Answer 51.② 52.④

53 조선시대 군역제도의 변천과정에서 (　　) 안의 제도로 군정의 수는 크게 늘어났으나, 결과적으로 방군수포제를 초래하였다. (　　) 안에 알맞은 말과 그로 인해 나타난 군역체제의 변화로 옳은 것은?

봉족제 → (　　) → 방군수포제

① 균역법 – 군역의 전세화
② 보법 – 군역의 요역화
③ 진관체제 – 농병일치의 동요
④ 군적수포제 – 용병제의 도입

TIP 호(戸) 단위이던 봉족제가 인정(人丁) 단위의 보법으로 변화되면서 군정의 수는 증가했으나 농민의 요역기피로 군사가 요역에 동원되는 군역의 요역화가 나타났고, 군역을 기피하게 하였다. 이에 따라 대립제, 방군수포제와 같은 폐단이 생겼다.

54 다음 중 조선시대에 사적소유권과 병작반수제에 입각한 지주제의 확산과 직접적으로 관련 있는 것은?

① 서원의 증가
② 방납의 폐단 발생
③ 면세전의 증가
④ 직전법의 폐지

TIP 양반의 경제기반은 과전, 녹봉, 자신의 토지와 노비 등이였다. 16세기 중엽에 직전법이 폐지되자 토지의 사유관념이 확산되면서 토지소유는 양반지주층을 중심으로 더욱 편중되어 갔다.

55 조선전기의 경제활동에 대한 내용으로 옳은 것은?

① 저화와 조선통조 등의 화폐가 일반 사회에서 널리 유통되었다.
② 무역은 공무역의 형태로 이루어져서 사무역은 이루어지지 않았다.
③ 시전 상인과 보부상은 특정 상품에 대한 독점 판매권을 부여받았다.
④ 면포 생산은 농가에서 만드는 가내수공업에서 큰 비중을 차지하였다.

TIP ① 교역의 매개는 화폐보다 쌀과 면포가 주로 이용되었다.
② 사무역은 국경 부근에서 엄격한 감시하에 이루어졌다.
③ 보부상에게는 독점판매권이 부여되지 않았다.

Answer 53.② 54.④ 55.④

56 다음 토지제도의 변천 결과에 대한 설명으로 옳은 것은?

> • 14세기 말에 전 · 현직 관리에게 경기지방에 한하여 토지에 대한 수조권을 지급하였다.
> • 15세기 후반에는 현직 관리에게만 토지를 지급하였다.
> • 15세기 말에는 관리의 수조권을 국가가 대행하였다.
> • 16세기 중엽에는 녹봉제를 실시하였다.

① 토지에 대한 사유관념이 크게 약화되었다.
② 병작반수에 입각한 지주제가 확산되었다.
③ 16세기 중엽 이후에도 수조권제는 종식되지 않았다.
④ 국가에 의한 토지개간이 본격화되었다.

TIP 관리들은 직전법 폐지와 녹봉제 실시로 수조지를 지급받지 못하여 토지 소유에 대한 욕구로 개간 · 겸병 · 매입 등으로 사유지를 확대하였고, 이 토지를 노비나 농민에게 소작케 하여 수확량 절반을 지대로 받는 병작반수제로 운영하였다. 직전법 폐지와 녹봉제 실시는 수조권 지급제도의 폐지를 의미하는 것이었다.

57 다음 중 조선후기의 경제상황에 대한 설명으로 옳은 것은?

① 지대는 도조법에서 타조법으로 변하였다.
② 청과의 무역으로 은의 수요가 증가하여 은광이 개발되었다.
③ 농사직설, 금양잡록과 같은 농서가 간행 · 보급되었다.
④ 봄가뭄으로 인한 피해 때문에 이앙법은 실시되지 않았다.

TIP ① 조선후기의 지대는 수확량의 절반을 납부하던 타조법에서 일정금액을 내는(대체로 수확량의 3분의 1) 도조법으로 변하였다.
③ 농사직설, 금양잡록은 조선전기의 농서이다.
④ 이앙법은 조선전기에는 남부지역에서 일부 행해지다가, 조선후기에 이르러서는 수리시설을 확충하여 일반화되었다.

Answer 56.② 57.②

58 다음은 과전법에 대한 규정이다. 이의 실시결과로 옳은 것은?

> • 경기는 사방의 근본이니 마땅히 과전을 설치한다.
> • 무릇 서울에 거주하여 왕실을 시위하는 자는 전직, 현직을 막론하고 과전을 받는다.
> • 수조권을 받은 자가 사망한 후, 그의 아내가 자식이 있고 수절을 하는 경우에는 남편의 과전 모두를 물려받는다.
> • 수조권자는 경작농민을 함부로 바꿀 수 없으며, 경작농민도 경작지를 멋대로 타인에게 팔거나 빌려줄 수 없다.

① 관리가 받은 과전에는 병작반수제가 적용되었다.
② 경작농민은 거주지를 자유롭게 옮길 수 없었다.
③ 경기도 지방에 지주전호제가 발달하였다.
④ 현직 관리는 소유권을, 퇴직 관리는 수조권을 받았다.

TIP 농업생산성이 낮았던 조선시대에는 농업인구의 확보가 무엇보다도 중요하였으므로 국가는 오가작통법, 호패법 등을 실시하여 농민의 자유로운 거주 이전을 통제함으로써 농민의 농토 이탈을 방지하였다.

59 다음 중 조선후기 농민생활에 대한 설명으로 옳은 것은?

① 농법의 개량으로 생산력을 증대시켰다.
② 향상된 경제력을 바탕으로 향촌자치에 참여하였다.
③ 개간사업의 장려로 경작규모가 대체로 확대되었다.
④ 향안, 향약, 서원을 토대로 향촌질서를 재확립하는 데 힘썼다.

TIP ① 농민들은 토지 개간에 적극적으로 나섰으며, 수리시설을 복구하고, 농기구와 시비법을 개량하는 한편, 모내기법을 확대하여 벼와 보리의 이모작으로 생산량을 늘려 나갔다.

Answer 58.② 59.①

60 다음은 조선후기의 경제적 변화인 바, 이를 통해 나타난 사회현상으로 옳은 것은?

• 이앙법	• 견종법
• 광작	• 상품작물의 재배
• 도고의 성장	• 경영형 부농과 임노동자 출현

① 상민과 노비의 수가 증가하였다.
② 신분 변동이 활발하였다.
③ 빈부의 격차가 줄어들었다.
④ 피지배층에 의해 권력구조가 개편되었다.

TIP 조선후기의 경제
㉠ 농민경제의 변화 : 이앙법 · 견종법의 확대로 농업생산력의 증대와 노동력 절감으로 광작이 가능하게 되었고, 광작과 담배 · 인삼 · 면화 등의 상품작물의 재배로 부를 축적한 일부는 경영형 부농으로 부상하였으나, 대다수의 농민은 토지에서 이탈하여 임노동자나 고공(머슴)으로 전락하기도 하여 농민층의 계층 분화를 촉진하였다.
㉡ 상인계층의 변화 : 대동법 실시에 따른 공업자본의 발달, 금속화폐의 전국적 유통, 외국무역의 발달 등으로 도고가 등장하였으며 도고의 성장은 상인계층의 분화를 일으키게 하였다.
㉢ 계층의 분화 : 농민계층과 상민계층의 분화는 조선후기 신분구조의 변화를 일으키게 되는데 부를 축적한 이들은 납속책 · 공명첩 등으로 양반으로 상승하였고, 노비들도 전쟁에서 공을 세우거나 곡식을 바쳐 상민이 되거나 도망으로 인해 노비의 수가 대폭 감소하였다.

61 다음 중 공인에 대한 설명으로 옳지 않은 것은?

① 대동법 시행 후에 출현하였다.
② 관청별, 품목별로 공동출자를 하여 계를 조직하였다.
③ 관청에 예속되어 자유로운 활동이 억제되었고, 도고로 성장할 수 없었다.
④ 수공업자에게 물품을 대량으로 주문하였기 때문에 수공업 발달에 기여하였다.

TIP ③ 조선후기 상업활동의 주역은 공인과 사상으로 특히 대동법 실시 이후에 등장한 공인은 도고로 성장하여 상업활동을 주도하였다.

Answer 60.② 61.③

62 다음은 조선후기의 수취체제의 개편 내용이다. 이의 결과로 타당한 것은?

- 정부는 연분9등법을 따르지 않고 풍년과 흉년에 관계 없이 전세를 토지 1결당 4두로 고정시켰다.
- 농민 집집마다에 부과하여 토산물을 징수하였던 공물납부방식을 토지의 결 수에 따라 쌀, 삼베나 무명, 동전 등으로 납부하게 하였다.
- 2필씩 내던 군포를 농민들은 1년에 1필만 내면 되었다.

① 지주와 농민 간의 격차가 점차 감소하였다.
② 소작농의 세금이 감면되지 못하였다.
③ 장기적으로 농민의 지위가 향상되었다.
④ 조세의 전세화로 인한 자급자족적 농업경제가 고착화되었다.

TIP 제시된 내용은 영정법, 대동법, 균역법에 대한 설명으로 이러한 수취체제의 개편은 농민에게 크게 도움이 되지 못하고, 각종 폐단이 나타났으며 오히려 조세의 부담이 더욱 가중되었다.

63 다음의 결과가 바르게 짝지어진 것은?

- 초기에 가뭄의 피해를 우려해 정부에서는 금압을 하였다.
- 17세기 이후 전국적으로 보급되었다.

㉠ 광작 성행
㉡ 도고의 발달
㉢ 지주전호제 완화
㉣ 농민층의 분화 촉진

① ㉠㉡
② ㉠㉣
③ ㉡㉢
④ ㉢㉣

TIP 제시된 내용은 이앙법(모내기)의 보급에 대한 설명이다. 이앙법으로 제초 노동력이 감소하여 한 농가에서 이전보다 넓은 농토를 경작할 수 있게 되었고(광작), 광작의 보급은 부농층을 발생시킨 반면, 농민의 토지 이탈을 가져와 농민층의 분화를 촉진시켰다.

Answer 62.② 63.②

64 조선후기 다음의 제도의 시행으로 나타난 결과로 옳은 것은?

- 평안도, 함경도를 제외한 전국에서 시행하였다.
- 공납을 전세화하였다.
- 토지 1결당 미곡 12두를 납부하였다.
- 과세의 기준이 민호에서 토지 결수로 바뀌었다.

① 장기적으로 양반 중심의 사회를 강화하는 역할을 하였다.
② 별공이나 진상같은 현물 징수가 완전 폐지되었다.
③ 국가의 재정사정이 약화되었다.
④ 공인의 활동으로 지방장시가 성장하였다.

TIP 대동법의 실시로 농민의 부담은 경감되었고 국가의 재정사정도 어느 정도 회복되었다. 종래의 현물 징수를 미곡, 포목, 전화 등으로 대체하였으나 진상이나 별공은 여전히 부담하였고 지방관아에서도 토산물을 징수하였다. 조세의 금납화가 이루어져 공인이라는 어용상인이 등장하여 조선후기 상업의 발전에 큰 공헌을 하였다.

65 다음 중 대동법에 대한 설명으로 옳지 않은 것은?

① 대동법의 실시로 인하여 원칙적으로 공납제도는 폐지되었다.
② 대동법을 관할하는 관청을 선혜청이라 하였다.
③ 대동법의 실시는 공인이라는 어용상인을 중심으로 한 상업자본을 발전시켰다.
④ 대동법은 효종 때의 김육의 주장에 따라 일시에 전국적으로 실시되었다.

TIP 대동법은 1608년 광해군 때 이원익, 한백겸의 주장으로 경기도에서부터 시행되었고, 1708년 숙종 때 평안도와 함경도를 제외한 전국에 실시되었다. 대동법은 대토지를 소유한 양반 지주와 공물을 대납하면서 이익을 취하던 방납인들에게는 매우 불리한 제도였기 때문에 반발이 심했다.

Answer 64.④ 65.④

66 다음 중 조선후기 보부상의 활동을 바르게 설명한 것은?

① 의주를 중심으로 대청 무역을 주도하였다.

② 한강을 근거로 미곡과 어물을 판매하였다.

③ 장시를 무대로 봇짐과 등짐장수로 활동하였다.

④ 개성을 중심으로 인삼을 재배하고 판매하였다.

TIP ① 만상

② 경강상인

③ 보부상(관상)은 지방에 있는 행상들로서 봇짐장수인 보상과 등짐장수인 부상이 있다. 이들은 장시를 통하여 농산물, 수공업제품, 수산물, 약재 등을 비롯한 생활필수품을 유통시켰다.

④ 송상

67 조선후기에는 상품 · 화폐경제가 발달하면서 사회적으로 큰 변동이 일어났는데, 그 변동을 설명한 것으로 옳지 않은 것은?

① 양반호가 증가하고 상민호가 줄어들어 삼정이 문란해졌다.

② 광범위한 신분상승운동으로 양반의 수가 증가하였고, 구향과 신향 사이에 향전이 일어나기도 하였다.

③ 당쟁과 평민 · 천민층의 성장으로 양반층의 분화가 일어났으며, 재지 사족들은 신분적 특권을 지키기 위해 동족부락을 형성하였다.

④ 상업적 농업으로 부를 축적하는 부농경영이 발전하면서 농업에서 쫓겨난 몰락 농민이 증가함으로 인해 노비호가 증가하였다.

TIP 이앙법의 발달과 광작의 보급은 경영형 부농의 증가와 동시에 농민층의 계층 분화를 확대시켰다. 농촌에서 떠난 농민들은 도시로 나가 상공업에 종사하거나 임노동자가 되었고 노비가 되는 경우도 있었지만 이로 인해 노비호가 증가한 것은 아니고 노비는 지속적으로 감소되었다.

Answer 66.③ 67.④

68 다음의 조선후기 사실들에 대한 설명으로 옳은 것은?

- 농업 – 광작이 발생하였다.
- 상업 – 도고상인이 성장하였다.
- 광업 – 사채, 잠채가 성행하였다.
- 수공업 – 선대제도가 유행하였다.

① 서민경제수준이 향상되었다.
② 자본축적활동이 활발하였다.
③ 통제경제정책이 강화되었다.
④ 계층분화현상이 약화되었다.

TIP 계층분화현상이 촉진되고, 통제경제정책은 완화되었다. 또한 다수의 서민경제수준은 악화되었다.

69 다음 중 조선후기의 대외무역을 시장별로 설명한 것으로 옳지 않은 것은?

① 회령개시 – 춘추 2회 열리며, 공무역과 사무역이 자유무역으로 변했다.
② 회동관후시 – 조공사가 북경에서 하는 밀무역으로 병기, 사서, 비단 등이 거래되었다.
③ 책문후시 – 밀무역이기에 과중한 세금을 부과하고 단련사가 단속했다.
④ 중강후시 – 중강개시인 공무역이 밀무역으로 변질된 것이다.

TIP ② 회동관후시는 조선에서 중국으로 사신을 보낼 때 북경에 있는 회동관(조공사신의 숙소)에서 이루어지는 사무역이다.

70 다음 중 조선후기 자본주의적 생산관계의 발생에 대한 설명으로 옳지 않은 것은?

① 시전 상인들의 금난전권은 영조 때에 가서 신해통공으로 붕괴되었다.
② 국가의 제반 수취가 전세화되는 경향을 보였다.
③ 상업이 발달하여 상업자본을 축적한 사상들이 나타났다.
④ 수공업분야에서 민영수공업이 발달하였으며, 부분에 따라서는 공장제수공업의 형태로까지 발전하였다.

TIP ① 조선후기에 들어와 사상층의 도전을 받은 시전상인들은 금난전권을 행사하여 사상들의 자유로운 상업활동을 막지 못하고, 정조 1791년 신해통공 조치로 육의전을 제외한 나머지 시전상인의 금난전권을 인정하지 않게 되었다.

Answer 68.② 69.② 70.①

71 다음과 같은 상황과 직접적으로 연계되어 활동한 상인은?

조선시대에는 도로와 수레가 발달하지 못하여 물화의 대부분이 육로보다 수로를 통하여 운송되었다.

㉠ 선상
㉡ 보부상
㉢ 여각
㉣ 시전상인
㉤ 객주

① ㉠㉡㉢
② ㉠㉢㉤
③ ㉡㉢㉤
④ ㉢㉣㉤

TIP 조선시대에는 대부분의 물화가 수로를 통해 운송되었다. 18세기에 이르러 상거래가 활발해지자 포구가 상업의 중심지로 성장하였다. 인근의 포구 및 장시와 연결하여 상거래가 이루어졌는데 선상의 활동이 활발해지면서 포구가 하나의 유통권을 형성하였고, 장시가 열리기도 하였다. 이 포구를 중심으로 상행위를 한 상인은 선상, 객주, 여각 등이었다.

72 조선후기 사회에 나타난 다음과 같은 현상을 종합하여 내린 결론으로 옳지 않은 것은?

- 농가 당 경작면적의 확대로 가족노동력만으로 농사를 짓기가 어렵게 되었다.
- 이앙법과 견종법의 보급으로 노동력이 절감되어 광작 경영이 성행하게 되었다.
- 수공업과 대외무역의 발달로 광물의 수요가 늘어나자, 광산의 사채가 활발하였다.
- 관청에서 주관하는 축성이나 도로공사에 농민의 부역 동원이 어려워져서 인부를 고용하였다.

① 임노동자의 수요가 늘어나게 되었다.
② 농민의 계층분화현상이 일어나고 있었다.
③ 농민의 토지 이탈이 심하게 일어나고 있었다.
④ 농민들은 임노동수입의 증가로 생활의 향상이 이루어졌다.

TIP 농업기술의 발달 등으로 광작이 가능하게 되자 농민계층의 분화가 촉진되었다. 몰락한 농민은 도시로 옮겨가 상공업에 종사하거나 임노동자가 되었으며, 광산 · 포구 등에서도 종사하게 되었다. 하지만 생활은 대체로 어려운 편이었다.

Answer 71.② 72.④

73 다음 중 조선후기의 경제생활에 대한 설명으로 옳지 않은 것은?

① 도고상인을 위해 통공정책이 실시되었다.
② 17세기 후반에 상평통보가 발행되었다.
③ 군역의 합리적인 시행을 위해 호포법을 실시하였다.
④ 이앙법이 널리 보급되었다.

TIP ③ 조선후기 군역제도의 개편방법으로 영조와 일부 관료들이 호포론을 제기하였다. 군포를 양반층을 포함하여 전국의 모든 가호에게 부과하자는 주장으로 대다수의 양반들은 양반이 군역을 지면 반상의 신분적 구분이 없어진다고 반대하여 시행되지 못하였다.

74 다음의 내용과 관계 깊은 사실은?

> 농민의 부담을 경감하여 유망을 방지하고 부족한 국가재정을 보완함으로써 봉건적 지배체제를 재확립하기 위하여 실시하였으나, 상품화폐경제를 활성화시킴으로써 오히려 봉건적 지배체제를 무너뜨리는 작용을 하였다.

① 균역법　② 영정법
③ 대동법　④ 호포법

TIP 공납의 폐단을 시정하기 위하여 등장한 대동법은 공인이라는 어용상인이 등장하여 조선후기 상업 발달에 크게 기여하였다.

Answer 73.③ 74.③

75 다음의 공통점으로 옳은 것은?

- 용병제의 도입
- 사채의 허용
- 관영수공업의 쇠퇴

① 부역제의 해이
② 대외무역의 발달
③ 상민의 증가
④ 장시의 발달

TIP 조선후기에 들어서면서 부역제의 해이로 군역이 용병제로 바뀌고 관청 중심의 수공업도 붕괴되어 갔으며 농민들이 부역 동원을 거부하자 사채를 허용하고 세금을 거두는 정책으로 바뀌었다.

76 다음 중 조선후기 상업에 대한 설명으로 옳은 것은?

① 사상의 성장으로 공인의 활동이 위축되었다.
② 전국적인 유통망을 형성한 상인이 나타났다.
③ 육의전을 비롯한 시전의 금난전권이 철폐되었다.
④ 장인의 대부분은 독자적으로 물품을 제조, 판매하였다.

TIP 송상은 개성을 중심으로 전국에 송방을 설치하여 전국적인 유통망을 형성하였다. 주로 인삼을 재배 · 판매하였고 대외무역도 하였다.

Answer 75.① 76.②

사회구조와 사회생활

01 고대의 사회

1 신분제 사회의 성립

(1) 사회계층과 신분제도

① **신분제도의 출현** … 정복전쟁으로 여러 부족들이 통합되는 과정에서 지배층 사이에 위계서열이 마련되면서 등장하였다.

② 읍락사회의 신분

㉠ **호민** : 경제적으로 부유한 계층

㉡ **하호** : 농업에 종사하는 평민

㉢ **노비** : 주인에게 예속되어 생활하고 있는 천민

③ 귀족의 등장

㉠ 부여와 초기 고구려에는 가 · 대가로 불린 권력자들이 있었다.

㉡ 호민을 통해 읍락을 지배하는 한편, 자신의 관리와 군사력을 가지고 정치에 참가하였다.

㉢ 중앙집권국가가 성립하는 과정에서 귀족으로 편제되었다.

④ **신분제 운영** … 출신 가문의 등급에 따라 관등 승진에 특권을 누리거나 제한을 받았고, 경제적 혜택에 차등이 생기게 되었다.

(2) 귀족 · 평민 · 천민

① 삼국시대의 계층구조

㉠ **구성** : 왕족을 비롯한 귀족, 평민, 천민으로 크게 구분되지만, 기능상으로는 더욱 세분화된 계층으로 나누어진다.

㉡ 특징

- 강한 법적 구속력을 가진다.
- 지배층은 특권을 유지하기 위하여 율령을 제정하였다.
- 신분은 능력보다는 그가 속한 친족의 사회적 위치에 따라 결정되었다.

② 귀족 · 평민 · 천민의 구분

㉠ 귀족

• 왕족을 비롯한 옛 부족장 세력이 중앙의 귀족으로 재편성되어 정치권력과 사회 · 경제적 특권을 향유하였다.

• 골품제와 같은 지배층만을 대상으로 한 별도의 신분제를 운영하기도 하였다.

㉡ 평민

• 대부분 농민으로서 신분적으로 자유민이었으나 귀족층에 비하여 정치 · 사회적으로 많은 제약을 받았다.

• 조세를 납부하고 노동력을 징발당하였기 때문에 생활이 어려웠다.

㉢ 천민

• 노비들은 왕실과 귀족 및 관청에 예속되어 신분이 자유롭지 못하였다.

• 전쟁포로나 형벌 · 채무로 노비가 되는 경우가 많았다.

2 삼국사회의 모습

(1) 고구려의 사회기풍

① 특징 … 산간지역에 위치한 고구려는 식량 생산이 충분하지 않았기 때문에 대외정복활동이 활발하였고 사회기풍도 씩씩하였다.

② 형법 … 반역을 꾀하거나 반란을 일으킨 자는 화형에 처한 뒤에 다시 목을 베었고, 그 가족들은 노비로 삼았다. 적에게 항복한 자나 전쟁 패배자는 사형에 처했으며 도둑질한 자는 12배를 배상하도록 하였다.

③ 사회계층

㉠ 귀족 : 왕족인 고씨와 5부 출신의 귀족들은 지위를 세습하면서 높은 관직을 맡아 국정 운영에 참여하였다.

㉡ 백성 : 대부분 자영농으로 조세 납부 · 병역 · 토목공사에 동원되는 의무를 가졌다. 흉년이 들거나 빚을 갚지 못하면 노비로 전락하기도 하였다.

㉢ 천민 · 노비

• 피정복민이나 몰락한 평민이 대부분이었다.

• 남의 소나 말을 죽인 자는 노비로 삼았고, 빚을 갚지 못한 자는 그 자식들을 노비로 만들어 변상하게 하였다.

④ 풍습 … 형사취수제, 서옥제가 있었고 자유로운 교제를 통해 결혼하였다.

(2) 백제인의 생활상

① 백제의 생활모습

㉠ 백제의 언어, 풍습, 의복은 고구려와 유사하며, 중국과 교류하여 선진문화를 수용하기도 하였다.

㉡ 백제인들은 상무적인 기풍을 간직하고 말타기와 활쏘기를 좋아하였다.

② **형법** … 반역이나 전쟁의 패배자는 사형에 처하고, 도둑질한 자는 귀양을 보내고 2배를 배상하게 하였으며, 뇌물을 받거나 횡령을 한 관리는 3배를 배상하고 종신토록 금고형에 처하였다.

③ **귀족사회**

㉠ 왕족인 부여씨와 8성의 귀족으로 구성되었다.

㉡ 중국 고전과 역사서를 탐독하고 한문을 능숙하게 구사하였으며 관청의 실무에도 밝았고 투호나 바둑 및 장기를 즐겼다.

(3) 신라의 골품제도와 화랑도

① **신라 사회의 특징** … 중앙집권화의 시기가 늦어 여러 부족의 대표들이 정치를 운영하는 초기의 전통을 오랫동안 유지하였다.

② **화백회의**

㉠ **기원** : 여러 부족의 대표들이 함께 모여 정치를 운영하였다.

㉡ **기능**

- 국왕 추대 및 폐위에 영향력을 발휘하면서 왕권을 견제하기도 하였다.
- 귀족들의 단결을 굳게 하고 국왕과 귀족 간의 권력을 조절하는 기능을 담당하였다.

③ **골품제도**

㉠ **특징** : 관등 승진의 상한선이 골품에 따라 정해져 있어 개인의 사회활동과 정치활동의 범위를 제한하는 역할을 하였다.

㉡ **제한** : 골품에 따라 가옥의 규모, 장식물, 복색, 수레 등에 제한을 두었다.

④ **화랑도**

㉠ **기원** : 원시사회의 청소년 집단에서 유래하였다.

㉡ **구성**

- 귀족의 자제 중에서 선발된 화랑을 지도자로 삼고, 귀족은 물론 평민까지 망라한 많은 낭도들이 그를 따랐다.
- 여러 계층이 같은 조직에서 일체감을 갖고 활동함으로써 계층간의 대립과 갈등을 조절하고 완화시켰다.

㉢ **활동** : 전통적 사회규범을 배웠으며, 사냥과 전쟁에 관한 교육을 통해 협동과 단결정신을 기르고 심신을 연마하였다.

㉣ **국가조직으로 발전** : 진흥왕 때 국가적 차원에서 그 활동을 장려하여 조직이 확대되었고, 원광은 세속 5계를 가르쳤으며, 화랑도 활동을 통해 국가가 필요로 하는 인재가 양성되었다.

③ 남북국시대의 사회

(1) 통일신라와 발해의 사회

① 통일 후 신라 사회의 변화

㉠ **삼국통일의 사회적 기반** : 혈연적 동질성과 언어, 풍습 등 문화적 공통성을 바탕으로 통일사회를 이룩하였다.

㉡ **신라의 민족통합책** : 백제와 고구려 옛 지배층에게 신라 관등을 부여하였고, 백제와 고구려 유민들을 9서당에 편성시켰다.

㉢ **통일신라의 사회모습**

- 전제왕권의 강화 : 영토와 인구가 증가되고 경제력이 향상되어 왕권이 강화되었다.
- 진골귀족사회 : 중앙관청의 장관직을 독점하고, 합의를 통해 국가 중대사를 결정하였다.
- 6두품의 진출 : 학문적 식견과 실무능력을 바탕으로 국왕을 보좌하였으나 신분의 제약으로 높은 관직 진출에 한계가 있었다.
- 골품제의 변화 : 3두품에서 1두품 사이의 구분은 실질적인 의미를 잃고, 평민과 동등하게 간주되었다.

② 발해의 사회구조

㉠ **지배층** : 왕족 대씨와 귀족 고씨 등 고구려계가 대부분을 구성하였다.

㉡ **피지배층** : 대부분 말갈인으로 구성되어 이들 중 일부는 지배층이 되거나 자신이 거주하는 촌락의 우두머리가 되어 국가행정을 보조하였다.

(2) 통일신라 말의 사회모순

① 통일신라 말의 사회상황

㉠ **백성의 생활 곤궁** : 귀족들의 정권 다툼과 대토지 소유 확대로 백성의 생활이 어려워졌다.

㉡ **지방세력의 성장** : 지방의 토착세력과 사원들은 대토지를 소유하면서 신흥세력으로 성장하였다.

㉢ **자영농의 몰락** : 귀족들의 농장이 확대됨에 따라 자영농이 몰락하였다.

㉣ **농민의 부담 가중** : 중앙정부의 통치력 약화로 대토지 소유자들은 세금을 부담하지 않는 대신 농민들이 더 많은 조세를 감당하게 되었다.

② 사회모순의 표출

㉠ **호족의 등장** : 지방의 유력자들을 중심으로 무장조직이 결성되었고, 이들을 아우른 큰 세력가들이 호족으로 등장하였다.

㉡ **정부의 대책** : 수리시설을 정비하고 자연재해가 심한 지역에 조세를 면제해 주었다. 또 굶주리는 농민을 구휼하였으나 큰 효과는 거두지 못하였다.

㉢ **빈농의 몰락** : 토지를 상실한 농민들은 소작농이나 유랑민, 화전민이 되었으며, 그들 중의 일부는 노비가 되기도 하였다.

㉣ **농민봉기** : 중앙정부의 기강이 극도로 문란해졌으며, 국가재정이 고갈되자 국가는 강압적으로 조세 징수를 할 수밖에 없었고, 마침내 전국 각지에서 농민봉기가 일어나게 되었다.

02 중세의 사회

1 고려의 신분제도

(1) 귀족

① 귀족의 특징

㉠ **범위** : 왕족을 비롯하여 5품 이상의 고위 관료들이 주류를 형성하였다.

㉡ **사회적 지위** : 음서나 공음전의 혜택을 받으며 고위 관직을 차지하여 문벌귀족을 형성하였다.

㉢ **문벌귀족** : 가문을 통해 특권을 유지하고, 왕실 등과 중첩된 혼인관계를 맺었다.

㉣ **신진관료** : 지방향리 자제 중 과거를 통해 벼슬에 나아가 신진관료가 됨으로써 어렵게 귀족의 대열에 들 수가 있었다.

② 귀족층의 변화

㉠ 무신정변을 계기로 종래의 문벌귀족들이 도태되면서 무신들이 권력을 장악하게 되었다.

㉡ **권문세족** : 고려후기에 무신정권이 붕괴되면서 등장한 최고권력층으로서 정계 요직을 장악하고 농장을 소유하였고 음서로 신분을 세습시켰다.

③ 신진사대부

㉠ 경제력을 토대로 과거를 통해 관계에 진출한 향리출신자들이다.

㉡ 사전의 폐단을 지적하고, 권문세족과 대립하였으며 구질서와 여러 가지 모순을 비판하고 전반적인 사회 개혁과 문화혁신을 추구하였다.

TIP 신진사대부의 정치적 · 경제적 특성

㉠ 정치적 특성
- 유교적 소양을 갖추고 행정실무에도 밝은 학자 출신 관료로 하급관리나 향리 집안에서 과거를 통해 배출
- 무신정권 붕괴 후 중앙정계에 활발히 진출하여 세력을 확장
- 고려말 충선왕의 개혁정치에서 두각을 나타내다가 공민왕 때에 권문세족과 대항할 정도의 커다란 사회세력으로 성장

㉡ 경제적 특성
- 대부분 지방의 중소지주 출신으로서 어느 정도의 경제적 토대를 가지고 있었기 때문에 청렴과 지조를 지켜나감
- 신진사대부들은 불법적인 방법으로 대토지를 소유하고 있던 권문세족에 대항하여 사전 폐지 등 개혁을 주장

(2) 중류

① **중류층의 특징**

㉠ **구성** : 중앙관청의 서리, 궁중 실무관리인 남반, 지방행정의 실무를 담당하는 향리, 하급 장교 등이 해당된다.

㉡ **역할** : 통치체제의 하부구조를 맡아 중간 역할을 담당하였다.

② **지방호족 출신의 향리** … 지방의 실질적 지배층으로, 통혼관계와 과거응시자격에 있어서도 하위의 향리와 구별되었다.

③ **말단 행정직** … 남반, 군반(직업군인), 잡류(말단 서리), 하층 향리, 역리 등으로 직역을 세습하고 그에 상응하는 토지를 국가에서 분급받았다.

(3) 양민

① **양민** … 일반 농민인 백정, 상인, 수공업자를 말한다.

② **백정**

㉠ 국가에서 토지를 지급받지 못하고 자기 소유의 민전을 경작하거나 다른 사람의 토지를 빌려 경작하였다.

㉡ 과거 응시에 제약이 없고 전지를 받는 군인으로의 선발이 가능했으며, 조세 · 공납 · 역의 의무를 가졌다.

③ **특수집단민** … 양민에 비해 더 많은 세금 부담을 지고 있었고, 다른 지역으로의 거주이전이 금지되었다.

㉠ **향 · 부곡** : 농업에 종사하였다.

㉡ **소** : 수공업과 광업에 종사하였다.

㉢ **역과 진의 주민** : 육로교통과 수로교통에 종사하였다.

(4) 천민

① **공노비** … 공공기관에 속하는 노비로 입역노비와 외거노비로 나뉜다.

㉠ **입역노비** : 궁중 · 중앙관청 · 지방관아의 잡역에 종사하며 급료를 받았다.

㉡ **외거노비** : 지방에 거주하면서 농업에 종사하였으며, 수입 중 규정된 액수를 관청에 납부하였다.

② **사노비** … 개인이나 사원에 예속된 노비로 솔거노비와 외거노비로 나뉜다.

㉠ **솔거노비** : 귀족이나 사원에서 직접 부리는 노비로, 잡일을 담당하였다.

㉡ **외거노비** : 주인과 따로 살면서 농업에 종사하였고, 일정량을 신공으로 납부하였다. 소작 및 토지 소유가 가능하였으며, 양민 백정과 비슷한 경제생활을 하였다.

③ **노비의 처지** … 매매 · 증여 · 상속의 대상이 되었으며, 부모 중 한 쪽이 노비이면 자식도 노비가 될 수밖에 없었다.

TIP 화척과 재인 … 고려의 천민 중에는 도살업에 종사하는 화척과 광대나 기생과 같은 재인도 포함되었다.

② 백성들의 생활모습

(1) 농민의 공동조직

① **공동조직** … 일상의례와 공동노동 등을 통해 공동체의식을 함양하였다.

② **향도**

㉠ **향도의 기원** : 불교의 신앙조직으로 매향활동을 하는 무리들을 말한다.

㉡ **향도의 기능** : 매향활동 외에도 대규모 인력이 동원되는 불상 · 석탑 · 사찰 건립 때 주도적 역할을 하였고, 후기에는 노역 · 혼례 · 상장례 · 민속신앙 · 마을제사 등 공동체생활을 주도하는 농민조직으로 발전되었다.

(2) 사회시책과 사회제도

① **사회시책** … 농민생활의 안정을 통해 체제 유지를 도모하기 위함이다.

㉠ **농민보호**

- 농번기에 잡역을 면제하여 농업에 전념할 수 있도록 배려하였고, 재해시에 조세와 부역을 감면해 주었다.
- 법정 이자율을 정하여 고리대 때문에 농민이 몰락하는 것을 방지하였다.

㉡ **권농정책** : 황무지나 진전을 개간할 경우 일정 기간 면세해 주었다.

② **사회제도**

㉠ **의창** : 평시에 곡물을 비치하였다가 흉년에 빈민을 구제하는 고구려 진대법을 계승한 춘대추납제도였으나 고리대를 하기도 하였다.

㉡ **상평창** : 물가조절기관으로 개경과 서경 및 각 12목에 설치하였다.

㉢ **의료기관** : 동 · 서대비원(진료 및 빈민 구휼), 혜민국(의약)을 설치하였다.

㉣ **구제도감, 구급도감** : 재해 발생시 백성을 구제하였다.

㉤ **제위보** : 기금을 조성하여 이자로 빈민을 구제하였다.

> TIP 상평창 … 본래 물가를 조절하는 기구로서, 흉년이 들어 곡가가 오르면 시가보다 싼 값으로 내다 팔아 가격을 조절함으로써 백성들의 생활을 안정시켰다. 후에 의창과 같이 춘대추납의 빈민구휼을 하기도 하였다.

(3) 법률과 풍속 및 가정생활

① **법률과 풍속**

㉠ **법률** : 중국의 당률을 참작한 71개조의 법률이 시행되었으나 대부분은 관습법을 따랐다. 중요사건 이외에는 지방관이 사법권을 행사할 수 있었다.

- 형벌 : 반역죄와 불효죄는 중죄로 처벌되었다.
- 면제규정 : 귀양형의 경우에는 부모상을 당하면 유형지에 도착하기 전에 7일간의 휴가를 주기도 하고, 노부모를 봉양할 가족이 없는 경우 형벌 집행을 보류하기도 하였다.
- 삼심제의 실시 : 사형에 대하여 삼심제를 문종 때 실시하였다.

TIP 고려 형벌의 종류
㉠ 태 : 볼기를 치는 매질
㉡ 장 : 곤장형
㉢ 도 : 징역형
㉣ 유 : 멀리 유배 보내는 형
㉤ 사 : 사형으로, 교수형과 참수형이 있음

㉡ **장례와 제사** : 정부는 유교적 의례를 권장하였으나, 민간에서는 토착신앙과 융합된 불교의 전통의식과 도교의 풍습을 따랐다.

㉢ **명절** : 정월 초하루, 삼짇날, 단오, 유두, 추석 등이 있었다.

② 혼인과 여성의 지위

㉠ **혼인풍습** : 일부일처제가 원칙이었으며, 왕실에서는 근친혼이 성행하였다.

㉡ **상속** : 부모의 유산은 자녀에게 골고루 분배되었으며, 아들이 없을 경우 딸이 제사를 받들었다.

㉢ **가족제도** : 태어난 차례대로 호적에 기재하고, 사위가 처가의 호적에 입적하는 것이 가능했다. 또한 사위와 외손자까지 음서의 혜택을 받았으며 여성의 재가를 허용하였을 뿐 아니라 그 소생 자식의 사회적 진출에 차별이 없는 등 남녀에 대한 차별이 없었음을 알 수 있다.

3 고려후기의 사회 변화

(1) 무신집권기 하층민의 봉기

① 무신정변의 영향

㉠ **지배층의 변화** : 신분제도의 동요로 하층민에서 권력층이 형성된 자가 많았다.

㉡ **사회의 동요** : 무신들 간의 대립과 지배체제의 붕괴로 백성들에 대한 통제력이 약화되고 무신들의 농장이 확대되어 수탈이 강화되었다.

② 백성의 저항

㉠ **형태** : 수탈에 대한 소극적 저항에서 대규모 봉기로 발전하였다.

㉡ **성격** : 왕조 질서를 부정하고 지방관 탐학을 국가에 호소하는 내용이었다.

㉢ **천민의 신분해방운동** : 최씨 정권기에 만적의 난 등이 일어났다.

㉣ **대표적인 농민항쟁** : 공주 명학소의 망이 · 망소이의 봉기, 운문 · 초전의 김사미와 효심의 봉기 등이 대표적이다.

(2) 몽고의 침입과 백성의 생활

① 몽고의 침입에 대항

㉠ **최씨무신정권** : 강도(강화도)로 서울을 옮기고 장기항전 태세를 갖추었다.

㉡ **지방의 주현민** : 산성이나 섬으로 들어가 전쟁에 대비하였다.

② **몽고군의 격퇴** … 충주 다인철소, 처인부곡의 승리가 대표적이다.

③ **백성의 피해** … 몽고군들의 살육으로 백성들은 막대한 희생을 당하였고, 식량 부족으로 굶어 죽었으며, 원과 강화 후 일본 원정에 동원되었다.

(3) 원 간섭기의 사회 변화

① **신흥귀족층의 등장** … 원 간섭기 이후 중류층(역관, 향리, 평민, 부곡민, 노비, 환관) 이하에서 전공을 세우거나 몽고귀족과의 혼인을 통해서 출세한 친원세력이 권문세족으로 성장하였다.

② **몽고풍의 유행** … 원과의 교류 이후 지배층과 궁중을 중심으로 변발, 몽고식 복장, 몽고어 등이 널리 퍼지게 되었다.

③ **고려인의 몽고 이주민 증가** … 전쟁포로 내지는 유이민으로 들어갔거나 몽고의 강요에 의해 어쩔 수 없이 끌려간 사람이 대부분이었으며, 이들에 의해 고려의 의복, 그릇, 음식 등의 풍습이 몽고에 전래되었다.

④ **원의 공녀 요구** … 결혼도감을 통해 공녀로 공출되었고 이는 고려와 원 사이의 심각한 사회문제로 대두되었다.

⑤ **왜구의 출몰**(14세기 중반)

㉠ 원의 간섭하에서 국방력을 제대로 갖추기 어려웠던 고려는 초기에 효과적으로 왜구의 침입을 격퇴하지 못하였다.

㉡ 쓰시마섬을 근거로 한 왜구가 자주 경상도 해안에서 전라도 지역, 심지어 개경 부근까지 침입하여 식량과 사람을 약탈해갔다.

㉢ 왜구의 침입에 따른 사회불안은 국가적 문제로 인식되었고 이들을 소탕하는 과정에서 신흥무인세력이 성장하였다.

왜구의 격퇴

㉠ 홍산대첩(1376) : 최영이 홍산(부여)에서 왜적을 섬멸

㉡ 진포대첩(1380) : 대규모로 침입한 왜구를 최무선과 나세가 진포(서천)에서 화약을 이용하여 섬멸

㉢ 황산대첩(1380) : 이성계가 황산(남원)에서 섬멸

㉣ 관음포대첩(1383) : 남해안에 침입한 왜구를 정지가 관음포(남해)에서 격퇴

㉤ 대마도정벌(1389) : 박위가 왜구의 소굴인 대마도를 정벌하여 소탕

03 근세의 사회

❶ 양반관료 중심의 사회

(1) 양천제도와 반상제도

① **양천제도** … 양인과 천민으로 구분되는 법제적 신분제도이다.

㉠ **양인** : 과거에 응시하고 벼슬길에 오를 수 있는 자유민으로서 조세와 국역의 의무를 지녔다.

㉡ **천민** : 비자유민으로 개인이나 국가에 소속되어 천역을 담당하였다.

② **반상제도의 정착** … 양반과 중인이 신분층으로 정착되고, 양반과 상민 간의 차별을 두었다.

(2) 신분구조

① 양반

㉠ 의미 : 문반과 무반을 아우르는 명칭으로, 문 · 무반의 관료와 그 가족 및 가문을 말한다.

㉡ 양반 사대부의 신분화

- 문무양반만 사족으로 인정하였다.
- 중인층 배제 : 현직 향리층, 중앙관청의 서리, 기술관, 군교, 역리 등은 하급 지배신분인 중인으로 격하시켰다.
- 서얼 배제 : 양반의 첩에서 난 소생은 관직 진출에 제한을 받았다.

㉢ 양반의 지위

- 정치적으로 관료층으로서 국가정책을 결정하며 과거, 음서, 천거 등을 통해 고위관직을 독점하였다.
- 경제적으로 지주층으로서 토지와 노비를 많이 소유하였다.
- 현직 또는 예비 관료로 활동하였으며, 유학자로서의 소양과 자질을 함양시키는 데 힘썼다.
- 각종 국역이 면제되었으며, 법률과 제도로써 신분적 특권이 보장되었다.

② 중인

㉠ 의미 : 좁은 의미로는 기술관, 넓은 의미로는 양반과 상민의 중간계층을 의미한다. 조선후기에 하나의 독립된 신분층을 형성하였다.

㉡ 구성

- 중인 : 중앙과 지방관청의 서리와 향리 및 기술관은 직역을 세습하고, 같은 신분 안에서 혼인하였으며 관청 주변에 거주하였다.
- 서얼(중서) : 중인과 같은 신분적 처우를 받았고, 이들은 문과에 응시하는 것이 금지되었으며 무반직에 등용되었다.

㉢ **역할** : 전문기술이나 행정실무를 담당하였다.
- 역관은 사신을 수행하며 무역에 관여하였다.
- 향리는 토착세력으로서 수령을 보좌하는 일을 하였다.

③ **상민**

㉠ **의미** : 평민, 양인으로도 불리는 상민은 백성의 대부분을 차지하는 농민, 수공업자, 상인을 말한다.

㉡ **성격** : 과거응시자격은 있으나 과거 준비에는 많은 시간과 비용이 들었으므로 상민이 과거에 응시하는 것은 사실상 어려웠다. 군공을 세워야 신분 상승이 가능했다.

④ **천민**

㉠ **노비의 처지**
- 천민의 대부분을 차지하였고, 비자유민으로 교육을 받거나 벼슬에 나아가는 것이 금지되었다.
- 노비는 재산으로 취급되어 매매 · 상속 · 증여의 대상이 되었다.
- 부모 중 한 쪽이 노비면 그 자녀도 노비가 되었다.

㉡ **노비의 구분**
- 공노비 : 국가에 신공을 바치거나 관청에 노동력을 제공하였다.
- 사노비 : 주인과 함께 사는 솔거노비와 독립된 가옥에서 거주하며 주인에게 신공을 바치는 외거노비가 있다.

㉢ **기타** : 백정, 무당, 창기, 광대 등도 천민으로 천대받았다.

2 사회정책과 사회시설

(1) 사회제도

① **사회시책** … 지주의 토지 겸병을 억제하고, 농번기에 잡역의 동원을 금지시켰으며, 재해시에는 조세를 감경해 주기도 했다.

② **환곡제 실시** … 춘궁기에 양식과 종자를 빌려 준 뒤에 추수기에 회수하는 제도로 의창과 상평창을 실시하여 농민을 구휼하였다.

③ **사창제** … 향촌의 농민생활을 안정시켜 양반 중심의 향촌질서가 유지되었다.

④ **의료시설** … 혜민국(약재 판매), 동 · 서대비원(수도권 안에 거주하는 서민환자 구제), 제생원(지방민의 구호 및 진료), 동 · 서활인서(유랑자의 수용 · 구휼) 등이 있었다.

(2) 법률제도

① **형법** … 대명률에 의거하여 당률의 5형 형벌에 글자로 문신을 새기는 자자와 능지처사와 같은 극형을 추가하였다.

㉠ **중죄** : 반역죄와 강상죄를 말하며, 연좌제가 적용되었다. 심한 경우에는 범죄가 발생한 고을은 호칭이 강등되고 수령은 파면되기도 하였다.

㉡ **형벌** : 태 · 장 · 도 · 유 · 사의 5종이 기본으로 시행되었다.

② **민법** … 지방관이 관습법에 따라 처리하였다.

③ **상속** … 종법에 따라 처리하였으며, 제사와 노비의 상속을 중요시하였다. 물건 및 토지소유권의 관념이 고려시대에 비하여 발달하였다.

> TIP 종법(宗法) … 조선시대 가족제도의 토대였으며, 가족윤리를 중시하는 조선 사회를 지탱한 중요 원리의 하나이다.

④ **사법기관**

㉠ **중앙**

- 사헌부 · 의금부 · 형조 : 관리의 잘못이나 중대사건을 재판하였다.
- 한성부 : 수도의 치안을 담당하였다.
- 장례원 : 노비에 관련된 문제를 처리하였다.

㉡ **지방** : 관찰사와 수령이 사법권을 행사하였다.

⑤ **재심 청구** … 상부 관청에 소송을 제기하거나, 신문고 · 징으로 임금에게 직접 호소할 수도 있었으나 일반적으로 시행되지는 않았다.

③ 향촌사회의 조직과 운영

(1) 향촌사회의 모습

① **향촌자치**

㉠ **유향소** : 수령을 보좌하고 향리를 감찰하며, 향촌사회의 풍속을 교정하기 위한 기구이다.

㉡ **경재소** : 중앙정부가 현직 관료로 하여금 연고지의 유향소를 통제하게 하는 제도로서, 중앙과 지방의 연락업무를 맡거나 수령을 견제하는 역할을 하였다.

㉢ **유향소의 변화** : 경재소가 혁파되면서(1603) 유향소는 향소 또는 향청으로 명칭이 변경되고, 향소의 구성원은 향안을 작성하고 향규를 제정하였다.

② **향약의 보급** … 지방 사족은 그들 중심의 향촌사회 운영질서를 강구하고 향약의 보급을 통해 면리제와 병행된 향약조직을 형성해 나갔다. 향약은 중종 때 조광조에 의하여 처음 시행된 이후 전국적으로 확산되었으며, 군현 내에서 지방 사족의 지배력 유지수단이 되었다.

TIP 향약의 4대 덕목
㉠ 덕업상권 : 좋은 일을 서로 권한다.
㉡ 과실상규 : 잘못한 일은 서로 규제한다.
㉢ 예속상교 : 올바른 예속으로 서로 교류한다.
㉣ 환난상휼 : 재난과 어려움을 서로 돕는다.

(2) 촌락의 구성과 운영

① **촌락** … 농민생활 및 향촌구성의 기본 단위로서 동과 리(里)로 편제되었다.

㉠ **면리제** : 자연촌 단위의 몇 개 리(里)를 면으로 묶었다.

㉡ **오가작통제** : 다섯 집을 하나의 통으로 묶고 통수가 관장하였다.

TIP 오가작통제 … 일종의 자치조직으로 다섯 집을 한 통으로 하여 통에는 통주를 두고, 지방에는 다섯 통마다 이정을, 면에는 권농관을 두며, 서울에는 방마다 관령을 두도록 법으로 규정하였다. 이 법은 유민 방지와 각종 역과 조세 부담자의 동태를 파악하여 연대책임을 지우는 데 이용되었다.

② **촌락의 신분 분화**

㉠ **반촌** : 주로 양반들이 거주하였으며, 친족 · 처족 · 외족의 동족으로 구성되어 다양한 성씨가 거주하다가 18세기 이후에 동성 촌락으로 발전하였다.

㉡ **민촌** : 평민과 천민으로 구성되었고 지주의 소작농으로 생활하였다. 18세기 이후 구성원의 다수가 신분 상승을 이루었다.

③ **촌락공동체**

㉠ **사족** : 동계 · 동약을 조직하여 촌락민을 신분적, 사회 · 경제적으로 지배하였다.

㉡ **일반 백성** : 두레 · 향도 등 농민조직을 형성하였다.

- 두레 : 공동노동의 작업공동체였다.
- 향도 : 불교와 민간신앙 등의 신앙적 기반과 동계조직과 같은 공동체조직의 성격을 모두 띠는 것이었다. 주로 상을 당하였을 때나 어려운 일이 생겼을 때 서로 돕는 활동을 하였다.

④ **촌락의 풍습**

㉠ **석전(돌팔매놀이)** : 상무정신을 함양하는 것으로, 사상자가 속출하여 국법으로는 금지하였으나 민간에서 계속 전승되었다.

㉡ **향도계 · 동린계** : 남녀노소를 불문하고 며칠 동안 술과 노래를 즐기는 일종의 마을 축제였는데, 점차 장례를 도와주는 기능으로 전환되었다.

④ 성리학적 사회질서의 강화

(1) 예학과 족보의 보급

① 예학 … 성리학적 도덕윤리를 강조하고, 신분질서의 안정을 추구하였다.

㉠ 배경 : 성리학의 발달과 함께 왕실 위주의 국가질서론과 주자가례에 대한 학문적 연구로 인하여 예학이 발달하였다.

㉡ 내용 : 도덕윤리를 기준으로 하는 형식논리와 명분 중심의 가치를 강조하였다.

㉢ 기능 : 삼강오륜을 기본 덕목으로 강조하고, 가부장적 종법질서로 구현하여 성리학 중심의 사회질서 유지에 기여하였다.

㉣ 역할 : 사림은 예학을 통해 향촌사회에 대한 지배력을 강화하고, 정쟁의 구실로 이용하였다. 또한 양반 사대부의 신분적 우월성을 강조하였으며, 가족과 친족공동체의 유대를 통해서 문벌을 형성하였다.

㉤ 영향 : 상장제례의 의식과 유교주의적 가족제도 확립에 기여하였으나 지나친 형식주의와 사림 간의 정쟁의 구실을 제공하는 등의 폐단을 낳았다.

② 보학 … 가족의 내력을 기록하고 암기하는 것을 말한다.

㉠ 기능 : 종족의 종적인 내력과 횡적인 종족관계를 확인시켜 준다.

㉡ 역할

- 족보를 통해 종족 내부의 결속을 다짐하고 다른 종족이나 하급신분에 대한 우월의식을 고취시킬 수 있었다.
- 족보는 결혼 상대를 구하거나 붕당을 구별하는 데 있어 중요한 자료가 되며 양반문벌제도의 강화에 기여하였다.

(2) 서원과 향약

① 서원

㉠ 기원

- 단순한 교육뿐만 아닌 사묘를 겸한 서원은 중종 때 주세붕이 세운 백운동 서원이 기원이다.
- 이황의 건의로 소수서원으로 사액이 되어 국가의 지원을 받았다.

㉡ 목적 : 성리학을 연구하고 선현의 제사를 지내며, 교육을 하는 데 그 목적이 있다.

㉢ 기능

- 유교를 보급하고 향촌 사림을 결집시켰다.
- 지방유학자들의 위상을 높이고 선현을 봉사하는 사묘의 기능이 있었다.

㉣ 영향

- 서원의 확산은 성리학의 발전과 교육과 학문의 지방 확대를 가져왔다.
- 향교가 침체되었다.
- 붕당의 근거지로 변질되어 학벌 · 지연 · 당파간의 분열이 일어났다.

㉤ 서원 철폐 : 영조 때 300여개, 흥선대원군 때 47개를 제외한 600여개를 철폐하였다.

② 향약

㉠ 보급

- 중종 때 조광조가 송의 여씨향약을 도입하려 하였으나 기묘사화로 좌절되었다.
- 사림이 중앙정권을 잡은 16세기 후반부터 전국적으로 보급되었다.
- 예안향약(이황), 서원향약 · 해주향약(이이) 등이 있다.

㉡ **내용** : 전통적 공동조직과 미풍양속을 계승하고, 삼강오륜을 중심으로 한 유교윤리를 가미하여 향촌 교화 및 질서 유지에 더욱 알맞게 구성하였다.

㉢ 역할

- 조선 사회의 풍속을 교화시키고, 향촌사회의 질서를 유지하며, 치안을 담당하였다.
- 농민에 대한 유교적 교화 및 주자가례의 대중화에 기여하였다.

㉣ **성격** : 사림의 지방자치 구현과 농민통제력 강화에 힘을 더하였다.

㉤ **문제점** : 향약은 토호와 향반 등 지방 유력자들의 주민 수탈로 위협의 수단이 되었고, 향약 간부들의 갈등을 가져와 풍속과 질서를 해치기도 하였다.

04 사회의 변동

❶ 사회구조의 변동

(1) 신분제의 동요

① **조선의 신분제** … 법제적으로 양천제를 채택하였지만, 실제로는 양반, 중인, 상민, 노비의 네 계층으로 분화되어 있었다. 성리학은 이러한 신분제를 정당화하는 이론을 제공하였다.

② 양반층의 분화

㉠ 붕당정치가 변질되면서 양반 상호 간의 정치적 갈등은 양반층의 분화를 가져왔다.

㉡ 일당 전제화가 전개되면서 권력을 장악한 일부의 양반을 제외한 다수의 양반이 몰락하는 계기가 되었다.

㉢ 몰락 양반은 향촌사회에서나 겨우 위세를 유지하는 향반이 되거나 잔반이 되기도 하였다.

③ **신분별 구성비의 변화** … 양반의 수는 증가하였고, 상민과 노비의 수는 감소되었다. 이는 부를 축적한 농민들이 양반신분을 사거나 족보를 위조하여 양반으로 행세하는 경우가 많았기 때문이다.

(2) 중간계층의 신분상승운동

① 서얼

㉠ 성리학적 명분론에 의해 사회활동이 제한되어 불만이 고조되었다.

㉡ 임진왜란 이후 차별이 완화되어 납속책이나 공명첩을 통해 관직에 진출하였다.

㉢ 신분상승운동이 활발하여 집단상소를 통해 동반이나 홍문관 같은 청요직에의 진출을 허용해 줄 것을 요구하였고, 정조 때 규장각 검서관으로 진출하기도 하였다.

② 중인

㉠ 기술직 등 행정실무를 담당했으며 고급 관료로의 진출을 제한되었다.

㉡ 축적한 재산과 실무경력을 바탕으로 신분 상승을 추구하는 소청운동을 전개하였다. 비록 실패했지만 전문직으로서의 중요한 역할을 부각시켰다.

㉢ 중인 중에서도 역관들은 청과의 외교업무에 종사하면서 서학 등 외래 문물의 수용을 주도하고 성리학적 가치 체계에 도전하는 새로운 사회의 수립을 추구하였다.

(3) 노비의 해방

① 노비 신분의 변화

㉠ 군공과 납속 등을 통해 자신의 신분을 상승시키려는 움직임이 활발하였다.

㉡ 국가에서는 공노비 유지에 비용이 많이 들어 효율성이 떨어지자 공노비를 입역노비에서 신공을 바치는 납공노비로 전환시켰다.

㉢ 아버지가 노비, 어머니가 양민이면 자식은 양민으로 삼았다(종모법).

② 도망 노비의 증가

㉠ 신분의 속박으로부터 탈피하여 임노동자, 머슴, 행상 등으로 생계를 유지하였다.

㉡ 도망 노비의 신공은 남아 있는 노비에게 부과되어 노비의 부담은 오히려 증가하였다.

㉢ 노비의 도망이 빈번해지자 정부는 신공의 부담을 경감하기도 하고, 도망 노비를 색출하려 하였지만 성과를 거두지 못하였다.

③ **공노비 해방** … 노비의 도망과 합법적인 신분 상승으로 공노비의 노비안이 유명무실한 것이 되자, 순조 때 중앙관서의 노비를 해방시켰다.

④ **노비제의 혁파** … 사노비에 대한 가혹한 수탈과 사회적 냉대로 도망이 일상적으로 일어났으며, 결국 갑오개혁 때 노비제는 폐지되었다.

(4) 가족제도의 변화와 혼인

① 가족제도의 변화

㉠ 조선중기

- 혼인 후에 남자가 여자 집에서 생활하는 경우가 있었다.
- 아들과 딸이 부모의 재산을 똑같이 상속받는 경우가 많았다.
- 제사는 형제가 돌아가면서 지내거나 책임을 분담하였다.

㉡ 17세기 이후

- 성리학적 의식과 예절이 발달하여 부계 중심의 가족제도가 확립되면서 혼인 후 곧바로 남자 집에서 생활하는 제도가 정착되었다.
- 제사는 반드시 장자가 지내야 한다는 의식이 확산되었고, 재산 상속에서도 장자가 우대를 받았다.

㉢ 조선후기

- 부계 중심의 가족제도가 더욱 강화되었으며 양자 입양이 일반화되었다.
- 부계 위주로 족보가 편찬되었고, 동성 마을이 형성되기도 하였다. 따라서 이 때에는 종중의식이 확산되었다.

② **가족윤리** … 효와 정절을 강조하였고, 과부의 재가는 금지되었으며, 효자와 열녀를 표창하였다.

③ **혼인풍습** … 일부일처를 기본으로 하였으나 남자의 축첩은 허용되었다. 서얼의 차별이 있었으며 혼사는 가장이 결정하였는데, 법적 혼인연령은 남자 15세, 여자 14세였다.

(5) 인구의 변동

① **목적** … 국가 운영에 필요한 인적 자원을 파악하기 위하여 제도를 정비하고 수시로 호구조사를 실시하였다.

② **호적대장** … 각 군현의 남성 인구 수를 근거로 해당 지역의 공물과 군역을 부과하기 위해 호적대장을 작성하였다.

② 향촌질서의 변화

(1) 양반의 향촌지배 약화

① 향촌사회의 변화

㉠ 농촌사회가 분화되고 신분제가 붕괴되면서 양반계층의 구성이 복잡하게 바뀌었고, 사족 중심의 향촌질서도 변화되었다.

㉡ 평민과 천민 중에는 일부가 부농층으로 성장하거나, 양반 중에는 토지를 잃고 전호나 임노동자로 전락하는 경우가 발생하였다.

② 양반층의 동향

㉠ 족보를 제작하고 양반의 명단인 청금록과 향안을 작성하여 향약 및 향촌자치기구의 주도권을 장악하였다.

㉡ 거주지 중심으로 촌락 단위의 동약을 실시하거나 족적 결합을 강화함으로써 자기들의 지위를 지켜 나가고자 하였다.

③ 향촌지배력의 변화

㉠ **부농층의 도전** : 부농층은 관권과 결탁하여 성장의 기반을 굳건히 하면서 향안에 참여하고 향회를 장악하고자 하였다.

㉡ 관권을 실질적으로 장악하고 있던 향리세력이 강화되었다.

㉢ 종래 양반의 이익을 대변해 왔던 향회가 수령의 조세징수자문기구로 전락하였다.

③ 농민층의 변화

(1) 농민층의 분화

① **분화 배경** … 양 난 이후 기존 사회체제의 동요가 일어나면서 새로운 사회질서를 모색하기 위한 움직임이 일어났다.

② 조선후기의 농민구성

㉠ 상층(중소지주층)은 자기가 소유한 토지를 다른 사람에게 빌려 주어 소작제를 경영하여 몰락한 양반이나 중인층보다 윤택한 생활을 하는 계층이다.

㉡ 대다수의 농민은 작은 규모의 자영농이거나 다른 사람의 땅을 빌려 경작하고 소작료를 내던 소작농이었다.

③ 농민의 사회적 현실

㉠ 여러가지 의무를 부과하였고, 호패법으로 이동을 억제시켰다. 토지에 묶인 농민들은 대대로 한 곳에 정착하여 자급자족적인 생활을 하였다.

㉡ 양 난 이후 국가의 재정 파탄과 기강 해이로 인한 수취의 증가는 농민의 생활을 어렵게 하였고, 사회혼란을 타개하기 위한 대동법과 균역법이 효과를 거두지 못하자 농민의 불만은 커져 갔다.

④ **농민층의 분화** … 농업 경영을 통하여 부농으로 성장하거나, 상공업으로 생활을 영위하기도 하고, 도시나 광산의 임노동자가 되기도 했다.

(2) 지주와 임노동자

① **지주**(대부분이 양반으로 구성)

㉠ **대지주의 등장** : 상품화폐경제가 발달하고, 이윤추구의 경제적 욕구가 상승하자 광작을 하는 대지주가 등장하게 되었다.

㉡ **부농층의 등장**

- 스스로 농업에 종사하여 농지를 확대하고, 영농방법을 개선하여 부를 축적하였다.
- 재력을 바탕으로 공명첩을 사거나 족보를 위조하여 양반의 신분을 획득하였다.
- 결과 : 양반신분의 사회적 권위가 하락하고 양반 중심의 신분체제가 크게 흔들렸다.

② **임노동자**(토지에서 밀려난 다수의 농민)

㉠ **부역제의 해이** : 16세기 중엽 이래로 부역제가 해이해져서 17 ~ 18세기에는 국가에서 필요로 하는 노동력마저 동원이 어려워지면서 임노동자를 고용했다.

㉡ **품팔이 노동력** : 부농층이 1년 단위로 임노동자를 고용하였다.

③ 부농층의 대두와 임모동자의 출현은 조선후기 농민의 분화를 뜻하는 것이었다.

④ 사회변혁의 움직임

(1) 사회불안의 심화

① 사회의 동요
㉠ 신분제가 동요되어 양반 중심의 지배체제에 위기가 닥쳤다.
㉡ 지배층과 농민층의 갈등이 심화되고 지배층의 수탈이 심해지면서 농민경제의 파탄을 가져왔다.
㉢ 농민의식이 향상되어 곳곳에서 적극적인 항거운동이 발생하였다.

② 농민생활의 궁핍
㉠ 탐관오리의 탐학과 횡포가 심화되어 정치기강이 문란해졌다.
㉡ 수해와 콜레라 등 재난과 질병이 거듭되었고, 굶주려 떠도는 백성이 속출하였다.

③ 민심의 불안
㉠ 비기와 도참설이 유행하고, 서양의 이양선이 출몰하자 민심은 극도로 흉흉해져 갔다.
㉡ 화적들은 지방의 토호나 부상들을 공격하고, 수적들은 배를 타고 강이나 바다를 무대로 조운선과 상선을 약탈하는 등 도적이 창궐하였다.

(2) 예언사상의 대두

① 비기 · 도참을 이용하여 말세의 도래, 왕조의 교체 및 변란의 예고 등 근거 없이 낭설이 횡행하였다.

② **무격신앙과 미륵신앙의 확장** … 현세의 어려움을 미륵신앙에서 해결하려는 움직임이 있었으며, 미륵불을 자처하며 서민을 현혹하는 무리가 등장하였다.

(3) 천주교의 전파

① 17세기에 중국을 방문한 우리나라 사신들에 의해 서학으로 소개되었다.

② **초기 활동** … 18세기 후반 남인계열의 실학자들이 천주교 서적을 읽고 신앙생활을 하게 되었으며, 이승훈이 베이징에서 영세를 받고 돌아온 이후 신앙활동이 더욱 활발해졌다.

③ 천주교 신앙의 전개와 박해
㉠ **초기** : 천주교가 유포된 이후 조상에 대한 제사 거부, 양반 중심의 신분질서 부정, 국왕에 대한 권위 도전을 이유로 사교로 규정하였다.
㉡ **정조 때** : 시파의 집권으로 천주교에 관대하여 큰 탄압이 없었다.
㉢ **순조 때** : 노론 강경파인 벽파의 집권으로 대탄압을 받았다. 이 사건으로 실학자와 양반계층이 교회를 떠나게 되었다.

㉣ **세도정치기** : 탄압이 완화되어 백성들에게 전파되고, 조선 교구가 설정되고 서양 신부의 포교활동으로 교세가 점차 확장되었다.

④ **교세 확장의 배경** … 세도정치로 인한 사회불안과 어려운 현실에 대한 불만, 신 앞에 모든 인간은 평등하다는 논리, 내세신앙 등의 교리에 일부 백성들이 공감을 가졌던 것이다.

(4) 동학의 발생

① **창시** … 1860년 경주의 몰락양반 최제우가 창시하였다.

② **교리와 사상**

㉠ 유불선을 바탕으로 주문과 부적 등 민간신앙의 요소들이 결합되었다.

㉡ 사회모순을 극복하고 일본과 서양국가의 침략을 막아내자고 주장하였다.

㉢ **시천주(侍天主)와 인내천사상** : 신분차별과 노비제도의 타파, 여성과 어린이의 인격존중을 추구하였다.

③ **정부의 탄압** … 혹세무민(세상을 어지럽히고 백성을 현혹한다)을 이유로 최제우를 처형하였다.

④ 최시형은 교리를 정리하였고, 교단조직의 정비를 통해 교세를 확장하였다.

(5) 농민의 항거

① **배경** … 사회불안이 고조되자 유교적 왕도정치가 점점 퇴색되었고 탐관오리의 부정, 삼정의 문란, 극도에 달한 수령의 부정은 중앙권력과 연결되어 갈수록 심해져갔다.

② 농민들은 유랑민, 화전민, 도적으로 전락하였고, 지배층의 압제에 대하여 적극적으로 대응하였다.

③ 소청, 벽서, 괘서 등의 형태에서 점차 농민봉기로 변하였다.

④ **홍경래의 난**(1811)

㉠ **내용** : 몰락한 양반 홍경래의 지휘 아래 영세농민과 중소상인, 광산노동자들이 합세하여 일으킨 봉기였으나 5개월 만에 평정되었다.

㉡ **결과** : 홍경래의 난 이후에도 사회불안으로 농민봉기가 계속되었고, 관리들의 부정과 탐학은 시정되지 않았다.

⑤ **임술농민봉기**(1862)

㉠ **경과** : 진주에서 시작되어 탐관오리와 토호의 탐학에 저항하였으며 한 때 진주성을 점령하기도 하였다.

㉡ **결과** : 임술농민봉기를 계기로 함흥에서 제주까지 전국적으로 농민항거가 발생하였다.

㉢ **의의** : 농민의 사회의식이 성장하고, 양반 중심의 통치체제가 붕괴되었다.

최근 기출문제 분석

2018. 7. 21. 우정서기보(계리직)

1 조선 후기 사회에 대한 설명으로 옳지 않은 것은?

① 광산 경영 방식에 덕대제가 유행하였다.
② 상민 수를 늘리기 위해 정부가 공노비를 해방시켰다.
③ 경시서를 두어 시전 상인의 불법적인 상행위를 통제하였다.
④ 동전을 재산 축적에 이용하여 유통 화폐가 부족해지는 전황이 발생하였다.

TIP ③ 경시서는 조선 초기부터 존재했다. 후에 평시서로 개칭되었다.

2016. 7. 23. 우정서기보(계리직)

2 고려시대의 사회시책과 제도에 대한 설명으로 옳지 않은 것은?

① 상평창을 두어 물가 안정을 꾀하였다.
② 동 · 서대비원을 설치하여 환자 진료를 담당하게 하였다.
③ 혜민국을 두어 유랑자의 수용과 구휼을 담당하게 하였다.
④ 기금으로 운영하는 제위보를 두어 빈민을 구제하게 하였다.

TIP ③ 고려시대의 유랑자 수용과 구휼은 동 · 서대비원에서 환자 진료와 함께 담당하고 있었다. 혜민국은 서민의 질병 치료를 위하여 설치한 의료기관이다.

Answer 1.③ 2.③

2014. 2. 15. 우정서기보(계리직)

3 **다음은 경남 남해군에서 최근 출토된 은제(銀製) 관식(冠飾)이다. 이에 대한 설명으로 옳은 것은?**

① 가야에서는 왜(倭)에 파견되는 사신이 사용하였다.
② 고구려에서는 절풍(折風)을 쓰는 신분층이 사용하였다.
③ 신라에서는 황색 공복(公服)을 입는 관인이 사용하였다.
④ 백제에서는 나솔(奈率) 이상의 관등 소지자가 사용하였다.

TIP 제시된 사진의 은제 관식은 6~7세기 백제가 경남 남해까지 세력을 미쳤음을 보여준다. 은제 관식은 백제 후기인 사비 시기의 부여, 익산 등지에서만 출토된 유물로 6등급 나솔 이상의 고위 관리가 사용하였다.

2014. 2. 15. 우정서기보(계리직)

4 **조선 후기 가족제도의 모습으로 가장 적절한 것을 〈보기〉에서 고른 것은?**

〈보기〉

㉠ 아들이 없을 경우 양자(養子)를 맞는 풍속이 보편화되었다.
㉡ 호적에 아들과 딸의 구분 없이 출생 순서대로 기록하는 것이 일반화되었다.
㉢ 사대부 가문에서의 4대 봉사(奉祀)가 점차 사라졌다.
㉣ 남귀여가혼(男歸女家婚)이 점차 쇠퇴한 반면, 친영제(親迎制)가 확산되어 갔다.

① ㉠, ㉡ ② ㉡, ㉢
③ ㉢, ㉣ ④ ㉠, ㉣

TIP ㉡ 조선 전기의 모습이다.
㉢ 조선 후기 「주자가례」가 보급되면서 사대부 가문은 물론 일반 백성들 사이에서도 4대 봉사가 행해졌다.

Answer 3.④ 4.④

출제 예상 문제

1 다음 중 신라하대의 6두품의 성향으로 맞는 것은?

① 각 지방에서 반란을 일으켰다.
② 새로운 정치질서의 수립을 시도하지만 탄압과 배척을 당하자 점차 반신라적 경향으로 바뀌었다.
③ 진골귀족에 대항하여 왕권과 결탁하였다.
④ 화백회의의 기능을 강화시켰다.

TIP ① 신라하대에 농민들은 강압적인 수취로 인해 중앙정부에 대한 불평과 불만이 높아지고 지방에서 반란을 일으켰다.
③ 신라중대에 대한 설명이다.
④ 화백회의의 기능을 강화시키는 것은 귀족세력이다.
※ 6두품의 성향

신라중대(통일 후)	신라하대
• 진골귀족에 대항하여 왕권과 결탁 • 학문적 식견과 실무능력을 바탕으로 국왕 보좌 • 집사부 시랑 등의 관직 맡으며 정치적 진출 • 행정실무 담당	• 중앙권력에서 배제되어 호족과 연결 • 합리적인 유교이념 내세움 • 개혁이 거부되자 반신라적 경향 • 선종의 등장에 주된 역할

2 신라의 신분제도(골품제도)를 분석한 내용으로 옳지 않은 것은?

① 공복의 색깔은 골품에 따라 결정되었다.
② 중앙집권국가로 발전해 가는 과정에서 형성되었다.
③ 골품에 따라 정치·사회적 활동의 제한을 받았다.
④ 진골들은 모든 관등에 다 오를 수 있는 특권을 누렸다.

TIP ① 신라 공복의 색깔은 관등에 따라 황색·청색·비색·자색으로 결정되었다.

Answer 1.② 2.①

3 다음 중 골품제와 관등제에 관한 설명으로 옳은 것은?

① 골품에 관계 없이 능력에 따라 관직을 획득할 수 있다.
② 자색공복은 진골만이 입을 수 있었다.
③ 6두품은 이벌찬까지 승진할 수 있었다.
④ 5두품은 중시, 령에 임명이 가능하였다.

TIP ① 신라는 능력보다는 혈연에 따라 사회적 제약이 가해지는 골품제도에 의해 운영되었으며, 신라의 관등조직은 골품제도와 관련을 맺으면서 편성되었다.
③ 6두품은 6관등인 아찬까지 승진할 수 있었다.
④ 5두품은 10관등인 대나마까지 승진할 수 있었으며, 중시 · 령은 5관등인 대아찬부터 임명되었으므로 진골귀족만이 가능하였다.

4 다음 중 신라말기의 사회상을 가장 잘 설명한 것은?

① 서남해안을 중심으로 성장한 해상세력은 사적으로 당 · 일본과 무역하였다.
② 중앙의 진골귀족세력들은 골품제도의 관념에서 벗어나 호족들과의 연결을 모색하였다.
③ 지방호족은 촌주 출신으로 진골귀족은 아니기 때문에 쉽게 지방세력을 규합하였다.
④ 진골귀족들은 당에 유학한 지식인들의 건의를 환영했지만 왕실은 이를 배격하였다.

TIP ② 중앙의 진골귀족들은 자신들의 특권적 지위 유지에만 연연하면서 골품제도에 집착하고 있었을 뿐만 아니라 국가정신도 망각하였다.
③ 지방호족들은 각 지방의 촌주 · 토호 및 몰락귀족으로 형성되었으며, 이들은 각지의 선종세력과 결합하여 신라의 중앙정계에 항거하고, 지방의 막대한 농장과 사병을 소유하여 스스로 성군 · 장군이라 칭하며 지방의 행정을 장악하였다.
④ 최치원 등 6두품 지식인들은 신라 사회의 폐단을 시정하고 새로운 정치질서의 수립을 시도하였지만, 중앙진골귀족들에 의해 탄압당하거나 배척당하자 반신라적 세력을 형성하였다.

5 다음 중 삼국시대 사회의 성격으로 옳지 않은 것은?

① 계층상의 차이가 분명했다.
② 율령이 만들어졌다.
③ 엄격한 신분제도가 있었다.
④ 신분은 개인의 능력에 따라 결정되었다.

TIP ④ 삼국시대의 사회는 친족의 유대관계가 강했으므로, 개인의 신분은 그의 능력에 의해서 결정되는 것이 아니라 그가 속한 친족의 사회적 지위에 따라 결정되었다.

Answer 3.② 4.① 5.④

6 다음 중 화랑도의 사회적 기능에 대한 설명으로 옳은 것은?

① 능력 중심으로 관리를 선발하였다.
② 지방세력의 성장을 억제하는 효과를 가져왔다.
③ 계급 간의 대립과 갈등을 조절 · 완화하는 구실을 하였다.
④ 집단 간의 부정을 막고 집단의 단결을 강화하는 구실을 하였다.

TIP 귀족의 자제 중에서 선발된 화랑을 지도자로 삼고, 귀족은 물론 평민까지 망라한 많은 낭도들이 그를 따랐다. 여러 계층이 같은 조직에서 일체감을 갖고 활동함으로써 계층 간의 갈등을 조절 · 완화하는 구실을 하였다.

7 다음은 삼국시대 사회상에 대한 설명이다. 다음 중 옳은 추론은?

- 모든 국토는 왕토라는 사상이 발전하게 되었다.
- 농민의 몰락을 막기 위하여 진대법이 실시되었다.
- 귀족들은 국가로부터 식읍이나 녹읍을 지급받았다.
- 자영농민들이 노비로 몰락하게 되는 사례가 많았다.
- 농민들은 조 · 세 · 역의 무거운 부담을 졌다.

① 국가의 경제생활은 지배계급을 중심으로 이루어졌다.
② 귀족들에게 지급된 식읍과 녹읍은 세습할 수 없었다.
③ 토지국유제의 원칙이 적용되어 사유지는 존재하지 않았다.
④ 농민들은 모두 자영농민으로 구성되어 있었다.

TIP ② 식읍과 녹읍은 세습이 가능하였다.
③ 사유지가 존재하였다.
④ 소작농민이 존재하였다.

Answer 6.③ 7.①

8 **다음 중 신라의 골품제도의 기능으로 적절한 것은?**

① 씨족사회의 전통을 발전시켰다.
② 사회적 대립과 갈등을 조절하였다.
③ 정치활동의 범위를 결정하였다.
④ 민간문화의 수준을 한층 높였다.

TIP 골품제도의 성격 … 골품은 개인신분뿐만 아니라 그 친족의 등급도 표시하는 것으로 골품에 따라 사회활동 및 정치활동의 범위가 결정되었다.

9 **다음 중 화랑도에 대한 설명으로 옳지 않은 것은?**

① 씨족사회의 전통을 계승 · 발전시킨 제도이다.
② 사회의 중견인물을 양성하는 교육적인 기능을 가졌다.
③ 계급 간의 갈등을 조절 · 완화하는 기능을 하였다.
④ 각 집단의 부정을 막고 그 집단의 단결을 강화하는 구실을 하였다.

TIP 원시사회의 청소년집단에서 기원한 신라의 화랑도는 원광의 세속 5계를 계명으로 삼고 명산대천을 찾아다니면서 제천의식을 행하고 사냥과 전쟁에 관하여 교육을 받음으로써 협동 · 단결정신을 기르고 심신을 연마하였다. 또한 이 조직은 귀족자제 중에서 선발된 화랑과 귀족에서 평민까지 망라한 많은 낭도들로 구성되어 여러 계층이 같은 조직 속에서 일체감을 갖고 활동함으로써 계층간의 대립과 갈등을 조절 · 완화하는 구실도 하였다.

10 **다음 중 삼국통일 후 신라 농민에 대한 설명으로 옳은 것은?**

㉠ 촌에 거주하면서 중앙에서 파견된 촌주의 행정적 지배를 받았다.
㉡ 귀족들이 고리로 빌려 준 곡물을 갚지 못하면 노비로 전락하였다.
㉢ 국가로부터 정전을 지급받아 경작하면서 국가에 조를 바쳤다.
㉣ 향, 부곡 등에 거주하는 농민들은 노동력 징발에서 제외되었다.

① ㉠㉡
② ㉠㉣
③ ㉡㉢
④ ㉢㉣

TIP 신라 농민은 토착세력인 촌주의 지배를 받았으며 정전을 지급받아 경작하여 국가에 조를 바쳤다.

Answer 8.③ 9.④ 10.③

11 다음 중 삼국시대의 노비에 대한 설명으로 옳은 것은?

① 평민처럼 정상적인 가족을 구성할 수 있었다.
② 나라에서 부과하는 조세를 납부하고, 노동력을 징발당하였다.
③ 엄한 율령체제는 이들을 다스리기 위해 마련된 것이다.
④ 전쟁이나 채무, 형벌 등이 노비로 전락하게 된 중요한 요인이었다.

TIP 삼국시대의 노비는 왕실과 귀족 및 관청에 예속되어 신분이 자유롭지 못하였으며 대개 전쟁포로나 형벌, 채무로 노비가 되었다.

12 다음에서 신라말기의 사회모습을 바르게 설명한 것으로 골라 묶으면?

㉠ 지방행정력이 약해지자 많은 농민들이 조세를 부담하지 않았다.
㉡ 귀족들의 정권 다툼과 대토지 소유 확대로 백성들의 생활이 곤궁해졌다.
㉢ 지방의 토착세력과 사원들은 대토지를 소유하면서 유력한 세력으로 성장해 갔다.
㉣ 지방의 자영농들은 중앙정부의 통제력이 약해진 틈을 타서 토지 소유를 확대하였다.

① ㉠㉡
② ㉠㉣
③ ㉡㉢
④ ㉡㉣

TIP ㉠ 중앙정부의 통치력 약화로 대토지 소유자들은 세금을 부담하지 않는 대신 농민들이 더 많은 조세를 감당하게 되었다.
㉣ 지방의 자영농들은 귀족들의 농장이 확대되면서 몰락해갔다.

13 다음 중 사회적 신분이 나머지와 다른 것은?

① 읍군
② 가
③ 부례
④ 하호

TIP ①②③ 족장칭호 ④ 일반 농민

Answer 11.④ 12.③ 13.④

14 다음에서 발해 사회의 모습을 바르게 설명한 것으로만 골라 묶으면?

> ㉠ 말갈인은 지배층에 편입되지 않았다.
> ㉡ 지배층은 주로 고구려계 사람들로 구성되어 있었다.
> ㉢ 주민 구성의 대다수를 차지한 것은 말갈인이었다.
> ㉣ 하층사회에서는 고구려 사회의 내부 조직을 그대로 보존하였다.

① ㉠㉡
② ㉠㉢
③ ㉡㉢
④ ㉡㉣

TIP ㉠ 말갈인은 고구려 전성기 때부터 고구려에 편입되었고 발해 건국 후 일부는 지배층이 되거나 자신이 거주하는 촌락의 우두머리가 되어 국가 행정을 보조하였다.
㉣ 하층사회에서는 고구려나 말갈 사회의 전통적인 생활모습을 오랫동안 유지하고 있었다.

15 다음의 ㈎와 ㈏의 공통점으로 옳은 것은?

> ㈎ 큰 일이 있을 때 반드시 중의에 따랐다. 한 사람이라도 반대하면 통과하지 못하였다.
> ㈏ 화랑을 지도자로 삼고 귀족은 물론 평민까지 망라한 많은 낭도들이 그를 따랐다.

① 국가 형성 초기의 전통을 계승하였다.
② 지배층과 피지배층의 대립과 갈등을 완화시켰다.
③ 외국의 우수한 제도를 실정에 맞게 토착화하였다.
④ 국왕 중심의 중앙집권적인 통치제도를 확립하였다.

TIP ㈎는 화백회의에 대한 내용으로 여러 부족의 대표들이 함께 모여 정치를 운영하고 사회를 이끌어가던 전통을 계승하였고, ㈏는 원시사회의 청소년 집단에서 기원한 화랑도에 대한 내용이다. 신라는 고구려, 백제에 비하여 중앙집권국가로 발전한 시기가 늦은 편이었다. 그런 만큼 신라는 국가 형성 초기의 전통을 오랫동안 유지하였다. 그 대표적인 예로 귀족회의인 화백회의와 화랑도를 들 수 있다.

Answer 14.③ 15.①

16 통일신라시대의 6두품에 대한 설명으로 잘못된 것은?

① 학문과 종교분야에서 두드러진 활동을 하였다.
② 선종의 등장에 주된 역할을 하였다.
③ 중대에는 진골과 결탁하여 왕권을 견제하였다.
④ 하대에는 지방호족과 연계하였다.

TIP ③ 진골귀족에 대항하여 왕권과 결합하여 학문적 식견과 교양을 가지고 왕의 정치적 조언자로서의 역할을 수행하였다.

17 다음은 무엇에 대한 설명인가?

- 원래 불상, 석탑을 만들거나 절을 지을 때 주도적 역할을 했던 조직이었다.
- 고려말기에 이르러 마을노역, 혼례와 상장례 등을 함께 했던 농민조직으로 발달하였다.

① 계　② 두레
③ 향도　④ 향약

TIP 향도 … 불교신앙의 하나로 위기가 닥쳐올 때를 대비하여 향나무를 바닷가에 묻었다가, 이를 통하여 미륵을 만나 구원받고자 하는 염원에서 향나무를 땅에 묻는 활동을 매향이라고 한다. 이 매향활동을 하는 무리를 향도라고 하였다.

18 다음 중 고려시대의 사회상이 아닌 것은?

① 아들이 없으면 양자를 들여 제사를 지냈다.
② 재산을 균분상속을 하였다.
③ 처가생활을 하는 남자가 많았다.
④ 태어난 차례대로 호적에 기재하였다.

TIP ① 유교적 가부장적 제례는 조선 이후에 정착되었다.

Answer 16.③ 17.③ 18.①

19 다음 내용에 관련된 인물과 그 주장으로 옳은 것은?

> 위정척사는 정조 이래로 내려온 조정의 기본 정책으로서 아직도 그 의리가 빛나고 있는데, 고종의 친정 이래로 일본과 서양의 똑같은 해를 모르고 일본과의 통상을 주장해 온 결과 사설(邪說)과 이의(異議)가 횡행하여 조선의 사태가 위급하기 비길 데가 없습니다. 양물(洋物)과 야소(耶蘇)라는 사교의 위세로 공맹(孔孟)의 큰 도는 날로 사라지게 되어 가정에는 윤리가 깨지고 사람에게 예의가 허물어져 그 결과 종묘사직이 무너질 위기에 있습니다. 국왕은 더욱 위정척사의 대의를 밝혀 주화매국(主和賣國)하려는 신료들을 처단해야 합니다.

① 이항로는 양이(攘夷)와 침범이 국가 존망의 위기를 조성한다고 주장하면서 양물을 배척하고 통상을 반대하였다.
② 홍재학은 조선책략이 유포되자 정부의 개화정책을 비판하는 만언소(萬言疏)를 올렸다.
③ 최익현은 일본과의 통상에 반대하여 오불가소(五不可疏)를 올렸다.
④ 기정진은 서양의 경제적 침략에 대한 대비책과 국력배양을 위한 내수론을 제시하였다.

TIP 서문은 홍재학과 관련된 것으로 홍재학은 정부의 개화정책이 추진되고 조선책략이 유포되자 개화반대운동으로 고종에게 만언척사소를 올려 비판하다가 처형을 당하였다. 홍재학은 서양의 학문은 천리를 어지럽히고 기강을 소멸시키고 서양의 물건은 태반이 음탕하고 욕심을 유도하여 윤리와 강상을 깨뜨리고 사람의 정신을 어지럽힌다고 상소문을 올렸다.
① 이항로는 위정척사사상을 바탕으로 프랑스와의 통상을 금지하는 주전론을 진언하였으며, 이는 대원군의 쇄국정책의 이념적 배경으로 작용하였다.
③ 최익현은 이항로의 제자로 강화도조약 전후 문호개방에 대한 개항불가론 및 왜양일체론을 전개하였다.
④ 기정진은 외세의 경제적 침략을 저지하고 우리 문화를 지키려는 양물금단론을 주장하여 의병운동 및 위정척사운동의 사상적 근거를 마련하였다.

20 다음 중 권문세족에 관한 설명으로 옳은 것은?

① 대농장을 소유했다.
② 정치적 실무에 능한 학자였다.
③ 대부분은 지방의 중소 지주 출신이었다.
④ 성리학을 받아들여 자신들의 경륜을 넓혀 갔다.

TIP 무신정권이 붕괴되면서 등장한 권문세족은 고려후기에 정계의 요직을 장악하고 대규모의 농장을 소유한 최고권력층이었으며, 가문의 힘을 이용하여 음서로 신분을 세습시켜 갔다.
②③④ 신진사대부에 대한 설명이다.

Answer 19.② 20.①

21 다음 중 고려 여성의 지위에 관한 설명으로 옳은 것은?

① 여성도 호주가 될 수 있었다.

② 사회적 진출에 제한이 없었다.

③ 재가가 금지되었다.

④ 남존여비사상이 확산되었다.

TIP ② 여성의 사회진출에는 제한이 있었지만, 가정생활이나 경제운영에 있어서는 여성의 지위가 남성과 거의 대등한 위치에 있었다.

③ 여성의 재가가 비교적 자유롭게 이루어졌다.

④ 고려시대에는 여성의 지위가 비교적 높았다.

22 다음을 미루어 보아 고려시대의 사회신분에 대한 설명으로 옳은 것은?

- 향리가 과거를 통해 문벌귀족이 되기도 하였다.
- 노비의 일부는 재산을 모아 양인이 되기도 하였다.
- 명학소의 난을 계기로 충순현으로 승격되었다.

① 노비에 대한 관리와 통제가 엄격한 사회였다.

② 개인의 능력을 중시하는 개방적인 사회였다.

③ 조상의 신분이 엄격하게 세습된 사회였다.

④ 계층 간의 상하이동이 가능한 사회였다.

TIP 고려시대의 신분구조는 조상 대대로 세습하는 것이 원칙이었으나, 시대와 정치상황의 변동에 따라 신분 간의 상하이동이 가능하였다. 특히 무신정변 이후 신분 간의 상하이동이 활발하였다.

Answer 21.① 22.④

23 다음 중 고려시대 노비의 생활상에 대한 설명으로 옳은 것은?

① 양민층으로서의 신분상승의 기회가 없었다.

② 노비 간의 소생은 아버지의 소유주에게 귀속되었다.

③ 민전의 성격을 지닌 토지를 소유하였다.

④ 음서에 의하여 관직으로 진출하였다.

TIP ① 외거노비 중 재산을 모아 양인으로 상승하는 자도 있었다.
② 노비 간의 소생은 어머니의 소유주에게 귀속되었다.
③ 고려시대의 노비 중 외거노비는 주인과 따로 살면서 농업에 종사하고 주인에게 조를 바쳤다. 다른 사람의 토지도 소작할 수 있어 노력에 따라서는 경제적 여유를 얻을 수 있었으며, 자신의 토지도 소유할 수 있었다.
④ 음서에 의한 혜택은 귀족만이 가능하였다.

24 다음은 고려후기에 출현한 어떤 사회세력에 대하여 설명한 것이다. 이들의 사회적 · 경제적 · 사상적 특징이라 할 수 없는 것은?

- 최씨 정권에 참여하면서부터 성장하였다.
- 권문세족에 대항하여 사전의 폐지 등 개혁을 주장하였다.
- 조선 건국의 주체세력이 되었다.

① 학자 출신의 관료

② 하급 관리나 향리 집안 출신

③ 성리학 수용

④ 원의 세력을 배경으로 중앙정계에 진출

TIP 고려후기에는 지배세력인 권문세족에 도전하는 새로운 사회세력이 출현하였는데, 이들이 신진사대부였다. 신진사대부가 등장하기 시작한 시기는 무신집권기부터였다. 이들은 유교적 소양을 갖추었고 행정실무에도 밝은 학자 출신 관료들로서 가문이 한미한 하급 관리나 향리 집안 출신이었다. 또, 과거를 통하여 중앙관계에 진출하여 친원적인 권문세족들에게 대항하였다.

Answer 23.③ 24.④

25 다음 사건들의 공통적인 성격은?

• 만적의 난	• 전주 관노의 난	• 망이 · 망소이의 난

① 위정척사운동 ② 애국계몽운동
③ 국권수호운동 ④ 신분해방운동

TIP 농민 · 천민들은 신분 해방을 내세우며 명종 · 신종 때 30년간 집중적으로 반란을 일으켰다.

26 다음 중 고려말 농장에 대한 설명으로 옳지 않은 것은?

① 농장의 경작인은 모두 노비였다.
② 농장은 면세, 탈세, 면역과 관련이 깊었다.
③ 농장은 무인정권과 몽고지배하에서 더욱 확대되었다.
④ 농장은 부역 동원과 국가재정에 많은 지장을 초래하였다.

TIP ① 농장의 경작은 노비뿐만 아니라 토지를 잃은 농민이나 군역을 피하려는 사람들이 농장에 들어감으로써 농장의 소작인이 되었다. 그들은 귀족의 비호 아래 군역, 요역 등이 면제되었으므로 국가재정을 파탄시켰다.

27 다음 중 고려시대의 향 · 소 · 부곡에 대한 설명으로 옳은 것은?

① 향 · 소 · 부곡은 고려시대에 처음 나타났다.
② 무신집권기에는 부곡민의 수가 이전보다 줄어들었다.
③ 소와 부곡에는 주로 농민, 향에는 수공업 장인이 살았다.
④ 향 · 소 · 부곡 중에는 일반 군현보다 인구가 많은 곳도 있었다.

TIP ① 향과 부곡은 삼국시대 이전에 발생하였고, 소는 고려시대에 발생하였다.
② 무신집권기에는 민의 항쟁의 성과로 탐관오리의 제거와 생활 안정을 위한 정부의 노력을 어느 정도 이끌어 낼 수 있었고 부곡제 지역이 소멸되기 시작하였다.
③ 향과 부곡에는 농민, 소에는 수공업 장인이 살았다.
④ 부곡은 현보다 큰 지역단위를 이루었다.

Answer 25.④ 26.① 27.②

28 다음 내용에 해당하는 고려시대의 사회기구로 옳은 것은?

> 풍년에 곡가가 하락하면 관에서 시가보다 높이 미곡을 매입하여 저축하였다가 흉년에 곡가가 등귀하면 시가보다 저렴하게 미곡을 방출하여 풍·흉간에 곡가를 조절함으로써 백성들의 생활을 돌본다.

① 의창　② 제위보
③ 경시서　④ 상평창

TIP 상평창은 가을에 양곡을 매수하여 봄에 저렴한 가격으로 판매하는 물가조절기관이다. 즉, 곡식의 수급을 조절해 빈민을 구제한 기구이다.

29 다음 중 고려시대의 법속으로 옳지 않은 것은?

① 상장제례는 유교적 규범에 따라 시행했다.
② 반역죄와 불효죄는 중죄며 유교원리를 중시했다.
③ 지방관은 중요한 사건 외에는 관습법으로 다스렸다.
④ 근친혼과 동성혼이 유행하여, 후기에 금지령을 내렸다.

TIP ① 상장제례는 유교적 규범을 시행하려는 정부의 의도와는 달리 대개 토착신앙과 융합된 불교의식과 도교신앙의 풍속을 따랐다.

30 다음 중 고려 사회의 성격과 거리가 먼 것은?

① 문벌귀족사회의 성립　② 문무양반제도의 확립
③ 골품제도의 한계성 극복　④ 강렬한 민족의식의 형성

TIP ② 조선시대의 내용이다.

Answer 28.④ 29.① 30.②

31 고려시대 지배계층의 변천과정을 옳게 나열한 것은?

① 호족 → 문벌귀족 → 무신 → 권문세족 → 신진사대부
② 권문세족 → 신진사대부 → 무신 → 문벌귀족 → 호족
③ 문벌귀족 → 권문세족 → 무신 → 호족 → 신진사대부
④ 신진사대부 → 호족 → 무신 → 권문세족 → 문벌귀족

TIP 고려시대 지배세력의 변천과정 … 호족세력(고려초기) → 문벌귀족(성종 이후) → 무신세력(무신집권기) → 권문세족(원 간섭기) → 신진사대부(공민왕 이후)

32 다음은 가족제도의 변화를 나타낸 것이다. 다음 중 옳지 않은 것은?

고려시대	조선시대
• 여성이 재가시 제약없음 • 남여 균분 상속 • 여성호주상속 가능	• 여성 재가 금지 • 장자상속, 서얼 차별 • 이성불양, 남존여비

① 도교신앙이 널리 보급되면서 하늘에 제사를 지내는 소격서가 설치되었다.
② 사서 편찬에서 존화사상을 바탕으로 기자 조선이 주목받았다.
③ 대외관계에서 의리, 명분을 중시하게 되었다.
④ 도덕윤리를 기준으로 하고 형식과 논리를 중시하는 등 성리학적 명분론에 바탕을 준 가부장적 사회관이 자리잡게 되었다.

TIP 제시된 내용은 조선시대의 성리학적 · 유교적 · 가부장적 가족제도를 나타낸 것으로, 이 시기에는 불교 · 도교와 관련된 종교행사를 폐지하고(소격서 폐지), 유교식 의례를 장려하였다.

Answer 31.① 32.①

33 다음 중 권문세족과 신진사대부에 대한 설명으로 옳은 것은?

① 권문세족은 친명적 성격이 강하였다.
② 신진사대부들은 주로 음서로 관계에 진출하였다.
③ 신진사대부들은 민본주의에 입각한 왕도정치를 구현하려 하였다.
④ 권문세족은 성리학을 적극적으로 수용하여 사회를 개혁하려 하였다.

TIP 권문세족과 신진사대부

구분	권문세족	신진사대부
출신배경	중앙귀족	향리, 하급관리
정계진출	음서(가문 중시), 도평의사사	과거(능력 본위)
정치	신분제에 기초한 유교적 정치질서 중시	행정실무 담당(왕도정치, 민본주의)
경제	재경부재지주	재향중소지주
학문	훈고학	성리학
외교	친원세력	친명세력
불교	옹호	배척
성향	보수적	진취적

34 다음 중 서원에 대한 설명으로 옳지 않은 것은?

① 관립학교로 되어 있었다.
② 주세붕이 세운 백운동서원이 시초이다.
③ 사액서원의 경우 국가로부터 토지, 서적, 노비 등을 받았다.
④ 선현에 대한 봉사를 하는 사묘의 기능을 하였다.

TIP ① 선현을 받들고 교육과 연구를 하던 서원은 향교와 달리 관립이 아니라 사립이었으나, 사액서원의 경우 국가로부터 서적과 토지·노비 등을 지원받고, 면세·면역의 특권까지 받아 후에 많은 부작용을 초래하였다.

Answer 33.③ 34.①

35 다음 중 조선시대의 사회정책에 대한 설명으로 옳은 것은?

① 사창의 진휼책은 국가기관에서, 의창과 상평창의 환곡제도는 주민자치적으로 운영된 것이다.
② 정부는 농민을 효율적으로 도와주려고 오가작통법과 호패법을 적극적으로 실시했다.
③ 사법기관인 사헌부와 의금부는 정치적 사건을, 한성부는 수도의 일반행정과 토지가옥에 대한 소송을, 장예원은 노비소송을 관장하였다.
④ 향촌사회는 고려의 향 · 소 · 부곡도 자연촌과 함께 유지했고 면 · 리제도 등을 편성하였다.

TIP ① 사창은 지방의 양반 지주에 의해 주민자치적으로 운영되었고, 환곡제도는 의창 · 상평창의 국가기관이 운영하였다.
② 오가작통법과 호패법은 군역이나 노동력 부과 및 통제책으로 시행되었다.
④ 자연촌의 성장과 함께 향 · 소 · 부곡은 소멸하고 향촌조직은 면 · 리제로 바뀌었다.

36 다음 중 조선시대의 농민에 대한 설명으로 옳지 않은 것은?

① 대를 이어가며 한 곳에서 자급자족적 생활을 하였다.
② 국가에 대한 전세, 공물, 역의 의무를 부담하였다.
③ 호패법에 의해 거주 이전의 자유를 보장받았다.
④ 대다수는 자영농이거나 소작농이었다.

TIP ③ 호패법은 16세 이상 60세 이하의 모든 정남에게 지급되었던 일종의 신분증명서로 태종 때부터 실시되었다. 호패법의 실시목적은 군역 · 요역의 인적 · 물적 자원을 확보하고 유민의 방지와 국민의 동태를 파악하기 위함이다. 즉, 이를 통하여 강압적으로 농민의 이탈을 통제하고자 했다.

37 다음 중 조선시대의 법률에 대한 설명으로 옳지 않은 것은?

① 일반백성들은 신문고를 널리 활용하였다.
② 반역죄와 강상죄에는 연좌법이 적용되었다.
③ 민법 가운데 가족제도에 관계되는 것은 주자가례에 의거하였다.
④ 고려시대에 비해 물권의 관념과 토지소유권도 현저히 발달하였다.

TIP ① 재판에 불만이 있을 경우에는 사건의 내용에 따라 다른 관청이나 상부관청에 소송을 제기할 수가 있고, 신문고나 징을 쳐서 임금에게 직접 호소하는 방법도 있었으나 일반적으로 널리 활용되지는 못하였다.

Answer 35.③ 36.③ 37.①

38 조선시대 향약에 관한 설명으로서 적절치 못한 것은?

① 조광조와 같은 사림파들이 널리 보급하고자 힘썼다.
② 중앙집권적 정치체제를 강화하고자 국가적으로 실시되었다.
③ 사림파의 향촌 기반으로서 농민들에 대한 강한 영향력을 가지는 것이다.
④ 향규, 계와 같은 전통적인 향촌규약에 유교윤리를 포함하여 발전시킨 것이다.

TIP ② 향약은 향촌 양반들이 향촌 주민을 통제하기 위해 실시된 것으로 백성의 유교적 교화에 이바지하였다.

39 조선시대 정부가 농민의 토지 이탈을 억제하기 위하여 실시했던 제도는?

① 사창제
② 호패법
③ 환곡제
④ 상평창

TIP ② 신분에 관계 없이 16세 이상의 남자가 차던 직사각형의 패[성명 · 나이 · 태어난 해의 간지(干支)를 새기고 관아의 낙인이 찍힘]로 조선시대 때 농민의 토지 이탈을 방지하기 위하여 실시한 농민통제제도이다.

40 다음 중 조선초기의 노비에 대한 설명으로 옳지 않은 것은?

① 천인신분의 대부분을 차지하였다.
② 매매, 상속, 증여의 대상이 되었다.
③ 혼인을 하여 가정을 이룰 수 있었다.
④ 전세, 공납, 군역의 의무를 부담하였다.

TIP ④ 상민에 대한 내용이다.

Answer 38.② 39.② 40.④

41 조선시대 혼인에 대한 설명으로 옳지 않은 것은?

① 조선 중기까지도 혼인 후에 남자가 여자 집에서 생활하는 경우가 있었다.
② 혼인형태는 일부일처를 기본으로 하였지만 남자들은 첩을 들일 수 있었다.
③ 17세기 이후에는 혼인하여 곧바로 남자 집에서 생활하는 친영제도가 정착되었다.
④ 여성의 재가가 비교적 자유롭게 이루어졌고, 그 소생자식의 사회적 진출에도 차별을 두지 않았다.

TIP ④ 고려시대에 대한 설명이다.
※ 조선은 유교국가로서 부녀자의 재가를 금지하였고 그 소생자식은 사회적으로 인정받지 못하였다. 서얼들은 무과나 음서를 통해 관직에 진출하여야 하였으나 재가한 사람의 자식은 원천적으로 관직 진출이 봉쇄당하였다.

42 다음 중 조선시대 가족제도의 설명으로 옳은 것은?

㉠ 장자상속제	㉡ 여성의 재가 허용
㉢ 남존여비	㉣ 적서차별
㉤ 엄격한 족외혼	㉥ 가부장적 가족사회

① ㉠㉡㉢
② ㉠㉢㉣㉤
③ ㉠㉢㉣㉤㉥
④ ㉠㉡㉢㉣㉤㉥

TIP 조선시대의 가족제도의 특징
㉠ 가부장적 가족사회
㉡ 장자상속제
㉢ 부계 친족 중심의 문중 형성
㉣ 여성의 재가 금지
㉤ 남존여비
㉥ 적서차별
㉦ 엄격한 족외혼

Answer 41.④ 42.③

43 다음 중 조선의 촌락에 대한 내용으로 옳은 것은?

① 면리제와 오가작통제는 농민 자치를 실현하기 위해 실시하였다.

② 사대부와 거주지역인 반촌은 처음 동성촌락으로 시작되었으나, 점차 다양한 성씨가 모여 들었다.

③ 민촌의 평민들은 다른 촌락에 거주하는 지주가의 소작농으로 생활하였다.

④ 향도는 사족들이 촌락민들을 사회 · 경제적으로 지배하기 위해 조직되었다.

TIP ① 면리제와 오가작통제는 촌락 주민에 대한 지배를 원활히 하고자 실시하였다.
② 반촌은 동성의 특정 성씨만이 아니라 친족, 처족, 외족의 동족으로 구성되어 다양한 성씨가 거주하다가 18세기 이후에 동성촌락으로 발전하였다.
④ 향도는 불교와 민간신앙 등의 신앙적 기반과 동계조직과 같은 공동체조직의 성격을 띠는 농민조직으로 주로 상을 당하였을 때나 어려운 일이 생겼을 때 서로 돕는 활동을 하였다.

44 다음 중 조선시대의 호패법에 관한 설명으로 옳지 않은 것은?

① 양반과 노비도 착용하게 하였다.

② 인력의 징발을 목적으로 하였다.

③ 신분에 따라 호패의 재료를 달리하였다.

④ 16세 이상의 남자와 여자에게 발급되었다.

TIP 호패법 … 고려말 1391년에 처음 실시되었다. 조선시대에 들어와서는 1413년에 시작되어 제도상으로는 고종 때까지도 계속되었다. 효과적인 조세 수취와 유민의 방지를 통한 중앙 집권을 강화하기 위하여 위로는 왕족부터 아래로는 노비에 이르기까지 16세 이상의 모든 남자에게 호패를 지급하였다.

45 조선시대에 농민생활의 안정을 위해서 실시한 다양한 사회제도의 근본배경으로 옳은 것은?

① 농민은 천민보다 사회적인 지위가 높았다.

② 농민은 양반으로 상승할 자격이 있었다.

③ 상공업자들은 농업에 종사할 수 없었다.

④ 농민이 조세, 공납, 역을 부담하였다.

TIP ④ 농민이 국가재정의 대부분을 부담하였기 때문에 이들의 생활안정이 무엇보다 중요시되었다.

Answer 43.③ 44.④ 45.④

46 다음 중 조선시대의 중인에 관한 설명으로 옳은 것은?

> ㉠ 과거, 음서, 천거를 통해 관직에 진출하였다.
> ㉡ 주로 전문기술이나 행정실무를 담당하였다.
> ㉢ 지방에 파견되어 향촌사회를 지배하기도 하였다.
> ㉣ 양반과 상민의 중간신분계층이라는 의미를 갖고 있다.

① ㉠㉡
② ㉡㉢
③ ㉡㉣
④ ㉢㉣

TIP ㉠㉢ 양반에 대한 설명이다.

47 다음 중 조선초기의 농민에 관한 설명으로 옳은 것은?

① 과전법에 의거하여 민전을 지급받고 국가에 조를 납부하였다.
② 향교의 입학과 과거응시가 허용되었으나, 실제로는 관직 진출이 어려웠다.
③ 생활이 어려운 농민은 본가나 처가로 자유롭게 이주하여 생계를 꾸려 나갔다.
④ 유향소에 참여하여 향촌의 일을 자치적으로 처리할 수 있는 기회가 주어졌다.

TIP 농민은 교육과 과거를 통해 정치적으로 출세할 수 있는 자격이 있었으나, 교육과 과거 준비에는 많은 시간과 비용이 들었으므로 실제 그렇게 되기는 어려웠다.

Answer 46.③ 47.②

48 다음 중 조선시대 사법제도에 대한 설명으로 옳지 않은 것은?

① 지방수령이 재판을 담당하였으며, 재판결과에 불복할 때는 항소할 수 있었다.
② 재산소유권의 분쟁은 문건에 의한 증거주의를 존중하였다.
③ 사법기관과 행정기관이 원칙적으로 구분되어 있었다.
④ 경국대전이 기본법전이었다.

TIP ③ 조선시대에는 사법기관과 행정기관이 분리되지 않았으며, 동일 관청에서 행정권과 사법권을 동시에 관장하였다.

49 다음 중에서 조선 양반들의 동향으로 옳은 것은?

㉠ 향안을 만들어 사족세력의 결속을 강화하였다. ㉡ 향회를 통하여 향촌사회의 여론을 주도하였다. ㉢ 두레와 각종 계를 조직하여 농민을 지배하였다. ㉣ 상품화폐경제의 발달에 부응하여 도고로 성장하였다.

① ㉠㉡
② ㉠㉣
③ ㉡㉢
④ ㉢㉣

TIP ㉢ 두레와 계를 조직한 것은 일반 농민들이었고, 양반들은 지주로서 농업 경영에 치중하였다.
㉣ 도고로 성장한 것은 공인들이었다.

50 조선중기 사림세력의 성장에 따라 나타난 사회·문화적 변화로 옳은 것은?

① 예학과 보학이 발달하고 종족관념이 더욱 심화되었다.
② 민중적인 촌락공동체는 점차 유교적인 향약과 의식으로 대치되었다.
③ 양반 서얼에 대한 사회적 차별이 완화되고, 능력에 따라 관직에 중용되었다.
④ 제도개혁의 원리였던 성리학은 관념적인 이기론 중심으로 바뀌어 갔다.

TIP ② 사림의 성장으로 인해 촌락사회에서도 성리학적 사회질서가 강화되어 갔다.

Answer 48.③ 49.① 50.②

51 다음 정책과 가장 비슷한 목적을 가진 것은?

• 서로 이웃하고 있는 다섯 집을 하나의 통으로 묶고 여기에 통수를 두어 통 내를 관장하게 하였다.
• 자연촌 단위의 몇 개 이(里)를 면으로 묶어 관리하도록 하였다.

① 유향소의 설치
② 호패법의 시행
③ 동성촌락의 형성
④ 향도계의 조직

TIP 제시된 내용은 오가작통법과 면리제에 대한 설명이다. 이러한 제도를 통해 조선은 촌락 주민에 대한 지배를 원활히 하고자 하였으며, 호패법도 농민 이동을 억제하여 효과적인 조세 수취와 유민의 방지를 기한다는 점에서 비슷한 목적을 가진다.

52 조선시대 농민들의 생활상을 설명한 것으로 옳지 않은 것은?

① 양반, 천민 등과 섞여 살았으며 이주는 극히 어려웠다.
② 대부분의 농민들이 수확량의 2분의 1을 부담하였다.
③ 과중한 조세 · 공납 · 부역의 의무를 가졌다.
④ 국가로부터 토지를 지급받아 경작하였다.

TIP ④ 농민은 경작권만 보장받았으며, 토지 지급은 없었다.

53 조선시대의 향촌 사회에 대한 설명으로 옳은 것은?

① 향촌 구성의 기본단위로서 동과 리(里)로 편제되었다.
② 사림 양반은 촌락의 전통적인 민간산업과 풍습을 장려하였다.
③ 반촌과 민촌은 엄격히 구별되어 생활하였다.
④ 주민의 신분과 직역에 관계없이 한 촌락으로 구성되어 있었다.

TIP ② 촌락공동체 조직은 사림세력의 성장에 따라 향약으로 대치되었다.
③ 반촌, 민촌 구분은 있었으나 함께 섞여 살았다.
④ 주민의 신분과 직역에 따라 특수한 마을이 형성되었다.

Answer 51.② 52.④ 53.①

54 **조선 후기 향촌사회의 질서변화에 대한 설명으로 가장 거리가 먼 것은?**

① 새로운 세력인 부농층은 관권과 결탁하여 성장 기반을 굳건히 하면서 향안에 이름을 올리기도 하였다.
② 향촌사회에서 중앙의 관권이 강화되고 아울러 관권을 맡아보고 있던 향리의 역할이 커졌다.
③ 양반층은 향촌을 교화하고 사회질서를 확립하기 위해 향약·향사례·향음주례를 실시하기 시작하였다.
④ 양반의 이익을 대변하던 향회는 주로 수령이 세금을 부과할 때 물어보는 자문기구로 구실이 변하였다.

TIP 향음주례는 유교 육례의 하나로 매년 음력 10월 향촌의 선비 및 유생들이 향교나 서원에 모여 예로서 주연은 함께 즐기는 향촌 의례이다. 향약과 향음주례는 고려말부터 조선 초기 까지 자발적으로 유향소에서 시행되었으며 주자학적인 방도로 향촌을 교화하며 사회질서를 확립하려는 사림들에 의한 운동이었다. 그러나 향사례와 향음주례에 의한 향촌질서의 개편이 무의미함을 판단한 사림들은 유향소에 얽매이지 않고 향약을 추진하기 시작하였으나 기묘사화로 중단되었다가 중종 때 다시 부활하였다.

55 **다음에서 서원의 기능만을 묶은 것은?**

㉠ 향촌사회의 교화	㉡ 선현에 대한 제사
㉢ 교육과 학문 연구	㉣ 중앙집권체제의 강화

① ㉠㉡
② ㉡㉢
③ ㉡㉣
④ ㉢㉣

TIP 선현에 대한 제사와 교육과 연구를 주된 목적으로 하는 서원은 유교를 보급하고 향촌사림을 결집시키는 역할도 하였다.

56 **1811년 평안도 가산에서 몰락양반, 중소상인, 광산노동자, 몰락농민이 중심이 되어 일어난 민란은?**

① 효심의 난
② 만적의 난
③ 홍경래의 난
④ 김사미의 난

TIP ①④ 김사미·효심의 난은 1193년 운문, 초전에서 일어난 농민의 봉기이다.
② 만적의 난은 1198년 개경에서 일어난 천민의 봉기이다.

Answer 54.③ 55.② 56.③

57 다음의 제도를 실시한 공통적인 목적은?

• 의창	• 상평창	• 환곡

① 국방력 강화
② 농민생활 안정
③ 민족문화 발달
④ 예술활동 장려

TIP 농민생활의 안정을 위해 실시했던 제도

㉠ 의창 : 고려 성종 때 빈민을 구제하기 위한 춘대추납의 빈민구제기관이다.
㉡ 상평창 : 고려 성종 때 개경, 서경, 12목에 설치한 물가조절기관이다.
㉢ 환곡 : 조선시대 때 빈민의 구휼을 위해 봄에 곡식을 내어주고, 가을 추수기에 1할의 이자를 붙여 회수하던 제도로 원래 의창의 소관이었으나, 16세기에 원곡이 부족하여 유명무실하게 되자 상평창에서 이를 대신하였다.

58 다음에 제시한 신분층의 조선후기 신분 변동과 관련하여 잘못 설명한 것은?

㉠ 양반의 소생이면서 중인과 같은 처우를 받았으므로 중서라고 하였다.
㉡ 직역을 세습하고 대개 전문기술이나 행정실무를 담당하여 나름대로 행세하였다.
㉢ 본래는 문반과 무반을 아울러 부르는 명칭이었으나 점차 하나의 신분으로 굳어졌다.

① ㉠ – 동반이나 청요직으로의 진출을 허용해 줄 것을 요구하는 집단상소를 올렸다.
② ㉠ – 정부가 실시한 납속책과 공명첩 등을 이용하여 관직에 나아갈 수 있게 되었다.
③ ㉡ – 철종 때 대규모 소청운동을 일으켰지만 당시 이들의 노력은 성공하지 못했다.
④ ㉢ – 일당전제화가 전개되면서 신분 변동이 활발해져 이들 중심의 신분체제가 강화되어 갔다.

TIP ㉠ 서얼층 ㉡ 중인층 ㉢ 양반층

④ 조선후기 양반사회는 양반인구의 증가와 붕당 간의 갈등이 심화되면서 기존 양반 중심의 지배체제는 해체되어 갔다.

Answer 57.② 58.④

59 다음에서 조선후기 근대지향적 움직임에 해당하는 것은?

㉠ 농민의식의 향상
㉡ 봉건적 신분구조의 붕괴
㉢ 영농기술의 개발과 경영의 합리화로 농업생산력 증가
㉣ 새로운 사회 변동으로 성리학이 사회개혁과 발전방향 제시
㉤ 붕당정치에서 세도정치로 이행되면서 근대지향적 움직임 수용

① ㉠㉡㉢ ② ㉠㉡㉣
③ ㉠㉡㉤ ④ ㉡㉢㉣

TIP ㉣ 성리학과 같은 전통사회의 질서와 가치규범에 도전하여 천주교나 실학사상 등 지배체제의 모순을 해결하기 위한 진보적 사상이 제시되었다.
㉤ 폐단을 노출한 붕당정치는 세도정치로 이어져 행정기강과 수취체제의 문란으로 농민이 도탄에 빠지는 등 정치면에서는 근대지향적 움직임을 수용하지 못하고 있었다.

60 다음 중 조선후기 신분 분화에 관한 설명으로 옳은 것은?

① 양반의 수가 증가하면서 계층이 분화되었다.
② 중인층이 몰락하면서 상인화되었다.
③ 사노비가 해방되었다.
④ 상민층의 증가를 가져왔다.

TIP ② 기술직을 담당하거나 행정실무를 맡고 있던 중인층은 사회적으로 그 역할이 커졌으며 신분 상승을 추구하였다.
③ 공노비가 해방되었다.
④ 양반의 수는 늘어나고 상민과 노비의 수는 줄어들었다.

Answer 59.① 60.①

61 다음 중 임진왜란 이후 신분 이동에 관한 설명으로 옳은 것은?

① 양반은 늘어났고, 상민과 노비는 줄어들었다.
② 사회 변동에도 불구하고 신분적 폐쇄성은 유지되었다.
③ 신분질서의 동요를 막기 위해 납속책과 공명첩을 실시하였다.
④ 임진왜란 중 도입된 속오군체제는 반상을 구별하는 신분질서가 엄격히 반영되어 있다.

TIP ①②③ 임진왜란 중 노비문서의 소실과 재정난 해결을 위해 정부는 납속책·공명첩의 시행, 공로자 보상 등을 통한 신분 상승의 기회를 합법화하였다. 이로 인해 양반의 수는 증가하고, 상민과 노비의 수는 줄어드는 등 신분 변동이 활발히 일어났다.
④ 임진왜란 중 지방군체제가 문제점을 드러내자 속오법을 도입하여 지방군의 편제를 개편하였는데, 이는 조선후기 신분제 동요의 원인이 되었다.

62 다음 중 조선후기 농업기술의 발달과 관련이 깊은 신분제도의 변화로 옳은 것은?

① 소작농인 甲은 군공 양반이 되었다.
② 중인인 乙은 납속으로 양반이 되었다.
③ 병작농인 丙은 남의 집 머슴으로 전락하였다.
④ 지주였던 丁은 농사를 망쳐 토지를 처분하였다.

TIP ③ 농민은 경제적으로 지주의 토지를 병작하고, 경제 외적으로 지주의 지배를 받는 노비와 크게 다를 바 없는 존재였다.

63 19세기 전반기의 신분제도에 대한 설명으로 옳은 것은?

① 공노비와 사노비가 국가에 의해 해방되었다.
② 특권 양반신분이 새롭게 형성되었다.
③ 생산활동이 중시되어 상민층이 크게 늘어났다.
④ 경제적인 부가 신분의 이동에 큰 역할을 하였다.

TIP 조선초기의 양천제는 사림이 성장하던 16세기 경부터 양반, 중인, 상민, 노비로 분화되어 유지되다가 19세기를 전후해서 양반의 인구가 점차 늘고, 상민과 노비의 인구가 줄어드는 경향을 보였는데, 이러한 현상에 결정적인 역할을 한 것은 경제적인 부였다. 즉, 부유한 농민이 납속에 의한 합법적인 방법으로 양반신분을 사거나 족보를 위조하는 경우가 대표적이다.

Answer 61.① 62.③ 63.④

64 조선후기의 다음과 같은 현상으로 인한 사회상으로 옳은 것은?

> • 붕당정치가 변질되면서 일당전제화의 추세가 나타났다.
> • 이앙법과 견종법의 실시로 노동력이 절감되어 광작이 성행하였다.
> • 납포장이 등장하고, 특정 물품을 대량으로 취급하는 도고가 성장하였다.

① 경제적인 부에 따라 신분이 결정되었다.
② 신분 이동의 가능성이 점차 줄어들었다.
③ 계층분화현상으로 신분 내부의 동질성이 약화되었다.
④ 개인적 이동의 가능성이 줄고 구조적 이동의 가능성이 높아졌다.

TIP 일당전제화로 소수의 가문만이 권력을 독점하게 되어 양반층의 분화가 일어났고, 광작과 도고로 일부 농민 · 상인이 부를 축적하여 납속 등을 통해 신분 상승을 하였다. 이러한 계층의 분화는 계층별 위화감을 일으키게 하였다.

65 다음 중 조선후기 노비에 대한 설명으로 옳은 것은?

① 군공을 세우거나 납속을 통해 상민이 되는 경우가 많아졌다.
② 농민층의 몰락으로 노비의 수가 급증하여 국가재정에 타격을 주었다.
③ 사노비는 상전에게 강하게 예속되었으며 상민과의 구별이 더욱 엄격해졌다.
④ 정부는 국가재정상, 국방상의 이유로 노비 수를 늘리기 위한 노력을 기울였다.

TIP 부를 축적한 농민은 지위를 높이고 역 부담을 모면하기 위해 신분을 사거나 족보를 위조하여 양반이 되었고 노비 또한 도망, 상민과의 결혼, 군공이나 납속을 통해 상민이 되었다. 이러한 상민의 감소와 양반 수의 증가는 국가재정상 · 국방상 많은 지장을 초래하였다. 국가에서는 국가재정의 기반이 되는 상민의 수를 늘리기 위해 공노비를 단계적으로 해방시켰다.

Answer 64.③ 65.①

66 다음 중 동학사상에 대한 설명으로 옳지 않은 것은?

① 철학적으로는 주기론, 종교적으로는 샤머니즘과 도교에 가까운 편이었다.
② 서학을 배격하고 서양과 일본의 침투를 경계하여 정부로부터 환영을 받았다.
③ 전통적인 민족신앙을 토대로 유 · 불 · 도교 사상 등을 종합하였다.
④ 인내천사상과 운수사상을 바탕으로 봉건적 사회체제에 반대하였다.

TIP ② 동학은 인간평등사상을 제창하고, 운수사상을 내세워 조선 왕조를 부정하였기 때문에 정부는 교주인 최제우를 혹세무민의 죄목으로 처형하였다.

67 다음 중 조선후기 천주교에 대한 설명으로 옳은 것은?

① 서양 선교사들의 입국을 계기로 전파되기 시작하였다.
② 학문적 연구가 이루어진 후에 신앙운동으로 발전하였다.
③ 처음에는 천민과 노비들이 믿기 시작하였다.
④ 평등사상을 바탕으로 조선 왕조를 부정하는 혁명사상을 전파하였다.

TIP 우리나라의 천주교는 서학으로 소개되었다가 나중에 신앙으로 받아들여졌으며, 전례문제로 인해 정부의 탄압을 받았다. 천주교는 처음에 일부 실학자들에 의해 받아들여졌으며, 나중에는 일반 백성들에게 널리 포교되었다.

68 다음 중 조선후기 서얼과 중인의 변화에 대한 설명으로 옳지 않은 것은?

① 중인은 소청운동을 통하여 자신들의 지위를 개선하려 하였다.
② 서얼과 중인은 성리학적 명분론을 지켜 나가는 데 있어서 양반층과 입장을 같이 하였다.
③ 서얼 중에서 규장각 검서관으로 기용되는 사람도 있었다.
④ 중인 중 일부는 재력을 축적하고 전문적 실무능력을 토대로 두각을 나타내기도 하였다.

TIP ② 중인이나 서얼들은 서학을 비롯한 외래문화 수용에 있어서 선구적 역할을 수행하여 성리학적 가치체계에 도전하는 새로운 사회의 수립을 추구하였다.

Answer 66.② 67.② 68.②

69 다음 조선후기 사회의 동요 속에서 나타난 결과의 공통적인 성격으로 옳은 것은?

> • 소청운동　　• 벽서사건
> • 항조운동　　• 민란

① 잔반들이 정권을 장악하고자 한 것이다.
② 서얼들이 지위를 향상시키고자 한 것이다.
③ 농민들이 현실문제를 타개하고자 한 것이다.
④ 노비들이 신분을 해방시키고자 한 것이다.

TIP 세도정치로 인해 삼정의 문란, 정치의 혼란이 일어나면서 농촌사회는 극도로 피폐해졌다. 이에 농민들은 모순을 타파하고자 그 대응책으로 소청운동, 벽서운동, 항조운동, 민란을 일으키게 되었다.

70 다음 중 19세기 농민항거의 배경으로 옳은 것은?

> ㉠ 유교적 왕도정치가 점차 퇴색되어 갔다.
> ㉡ 대동법과 균역법의 실시로 농민부담이 가중되었다.
> ㉢ 동학이 창시되어 세상이 어지러워지고 백성들이 현혹되었다.
> ㉣ 삼정의 문란으로 극에 달한 수령의 부정이 중앙권력과 연계되었다.

① ㉠㉡　　② ㉠㉢
③ ㉠㉣　　④ ㉡㉣

TIP 19세기에 사회불안이 점차 고조되자 명목상이나마 유지되던 유교적 왕도정치는 점차 퇴색하였다. 또한 세도정치로 국가기강이 해이해진 틈을 타서 지방의 탐관오리가 중앙권력과 결탁하여 부정과 탐학을 저질렀고 이에 농민생활은 더욱 피폐해졌다.

Answer 69.③ 70.③

71 다음 중에서 19세기 전반에 일어난 홍경래의 난의 원인으로 옳은 것은?

㉠ 지역 차별	㉡ 외세의 침탈
㉢ 지주제의 모순	㉣ 붕당 간의 차별
㉤ 세도정권의 부패	

① ㉠㉡㉢ ② ㉠㉢㉤
③ ㉡㉢㉣ ④ ㉢㉣㉤

TIP 홍경래의 난(1811)은 봉건체제의 모순의 격화, 서북인에 대한 정치적 차별, 수령권에 대한 봉기, 세도정치로 인한 민심의 이반 등을 원인으로 일어났다.

72 다음 중 조선후기 농민들의 생활로 옳지 않은 것은?

① 광산, 포구, 도시 등으로 이주하여 임노동자가 되었다.
② 소청이나 벽서운동을 통해서 적극적으로 지배층의 착취에 맞서기도 하였다.
③ 서양세력의 침투에 맞서서 유교적 향약을 보급하여 사회적 결속을 강화하였다.
④ 계와 두레를 조직하여 공동으로 경제적 어려움을 해결해 나갔다.

TIP ③ 향약은 향촌의 양반들이 농민을 지배하기 위한 수단으로 활용되었고, 농민들은 향약에 대해 부정적인 태도를 보였다.

Answer 71.② 72.③

민족문화의 발달

01 고대의 문화
02 중세의 문화
03 근세의 문화
04 문화의 새 기운
05 최근 기출문제 분석
06 출제예상문제

01 고대의 문화

❶ 학문과 사상 · 종교

(1) 교육

① 교육기관의 설립과 한자의 보급

㉠ 고구려

- 태학(수도) : 유교경전과 역사서를 가르쳤다.
- 경당(지방) : 청소년에게 한학과 무술을 가르쳤다.

㉡ 백제

- 5경 박사 · 의박사 · 역박사 : 유교경전과 기술학 등을 가르쳤다.
- 한문 문장 : 북위에 보낸 국서는 매우 세련된 한문 문장으로 쓰여졌으며, 사택지적 비문에는 불당을 세운 내력을 기록하고 있다.

㉢ 신라 : 임신서기석을 통해 청소년들이 유교경전을 공부하였던 사실을 알 수 있다.

② 유학의 교육

㉠ 삼국시대 : 학문적으로 깊이 있게 연구된 것이 아니라 충 · 효 · 신 등의 도덕규범을 장려하는 정도였다.

㉡ 통일신라

- 유학교육기관 : 신문왕 때 국학이라는 유학교육기관을 설립하였고, 경덕왕 때는 국학을 태학이라고 고치고 박사와 조교를 두어 논어와 효경 등 유교경전을 가르쳤는데, 이것은 충효일치의 윤리를 강조한 것이었다.
- 독서삼품과 : 원성왕 때 학문과 유학의 보급을 위해 마련하였다.

> TIP 독서삼품과 … 관리 채용을 위한 일종의 국가시험제도로 독서의 성적에 따라 3등급으로 나누었는데, 상품은 좌전이나 예기 · 문선을 읽어서 그 뜻에 능통하고 논어 · 효경에 밝은 자, 중품은 곡례 · 논어 · 효경을 읽은 자, 하품은 곡례 · 효경을 읽은 자로 하였다. 독서삼품과는 골품보다 능력을 위주로 한 제도였으나 진골귀족들의 반발로 실패하고 말았다.

㉢ 발해 : 주자감을 설립하여 귀족 자제들에게 유교경전을 교육하였다.

(2) 역사 편찬과 유학의 보급

① 삼국시대

㉠ 역사 편찬의 목적 : 학문이 점차 발달되고 중앙집권적 체제가 정비됨에 따라 자기 나라의 전통을 이해하고 왕실의 권위를 높이며 나라에 대한 백성들의 충성심을 모으기 위해 편찬하였다.

㉡ 역사 편찬의 내용
- 고구려 : 유기, 이문진의 신집 5권
- 백제 : 고흥의 서기
- 신라 : 거칠부의 국사

② 통일신라
㉠ 김대문 : 화랑세기, 고승전, 한산기를 저술하여 주체적인 문화의식을 드높였다.
㉡ 6두품 유학자 : 강수(외교문서를 잘 지은 문장가)나 설총(화왕계 저술)이 활약하여 도덕적 합리주의를 제시하였다.
㉢ 도당 유학생 : 김운경, 최치원이 다양한 개혁안을 제시하였다. 특히 최치원은 당에서 빈공과에 급제하고 계원필경 등 뛰어난 문장과 저술을 남겼으며, 유학자이면서도 불교와 도교에 조예가 깊었다.

③ 발해 … 당에 유학생을 파견하였고 당의 빈공과에 급제한 사람도 여러 명 나왔다.

(3) 불교의 수용

① 불교의 전래와 공인 … 중앙집권적 국가체제를 정비할 무렵인 4세기에 전래되었다.
㉠ 고구려 : 소수림왕 때 중국의 전진에서 전래되었다(372).
㉡ 백제 : 침류왕 때 동진에서 전래되었다(384).
㉢ 신라 : 고구려에서 전래되었고(457), 법흥왕 때 공인하였다(527).

② 불교의 영향
㉠ 새로운 국가정신의 확립과 왕권 강화의 결과를 가져왔다. 신라의 경우는 불교식 왕명이나 세속 5계를 통해 발전하게 되었다.
㉡ 삼국은 사상 · 음악 · 미술 · 건축 · 공예 · 의학 등의 선진문화를 수용할 수 있었고 새로운 문화를 창조하게 되었다.

③ 신라의 불교 … 업설(왕즉불사상), 미륵불신앙(불국토사상 – 화랑제도의 정신적 기반)이 불교의 중심교리였다.

④ 도교의 전래 … 산천숭배나 신선사상과 결합하여 귀족사회에 전래되었다. 고구려의 사신도, 백제의 산수무늬벽돌, 금동대향로를 통해 알 수 있다.

(4) 불교사상의 발달

① 통일신라 … 다양하고 폭넓은 불교사상에 대한 본격적인 이해기반을 확립하기 시작하였다.
㉠ 원효 : 불교의 사상적 이해기준을 확립시켰고(금강삼매경론, 대승기신론소), 종파간의 사상적인 대립을 극복하고 조화시키려 애썼으며, 불교의 대중화에 이바지하였다(아미타신앙).
㉡ 의상 : 화엄일승법계도를 통해 화엄사상을 정립하였고, 현세에서 고난을 구제한다는 관음사상을 외치기도 하였다.
㉢ 혜초 : 인도에 가서 불교를 공부하였으며, 왕오천축국전을 저술하기도 하였다.

② **발해** … 왕실과 귀족을 중심으로 성행하였고, 문왕은 스스로를 불교적 성왕으로 일컬었다.

(5) 선종과 풍수지리설

① **선종** … 통일 전후에 전래되어 신라말기에 유행하였다.

㉠ **성격** : 경전의 이해를 통하여 깨달음을 추구하는 교종과는 달리 선종은 문자를 뛰어 넘어(不立文字) 구체적인 실천 수행을 통하여 각자의 마음 속에 내재된 깨달음을 얻는다(見性成佛)는 실천적 경향이 강하였다.

㉡ **선종 9산** : 지방의 호족세력과 결합하여 각 지방에 근거지를 두었다.

㉢ 지방문화의 역량을 증대시키고 고려 사회 건설의 사상적 바탕이 되기도 하였다.

② **풍수지리설** … 신라말기의 도선과 같은 선종 승려들이 중국에서 풍수지리설을 들여왔다.

㉠ **성격** : 도읍, 주택, 묘지 등을 선정하는 인문지리적 학설을 말하며, 도참사상과 결합하기도 하였다.

㉡ 경주 중심에서 벗어나 다른 지방의 중요성을 자각하는 계기가 되었고, 국토를 지방 중심으로 재편성하는 주장을 펴기도 하였다. 이는 신라 정부의 권위를 약화시키는 역할을 하기도 하였다.

❷ 과학기술의 발달

(1) 천문학과 수학

① **천문학의 발달** … 천체 관측을 중심으로 발달하였다.

㉠ **배경** : 농경과 밀접한 관련을 가졌으며, 왕의 권위를 하늘과 연결시켰다.

㉡ **발달**

- 고구려 : 별자리를 그린 천문도가 만들어졌다.
- 신라 : 세계에서 가장 오래된 천문대인 첨성대를 세워 천체를 관측하였다.

㉢ 일월식, 혜성의 출현, 기상 이변들이 삼국사기에 기록되어 있는데 매우 정확한 기록으로 밝혀지고 있다.

② **수학의 발달** … 수학적 지식을 활용한 조형물을 통해 수학이 높은 수준으로 발달했음을 알 수 있다.

㉠ **고구려** : 고분의 석실과 천장의 구조

㉡ **백제** : 정림사지 5층 석탑

㉢ **신라** : 황룡사지 9층 목탑, 석굴암의 석굴구조, 불국사 3층 석탑, 다보탑

(2) 목판인쇄술과 제지술의 발달

① **배경** … 불교문화의 발달에 따라 불경을 대량으로 인쇄하기 위한 목판인쇄술과 질 좋은 종이를 만들 수 있는 제지술이 발달하였다.

② **무구정광대다라니경** … 세계에서 가장 오래된 목판인쇄물이며, 닥나무 종이를 사용하였다.

(3) 농업기술의 혁신

① 철제 농기구의 보급을 통해 농업생산력이 증가하였으며, 이는 중앙집권적 귀족국가로 발전하는 경제적 기반이 되었다.

② **삼국의 농업기술** … 쟁기, 호미, 괭이 등의 농기구가 보급되어 농업 생산이 증가되었다.

㉠ **고구려** : 쟁기갈이, 보습의 사용으로 농업이 발달하였다(4세기).

㉡ **백제** : 수리시설의 축조, 철제농기구의 개량을 통해 논농사가 발전하였다(4 ~ 5세기).

㉢ **신라** : 우경의 보급 및 확대로 생산량이 증가하였다(5 ~ 6세기).

❸ 고대인의 자취와 멋

(1) 고분과 고분벽화

① 고구려

㉠ **초기** : 돌을 정밀하게 쌓아 올린 돌무지무덤으로, 다듬은 돌을 계단식으로 7층까지 쌓아 올린 장군총이 대표적인 무덤이다.

㉡ **후기** : 굴식 돌방무덤은 돌로 널방을 짜고 그 위에 흙으로 덮어 봉분을 만든 것으로, 내부에 벽화를 그리기도 하였다. 이런 무덤은 만주 집안, 평안도 용강, 황해도 안악 등에 분포되었으며 무용총(사냥그림), 강서대묘(사신도), 쌍영총, 각저총(씨름도) 등이 대표적이다.

㉢ **고분벽화** : 당시의 생활, 문화, 종교 등을 파악할 수 있다. 초기에는 무덤 주인의 생활을 표현한 그림이 많았고 후기로 갈수록 점차 추상화되어 상징적 그림으로 변하였다.

② 백제

㉠ **한성시대** : 계단식 돌무지무덤으로서 서울 석촌동에 있는 고구려 초기의 고분과 유사하다.

㉡ **웅진시대** : 굴식 돌방무덤과 벽돌무덤(금관장식과 지석으로 꾸며진 중국 남조의 영향을 받은 무덤)이 유행하였다.

㉢ **사비시대** : 규모는 작지만 세련된 굴식 돌방무덤을 만들었다.

③ **신라** … 거대한 돌무지 덧널무덤(천마총의 천마도)을 만들었으며, 삼국통일 직전에는 굴식 돌방무덤도 만들었다.

④ **통일신라** … 불교의 영향으로 화장이 유행하였으며, 거대한 돌무지 덧널무덤에서 점차 규모가 작은 굴식 돌방무덤으로 바뀌었다. 그리고 무덤의 봉토 주위를 둘레돌로 두르고, 그 둘레돌에는 12지신상을 조각하였다.

⑤ 발해

㉠ **정혜공주묘** : 굴식 돌방무덤으로 모줄임 천장구조가 고구려 고분과 닮았고, 이곳에서 나온 돌사자상은 매우 힘차고 생동감이 있다.

㉡ **정효공주묘** : 묘지와 벽화가 발굴되었는데, 이 무덤에서 나온 유물들은 발해의 높은 문화수준을 보여준다.

(2) 건축과 탑

① 삼국시대

㉠ **궁궐** : 평양의 안학궁은 고구려 남진정책의 기상을 보여준다.

㉡ **사원** : 신라의 황룡사는 진흥왕의 팽창의지를 보여주고, 백제의 미륵사는 무왕이 추진한 백제의 중흥을 반영하는 것이다.

㉢ **가옥** : 고구려의 고분벽화에는 가옥구조가 잘 나타나 있다.

㉣ **성곽** : 산성이 대부분이었으며 방어를 위해 축조하였다.

㉤ **탑** : 불교의 전파와 함께 부처의 사리를 봉안하여 예배의 주대상으로 삼았다.

- 고구려 : 주로 목탑을 건립했는데 이제는 남아 있는 것이 없다.
- 백제 : 목탑형식의 석탑인 익산 미륵사지 석탑, 부여 정림사지 5층 석탑이 대표적인 석탑이다.
- 신라 : 몽고의 침입 때 소실된 황룡사 9층 목탑과 벽돌모양의 석탑인 분황사탑이 유명하다.

② 통일신라

㉠ **건축** : 궁궐과 가옥은 남아 있는 것이 거의 없다.

- 불국사 : 불국토의 이상을 조화와 균형감각으로 표현한 사원이다.
- 석굴암 : 아름다운 비례와 균형의 조화미로 건축분야에서 세계적인 걸작으로 손꼽힌다.
- 조경술 : 인공 연못인 안압지는 화려한 귀족생활을 말해준다.

㉡ **탑** : 목탑과 전탑의 양식을 계승하고 발전시켰다. 2중 기단 위에 3층의 석탑이 있는 형식이 유행하였다(감은사지 3층 석탑, 불국사 석가탑, 양양 진전사지 3층 석탑).

㉢ **승탑과 승비** : 신라말기에 선종이 유행하면서 승려들의 사리를 봉안하는 승탑과 승비가 유행하였다. 승탑과 승비는 세련되고 균형감이 뛰어나 이 시기 조형미술을 대표하며, 신라말기 지방호족들의 정치적 역량이 성장하였음을 보여준다.

③ **발해** … 외성을 쌓고, 주작대로를 내고, 그 안에 궁궐과 사원을 세웠다.

(3) 불상 조각과 공예

① **삼국시대** … 불상으로는 미륵보살반가상을 많이 제작하였다. 그 중에서도 금동미륵보살반가상은 날씬한 몸매와 자애로운 미소로 유명하다.

㉠ **고구려** : 연가 7년명 금동여래입상(중국 북조의 영향을 받았으나 강인한 인상과 은은한 미소에는 고구려의 독창성이 보임)

㉡ **백제** : 서산 마애삼존불상(부드러운 자태와 온화한 미소)

ⓒ 신라 : 경주 배리석불입상(푸근한 자태와 부드럽고 은은한 미소)

② 통일신라

㉠ 석굴암의 본존불과 보살상 : 사실적 조각으로 불교의 이상세계를 구현하는 것이다.

㉡ 조각 : 태종 무열왕릉비의 받침돌, 불국사 석등, 법주사 쌍사자 석등이 유명하다.

㉢ 공예 : 상원사 종, 성덕대왕 신종, 특히 성덕대왕 신종은 맑고 장중한 소리, 경쾌하고 아름다운 비천상으로 유명하다.

③ 발해

㉠ 불상 : 흙을 구워 만든 불상과 부처 둘이 앉아 있는 불상이 유명한데, 고구려 양식을 계승하고 있다.

㉡ 조각 : 벽돌과 기와무늬(고구려 영향), 석등(팔각기단)이 유명하다.

㉢ 공예 : 자기공예가 독특하게 발전하였고 당에 수출하기도 했다.

(4) 글씨 · 그림과 음악

① 서예

㉠ 광개토대왕릉 비문 : 웅건한 서체로 쓰여졌다.

㉡ 김생 : 질박하면서도 굳센 신라의 독자적인 서체를 열었다.

② 그림

㉠ 천마도 : 신라의 힘찬 화풍을 보여준다.

㉡ 솔거 : 황룡사 벽에 그린 소나무 그림에 날아가던 새들이 앉으려 하였다.

㉢ 화엄경 변상도 : 섬세하고 유려한 모습은 신라 그림의 높은 수준을 보여 준다.

③ 음악과 무용(종교 및 노동과 밀접한 관련)

㉠ 고구려 : 왕산악은 거문고를 만들고 악곡을 지었다.

㉡ 신라 : 백결 선생은 방아타령을 지어 가난한 사람들을 달랬다.

㉢ 가야 : 우륵은 가야금을 만들고 12악곡을 지었다.

(5) 한문학과 향가

① 삼국시대

㉠ 한시 : 황조가(고구려, 유리왕의 이별의 슬픔을 노래함), 오언시(을지문덕이 수의 장수에게 보냄)가 전해지고 있다.

㉡ 노래 : 구지가(무속신앙과 관련), 회소곡(노동과 관련), 정읍사(백제), 혜성가(신라의 향가) 등이 유행하였다.

② 통일신라

㉠ 향가 : 화랑에 대한 사모의 심정, 형제 간의 우애, 공덕이나 불교에 대한 신앙심을 담고 있으며 삼대목을 편찬하였다.

㉡ **설화문학** : 에밀레종 설화, 설씨녀 이야기, 효녀 지은 이야기 등을 통해 종교와 백성들의 어려운 삶을 찾아볼 수 있다.

③ **발해** … 4 · 6변려체로 쓰여진 정혜 · 정효공주의 묘지를 통해 높은 수준을 알 수 있고, 시인으로 양태사(다듬이 소리)가 유명하다.

4 일본으로 건너간 우리 문화

(1) 삼국문화의 일본 전파

① 일본 고대문화 성립과 발전에 큰 영향을 끼쳤다.

② **백제**

㉠ **아직기와 왕인** : 4세기에 아직기는 일본의 태자에게 한자를 가르쳤고, 뒤이어 왕인은 천자문과 논어를 가르쳤다.

㉡ **노리사치계** : 6세기에 불경과 불상을 전하였다. 그 결과 일본은 고류사 미륵반가사유상과 호류사 백제관음상을 만들 수 있었다.

㉢ 5경박사, 의박사, 역박사, 화가, 공예 기술자가 파견되어 이들에 의해 목탑이 건립되었고, 백제가람양식이 생겨났다.

③ **고구려**

㉠ **담징** : 종이와 먹의 제조방법을 전하였고, 호류사의 벽화를 그렸다.

㉡ **혜자** : 소토쿠 태자의 스승이 되었다.

㉢ **혜관** : 불교 전파에 큰 공을 세웠다.

㉣ 다카마쓰 고분벽화가 수산리 고분벽화와 흡사한 점에서 고구려의 영향력을 살펴 볼 수 있다.

④ **신라** … 축제술(한인의 연못)과 조선술을 전해주었다.

⑤ 삼국의 문화는 야마토 정권과 아스카 문화의 형성에 큰 영향을 주었다.

(2) 일본으로 건너간 통일신라 문화

① 통일신라 문화의 전파는 일본에서 파견해 온 사신을 통해 이루어졌다.

② 원효, 강수, 설총이 발전시킨 유교와 불교문화는 일본 하쿠호문화의 성립에 기여하였다. 불상, 탑, 가람배치, 율령과 정치제도 등의 분야에서 통일신라의 불교와 유교의 영향이 컸다.

③ 심상에 의하여 전해진 화엄사상은 일본 화엄종의 토대가 되었다.

02 중세의 문화

1 유학의 발달과 역사서의 편찬

(1) 유학의 발달

① 고려초기 … 유교주의적 정치와 교육의 기틀이 마련되었다.

㉠ 태조 때 : 신라 6두품 계열의 유학자들이 활약하였다.

㉡ 광종 때 : 유학에 능숙한 관료를 등용하는 과거제도를 실시하였다.

㉢ 성종 때 : 최승로의 시무 28조를 통해 유교적 정치사상이 확립되고 유학교육기관이 정비되었다.

② 고려중기 … 문벌귀족사회의 발달과 함께 유교사상이 점차 보수적 성격을 띠게 된다.

㉠ 최충 : 9재학당(사학)을 세워 유학교육에 힘썼고, 고려의 훈고학적 유학에 철학적 경향을 가미하기도 하였다.

㉡ 김부식 : 보수적이고 현실적인 성격의 유학을 대표하였다.

㉢ 특징

- 시문을 중시하는 귀족 취향의 경향이 강하였다.
- 유교경전에 대한 전문적 이해가 깊어져 유교문화는 한층 성숙되었다.

㉣ 위축 : 무신정변이 일어나 문벌귀족세력이 몰락함에 따라 고려의 유학은 한동안 크게 위축되었다.

TIP 훈고학 … 한대에서 당대까지 성행하였던 유학으로 경전의 자구 해석에 치중하였다.

(2) 교육기관

① 초기(성종)

㉠ 지방 : 지방관리와 서민의 자제를 교육시키는 향교를 설치하였다.

㉡ 중앙 : 국립대학인 국자감(국학)이 설치되었다. 국자감은 국자학, 태학, 사문학을 연구하는 유학부와 율학, 서학, 산학을 연구하는 기술학부로 나뉘었다.

② 중기

㉠ 사학 12도 : 최충의 9재학당 등의 사학 12도가 융성하여 관학이 위축되었다.

㉡ 관학진흥책

- 도서 출판을 담당하는 서적포를 설치하였다.
- 전문강좌인 7재를 개설하였다.

• 장학재단인 양현고와 도서관 겸 학문연구소의 역할을 담당하는 청연각을 설치하였다.
• 개경에 경사 6학과 향교를 중심으로 지방교육을 강화시켰다.

③ 후기 … 교육재단인 섬학전을 설치하고, 국자감을 성균관으로 개칭하였으며, 공민왕 때에는 성균관을 순수 유교교육기관으로 개편하였다.

(3) 역사서의 편찬

① 초기 … 고려왕조실록이 편찬되었으나 거란의 침입으로 불타버렸고, 7대 실록이 편찬되었으나 오늘날 전하지 않는다.

② 중기 … 김부식의 삼국사기는 현존하는 우리나라 최고의 역사서로서, 고려초에 쓰여진 구삼국사를 기본으로 유교적 합리주의 사관에 기초하여 기전체로 서술되었다.

③ 후기

㉠ 무신정변 이후 : 민족적 자주의식을 바탕으로 전통문화를 올바르게 이해하려는 경향이 대두하였다. 이는 무신정변 이후의 사회적 혼란과 몽고 침략의 위기를 겪은 후에 나타난 변화이다.

• 해동고승전(각훈) : 삼국시대의 승려 30여명의 전기를 수록하였다.
• 동명왕편(이규보) : 고구려 건국의 영웅인 동명왕의 업적을 칭송한 영웅서사시로서, 고구려 계승의식을 반영하고 고구려의 전통을 노래하였다.
• 삼국유사(일연) : 단군의 건국 이야기를 수록하였고, 우리의 고유문화와 전통을 중시하였으며 불교사를 중심으로 서술되었다.
• 제왕운기(이승휴) : 우리나라 역사를 단군으로부터 서술하면서 우리 역사를 중국사와 대등하게 파악하는 자주성을 나타내었다.

㉡ 성리학적 유교사관의 대두

• 배경 : 신진사대부의 성장 및 성리학의 수용과 더불어 정통의식과 대의명분을 강조하는 성리학적 유교사관이 대두되기 시작하였다.
• 사략(이제현) : 개혁을 단행하여 왕권을 중심으로 국가질서를 회복하려는 의식이 반영되었다.

(4) 성리학의 전래

① 성리학 … 남송의 주희가 집대성한 성리학은 종래 자구의 해석에 힘쓰던 훈고학이나 사장 중심의 유학과는 달리 인간의 심성과 우주의 원리문제를 철학적으로 탐구하는 신유학이었다.

② 성리학의 전래과정 … 충렬왕 때 안향이 소개하고, 그 후 백이정이 원에서 성리학을 배워와 이제현 · 박충좌에게 전수하였으며, 이색으로 이어졌고, 그는 정몽주 · 권근 · 정도전에게 전래하였다.

③ 영향

㉠ 현실 사회의 모순을 시정하기 위한 개혁사상으로 신진사대부들은 성리학을 수용하게 된다.

㉡ 유교적인 생활관습을 시행하는 소학과 주자가례를 중시하여 일상생활에 관계되는 실천적 기능을 강조하게 되었다.

㉢ 권문세족과 불교의 폐단을 비판하였다(정도전의 불씨잡변).

㉣ 국가사회의 지도이념이 불교에서 성리학으로 바뀌게 되었다.

② 불교사상과 신앙

(1) 불교정책

① 태조

㉠ **사원 건립** : 불교를 적극 지원하면서 개경에 여러 사원을 세웠다.

㉡ **불교에 대한 국가의 지침 제시** : 훈요 10조에서 불교를 숭상하고, 연등회와 팔관회 등 불교행사를 개최할 것을 당부하였다.

② 광종

㉠ **승과제도의 실시** : 합격한 자에게는 품계를 주고 승려의 지위를 보장하였다.

㉡ **국사 · 왕사제도의 실시** : 왕실의 고문역할을 맡도록 하였다.

③ **사원** … 국가가 토지를 지급했으며, 승려에게 면역의 혜택을 부여하였다.

TIP 고려의 신앙관

㉠ 귀족 : 불교에 큰 관심을 보였으며 정치이념으로 삼았던 유교와 신앙인 불교를 서로 배치되는 것으로 생각하지 않았다.

㉡ 일반인 : 현세적인 기복신앙으로 불교를 널리 신봉하였고 지방의 신앙공동체였던 향도에는 불교와 함께 토속신앙의 면모도 보이며 불교와 풍수지리설이 융합된 모습도 보인다.

(2) 불교통합운동과 천태종

① 초기

㉠ **화엄종의 성행** : 화엄사상을 정비하고 보살의 실천행을 폈던 균여의 화엄종이 성행하였고 선종에 대한 관심도 높았다. 또한 귀법사를 창건하여 분열된 종파를 수습하려 하였다.

㉡ **의통과 제관** : 의통은 중국 천태종의 13대 교조가 되었고, 제관은 천태종의 기본교리를 정리한 천태사교의라는 명저를 저술하였다.

② 중기

㉠ **불교의 번창** : 개경에서는 흥왕사나 현화사와 같은 왕실과 귀족들의 지원을 받는 큰 사원이 세워져 불교가 번창하였다. 그리고 이들의 지원을 받아 화엄종과 법상종이 나란히 융성하였다.

㉡ **화엄종과 법상종의 융성** : 보수적이고 귀족적이다.

③ 의천의 교단통합운동

㉠ **배경** : 11세기에 이미 종파적 분열상을 보인 고려 불교계에 문종의 왕자로서 승려가 된 의천은 교단통합운동을 펼쳤다.

㉡ **교단통합운동**

- 토대 : 원효의 화쟁사상을 토대로 하여 불교사상을 통합하려 하였다.
- 천태종 창시 : 흥왕사를 근거지로 삼아 화엄종을 중심으로 교종을 통합하려 하였으며, 선종을 통합하기 위하여 국청사를 창건하여 천태종을 창시하였다.

㉢ **사상적 바탕** : 이론의 연마와 실천을 아울러 강조하는 교관겸수(敎觀兼修)를 제창하였다.

㉣ **성과** : 천태종에 많은 승려가 모이는 등 새로운 교단 분위기를 형성하는 일정한 성과를 거두었다.

㉤ **한계** : 사회·경제적으로 문제가 되고 있던 불교의 폐단을 적극적으로 시정하는 대책이 뒤따르지 않아 의천이 죽은 뒤 교단은 다시 분열되고 귀족 중심의 불교가 지속되었다.

(3) 결사운동과 조계종

① **결사운동** … 무신집권 이후의 사회변동기를 지나 불교계에서도 본연의 자세 확립을 주창하는 결사운동이 전개되었다.

② 지눌

㉠ **수선사결사운동의 제창** : 승려 본연의 자세로 돌아가 경과 선 수행, 노동에 고루 힘쓰자는 개혁운동이다.

㉡ **조계종의 성립**(조계종 중심의 선·교 통합운동)

- 돈오점수(頓悟漸修)·정혜쌍수(定慧雙修)를 제창하여 참선(선종)과 지혜(교종)를 함께 수행하였다.
- 독경, 선수행, 노동을 강조하여 불교개혁운동을 펼쳤다.
- 선종을 중심으로 교종을 포용하여 선·교 일치사상을 완성시켰다.

TIP 정혜쌍수와 돈오점수 … 지눌은 불교수행의 중심을 이루는 두 요소인 참선과 지혜를 아울러 닦자는 정혜쌍수를 내세웠다. 그리고 승려 본연의 자세로 돌아가 예불 독경과 함께 참선 및 노동에 힘쓰자는 개혁운동을 전개하였다. 이것은 선·교 통합을 지향한 것이기도 하였다. 또한 정혜쌍수와 함께 그것의 바탕이 되는 이론으로 돈오점수를 수행방법으로 제시하였다. 돈오는 인간의 마음이 곧 부처의 마음임을 깨닫는 것이며, 점수는 깨달은 뒤에도 꾸준히 수행해야 해탈에 이를 수 있다는 주장이다.

③ **혜심** … 유불일치설과 심성의 도야를 강조하여 성리학 수용의 사상적 토대를 마련하였다.

④ **요세의 백련결사 제창** … 자신의 행동을 진정으로 참회하는 법화신앙에 중점을 두어 수선사와 양립하며 고려후기 불교계를 이끌었다.

⑤ **불교의 세속화** … 원간섭기에 들어서자 혁신운동이 단절되고, 사원은 막대한 토지와 노비를 소유하며 상업에 관여하기에 이르렀다. 보우가 교단을 정비하려 노력했으나 실패로 돌아가고 새로운 세력인 신진사대부는 불교계의 사회·경제적인 폐단을 크게 비판하였다.

(4) 대장경 간행

① **초조대장경** … 현종 때 거란의 퇴치를 염원하며 간행하였으나 몽고의 침입으로 소실되었다.

② **속장경(의천)** … 교장도감을 설치하고 불서목록인 신편제종교장총록을 작성하여 속장경을 간행하였지만 몽고의 침입으로 소실되고 말았다.

③ **팔만대장경(재조대장경)** … 최우가 대장도감을 설치하여 부처의 힘으로 몽고의 침입을 극복하고자 간행하였다. 합천 해인사에 보관되어 있다.

(5) 도교와 풍수지리설

① 도교의 발달

㉠ **특징** : 불로장생과 현세구복을 추구하였다. 초제가 성행하고 도교사원을 건립하여 국가의 안녕과 왕실의 번영을 기원하였다.

㉡ **한계** : 불교적 요소와 도참사상이 수용되었지만 일관성이 결여되고 교단이 성립되지 못하여 민간신앙으로 전개되었다. 국가적으로 이름난 명산대천에 제사를 지내는 팔관회는 도교, 민간신앙, 불교가 어우러진 행사였다.

② 풍수지리설

㉠ 도참사상이 가미되어 크게 유행하였다. 개경과 서경이 명당이라는 설이 유포되어 서경 천도와 북진정책 추진의 이론적 근거가 되었다.

㉡ 개경세력과 서경세력의 정치적 투쟁에 이용되어 묘청의 서경천도운동을 뒷받침하기도 하였다.

㉢ 북진정책의 퇴조와 함께 한양명당설이 대두하여 이곳을 남경으로 승격하고 궁궐을 지어 왕이 머물기도 하였다.

③ 과학기술의 발달

(1) 천문학과 의학

① 과학 … 국자감에서 잡학(율학, 서학, 산학 등)을 교육하였으며, 과거에서도 잡과를 실시하였다. 이는 천문학, 의학, 인쇄술, 상감기술, 화약무기제조술 등의 과학기술의 발전을 가져왔다.

② 천문학 … 천문관측과 역법계산을 중심으로 발달하였다. 사천대(서운관)를 설치하여 첨성대에서 관측업무를 수행하였고, 당의 선명력이나 원의 수시력 등 역법을 수용하였다.

③ 의학 … 태의감에서 의학을 교육하였고, 의과를 시행하였으며, 향약구급방과 같은 자주적 의서를 편찬하였다.

(2) 인쇄술의 발달

① 목판인쇄술 … 고려대장경의 판목은 고려의 목판인쇄술이 최고의 수준에 이르렀음을 입증해 주고 있다.

② 금속활자인쇄술 … 상정고금예문(1234)은 서양보다 200여 년이나 앞서 이루어진 것이나 오늘날 전해지지 않고 있으며, 직지심체요절(1377)은 현존하는 세계 최고(最古)의 금속 활자본이다.

(3) 농업기술의 발달

① 권농정책 … 농민생활의 안정과 국가재정의 확보를 위해 실시하였다. 광종은 토지 개간을 장려하였고, 성종은 무기를 농기구로 만들어 보급하기도 하였다.

② 농업기술의 발달

㉠ 토지의 개간과 간척 : 중기까지는 묵은 땅, 황무지, 산지 등을 개간하였으나, 후기에는 해안지방의 저습지를 간척하였다(강화도).

㉡ 수리시설의 개선 : 김제의 벽골제와 밀양의 수산제를 개축하고, 제언(저수지)을 확충시켰으며, 해안의 방조제 등이 만들어져 수리시설과 농업기술이 점차 발전하였다.

㉢ 농업기술의 발달 : 1년 1작이 기본이었으며 논농사의 경우는 직파법을 실시하였으나, 말기에 남부 일부 지방에 이앙법이 보급되어 실시되기도 하였다. 밭농사는 2년 3작의 윤작법과 우경에 의한 깊이갈이가 보급되어 휴경기간의 단축과 생산력의 증대를 가져왔다.

㉣ 시비법의 발달 : 가축이나 사람의 배설물을 거름으로 이용하였다.

㉤ 녹비법의 시행 : 콩과 작물을 심은 뒤에 갈아 엎어 비료로 사용하는 녹비법이 시행되었다.

㉥ 농서의 도입 : 이암은 원의 농상집요를 소개 · 보급하였다.

㉦ 목화의 재배 : 문익점이 원에서 목화씨를 들여와 목화재배를 통해 의생활의 혁신을 가져왔다.

(4) 화약무기의 제조와 조선기술

① 최무선은 화통도감을 설치하여 화약과 화포를 제작하였고 진포싸움에서 왜구를 격퇴하였다.

② 대형 범선이 제조되었고 대형 조운선이 등장하였다.

④ 귀족문화의 발달

(1) 문학의 성장

① 전기

㉠ **한문학** : 광종 때부터 실시한 과거제로 한문학이 크게 발달하였고, 성종 이후 문치주의가 성행함에 따라 한문학은 관리들의 필수교양이 되었다. 이 시기의 한문학은 중국의 형식을 모방하는 것에서 벗어나 독자적 성격을 가지기 시작하였다.

㉡ **향가** : 균여의 보현십원가가 대표적이며, 향가는 점차 한시에 밀려 사라지게 되었다.

② **중기** … 귀족화되면서 당의 시나 송의 산문을 숭상하는 풍조가 퍼져 당시 귀족문화의 사대성과 보수성을 강화하는 결과를 가져왔다.

③ 무신집권기

㉠ **수필형식의 저술** : 낭만적이고 현실도피적인 경향을 보였다.

㉡ **새로운 문학 경향의 대두** : 이규보와 최자 등의 문신들에 의하여 형식보다는 내용에 치중하여 현실을 표현하였다.

④ **후기** … 신진사대부와 민중이 주축이 되었다.

㉠ **한시 · 한문학** : 수필문학, 패관문학, 한시가 발달하였다.

㉡ **사대부문학** : 향가 형식을 계승한 경기체가를 창작하여 유교정신과 자연의 아름다움을 담았다(한림별곡, 관동별곡, 죽계별곡). 또한 민간에 구전되는 이야기를 고쳐 한문으로 기록한 패관문학이 유행하였다(이규보의 백운소설, 이제현의 역옹패설).

㉢ **민중문학** : 자유분방한 서민의 감정을 표현한 장가(속요)가 유행하였다(청산별곡, 가시리, 쌍화점).

(2) 건축과 조각

① **건축** … 궁궐과 사원이 중심이 되었으며, 축대를 높이 쌓고 계단식 배치를 한 웅장하고 장엄한 형식이다.

㉠ **봉정사 극락전** : 주심포 양식으로 현존하는 최고의 목조건물이다.

㉡ **부석사 무량수전, 수덕사 대웅전** : 주심포 양식으로 주변 자연과 어우러진 외관과 잘 다듬은 부재의 배치가 만들어 내는 경건한 내부공간으로 유명하다.

㉢ **성불사 응진전** : 후기 건물로 조선시대 건축에 영향을 끼쳤으며 다포식 건물이다.

② **석탑** … 신라 양식을 일부 계승하였으나 독자적인 조형감각을 가미하여 다양한 형태로 제작되었다. 다각 다층탑이 많았고 안정감은 부족하나 자연스러운 모습을 띠었다(불일사 5층 석탑, 월정사 팔각 9층 석탑, 경천사 10층 석탑).

③ **승탑** … 선종의 유행과 관련이 있다(고달사지 승탑, 법천사 지광국사 현묘탑).

④ **불상** … 균형을 이루지 못하여 조형미가 다소 부족한 것이 많았다(광주 춘궁리 철불, 관촉사 석조 미륵보살 입상, 안동 이천동 석불, 부석사 소조아미타여래 좌상).

 주심포 양식과 다포 양식

㉠ 주심포 양식 : 지붕의 무게를 기둥에 전달하면서 건물을 치장하는 공포가 기둥 위에만 짜여져 있는 방식이다. 하중이 공포를 통해 기둥에만 전달되기 때문에, 자연히 그 기둥은 굵고 배흘림이 많은 경향을 보이는 대신 간소하고 명쾌하다.

㉡ 다포 양식 : 기둥 위와 기둥 사이에도 공포가 짜여져 있는 방식이다. 하중이 기둥과 평방(平榜)의 공포를 통해 벽체에 분산되므로, 지붕의 크기가 더욱 커져 중후하고 장엄한 모습이다.

(3) 청자와 공예

① **자기공예**

㉠ 신라와 발해의 전통과 기술을 토대로 송의 자기기술을 받아들여 독특한 미를 완성시켰다.

㉡ **청자의 발달** : 초기에는 순수 청자였으나 12세기 중엽에는 상감청자가 발달하였다. 원 간섭기 이후에는 퇴조되어 점차 소박한 분청사기가 등장하게 되었다(고려의 청자는 자기를 만들 수 있는 흙이 생산되고 연료가 풍부한 지역에서 구워졌는데, 전라도 강진과 부안이 유명하였다).

② **금속공예** … 은입사 기술이 발달하였다(청동 은입사 포류수금문 정병, 청동향로)

③ **나전칠기** … 경함, 화장품갑, 문방구 등이 현재까지 전해진다.

(4) 글씨 · 그림과 음악

① **서예**

㉠ **전기** : 구양순체가 유행했는데 탄연의 글씨가 특히 뛰어났다.

㉡ **후기** : 송설체(조맹부)가 유행했는데, 이암이 뛰어났다.

② **회화** … 도화원에 소속된 전문 화원의 그림과 문인이나 승려의 문인화로 나뉘었다.

㉠ **전기** : 뛰어난 화가로는 예성강도를 그린 이령과 그의 아들 이광필이 있었다.

㉡ **후기** : 사군자 중심의 문인화가 유행하였고, 공민왕은 천산대렵도를 그렸는데, 이것은 당시의 그림에 원대 북화가 영향을 끼쳤음을 알려 준다.

③ **음악**

㉠ **아악** : 송에서 수입된 대성악이 궁중음악으로 발전된 것으로, 오늘날까지도 격조높은 전통음악을 이루고 있다.

㉡ **향악**(속악) : 우리의 고유 음악이 당악의 영향을 받아 발달한 것으로 당시 유행한 민중의 속요와 어울려 수많은 곡을 낳았다. 동동 · 대동강 · 한림별곡이 유명하다.

03 근세의 문화

① 민족문화의 융성

(1) 발달배경

① 과학기술과 실용적 학문을 중시하여 민생 안정과 부국 강병을 추구하였다.

② 한글을 창제하여 민족문화의 기반을 넓힘과 동시에 발전할 수 있는 터전을 닦았다.

③ 성리학을 지도이념으로 내세웠으나 성리학 이외의 학문과 사상이라도 중앙집권체제의 강화나 민생 안정과 부국 강병에 도움이 되는 것은 어느 정도 받아들였다.

(2) 한글의 창제

① **배경** … 조선 한자음의 혼란을 방지하고 피지배층을 도덕적으로 교화시켜 양반 중심의 사회를 운영하는 데 목적이 있었다.

② **창제와 반포**(1446) … 집현전 학자들과 더불어 정음청을 설치하고 한글을 창제한 후 세종대왕은 훈민정음을 반포하였다.

③ 보급

㉠ 용비어천가(왕실 조상의 덕을 찬양) · 월인천강지곡(부처님의 덕을 기림) 등을 지어 한글로 간행하였다.
㉡ 불경 · 농서 · 윤리서 · 병서 등을 한글로 번역하거나 편찬하였다.
㉢ 서리 채용에 훈민정음을 시험으로 치르게 하였다.

④ **의의** … 백성들도 문자생활이 가능하게 되었으며, 문화민족으로서의 긍지와 자부심을 갖게 되었고 민족문화의 기반을 확대하는 데 큰 의의가 있었다.

(3) 역사서의 편찬

① **건국 초기** … 왕조의 정통성에 대한 명분을 밝히고 성리학적 통치규범을 정착시키기 위하여 국가적 차원에서 역사서의 편찬에 힘썼다. 정도전의 고려국사와 권근의 동국사략이 대표적이다.

② **15세기 중엽** … 사회의 안정과 국력 성장의 바탕 위에서 성리학적 대의명분보다는 민족적 자각을 일깨우고, 왕실과 국가위신을 높이며, 문화를 향상시키는 방향에서 시도되어 고려사, 고려사절요, 동국통감이 간행되었다.

③ 16세기 … 사림의 존화주의적, 왕도주의적 정치 · 문화의식을 반영하는 동국사략, 기자실기 등이 편찬되었다.

④ 조선왕조실록의 편찬 … 국왕 사후에 춘추관에 실록청을 설치하여 사초나 시정기를 참고자료로 삼아 편년체로 기록하였다(태조 ~ 철종).

TIP 역사서술방식

㉠ 기전체 : 정사체로서 본기, 세가, 연표, 지, 열전으로 구분하여 서술한다.
㉡ 편년체 : 연대순으로 종합하여 서술한다.
㉢ 기사본말체 : 사건 단위로 원인과 결말 중심으로 서술한다.
㉣ 강목체 : 주제별로 강과 목으로 서술한다.

(4) 지리서의 편찬

① 목적 … 중앙 집권과 국방 강화를 위하여 지리지와 지도의 편찬에 힘썼다.

② 지도 … 혼일강리역대국도지도(세계지도), 팔도도(전국지도), 동국지도(양성지 등이 완성, 과학기구 이용, 압록강 이북 포함, 북방에 대한 관심 표현), 조선방역지도(16세기 대표적 지도) 등이 있다.

③ 지리지 … 신찬팔도지리지(세종), 동국여지승람(성종, 군현의 연혁 · 지세 · 인물 · 풍속 · 산물 · 교통 등 수록), 신증동국여지승람(중종), 해동제국기(일본 견문기) 등이 있다.

(5) 윤리 · 의례서와 법전의 편찬

① 윤리 · 의례서

㉠ 목적 : 유교적인 사회질서 확립을 위해 편찬하였다.
㉡ 윤리서 : 삼강행실도, 이륜행실도, 동몽수지 등이 있다.
㉢ 의례서 : 국가의 행사의례를 정비한 국조오례의가 있다.

② 법전의 편찬

㉠ 목적 : 유교적 통치규범을 성문화하기 위해 편찬하였다.
㉡ 법전의 편찬

• 초기 법전 : 정도전의 조선경국전, 경제문감, 조준의 경제육전이 편찬되었다.
• 경국대전

−6전체제로 구성 : 이 · 호 · 예 · 병 · 형 · 공전으로 구성된 기본법전이다.
−유교적 통치질서와 문물제도가 완성되었음을 의미한다.

❷ 성리학의 발달

(1) 성리학의 정착

① 15세기의 시대적 과제 … 대내외적인 모순을 극복하고 새로운 문물제도를 정비하며 부국 강병을 추진하는 것이었다.

② 관학파(훈구파) … 정도전, 권근 등의 관학파는 성리학에만 국한하지 않고, 한 · 당 유학, 불교, 도교, 풍수지리사상, 민간신앙 등을 포용하여 시대적 과제를 해결하려고 하였으며, 특히 주례를 국가의 통치이념으로 중요하게 여겼다.

③ 사학파(사림파) … 길재와 그의 제자들은 형벌보다는 교화에 의한 통치를 강조하였으며, 공신과 외척의 비리와 횡포를 성리학적 명분론에 입각하여 비판하고, 당시의 사회모순을 성리학적 이념과 제도의 실천으로 극복해 보려고 하였다.

(2) 성리학의 융성

① 이기론의 발달

㉠ 주리론 : 기(氣)보다는 이(理)를 중심으로 이론을 전개하였다.

- 도덕적 원리에 대한 인식과 그 실천을 중요시하여 신분질서를 유지하는 도덕규범 확립에 크게 기여하였다.
- 임진왜란 이후 일본 성리학의 발전과 위정척사사상 등에 영향을 주었다.

㉡ 주기론 : 이(理)보다는 기(氣)를 중심으로 세계를 이해하고, 불교와 노장사상에 대해서 개방적 태도를 지녔다.

- 인간의 경험적 현실세계를 중요시하였다.
- 북학파 실학과 개화사상에 영향을 주었다.

② 성리학의 정착

㉠ 이황

- 주자의 이론에 조선의 현실을 반영시켜 나름대로의 체계를 세우려고 하였다.
- 도덕적 행위의 근거로서의 인간의 심성을 중시하였고, 근본적이며 이상주의적 성격이 강하였다.
- 우리나라뿐만 아니라 일본의 성리학에도 영향을 끼쳤다.
- 주자서절요, 성학십도 등을 저술하여 이기이원론을 더욱 발전시켜 주리철학을 확립하였다.

㉡ 이이

- 기의 역할을 강조하여 현실적이고 개혁적인 성격이 강했다.
- 통치체제의 정비와 수취제도의 개혁을 제시하였다.
- 동호문답, 성학집요 등을 저술하였다.
- 일원론적인 이기이원론을 주장하였다.

(3) 학파의 형성과 대립

① **배경** … 16세기 중반부터 성리학에 대한 이해가 심화되면서 학설과 지역에 따라 서원을 중심으로 학파가 형성되기 시작하였다.

② **정파의 형성** … 서경덕, 이황, 조식, 이이, 성혼학파가 형성되었고, 사림이 중앙 정계의 주도 세력으로 등장하는 선조 때 정파가 형성되었다.

㉠ 동인과 서인의 형성

- 동인 : 서경덕, 이황, 조식학파가 동인을 형성하였으며, 정여립 모반사건으로 남인(이황학파)과 북인(서경덕학파, 조식학파)으로 분파되었다.
- 서인 : 이이, 성혼학파가 서인을 형성하였다.

㉡ **북인** : 광해군 때 집권한 북인은 임진왜란으로 인한 피해를 극복하기 위하여 대동법의 시행과 은광 개발 등 사회경제정책을 추진하였으며, 중립외교를 추진하는 등 성리학적 의리명분론에 크게 구애받지 않았으며, 이는 서인과 남인의 반발을 가져왔다.

㉢ 서인과 남인

- 인조반정으로 서인이 정국을 주도하자 서경덕 · 조식의 사상, 양명학, 노장사상은 배척을 당하고 주자 중심의 성리학만이 조선 사상계에서 확고한 우위를 차지하게 되는 계기를 마련하였다.
- 서인과 남인은 명에 대한 의리명분론을 강화하고, 반청정책을 추진하여 병자호란을 초래하기도 하였다.
- 서인 : 송시열 이후 척화론과 의리명분론이 대세를 이루었다.

(4) 예학의 발달

① **16세기 중반** … 주자가례 중심의 생활규범서가 출현하고, 주자가례에 대한 학문적 연구도 활발해져감에 따라 성리학자들의 예에 대한 관심이 증대하였다.

② **17세기** … 양 난으로 인하여 흐트러진 유교적 질서의 회복이 강조되면서 예가 더욱 중시되었다.

③ 주자가례를 모범으로 하여 김장생, 정구 등이 발전시켰다.

④ 예에 관한 각 학파 간의 입장의 차이가 예송논쟁을 통해 표출되기도 하였다.

③ 불교와 민간신앙

(1) 불교의 정비

① 정비과정

㉠ **태조** : 도첩제를 실시하여 승려로의 출가를 제한하였다.

㉡ **태종** : 사원을 정리하고 사원의 토지와 노비를 몰수하여 전국에 242개의 사원만을 인정하였다.

㉢ **세종** : 교단을 정리하면서 선종과 교종 모두 36개의 절만 인정하였다.

㉣ **성종** : 도첩제를 폐지하고 출가를 금지하였다. 사림들의 적극적인 불교 비판으로 불교는 점차 왕실에서 멀어져 산 속으로 들어가게 되었다.

㉤ **중종** : 승과를 폐지하였다.

② **명맥 유지** … 불교를 보호하기 위하여 왕실의 안녕과 왕족의 명복을 비는 행사를 시행하게 되었다. 세조 때에는 한글로 불경을 간행하고 보급하기 위한 간경도감을 설치하고, 명종 때에는 불교회복정책으로 승과를 부활시켰다.

③ **한계** … 전반적으로 사원의 경제적 기반 축소와 우수한 인재들의 출가 기피는 불교의 사회적 위상을 크게 약화시키는 결과를 가져왔다.

(2) 도교와 민간신앙

① 도교

㉠ 소격서를 설치하고 참성단에서 일월성신에 대해 제사를 지내는 초제가 시행되었다.

㉡ 사림의 진출 이후에는 도교행사가 사라지게 되었다.

② **풍수지리설과 도참사상** … 한양 천도에 반영되었고, 산송문제를 야기시키기도 하였다.

③ 기타 민간신앙

㉠ 무격신앙, 산신신앙, 삼신숭배, 촌락제가 성행하게 되었다.

㉡ 세시풍속 : 유교이념과 융합되어 조상숭배의식과 촌락의 안정을 기원하였다.

④ 과학기술의 발달

(1) 천문 · 역법과 의학

① **발달배경** … 부국 강병과 민생 안정을 위하여 국가적으로 과학기술을 지원하고, 우리나라의 전통적 문화를 계승하면서 서역 및 중국의 과학기술을 수용하였다.

② 각종 기구의 발명 제작
- ㉠ **천체관측기구** : 혼의, 간의
- ㉡ **시간측정기구** : 해시계(앙부일구), 물시계(자격루)
- ㉢ **강우량 측정기구** : 측우기(세계 최초)
- ㉣ **토지측량기구** : 인지의, 규형(토지 측량과 지도 제작에 활용)

③ 천문도의 제작
- ㉠ **천상열차분야지도** : 고구려의 천문도를 바탕으로 돌에 새겼다.
- ㉡ 세종 때 새로운 천문도를 제작하였다.

④ 역법
- ㉠ **칠정산** : 중국의 수시력과 아라비아의 회회력을 참고로 하여 만든 역법서이다.
- ㉡ 서울을 기준으로 천체운동을 정확히 계산한 것이다.

⑤ **의학분야** … 향약집성방(국산약재와 치료방법을 개발 · 정리)과 의방유취(의학백과사전)가 편찬되어 민족의학이 발전하게 되었다.

(2) 농서의 편찬과 농업기술의 발달

① 농서의 편찬
- ㉠ **농사직설**(세종) : 우리나라에서 편찬된 최초의 농서로서 씨앗의 저장법, 토질의 개량법, 모내기법 등 우리의 실정에 맞는 독자적인 농법을 정리하였다.
- ㉡ **금양잡록**(성종) : 금양(시흥)지방을 중심으로 한 경기지방의 농사법을 정리하였다.

② 농업기술의 발달
- ㉠ 밭농사의 경우 조 · 보리 · 콩의 2년 3작이 보편화되었고, 논농사로는 남부지방 일부에서 모내기와 이모작이 실시되었다.
- ㉡ 봄철에 비가 적은 기후조건 때문에 마른 땅에 종자를 뿌려 일정한 정도 자란 다음에 물을 대주는 건사리(건경법)와 무논에 종자를 직접 뿌리는 물사리(수경법)가 시행되었다.
- ㉢ 밑거름과 뒷거름을 주는 시비법이 발달하여 농경지가 상경화되었으며 휴경제도는 소멸되었다.
- ㉣ 농작물 수확 후에 빈 농지를 갈아 엎어 다음해 농사를 준비하는 가을갈이 농사법이 보급되었다.

③ 목화 재배가 확대되어 백성들은 주로 무명옷을 입게 되었고, 무명은 화폐처럼 사용되었다.

④ 삼 · 모시의 재배도 성행하였으며 누에고치도 전국적으로 확산되고 양잠에 관한 농서도 편찬되었다.

5 문학과 예술

(1) 다양한 문학

① **특징**

㉠ 15세기 : 격식을 존중하고 질서와 조화를 내세우는 경향의 문학이 유행하였다.

㉡ 16세기 : 개인적인 감정과 심성을 표현하는 한시와 가사, 시조 등이 발달하였다.

② **악장과 한문학** … 조선 왕조 건설에 참여했던 관료 문인들은 조선의 탄생과 자신들의 업적을 찬양하고, 용비어천가 · 월인천강지곡 · 동문선 등을 통해 우리 민족의 자주의식을 표출하였다.

③ **시조문학** … 15세기에는 김종서 · 남이 · 길재 · 원천석의 작품이, 16세기에는 황진이 · 윤선도의 작품이 손꼽힌다.

④ **설화문학** … 관리들의 기이한 행적이나 서민들의 풍속, 감정, 역사의식을 담았다. 대표적인 작품으로는 필원잡기(서거정), 용재총화(성현), 금오신화(김시습), 패관잡기(어숙권)가 있으며, 이러한 설화문학은 불의를 폭로하고 풍자하는 내용이 많아서 당시 서민사회를 이해하려는 관리들의 자세와 노력을 엿볼 수 있다.

⑤ **가사문학** … 송순, 정철, 박인로에 의해 발달하였다. 정철은 관동별곡, 사미인곡, 속미인곡 같은 작품에서 관동지방의 아름다운 경치와 왕에 대한 충성심을 읊은 것으로 유명하다.

⑥ **여류문인의 활동** … 신사임당, 허난설헌, 황진이가 대표적이다.

(2) 왕실과 양반의 건축

① **15세기** … 궁궐 · 관아 · 성곽 · 성문 · 학교건축이 중심이 되었고, 건물은 건물주의 신분에 따라 일정한 제한을 두었다.

② **16세기** … 사림의 진출과 함께 서원의 건축이 활발해졌다. 서원 건축은 가람배치양식과 주택양식이 실용적으로 결합된 독특한 아름다움을 지녔으며, 옥산서원(경주) · 도산서원(안동)이 대표적이다.

(3) 분청사기, 백자와 공예

① **성격** … 소박하고 실용적인 성격(의식주의 필수품, 사대부의 문방구)을 지녔다.

② 종류

㉠ 도자기 : 15세기에는 회청색의 분청사기, 16세기에는 백자가 대표적이다.

㉡ 목공예 : 장롱, 문갑 등은 재료의 자연미를 살린 실용성과 예술성이 조화된 작품이었다.

㉢ 기타 : 쇠뿔을 쪼개어 무늬를 새긴 화각공예, 자개공예(나전칠기), 자수와 매듭공예 등이 유명하였다.

(4) 그림과 글씨

① 그림

㉠ 15세기

- 특징 : 그림은 도화서에 소속된 화원들의 그림과 문인이었던 선비들의 그림으로 나눌 수 있다. 이들은 중국 화풍을 선택적으로 수용하여 독자적 화풍을 형성하였고, 이는 일본 무로마치시대의 미술에 큰 영향을 주었다.
- 화가 : 안견(몽유도원도), 강희안(고사관수도), 강희맹 등이 있다.

㉡ 16세기

- 특징 : 산수화와 사군자가 유행하였다.
- 화가 : 이암, 이정, 황집중, 어몽룡, 신사임당이 유명하였다.

② 글씨 … 안평대군(송설체), 양사언(초서), 한호(석봉체)가 유명하였다.

(5) 음악과 무용

① 음악

㉠ 박연 : 악기를 개량하거나 만들었다.

㉡ 세종 : 여민락 등 악곡을 짓고, 소리의 장단과 높낮이를 표현할 수 있는 정간보를 창안하였다.

㉢ 성현 : 악학궤범을 편찬하였다.

② 무용

㉠ 궁중과 관청 : 행사에 따라 매우 다양하였는데, 처용무는 전통춤을 우아하게 변용시켰다.

㉡ 민간 : 농악무 · 무당춤 · 승무 등 전통춤을 계승하고 발전시켜 나갔으며, 산대놀이와 꼭두각시놀이도 유행하였다.

04 문화의 새 기운

❶ 성리학의 변화

(1) 성리학의 교조화 경향

① 성리학의 절대화

㉠ 서인 : 인조반정 이후 정국의 주도권을 잡은 서인은 의리명분론을 강화하여 주자 중심의 성리학을 절대화함으로써 자신들의 학문적 기반을 공고히 하려 하였다.

㉡ 송시열 : 주자의 본뜻에 충실함으로써 당시 조선 사회의 모순을 해결하려 하였다.

② 성리학의 상대화

㉠ 경향 : 주자 중심의 성리학을 상대화하고 6경과 제자백가 등에서 모순 해결의 사상적 기반을 찾으려는 경향이 본격화되었다(17세기 후반).

㉡ 학자

- 윤휴는 유교경전에 대해 독자적인 해석을 펼쳤다.
- 박세당은 양명학과 노장사상의 영향을 받아 사변록을 통해 주자의 학설을 비판하였다.

㉢ 결과 : 주자의 학문체계와는 다른 모습을 보였기 때문에 당시 권력을 장악하고 있던 서인(노론)의 공격을 받아 사문난적(斯文亂賊)으로 몰려 죽었다.

㉣ 기타 : 정약용은 주자의 해석에 구애되지 않고 고주(古註)를 참작하여 공자 · 맹자의 본뜻을 찾으려고 노력하여 성리학과 다른 독자적인 철학체계를 수립하였다.

③ 성리학의 발달

㉠ 이기론 중심 : 이황학파의 영남 남인과 이이학파인 노론 사이에 성리학의 이기론을 둘러싼 논쟁이 치열하게 전개되었다.

㉡ 심성론 중심 : 인간과 사물의 본성이 같은가 다른가 등의 문제를 둘러싸고 충청도 지역의 호론과 서울 지역의 낙론이 대립하였다.

㉢ 주자 중심의 성리학을 절대시한 노론과는 달리, 소론은 성혼의 사상을 계승하고 양명학과 노장사상을 수용하는 등 성리학의 이해에 탄력성을 가지게 되었다.

(2) 양명학의 수용

① **수용** … 성리학의 교조화와 형식화를 비판하였고, 지행합일(知行合一)의 실천성을 강조한 양명학은 중종 때 전래하였다.

② **확산** … 명과의 교류가 활발해지면서 주로 서경덕 학파와 종친들 사이에 확산되었다. 그러나 이황이 전습록변에서 양명학을 이단으로 비판한 것을 계기로 몇몇 학자들만이 관심을 기울였으나 17세기 후반 소론 학자(최명길, 장유)들에 의하여 본격적으로 수용되었다.

③ **강화학파의 형성** … 18세기 초 정제두가 강화도로 옮겨 살면서 양명학 연구와 제자 양성에 힘써 강화학파라 불리는 하나의 학파를 이루었다. 그러나 제자들이 정권에서 소외된 소론이었기 때문에 그의 학문은 집안의 후손들과 인척을 중심으로 가학(家學)의 형태로 계승되었다.

④ **영향** … 역사학 · 국어학 · 서화 · 문학 등에서 새로운 경지를 개척하게 되어 실학자들과 서로 영향을 주고 받았다. 또한 박은식, 정인보 등 한말 일제시기의 민족운동에 영향을 주게 되었다.

2 실학의 발달

(1) 실학의 등장

① **실학의 개념** … 17 ~ 18세기의 사회 · 경제적 변동에 따른 사회 모순에 직면하여 그 해결책을 구상하는 과정에서 대두한 학문과 사회개혁론이다.

② 등장배경

㉠ **통치질서의 와해** : 조선 사회는 양 난을 겪으면서 크게 모순을 드러냈으나, 위정자들은 근본적 대책을 모색하지 못하였다. 이에 진보적 지식인들은 국가체제를 개편하고 민생을 안정시킬 수 있는 개혁방안을 제시하게 되었던 것이다.

㉡ **성리학의 사회적 기능 상실** : 조선후기에는 양반사회의 모순이 심각해졌음에도 불구하고 당시의 지배 이념이었던 성리학은 현실문제를 해결할 수 있는 기능을 수행하지 못하였다.

㉢ **현실문제를 탐구하려는 움직임** : 성리학의 한계성을 자각하고 이를 비판하면서 현실생활과 직결되는 문제를 탐구하려는 움직임이 나타나게 되었다.

㉣ **경제적 변화와 발전** : 전쟁피해의 복구과정에서 피지배층은 끊임없는 노력으로 경제적 발전을 추구하였는데, 이를 촉진하고 대변하는 사상으로 나타났다.

㉤ **신분 변동** : 조선후기 사회는 신분질서가 급속히 붕괴되어 정권에서 소외된 양반층의 생계 대책과 서민층의 생존문제에 주목하게 되었다.

ⓑ **서학의 영향** : 17세기 이래 중국에서 간행된 각종 서학서적들이 조선에 전래되어 당시 지식인들에게 과학적이고 합리적인 사상을 전하였다.

ⓢ **청의 고증학의 영향** : 고증학에는 실사구시(實事求是)를 내세워 학문 연구에서 실증적 방법을 강조하였다.

③ **실학의 태동** … 17세기에 성리학의 사회적 기능이 상실되자 현실문제와 직결된 문제를 탐구하면서 등장하게 되었다. 이수광의 지봉유설, 한백겸의 동국지리지 등에 의하여 제기되었다.

④ **실학의 연구** … 실학은 농업 중심의 개혁론, 상공업 중심의 개혁론, 국학 연구 등을 중심으로 확산되었으며, 청에서 전해진 고증학과 서양과학의 영향을 받기도 하였다.

(2) 농업 중심의 개혁론(경세치용학파)

① **특징** … 농촌사회의 안정을 위하여 농민의 입장에서 토지제도의 개혁을 강조하여 자영농 육성을 주장하였다.

② 주요 학자와 사상

㉠ **유형원**(농업 중심 개혁론의 선구자)

- 균전론 주장 : 반계수록에서 관리, 선비, 농민 등에 따라 차등있게 토지를 재분배하고 조세와 병역도 조정하자고 주장하였다.
- 군사 · 교육제도 개편 : 자영농을 바탕으로 농병일치의 군사조직과 사농일치의 교육제도를 확립해야 한다고 하였다.
- 신분제 비판 : 양반문벌제도, 과거제도, 노비제도의 모순을 비판하였다.
- 유학적 한계성 : 사 · 농 · 공 · 상의 직업적 우열과 농민의 차별을 전제로 하면서 개인의 능력을 존중하는 사회를 지향하여 유교적 생각에서 크게 벗어나지 못했다.

㉡ **이익**(실학의 학파 형성)

- 이익학파의 형성 : 성호사설, 곽우록 등을 저술하고 유형원의 실학사상을 계승 · 발전시켰으며, 안정복, 이중환, 이가환, 정약용 등의 제자를 길러 학파를 형성하였다.
- 한전론 주장 : 한 가정의 생활을 유지하는 데 필요한 일정한 토지를 영업전으로 정하고, 영업전은 법으로 매매를 금지하고 나머지 토지만 매매를 허용해야 한다고 주장하였다.
- 6종의 폐단 지적 : 양반문벌제도, 노비제도, 과거제도, 사치와 미신, 승려, 게으름을 지적하였다.
- 폐전론과 사창제도 주장 : 당시 농민을 괴롭히고 있던 고리대와 화폐의 폐단에 대하여 비판적인 입장을 취하고 환곡제도 대신 사창제도의 실시를 주장하였다.

㉢ **정약용**(실학의 집대성)

- 여전론 주장 : 한 마을을 단위로 하여 토지를 공동 소유 · 경작하고 그 수확량을 노동량을 기준으로 분배하는 일종의 공동농장제도를 주장하였다.
- 민본적 왕도정치 주장 : 백성의 이익과 의사를 반영해야 한다는 주장이다.
- 정전론 주장 : 국가가 장기적으로 토지를 사들여 가난한 농민에게 나누어 줌으로써 자영농민을 육성하고 아직 국가가 사들이지 못한 지주의 토지는 병작농민에게 골고루 소작하게 하는 방안을 주장하였다.
- 군사제도 : 농민의 생활 안정을 토대로 향촌단위방어체제를 강화하고자 하였다.

TIP 정약용의 저술

㉠ 목민심서 : 목민관의 치민(治民)에 관한 도리를 논한 책이다.
㉡ 경세유표 : 중앙정치제도의 폐해를 지적하고, 그 개혁의 의견을 기술한 책이다.
㉢ 흠흠신서 : 형옥(刑獄)에 관한 법률 지침서로, 특히 형옥의 임무를 맡은 관리들이 유의할 사항을 예를 들어 설명하였다.
㉣ 탕론 : 은의 탕왕이 하의 걸왕을 무찌른 고사를 들어 민(民)이 정치의 근본임을 밝힌 논설로서 역성혁명(易姓革命)을 내포하고 있다.
㉤ 원목 : 통치자는 백성을 위해 존재한다는 이론으로서 통치자의 이상적인 상(像)을 제시하였다.
㉥ 전론 : 독특한 부락 단위의 여전제를 주장, 농업협동방법과 집단방위체제를 제시하였다.
㉦ 기예론 : 인간이 금수와 다른 것은 기술을 창안하고, 이를 실생활에 이용할 줄 아는 데 있다고 보고 기술의 혁신, 기술교육 등을 촉구하였다.

(3) 상공업 중심의 개혁론(이용후생학파, 북학파)

① **특징** … 청나라 문물을 적극적으로 수용하여 부국강병과 이용후생에 힘쓰자고 주장하였다.

② **주요 학자와 사상**

㉠ **유수원**(상공업 중심 개혁론의 선구자)
- 부국책 : 우서에서 중국과 우리나라의 문물을 비교하면서 여러 개혁안을 제시하였다.
- 상공업 진흥과 기술혁신을 강조하고, 사농공상의 직업적 평등과 전문화를 주장하였다.
- 농업론 : 토지제도의 개혁보다 농업의 상업적 경영과 기술혁신을 통해 생산성을 높이고자 하였다.
- 상공업진흥책 : 상인 간의 합자를 통한 경영 규모의 확대와 상인이 생산자를 고용하여 생산과 판매를 주관할 것을 제안하였다.

㉡ **홍대용**(성리학적 세계관 부정)
- 임하경륜, 의산문답 등을 저술하였다.
- 균전제를 주장하였다.
- 기술의 혁신과 문벌제도의 철폐를 주장하였다.
- 성리학 극복을 주장하고, 중국 중심의 세계관을 비판하였다(지전설 제기).

㉢ **박지원**(북학사상의 발전)
- 농업생산력 증대 : 과농소초, 한민명전의 등을 통해 영농방법의 혁신, 상업적 농업의 장려, 수리시설의 확충 등을 통하여 농업생산력을 높이는 데 관심을 기울였다.
- 상공업의 진흥 : 청에 다녀와 열하일기를 저술하고 상공업의 진흥을 강조하면서 수레와 선박의 이용, 화폐유통의 필요성을 강조하였다.
- 양반문벌제도의 비생산성을 비판하였다.

㉣ **박제가**(박지원의 사상을 보다 확충)
- 북학의를 저술하여 청나라 문물의 적극적 수용을 주장하였다.
- 청과의 통상 강화, 수레와 선박의 이용, 상공업의 발달을 주장하였다.
- 절검보다 소비를 권장하여 생산의 자극을 유도하였다.

③ **실학의 특징** … 18세기를 전후하여 실증적 · 민족적 · 근대지향적 특성을 지닌 학문이었다. 이는 19세기 후반 개화사상으로 이어지게 되었다.

(4) 국학 연구의 확대

① **연구배경** … 실학의 발달과 함께 민족의 전통과 현실에 대한 관심이 깊어지면서 우리의 역사, 지리, 국어 등을 연구하는 국학이 발달하게 되었다.

② **역사학 연구**

㉠ **이익** : 실증적이며 비판적인 역사서술을 제시하고 중국 중심의 역사관에서 벗어나 우리 역사를 체계화하여 민족사의 주체적인 자각을 높이는 데 이바지했다.

㉡ **안정복** : 동사강목을 저술하였고 이익의 역사의식을 계승하여 우리 역사의 독자적 정통론을 세워 체계화하였으며, 고증사학의 토대를 닦았다.

㉢ **한치윤** : 외국 자료를 인용하여 해동역사를 편찬하였는데, 이는 민족사 인식의 폭을 넓히는 데 이바지하였다.

㉣ **이긍익** : 조선시대의 정치와 문화를 정리하여 연려실기술을 저술하였다.

㉤ **이종휘와 유득공** : 이종휘의 동사와 유득공의 발해고는 각각 고구려사와 발해사 연구를 중심으로 고대사의 연구 시야를 만주지방까지 확대하여 한반도 중심의 협소한 사관을 극복하고자 했다.

㉥ **김정희** : 금석과안록을 지어 북한산비가 진흥왕 순수비임을 고증하였다.

③ **국토에 대한 연구**

㉠ **지리서** : 역사지리서로 한백겸의 동국지리지, 정약용의 아방강역고 등이 나왔고, 인문지리서로 이중환의 택리지가 편찬되었다.

㉡ **지도** : 서양식 지도가 전해짐에 따라 정밀하고 과학적인 지도가 많이 제작되었다. 동국지도(정상기), 대동여지도(김정호)가 유명하다.

④ **언어에 대한 연구** … 신경준의 훈민정음운해, 유희의 언문지, 우리의 방언과 해외 언어를 정리한 이의봉의 고금석립이 편찬되었다.

TIP 백과사전의 편찬

저서	저자	시기	내용
지봉유설	이수광	광해군	천문 · 지리 · 군사 · 관제 등 문화의 각 영역을 25부문으로 나누어 기술
성호사설	이익	영조	천지 · 만물 · 경사 · 인사 · 시문의 5개 부분으로 정리
청장관전서	이덕무	정조	이덕무의 시문 전집으로 중국의 역사, 풍속, 제도 등을 소개
오주연문장전산고	이규경	헌종	우리나라와 중국 등 외국의 고금, 사물에 대해 고증한 책
임원경제지	서유구	헌종	농업의 경제 · 경영에 대해 정리
동국문헌비고	홍봉한	영조	왕명으로 우리나라의 지리 · 정치 · 경제 · 문화를 체계적으로 정리한 한국학 백과사전

③ 과학기술의 발달

(1) 서양문물의 수용

① 수용과정

㉠ **중국을 왕래하던 사신들을 통한 전래**: 17세기경부터 중국을 왕래한 사신들이 전래하기 시작했다. 이광정은 세계지도, 정두원은 화포 · 천리경 · 자명종을 전하였다.

㉡ **실학자들의 관심**: 천주교까지 수용한 사람들도 있었으나, 대부분의 학자들은 서양의 과학기술을 받아들이면서도 천주교는 배척하였다.

㉢ **서양인의 표류**

- 벨테브레: 훈련도감에 소속되어 서양식 대포의 제조법 · 조종법을 가르쳐 주었다.
- 하멜은 하멜표류기를 지어 조선의 사정을 서양에 전하였다.

② **한계**… 18세기까지는 어느 정도 이루어졌으나 19세기에 이르러서는 더 이상 진전되지 못한 채 정체되고 말았다.

(2) 천문학과 지도제작기술의 발달

① 천문학

㉠ **지전설**

- 이익 · 정약용: 서양 천문학에 큰 관심을 가지고 연구하였다.
- 김석문: 지전설을 우리나라에서 처음으로 주장하여 우주관을 크게 전환시켰다.
- 홍대용: 과학 연구에 힘썼으며, 지전설과 지구가 우주의 중심이 아니라는 무한우주론을 주장하였다.

㉡ **의의**: 서양 과학의 영향을 받아 크게 발전하였고 전통적 우주관에서 벗어나 근대적 우주관으로 접근해 갔으며, 이들의 지전설은 성리학적 세계관을 비판하는 근거가 되기도 하였다.

② 역법

㉠ **시헌력 제작**: 서양 선교사인 아담 샬이 중심이 되어 만든 것으로서, 청나라에서 사용되고 있었는데, 종전의 역법보다 한 걸음 더 발전할 것이었다.

㉡ **시헌력의 채용**: 김육 등의 노력으로 조선에서는 약 60여년간의 노력 끝에 시헌력을 채용하였다.

③ 수학

㉠ **기하원본 도입**: 마테오 리치가 유클리드 기하학을 한문으로 번역한 것이다.

㉡ **최석정 · 황윤석**: 전통 수학을 집대성하였다.

㉢ **홍대용**: 주해수용을 저술하여 우리나라, 중국, 서양 수학의 연구 성과를 정리하였다.

④ **지도**… 서양 선교사들이 만든 곤여만국전도와 같은 세계 지도가 중국을 통하여 전해짐으로써 지리학에서도 보다 과학적으로 정밀한 지식을 가지게 되었고, 지도 제작에서도 더 정확한 지도가 만들어졌다. 이를 통하여 조선 사람들의 세계관이 확대될 수 있었다.

(3) 의학의 발달과 기술의 개발

① 의학의 발달 … 종래 한의학의 관념적인 단점을 극복하고, 실증적인 태도에서 의학 이론과 임상의 일치에 주력하였다.

㉠ 17세기 : 허준은 동의보감을 저술하여 한의학을 체계적으로 정리한 것이다.

㉡ 18세기 : 정약용은 마진(홍역)에 대한 연구를 진전시키고 이 분야의 의서를 종합하여 마과회통을 편찬하였으며, 박제가와 함께 종두법을 연구하여 실험하기도 하였다.

㉢ 19세기 : 이제마는 동의수세보원을 저술하여 사상의학을 확립하였다. 이는 사람의 체질을 구분하여 치료하는 체질의학이론으로 오늘날까지 한의학계에서 통용되고 있다.

② 정약용의 기술 개발

㉠ 기술관 : 과학과 기술의 중요성을 확신하고 기술의 개발에 앞장섰던 사람은 정약용이었다. 그는 인간이 다른 동물보다 뛰어난 것은 기술 때문이라고 보고, 기술의 발달이 인간생활을 풍요롭게 한다고 믿었다.

㉡ 기계의 제작 · 설계

- 거중기 제작 : 수원 화성을 만들 때 사용되어 공사기간을 단축하고 공사비를 줄이는 데 크게 공헌하였다.
- 배다리(舟橋) 설계 : 정조가 한강을 안전하게 건너도록 배다리를 설계하였다.

(4) 농서의 편찬과 농업기술의 발달

① 농서의 편찬

㉠ 신속의 농가집성 : 벼농사 중심의 농법이 소개되고, 이앙법 보급에 기여하였다.

㉡ 박세당의 색경 : 곡물재배법, 채소, 과수, 원예, 축산, 양잠 등의 농업기술을 소개하였다.

㉢ 홍만선은 산림경제, 서유구는 해동농서와 농촌생활 백과사전인 임원경제지를 편찬하였다.

② 농업기술의 발달

㉠ 이앙법, 견종법의 보급으로 노동력이 절감되고 생산량이 증대되었다.

㉡ 쟁기를 개선하여 소를 이용한 쟁기를 사용하기 시작하였다.

㉢ 시비법이 발전되어 여러 종류의 거름이 사용됨으로써 토지의 생산력이 증대되었다.

㉣ 수리시설의 개선으로 저수지를 축조하였다(당진의 합덕지, 연안의 남대지 등).

㉤ 황무지 개간(내륙 산간지방)과 간척사업(해안지방)으로 경지면적을 확대시켰다.

④ 문학과 예술의 새 경향

(1) 서민문화의 발달

① **서민문화의 대두와 배경** … 상공업의 발달과 농업생산력의 증대를 배경으로 서당교육이 보급되고, 서민의 경제적 · 신분적 지위가 향상됨에 따라 서민문화가 대두하였다.

② **참여층의 변화** … 중인층(역관 · 서리), 상공업 계층, 부농층의 문예활동이 활발해졌고, 상민이나 광대들의 활동도 활기를 띠었다.

③ 서민문화의 발달

㉠ **한글소설의 보급** : 영웅이 아닌 평범한 인물이 주인공인 경우가 많았고 대부분 현실적인 세계가 배경이 되는데 영향력이 매우 컸다.

㉡ **판소리와 탈춤** : 서민문화를 확대하는 데 크게 기여하였다.

㉢ **풍속화와 민화** : 저변이 확대되어 유행하였다.

㉣ **음악과 무용** : 감정을 대담하게 표현하는 경향이 짙었다.

(2) 판소리와 탈놀이

① 판소리

㉠ 특징

- 구체적인 이야기를 창과 사설로 엮어 가기 때문에 감정 표현이 직접적이고 솔직하였다.
- 분위기에 따라 광대가 즉흥적으로 이야기를 빼거나 더할 수 있었고, 관중들이 추임새로써 함께 어울릴 수 있었다.

㉡ **판소리 작품** : 열두 마당이 있었으나, 지금은 춘향가, 심청가, 흥보가, 적벽가, 수궁가 등 다섯 마당만 전하고 있다.

㉢ **판소리 정리** : 신재효는 19세기 후반에 판소리 사설을 창작하고 정리하였다.

㉣ **의의** : 서민을 포함한 넓은 계층으로부터 호응을 받을 수 있었다. 이런 이유로 판소리는 서민문화의 중심이 되었다.

② 가면극

㉠ **탈놀이** : 향촌에서 마을 굿의 일부로서 공연되어 인기를 얻었다.

㉡ **산대놀이** : 산대(山臺)라는 무대에서 공연되던 가면극이 민중오락으로 정착되어 도시의 상인이나 중간층의 지원으로 성행하게 되었다.

㉢ **내용** : 지배층과 그들에게 의지하여 살아가는 승려들의 부패와 위선을 풍자하기도 하고 양반의 허구를 폭로하고 욕보이기까지 하였었다.

③ **의의** … 상품유통경제의 활성화와 함께 성장하여 당시 사회적 모순을 예리하게 드러내면서 서민 자신들의 존재를 자각하는 데 기여하였다.

(3) 한글소설과 사설시조

① **한글소설** … 홍길동전, 춘향전, 별주부전, 심청전, 장화홍련전 등이 유명하였다.

② **사설시조** … 서민들의 감정이나 남녀간의 애정표현을 솔직하게 나타내었고, 현실에 대한 비판을 거리낌 없이 표현하였다.

③ **한문학** … 실학의 유행과 함께 사회의 부조리한 현실을 예리하게 비판하였다.

㉠ **정약용** : 삼정의 문란을 폭로하는 시를 남겼다.

㉡ **박지원** : 양반전, 허생전, 호질, 민옹전 등의 한문소설을 써서 양반의 위선적 생활을 풍자하여 실용적 태도를 강조하고, 현실을 올바르게 표현할 수 있는 문체로 혁신할 것을 주장하였다.

④ **시사(詩社)의 조직** … 중인, 서민층의 문학창작활동이 활발해지면서 동인들이 모여 조직하였다.

(4) 회화

① **진경산수화**

㉠ **특징** : 중국 남종과 북종화법을 고루 수용하여 우리의 고유한 자연과 풍속에 맞춘 새로운 화법으로 창안한 것이다. 우리의 자연을 사실적으로 그려 회화의 토착화를 이룩하였다.

㉡ **유행배경** : 17세기부터 우리 문화에 대한 자부심이 높아졌고 이런 의식은 우리의 고유정서와 자연을 표현하려는 예술운동으로 나타났다.

㉢ **정선** : 인왕제색도와 금강전도에서 바위산은 선으로 묘사하고 흙산은 묵으로 묘사하는 기법을 사용하여 산수화의 새로운 경지를 이룩하였다.

② **풍속화** … 사람들의 생활정경과 일상적인 모습을 생동감 있게 표현하였다.

㉠ **김홍도** : 밭갈이, 추수, 씨름, 서당 등 서민의 생활모습을 소탈하고 익살스러운 필치로 묘사하였으며, 18세기 후반의 생활상과 활기찬 사회의 모습을 반영하였다.

㉡ **신윤복** : 양반 및 부녀자들의 생활과 유흥, 남녀의 애정을 감각적이고 해학적으로 표현하였다.

③ **민화의 유행** … 민중의 기복적 염원과 미의식을 표현하고 생활공간을 장식하기 위하여 민화가 유행하였다. 민화에는 한국적 정서가 짙게 반영되어 있다.

④ **서예** … 이광사(동국진체), 김정희(추사체)가 대표적이었다.

⑤ **기타** … 강세황(서양화 기법), 장승업(강렬한 필법과 채색법 발휘)은 뛰어난 기량을 발휘하였다.

(5) 건축의 변화

① 양반, 부농, 상공업 계층의 지원을 받아 많은 사원이 건립되었고, 정치적 필요에 의해 대규모 건축물들이 건립되기도 하였다.

② 사원 건축

㉠ 17세기

- 특징 : 규모가 큰 다층 건물로 내부는 하나로 통하는 구조를 가지고 있는데, 불교의 사회적 지위 향상과 양반 지주층의 경제적 성장을 반영하였다.
- 건축물 : 금산사 미륵전, 화엄사 각황전, 법주사 팔상전 등을 대표로 꼽을 수 있다.

㉡ 18세기

- 특징 : 부농과 상인의 지원을 받아 그들의 근거지에 장식성이 강한 사원이 세워졌다.
- 건축물 : 논산의 쌍계사, 부안의 개암사, 안성의 석남사 등이 있다.

③ 수원 화성

㉠ **서양식 축성법 가미** : 거중기를 사용하여 정조 때 새롭게 만든 화성은 이전의 성곽과는 달리 방어뿐만 아니라 공격을 겸한 성곽으로서 우리나라의 전통적인 성곽 양식의 장점을 살린 바탕 위에 서양식 건축 기술을 도입하여 축조된 특색있는 건축물이다.

㉡ **종합적인 계획도시** : 주위의 경치와 조화를 이루며 평상시의 생활과 경제적 터전까지 조화시켜 건설되었다.

④ **19세기의 건축** … 국왕의 권위를 과시할 목적으로 재건한 경복궁 근정전, 경회루가 화려하고 장중한 건물로 유명하다.

(6) 백자 · 생활공예와 음악

① **자기공예** … 백자가 민간에까지 널리 사용되었고, 다양한 문양의 도자기가 제작되었다(청화, 철화, 진사백자 등). 제기와 문방구 등 생활용품이 많았고, 서민들은 옹기를 많이 사용하였다.

② **목공예** … 장롱, 책상, 문갑, 소반, 의자, 필통 등 나무의 재질을 살리면서 기능을 갖춘 작품들이 만들어졌다.

③ **화각공예** … 쇠뿔을 쪼개어 무늬를 새기는 것으로 독특한 우리의 멋을 풍기는 작품들이 많았다.

④ **음악** … 전반적으로 감정을 솔직하게 표현하였다.

㉠ 음악의 향유층이 확대되어 다양한 음악이 출현하였다.

㉡ 양반층은 가곡 · 시조를 애창하였고 서민들은 민요를 즐겨 불렀다.

㉢ 광대나 기생들은 판소리 · 산조 · 잡가를 창작하여 발전시켰다.

최근 기출문제 분석

2019. 10. 19. 우정서기보(계리직)

1 다음 글을 저술한 승려에 관한 설명으로 옳은 것은?

> 펼쳐 열어도 번잡하지 아니하고 종합하여도 좁지 아니하다. 주장하여도 얻음이 없고 논파하여도 잃음이 없다. 이것이야말로 마명(馬鳴) 보살의 오묘한 기술이니, 기신론(起信論)의 종체(宗體)가 그러하다. 종래에 이를 해석한 사람들 중에는 그 종체를 갖추어 밝힌이가 적었다. 이는 각기 익혀 온 것을 지켜 그 문구(文句)에 구애되고, 마음을 비워서 뜻을 찾지 못했기 때문이다.

① 대국통이 되어 신라 불교를 총관하였다.
② 현장(玄奘)에게 신유식학(新唯識學)을 수학하였다.
③ 여러 불교 경전의 사상을 하나의 원리로 회통시키려 하였다.
④ 제자 양성과 함께 교세 확장에 힘써 화엄 10찰을 조성하였다.

TIP 제시된 사료는 신라의 승려 원효가 인도의 마명이 지은 『대승기신론』에 주석을 달아 발행한 『대승기신론소』, 『대승기신론 별기』에서 언급한 내용이다.
③ 원효는 서로 다른 쟁론을 화합하여 하나로 소통시킨다는 '원융회통(圓融會通)'을 주장하며 여러 불교 경전의 사상을 하나의 원리로 회통시키려 하였다.
① 신라의 승려 자장에 대한 설명이다. 선덕여왕은 자장을 대국통으로 임명하고 신라의 불교를 총관케 하였다.
② 『해심밀경』을 주석한 책인 『해심밀경소』를 집필한 신라 승려 원측에 대한 설명이다. 원측은 규기와 함께 현장에게 신유식학을 수학하였다.
④ 화엄종의 개조이자 화엄 10찰의 건립자인 신라의 승려 의상에 대한 설명이다.

Answer 1.③

2019. 10. 19. 우정서기보(계리직)

2 **밑줄 친 (가)와 (나) 사이 시기의 사실로 옳지 않은 것은?**

> 심하도다. (가) <u>달단이 환란을 일으킴</u>이여! 그 잔인하고 흉포한 성품은 이미 말로 다할 수 없고, 심지어 어리석음은 또한 짐승보다 심하니, 어찌 천하에서 공경하는 바를 알겠으며, 이른바 불법(佛法)이란 것이 있겠습니까? 이 때문에 그들이 경유하는 곳마다 불상과 범서를 마구 불태워 버렸습니다. … (중략) … 옛날 현종 2년에 (나) <u>거란주(契丹主)가 크게 군사를 일으켜 와서</u> 정벌하자 현종은 남쪽으로 피난하고, 거란 군사는 송악성에 주둔하고 물러가지 않았습니다. 이에 현종은 여러 신하들과 함께 더할 수 없는 큰 서원을 발하여 대장경 판본을 판각했습니다. 그러자 거란 군사가 스스로 물러갔습니다. 그렇다면 대장경도 한가지고, 전후 판각한 것도 한가지고, 군신이 함께 서원한 것도 한가지인데, 어찌 그때에만 거란 군사가 스스로 물러가고 지금의 달단은 그렇지 않겠습니까? 다만 제불다천(諸佛多天)이 어느 정도 보살펴 주느냐에 달려 있을 뿐입니다.
>
> – 이규보, 「동국이상국집」 –

① 개경에서 초조대장경판이 조성되었다.
② 개경의 교장도감에서 교장이 간행되었다.
③ 해인사에 장경판전을 짓고 팔만대장경판을 소장하였다.
④ 대구 부인사에 소장된 초조대장경판이 화재로 소실되었다.

TIP (가) '달단(韃靼)'은 타타르족의 음역어 표현으로, 여기서는 몽골을 말한다. 제시된 사료는 이규보가 대장경을 판각하면서 지은 글의 일부이다.
(나) 고려 현종 2년(1011) 거란의 2차 침입을 가리킨다.
③ 해인사에 장경판전을 짓고 팔만대장경판을 보관한 것은 조선 초기인 15세기의 일이다.
① 초조대장경판은 거란군의 침입을 물리치기 위해 현종 2년(1011)에 판각을 시작하여 선종 4년(1087)까지 76년에 걸쳐 완성하였다.
② 교장도감은 의천의 요청에 따라 선종 3년(1086)에 흥왕사에 설치하였으며, 선종 8년(1091)부터 숙종 7년(1102)까지 『교장』을 간행하였다.
④ 초조대장경판은 몽골군의 침입 때 화재로 소실되었다.

Answer 2.③

2019. 10. 19. 우정서기보(계리직)

3 **㈎책에 대한 설명으로 가장 적절한 것은?**

> 범례는 한결같이 자치통감에 의거하였고, 강목의 필삭한 취지에 따라 번다하고 쓸모없는 것은 삭제해서 요령만 남겨 두려고 힘 썼습니다. 삼국이 함께 대치하였을 때는 삼국기(三國紀)라 칭하였고, 신라가 통합하였을 때는 신라기(新羅紀)라 칭하였으며, 고려시대는 고려기(高麗紀)라 칭하였고, 삼한 이상은 외기(外紀)라 칭하였습니다.
>
> -「㈎」 서문-

① 단군으로부터 고려 말까지의 역사를 편년체(編年體)로 기술한 역사서이다.

② 신화와 전설을 포함하여 우리 역사를 신이사관(神異史觀)으로 서술하였다.

③ 단군 조선에서 고려 말까지의 역사를 영사체(詠史體) 형식으로 정리한 책이다.

④ 강목법(綱目法)의 입장에서 재정리하여 기전체(紀傳體)의 형식으로 서술하였다.

TIP 제시된 사료는 성종 16년(1485) 서거정 등이 왕명을 받아 단군조선부터 고려 말까지의 역사를 편년체로 기록한 역사서 『동국통감』의 서문이다.

② 이규보의 『동명왕편』, 일연의 『삼국유사』 등에 해당하는 설명이다.

③ 세종의 왕명으로 편찬한 『동국세년가』, 이승휴의 『제왕운기』 등에 해당하는 설명이다.

④ 고려 후기의 학자 홍여하가 지은 고려의 사서인 『휘찬여사』에 대한 설명이다.

Answer 3.①

2019. 10. 19. 우정서기보(계리직)

4 ㈎인물에 대한 설명으로 옳은 것은?

> ㈎은/는 학교가 날로 쇠하자 이를 근심하여 양부(兩府)와 의론 하기를, "재상의 직무는 인재를 교육하는 것보다 먼저 함이 없거늘 지금 양현고가 고갈되어 선비를 기를 것이 없습니다. 청컨대 6품 이상은 각각 은 1근을 내게 하고 7품 이하는 포를 차등 있게 내도록 하여 이를 양현고에 돌려 본전은 두고 이자만 취하여 섬학전으로 삼아야 합니다."라고 하였다. 양부가 이를 좇아 아뢰자, 왕이 내고(內庫)의 전곡을 내어 도왔다. … (중략) … 만년에는 항상 회암 선생의 초상을 걸고 경모(景慕)하였다.
>
> -「고려사」-

① 송악산 아래 자하동에서 학당을 마련하여 9재로 나누고 각각 전문 강좌를 개설했으며 해동공자로 칭송받았다.

② 주자가례 를 도입하여 집에 가묘를 세워 조상의 위패를 모시고 제사를 지냈으며 동방이학의 비조로 불렸다.

③ 원의 수도 만권당에서 중국의 문인들과 교류하면서 성리학에 대한 이해를 하였으며 익재집, 역옹패설을 저술하였다.

④ 원에서 공자 및 제자 70인의 초상을 그려오게 하고 궁궐 안의 학문 기관에서 생도들에게 경사(經史)를 가르치게 하여 성리학을 널리 전하고자 하였다.

TIP 섬학전은 안향의 제의에 따라 국학에 다니는 유생들의 학비를 보조하기 위하여 관리들이 품위에 따라 낸 고려의 장학기금이다.
① 최충 ② 정몽주 ③ 이제현

Answer 4.④

2019. 10. 19. 우정서기보(계리직)

5 ㉠~㉣ 지역 일대와 관련된 설명으로 가장 적절한 것을 〈보기〉에서 모두 고른 것은?

〈보기〉

㉠ 대장도감을 설치하고 재조대장경판 조성을 시작하였다.
㉡ 백운경한화상이 편술한 직지심체요절을 간행하였다.
㉢ 도의선사가 선종 9산 선문 중 가지산파를 개창하였다.
㉣ 불교개혁을 위해 백련사에서 결사 운동을 전개하였다.

① ㉠ ② ㉠, ㉡
③ ㉠, ㉡, ㉢ ④ ㉠, ㉡, ㉢, ㉣

TIP ㉠ 대장도감을 설치하고 재조대장경판 조성을 시작하였다. → 강화도 : ㄱ
㉡ 백운경한화상이 편술한 『직지심체요절』을 간행하였다. → 청주 흥덕사 : ㄴ
㉢ 도의선사가 선종 9산 선문 중 가지산파를 개창하였다. → 전남 장흥 : ㄷ
㉣ 불교개혁을 위해 백련사에서 결사 운동을 전개하였다. → 전남 강진

Answer 5.③

2019. 10. 19. 우정서기보(계리직)

6 **(가), (나)의 주장을 한 인물에 대한 설명으로 옳은 것은?**

> (가) 여(閭)에는 여장(閭長)을 둔다. 무릇 1여의 토지는 1여의 사람들로 하여금 공동으로 경작하게 하고, 내 땅 네 땅의 구분 없이 오직 여장의 명령만을 따르게 한다.
> (나) 국가는 마땅히 한 집의 재산을 헤아려서 토지 몇 부(負)를 한 집의 영업전으로 삼아 당(唐)의 제도처럼 한다. 땅이 많은 자라도 빼앗아 줄이지 않고 모자라는 자에게도 더 주지 않는다.

① (가) – 「우서」를 저술하여 농업 중심의 경제 구조를 개혁하고자 하였다.
② (가) – 우물 정(井)자 모양으로 토지를 골고루 나누어 주자는 정전제를 실시할 것을 주장하였다.
③ (나) – 자신의 저술에서 실옹(實翁)과 허자(虛子)의 대담 형식을 빌려 중국 중심 세계관의 허구성을 강조하였다.
④ (나) – 신분에 따라 차등을 두어 토지를 지급하되, 농민들에게 일정한 면적의 토지를 나누어 주는 균전론을 제시하였다.

TIP (가)는 여전론을 주장한 정약용이고, (나)는 한전론을 주장한 이익이다.
① 유수원에 대한 설명이다.
③ 홍대용은 그의 저서 『의산문답』에서 중국 중심 세계관의 허구성을 강조하였다.
④ 유형원에 대한 설명이다.

2018. 7. 21. 우정서기보(계리직)

7 **다음 인물에 대한 설명으로 옳은 것은?**

> 그는 교종과 선종의 대립을 해소하고자 하였다. 이를 위해 천태종을 열어 이론과 실천을 아울러 강조하는 교관겸수를 제창하였다.

① 정혜사를 결성하고 송광사를 근거로 활동하였다.
② 만덕사에서 백련사를 결성하고 정토 신앙을 강조하였다.
③ 불교 관계 저술 목록을 정리하여 『신편제종교장총록』을 만들었다.
④ 『십문화쟁론』을 저술하여 여러 불교 종파의 융화·통일을 주장하였다.

TIP ③ 의천에 대한 설명이다. 문종의 왕자로서 승려가 된 의천은 원효의 통합 불교 사상을 계승하여 교단 통합 운동을 펼쳤다. 그는 일찍이 송나라에 유학하여 화험학과 천태종을 공부하고 귀국하였다. 이후 흥왕사를 근거지로 삼아 화엄종을 중심으로 교종을 통합하여 하였으며, 또 선종을 통합하기 위하여 국청사를 창건하여 천태종을 창시하였다. 이를 뒷받침할 사상적 바탕으로 의천은 이론의 연마와 실천을 아울러 강조하는 교관겸수를 제창하였다.
① 지눌 ② 요세 ④ 원효

Answer 6.② 7.③

2018. 7. 21. 우정서기보(계리직)

8 **다음 설명한 인물이 편찬한 서적으로 옳은 것은?**

> 그는 고려의 과거에 합격하였으며, 이색의 문하에서 수학하였다. 조선 왕조 창건 후에는 이른바 '표전문제'를 수습하기 위해 사신으로 명에 다녀왔다.

① 동국사략 ② 조선경국전
③ 삼강행실도 ④ 동국여지승람

TIP 이색의 문하에서 수학하였고, 조선 창건 후 '표전문제'를 수습하기 위해서 명에 다녀온 인물은 권근이다.
② 정도전 ③ 설순 ④ 노사신

2018. 7. 21. 우정서기보(계리직)

9 **조선 전기의 문화에 대한 서술로 옳지 않은 것은?**

① 여러 농서들을 묶어 『농가집성』을 편찬하였다.
② 한양을 기준으로 천체 운동을 치밀하게 계산한 『칠정산』을 편찬하였다.
③ 고구려 천문도를 바탕으로 「천상열차분야지도」를 만들고 이를 돌에 새겼다.
④ 우리의 풍토에 알맞은 약재와 치료 방법을 소개한 『향약집성방』이 간행되었다.

TIP ① 『농가집성』은 조선 후기 신속에 의하여 편찬되어었다.
② 세종 ③ 태조 ④ 세종

Answer 8.① 9.①

2018. 7. 21. 우정서기보(계리직)

10 **다음 주장을 한 인물에 대한 설명으로 옳은 것은?**

> 재물은 비유하자면 샘과 같은 것이다. 우물물은 퍼내면 차고, 버려두면 말라 버린다. 그러므로 비단옷을 입지 않아서 나라에 비단 짜는 사람이 없게 되면 여공이 쇠퇴하며, 찌그러진 그릇을 싫어하지 않고 기교를 숭상하지 않아서 공장이 기술을 익히지 않게 되면 기예가 사라진다. 심지어 농사가 황폐해져서 농사짓는 법을 잊고, 상업은 이익이 적어서 생업을 잃게 된다. 그리하여 사농공상의 사민이 모두 곤궁해져서 서로 도울 수 없게 된다.

① 혼천의를 제작하고 지전설과 무한우주론을 주장하였다.
② 마을 단위로 토지를 공동 소유, 공동 경작하는 여전론을 주장하였다.
③ 청과의 통상 확대와 수레 · 선박의 이용, 신분 차별 타파 등을 주장하였다.
④ 『우서』에서 상공업을 진흥하여 농업 중심의 경제 구조를 바꿀 것을 주장하였다.

TIP ③ 박제가에 대한 설명이다. 박제가는 청에 다녀온 후 『북학의』를 저술하여 청의 문물을 적극적으로 수용할 것을 제창하였다. 그는 상공업의 발달, 청과의 통상 강화, 수레와 선박의 이용 등을 역설하였다. 또, 생산과 소비와의 관계를 우물물에 비유하면서 생산을 자극하기 위해서는 절약보다 소비를 권장해야 한다고 주장하였다.
① 홍대용 ② 정약용 ④ 유수원

Answer 10.③

2018. 7. 21. 우정서기보(계리직)

11 다음 문화유산이 만들어진 순서를 바르게 나열한 것은?

㉠ 북한산 진흥왕 순수비

㉡ 미륵사지 석탑

㉢ 석굴암 본존불

㉣ 문무왕 해중릉

① ㉠ - ㉡ - ㉢ - ㉣

② ㉠ - ㉡ - ㉣ - ㉢

③ ㉡ - ㉠ - ㉢ - ㉣

④ ㉡ - ㉠ - ㉣ - ㉢

TIP ㉠ 신라 진흥왕(540~576)-㉡ 백제 무왕(639년)-㉣ 신문왕 2년(682년)-㉢ 경덕왕(751년)

Answer 11.②

출제 예상 문제

1 **다음 중 발해 문화의 특징을 설명한 것으로 옳지 않은 것은?**

① 불교는 지배계급과 밀착하여 지배체제를 합리화하는 귀족적 성격이 강하였다.
② 수도인 상경은 고구려 국내성을 모방하여 계획적으로 건설되었다.
③ 지배층의 무덤은 돌로 무덤칸을 만들고 그 위에 흙을 덮은 굴식 돌방무덤이 많았다.
④ 정혜공주묘지의 비문은 유려한 변려체 문장으로 발해의 높은 한문학 수준을 보여준다.

TIP ② 상경의 구조는 당의 수도인 장안성을 모방한 것이다.

2 **다음에서 설명하는 사상과 가장 거리가 먼 것은?**

> 불로장생과 현세구복을 추구하고 민간신앙과 결합하여 번성하였다. 인위적인 도덕이나 제도를 부정하고 무위자연을 주장하였다.

① 신라의 화랑도
② 고구려 강서 우현리 고분의 사신도
③ 발해 상경의 주작대로와 돌사자상
④ 백제 산수무늬벽돌, 백제 금동대향로

TIP ③ 돌사자상은 불교와 관련있다.

Answer 1.② 2.③

3 다음 중 고대무덤양식에 대한 설명으로 옳은 것은?

① 굴식 돌방무덤으로 장군총이 대표적이다.
② 돌무지 덧널무덤은 돌로 널방을 짜고 그 위에 흙으로 덮어 봉분을 만들었다.
③ 무령왕릉은 벽돌무덤으로 중국의 북조에 영향을 받았다.
④ 통일신라시대에는 화장법이 유행하고, 굴식 돌방무덤을 많이 만들었다.

TIP ① 장군총은 돌무지무덤이다.
② 돌로 널방을 짜고 그 위에 흙으로 덮어 봉분을 만드는 것은 굴식 돌방무덤이다.
③ 벽돌무덤은 중국 남조의 영향을 받았다.

4 다음 중 통일신라의 문화에 대한 내용으로 옳은 것은?

① 원효는 불교 이해의 기준을 확립하였다.
② 최치원은 화랑세기 등을 통해 독자적 작품경향을 나타내었다.
③ 풍수지리사상의 유행으로 신라 정부의 권위는 강화되었다.
④ 도교와 노장사상의 유행으로 귀족들은 더욱 향락적인 생활을 하였다.

TIP ① 원효는 금강삼매경론, 대승기신론소, 십문화쟁론 등의 저서를 통해 불교의 사상적 이해기준을 확립하였다.
② 화랑세기의 저자는 김대문이고, 최치원의 작품으로는 계원필경, 낭혜화상비가 대표적이다.
③ 풍수지리사상의 유행으로 신라 정부의 권위는 약화되었다.
④ 도교와 노장사상은 신라말기에 불교의 퇴폐적인 풍조에 반항하는 은둔적 사상이었다.

Answer 3.④ 4.①

5 다음은 의상대사가 지은 화랑일승법계도의 일부이다. 이를 통해 의상의 화엄사상이 신라 사회에 미친 영향은 무엇인가?

> 하나 안에 일체가 있고, 다양한 현상 안에 하나가 있으며, 하나는 곧 일체요, 다양한 현상이 곧 하나이다. 한 작은 티끌 속에 우주만물을 머금고, 일체의 티끌 속에 또한 이와 같다.

① 불교의 대중화
② 전제왕권의 강화
③ 호족세력의 성장
④ 선종의 유행

TIP 하나 속에 우주의 만물을 아우르려는 화엄사상은 전제왕권을 옹호하는 체계를 지닌다.

6 다음과 같은 사실이 나타나게 된 배경으로 적절한 것을 고르면?

> • 고구려에서는 별자리를 그린 천문도를 만들었다.
> • 신라에서는 첨성대를 세워 천체를 관측하였다.
> • 삼국사기에는 일월식, 혜성의 출현, 기상이변 등에 관한 관측기록이 많이 수록되어 있다.

> ㉠ 천문현상이 농경과 관련이 많았다.
> ㉡ 목판인쇄술이 크게 발달하였다.
> ㉢ 불교의 세계관이 널리 확산되었다.
> ㉣ 왕의 권위를 하늘과 연결시키려 하였다.

① ㉠㉡
② ㉠㉣
③ ㉡㉣
④ ㉢㉣

TIP 제시된 내용은 고대사회에서 천체현상과 천체관측에 많은 관심을 보였음을 알 수 있다. 고대사회에서 천체와 천문현상에 대한 관측을 중시했던 것은 천문현상이 농경과 밀접한 관련이 있음을 인식했기 때문이며, 아울러 왕의 권위를 하늘과 연결시키려고 했기 때문이다.

Answer 5.② 6.②

7 삼국시대의 불교에 대한 설명 중 중앙집권화와 관련이 깊은 내용은?

> 삼국에 수용된 불교에 따라 형성된 하나의 불법에 귀의하는 같은 신도라는 신념은, 국왕을 받드는 길은 신민이라는 생각을 가지게 해 중앙집권화에 큰 역할을 하였다.

> ㉠ 부족과 부족을 통합할 수 있는 이념을 제시하였다.
> ㉡ 세속 5계를 정하여 이를 청년들에게 가르쳤다.
> ㉢ 도교에 대항하기 위하여 열반종을 개창하였다.
> ㉣ 교종의 전통과 권위를 부정하는 선종이 유행하였다.

① ㉠㉡ ② ㉠㉢
③ ㉠㉣ ④ ㉡㉢

TIP 중앙집권체제의 확립과 지방세력의 통제에 힘쓰던 4세기에 불교는 새로운 국가정신의 확립에 기여하고 강화된 왕권을 뒷받침해 주는 역할을 하였다. 왕권이 강화되면서 부족장 세력이 통합되었고, 세속 5계는 원광법사가 화랑에게 가르친 계율로서 불교와 유교의 내용이 가미된 당시 신라의 시대정신이었다고 볼 수 있다.

8 다음 중 신라하대의 사상과 종교에 대한 설명으로 옳지 않은 것은?

① 선종의 영향으로 부도가 제작되었다.
② 은둔적인 경향이 생겨 도교와 노장사상이 널리 퍼졌다.
③ 신라말기에 유행한 풍수지리설은 신라 정부의 권위를 약화시켰다.
④ 화쟁사상을 바탕으로 교종과 선종의 통합운동이 활발히 일어났다.

TIP ④ 신라하대에 유행한 선종은 교종의 기성 사상체계에 의존하지 않고, 스스로 사색을 통한 진리를 터득하는 것을 중요시하였으며, 교리보다는 좌선을 치중하는 등 교종의 권위와 형식을 반대했다. 교종과 선종의 통합운동이 이루어지는 것은 고려에서의 일이다.

Answer 7.① 8.④

9 **다음의 정토신앙과 관련이 있는 유물 · 유적으로 옳은 것은?**

> 통일신라시대에 불교는 철학체계를 갖추면서 논리적으로 발달해감과 동시에 대중불교로 나아가고 있었는데, 불교를 대중화시키는 데에는 정토신앙이 크게 작용하였다. 당시의 정토신앙으로는 죽고 난 후 극락세계에 왕생하기를 비는 것이 있었는가 하면, 이와는 달리 산몸으로 극락세계에 왕생하기를 바라는 것도 있어 서민들에게 크게 환영을 받았다.

① 석가탑
② 불국사
③ 성덕대왕신종
④ 부석사 소조 아미타여래 좌상

TIP 원효에 의해 보급된 정토종은 일반 민중들이 불경의 교리를 이해하지 못해도 '나무아미타불'만 염불하면 서방정토 즉, 극락으로 왕생한다고 주장하였다. 아미타불은 극락을 주재하는 부처란 뜻으로 정토신앙을 근거로 삼았다.

10 **다음 중 고대문화의 일본 전파에 대해 옳게 설명한 것은?**

① 백제의 쇼토쿠 태자는 천자문을 전해주었다.
② 고구려의 담징은 성덕태자의 스승이 되었다.
③ 고구려의 혜자는 법륭사 금당벽화를 그렸다.
④ 백제의 노리사치계는 처음으로 일본에 불교를 전했다.

TIP ① 왕인이 천자문과 논어를 전하고 가르쳤다.
② 담징은 종이와 먹의 제조방법을 전하였고 호류사의 벽화를 그렸다.
③ 혜자는 쇼도쿠 태자의 스승이 되었다.

Answer 9.④ 10.④

11 신라말기의 사상적 경향에 관한 설명으로 옳은 것은?

① 도교 – 도관이 설치되고 초제가 널리 행해졌다.
② 지리도참설 – 중앙귀족과 연결되어 성행하였다.
③ 한문학 – 자주적이고 주체적인 문화의식이 확산되었다.
④ 불교 – 개인적인 정신세계를 중시하는 종파가 유행하였다.

TIP ① 도교는 고려시대에 유행한 사상이다.
② 지리도참설은 지방의 호족과 연결된 것이다.
③ 한문학은 고려전기에 유행하였다.

12 다음 중 삼국시대의 예술을 잘못 설명한 것은?

① 벽돌무덤이 삼국의 공통된 분묘양식이다.
② 불상조각이나 사원건축예술이 발달하였다.
③ 삼국이 각기 다른 특색을 지니면서 발달하였다.
④ 민간에서는 설화나 노래 등에 그들의 전통적인 성격이 그대로 남아 있었다.

TIP ① 벽돌무덤은 중국 남조의 영향을 받은 것으로 백제 웅진시대에 발달하였다.

13 다음 중 신라의 승려 혜초가 활동하던 시기의 불교에 대한 설명으로 옳지 않은 것은?

① 화쟁사상이 대두하여 종파 간의 융합을 시도하였다.
② 상류층 주도의 불교가 대중불교로 전환되어 가고 있었다.
③ 교종의 권위에 도전하여 선종이 크게 유행하였다.
④ 화엄일승법계도가 저술되어 화엄사상의 요체를 제시하였다.

TIP ③ 신라의 승려 혜초가 당에서 바닷길로 인도를 순례하고 육로로 돌아와 왕오천축국전을 저술하던 시기에는 교종 5교가 성립되었다.

Answer 11.④ 12.① 13.③

14 다음 내용을 통해 김대문의 학문적 · 문화적 성향을 바르게 말한 것은?

> 통일신라시대 성덕왕 때의 인물인 김대문은 화랑세기, 고승전, 한산기 등을 저술하였다. 화랑세기는 신라 화랑들의 전기로 알려져 있으며, 고승전은 신라의 명승들에 관한 기록이다. 또한, 한산기는 그가 한산기 도독으로 재임하였을 때 그 지방에 대한 기록을 남긴 것으로 추정되고 있다.

① 외래문화와 전통문화의 융합에 노력하였다.
② 서민들의 의식 향상을 위해 노력하였다.
③ 신라의 문화를 주체적으로 인식하고자 하였다.
④ 유교, 불교, 도교 사상의 융합에 노력하였다.

TIP 김대문이 신라의 전통을 강조한 것은 진골귀족의 입장을 대변하여 위로는 전제왕권에 대항하고, 아래로는 6두품 중심의 유교사상에 대항하기 위해서였다.

15 다음 중 삼국시대의 분묘에 관한 설명으로 옳지 않은 것은?

① 발해의 분묘는 신라의 영향을 받아 대부분이 돌무지 덧널무덤이다.
② 신라의 분묘 중 규모가 큰 것은 돌무지 덧널무덤인데, 그 대표적 분묘로서 천마총을 들 수 있다.
③ 백제의 고분은 고구려의 영향을 받은 굴식 돌방무덤과 중국 남조의 영향을 받은 벽돌무덤이 있다.
④ 통일신라의 분묘는 고구려의 영향을 받은 굴식 돌방무덤이며, 봉토 주위에 둘레돌을 둘러 12지 신상을 조각하기도 하였다.

TIP ① 발해의 분묘는 굴식 돌방무덤이다.

16 신라의 독서삼품과에 대한 설명으로 옳은 것은?

① 독서삼품과는 적절하게 실시되어 유학의 발달에 큰 공헌을 하였다.
② 6두품을 관리로 선발하려는 목적에서 시행되었다.
③ 골품보다 유학실력에 따라 관리를 채용하려는 제도이다.
④ 독서삼품과의 실시로 골품이 낮은 사람이나 평민이 관리로 많이 채용되었다.

Answer 14.③ 15.① 16.③

TIP ③ 신라하대(원성왕 때)에 들어와서 실시된 독서삼품과는 학문성적에 따라 관리를 임명하는 새로운 제도였다.

17 다음과 같은 주장을 한 승려와 관련이 있는 것은?

> 인간의 마음이 곧 부처의 마음이라는 것을 깨닫고, 그것을 깨달은 후에는 꾸준히 수행해야 해탈에 이를 수 있다.

① 천태종을 창시했다.
② 화엄일승법계도를 저술하고 화엄사상을 정립했다.
③ 귀족불교를 민중에게 전파시겼다.
④ 당시의 타락한 불교계를 비판했다.

TIP 제시된 내용은 지눌에 대한 설명으로 지눌은 명리에 집착하는 당시 불교계의 타락성을 비판하였다.
① 의천 ② 의상 ③ 원효

18 고려시대 금속활자에 관한 설명으로 옳은 것은?

① 고종대에 고금상정예문이 금속활자로 간행되었다.
② 고종대에 해인사의 재조대장경이 금속활자로 간행되었다.
③ 인종대에 만들어진 금속활자가 전해지고 있다.
④ 현존하는 최고(最古)의 금속활자본의 저자는 나옹화상이다.

TIP ① 한국 최초의 금속활자본, 고려 인종 때 최윤의가 편찬한 것으로 고종 21년에 활자로 찍어내었다.
② 고종 23년에 조판에 착수하여 동왕 38년에 완성된 것으로 세계기록유산에 등재되어있다.
③ 고려 인종 때에는 금속활자가 만들어지지 않았다.
④ 우왕 5년에 고승 나옹화상 혜근의 글을 각련, 각뢰가 수집하고 혼수가 간행된 목판본이다.

Answer 17.④ 18.①

19 다음은 불교사상을 요약한 것이다. 옳지 않은 것은?

> 참선과 지혜를 아울러 닦아야 한다. 인간의 마음이 곧 부처의 마음이나 이를 깨달을 것이며 깨달은 뒤에도 꾸준히 수행해야 해탈에 이를 수 있다.

① 참선을 중시하는 선종의 입장에서 교종과의 조화를 꾀하려는 사상이었다.
② 무신정권은 문신의 후원을 받았던 교종불교를 제압하고 정권안정을 위해 이 사상을 적극 후원하였다.
③ 정토사상의 핵심이론으로 고려 불교의 대중화에 기여하였다.
④ 심성의 도야를 강조하고 성리학을 받아들일 수 있는 사상적 기반이 되었다.

TIP ③ 화쟁사상을 말하며 천태종과 관련이 있다. 정혜쌍수와 돈오점수는 조계종의 핵심교리이다. 조계종은 송광사를 중심으로 무신정권의 후원을 받으면서 선종을 위주로 교종과의 조화를 꾀하려는 사상으로, 심성의 도야를 강조하여 성리학을 받아들일 수 있는 사상적 기반이 되었다.

20 성리학이 고려 사회에 전래된 이후 나타난 현상으로 보기 어려운 것은?

① 성리학 진흥을 위해 양현고를 설치하였다.
② 훈고학적 유학이 철학적 유학으로 변화하였다.
③ 예속을 바로잡기 위해 소학과 주자가례의 인식이 새롭게 강조되었다.
④ 정통과 대의명분의 역사관을 강조한 사서가 편찬되었다.

TIP ① 사학의 발달로 인한 관학의 쇠퇴로 관학의 경제 기반을 강화하기 위한 장학재단인 양현고를 설치하여 관학을 진흥시키고자 하였다.

Answer 19.③ 20.①

21 고려의 자기예술에 관한 설명으로 옳지 않은 것은?

① 청자의 발달은 고려의 귀족생활과 관련이 깊었다.
② 신라 토기의 전통을 계승하여 초기적 발전을 하였다.
③ 송의 자기 기술의 영향과 고려의 창조적 예술성이 가미되어 발달하였다.
④ 상감청자로부터 점차 색과 선을 특징으로 하는 순수청자로 발전하였다.

TIP ④ 순수 비색 청자에서 그릇 표면에 음각의 무늬를 넣은 상감청자의 단계로 발전하였다.

22 다음을 바탕으로 고려시대의 사상적 특성을 바르게 지적한 것은?

- 불교행사인 팔관회가 국가의 후원 아래 행하여졌다.
- 국자감을 설치하여 유교적 교양을 지닌 관리를 양성하였다.
- 성종은 최승로의 건의를 받아들여 유교정치사상을 채택하였다.
- 상장제례는 유교적 규범에 따를 것을 권장하였으나, 대개 토착신앙과 융합된 불교식 전통의식을 따랐다.

① 정부의 유교주의적 정책으로 불교가 위축되었으나 여전히 신봉되었다.
② 외래사상인 불교와 유교에 반발하는 전통적인 민간신앙이 유행하였다.
③ 유교주의적 정치사상과 신앙으로서의 불교와의 사상적 대립이 심하였다.
④ 정치사상은 유교가, 신앙과 풍속은 불교가 담당하면서 유교와 불교가 공존하였다.

TIP 제시된 내용은 고려시대에 정치사상으로서의 유교와 종교로서의 불교가 공존하였음을 보여준다.

Answer 21.④ 22.④

23 다음에 해당하는 유학이 고려에 수용된 후 나타난 문화현상으로 옳지 않은 것은?

> • 우주의 근원과 인간의 심성문제를 철학적으로 규명하려는 학문이다.
> • 불교의 선종사상을 유학에 접목한 것으로, 5경보다는 사서를 중시한 학문이다.

① 소학과 주자가례에 대한 인식이 새롭게 강조되었다.
② 훈고학적인 유학이 철학적인 유학으로 바뀌게 되었다.
③ 가묘의 건립과 유교의식을 보급하려는 노력이 행해졌다.
④ 선종을 중심으로 교종을 통합하려는 움직임이 나타나게 되었다.

TIP 제시된 내용은 성리학에 관한 것이며, 성리학의 영향으로 불교는 인륜에 어긋나는 도라 하여 배척당하였다.

24 다음의 시책들을 추진하게 한 배경으로 옳은 것은?

> ㉠ 일종의 장학재단인 양현고를 설치하였다.
> ㉡ 국학에 7재를 두어 유학교육을 강화하였다.
> ㉢ 서적포를 설치하여 도서 출판을 활발히 하였다.
> ㉣ 개경에 6학의 제도를 정하고, 향교교육을 강화하였다.

① 국가의 유학 장려
② 왕권강화정책
③ 9재학당 등 사학의 발달
④ 학문 연구의 장려

TIP 제시된 내용은 관학진흥책으로서 이러한 시책을 추진하게 된 것은 이 시기 사학의 과도한 발달때문이었다.

Answer 23.④ 24.③

25 다음의 서술내용과 저자에 대한 설명으로 옳지 않은 것은?

> 동명왕의 일은 변화가 신비스러운 것으로 여러 사람의 눈을 현혹한 것이 아니고 실로 나라를 창시한 신기한 사적이다. 이것을 기술하지 않으면 후인들이 장차 어떻게 볼 것인가? 그러므로 시를 지어 기록하여 우리나라가 본래 성인(聖人)의 나라라는 것을 천하에 알리고자 하는 것이다.

① 동명왕을 천제의 손자로 인식하고 영웅으로 드높였다.
② 신라의 계승의식과 유교적 합리주의를 표방하였다.
③ 고려의 문화적 우위성을 드러내려는 의도가 있었다.
④ 저자는 최충과 더불어 해동의 공자라고 자부하였다.

TIP ② 삼국사기에 대한 설명이다. 서문은 이규보의 「동명왕편」이다. 「동명왕편」은 자주사관과 고구려 계승의식을 나타낸다.

26 고려시대의 과학기술과 그 발달배경을 바르게 연결한 것은?

> ㉠ 화약과 화포 – 왜구의 침략
> ㉡ 인쇄술의 발달 – 지식의 대중화
> ㉢ 수시력 채용 – 외래문물의 수용 요구
> ㉣ 대형 범선 제조 – 송과의 해상무역 발달

① ㉠㉡
② ㉠㉣
③ ㉡㉢
④ ㉢㉣

TIP ㉠ 고려 말의 최무선은 왜구의 침입을 격퇴하기 위해서 화약제조기술의 습득에 힘을 기울였다.
㉡ 우리나라 인쇄술의 발달은 지식의 대중화에 기여하지 못했다. 일반 백성들이 한자로 된 서적을 활용하기에는 어려움이 있었기 때문이다.
㉢ 원의 수시력을 채용한 것은 천재지변을 예측하고, 농사를 위한 천체 운행과 기후 관측에 필요했기 때문이다.
㉣ 송과의 해상무역이 발달하면서 길이가 96척이나 되는 대형 범선이 제조되었다.

Answer 25.② 26.②

27 다음 중 고려시대의 문화와 관계가 없는 것은?

① 초기의 문화는 불교 중심, 유학 중심이었다.
② 사학이 발전하자 예종은 관학진흥책을 취하였다.
③ 대장경의 조판은 호국사상과 사상통일에 공헌이 컸다.
④ 예술은 귀족 중심의 불교예술이었고, 서화와 음악은 퇴보하였다.

TIP ④ 서예에서는 유신 · 최우 · 탄연, 그림에서는 이영 · 이광필 · 공민왕 등이 유명하였으며, 음악은 아악과 향악이 발전하였다.

28 다음 중 삼국사기와 삼국유사에 대한 비교로서 옳지 않은 것은?

① 전자는 관찬사서이고, 후자는 사찬사서이다.
② 전자에 비하여 후자는 민족의식이 강하게 나타났다.
③ 두 사서는 삼국시대의 역사를 다룬 점에서 일치한다.
④ 전자는 정치사 중심이고, 후자는 문화사적인 내용을 많이 다루었다.

TIP ㉠ 삼국사기 : 인종 때 김부식이 중국 사기의 체제를 모방하여 유교사관의 입장에서 삼국시대의 역사를 정리한 것이다. 정사체인 기전체 사서로 본기 · 열전 · 지 · 표로 구분 저술하였는데, 삼국 가운데 신라를 정통으로 삼았다(전 50권으로 사대주의적 기술).
㉡ 삼국유사 : 충렬왕 때(1285) 일연이 불교사의 입장에서 저술한 것으로 단군의 이야기를 최초로 수록하여 민족의 자주성을 강조하였다. 향가 14수가 수록되었으며 삼국사기에서 찾아볼 수 없는 고대문화에 관계되는 중요한 사실을 수록하고 있다.

29 고려후기 문화에 대한 설명이다. 바르게 묶은 것은?

㉠ 성리학의 수용	㉡ 목화씨의 전래
㉢ 기술학의 존중	㉣ 이모작의 보급

① ㉠㉡
② ㉠㉢
③ ㉡㉢
④ ㉡㉣

TIP 고려시대에 기술학은 천시되었고, 이모작이 널리 보급된 것은 조선후기이다.

Answer 27.④ 28.③ 29.①

30 다음 중 의천의 교·선통합운동으로 옳은 것은?

① 무신정권의 비호 속에서 교·선통합운동을 완성하였다.
② 이론과 실천의 양면을 강조하는 돈오점수를 제창하였다.
③ 교관겸수를 바탕으로 하여 불교사상의 통합을 시도하였다.
④ 선종의 입장에서 교종을 통합하기 위해 해동천태종을 창시하였다.

TIP 의천은 교종의 입장에서 선종을 통합하기 위해 해동천태종을 창시하였다. 그는 특히 이론과 실천의 양면을 강조하는 교관겸수를 제창하였다.

31 고려시대 역사서의 특징을 설명한 내용 중 옳지 않은 것은?

① 김부식의 삼국사기는 당시 보수적인 유교사관을 잘 대변해 주는 사서이다.
② 일연의 삼국유사는 종교적 입장에서 고대의 전통문화를 서술하려 하였다.
③ 이승휴의 제왕운기는 민족의식을 바탕으로 고구려의 전통을 장엄한 서사시로 엮은 것이다.
④ 이제현의 사략에는 유교적 합리주의 사관과 새로운 성리학적 사관도 반영되어 있다.

TIP ③ 이승휴의 제왕운기에는 우리나라 역사를 단군으로부터 서술하면서 우리 역사를 대등하게 파악하는 자주성을 나타내었다.

32 고려시대 사상 발전의 내용을 설명한 것 중 옳지 않은 것은?

① 풍수지리사상은 서경길지설의 사상적 근거이다.
② 성종 때 유교정치이념의 채택은 중앙집권을 이룩하려는 이유에서였다.
③ 토속신앙과 밀착됨으로써 불교행사는 성행했지만 교리상의 발전은 없었다.
④ 노장사상이나 도교사상은 사치스런 귀족문화가 번성하는 가운데 유행하였다.

TIP ③ 문종 때 의천의 천태종이 개창되었고, 신종 때 지눌에 의해 조계종이 개창되어 교리상으로도 많은 발전을 보았다.

Answer 30.③ 31.③ 32.③

33 다음 변화를 초래한 배경으로 거리가 먼 것은?

서경길지설 → 남경길지설

① 도교의 발달　　② 북진정책의 퇴색
③ 유학 학풍의 보수화　　④ 금과의 사대관계의 형성

TIP 고려중기에 북진정책의 퇴조와 함께 새로이 한양명당설이 대두하여 이 곳을 남경으로 승격하고 궁궐을 지어 왕이 머무르기도 하였다. 김부식이 중심이 된 개경귀족세력은 유교이념에 충실함으로써 사회질서를 확립하고자 주장하였고 아울러 민생 안정을 내세워 금과 사대관계를 맺었다. 이러한 남경길지설이 대두하여 고려 말에 정치적 영향을 끼쳤다.

34 고려시대에 들어와 성행하였던 도교에 대한 설명 중 옳지 않은 것은?

① 나라의 안녕과 왕실의 번영을 비는 국가적인 도교행사가 거행되기도 하였다.
② 불로장생과 현세구복을 추구하였다.
③ 몽고침입 이후 교단이 성립되어 민간에 널리 펴졌다.
④ 불교적인 요소와 함께 도참사상도 수용되어 일관된 체계를 보이지 못하였다.

TIP ③ 도교는 일관된 체계를 보이지 못하였으며, 교단도 성립하지 못하여 민간신앙으로 전개되었다.

35 다음에 나오는 글의 근거로 제시할 수 있는 문화유산은?

고려시대에는 지방세력이 문화의 주인공으로 등장함으로써 지방문화도 발달하고 문화의 내용도 보다 다양해졌다.

① 부석사 무량수전　　② 경천사 10층 석탑
③ 청동은입사 표류수금무늬정병　　④ 관촉사 석조 미륵보살입상

TIP ④ 관촉사 석조 미륵보살입상은 고려시대 지방에서 세력을 장악하고 있던 호족세력이 비록 세련되지는 않으나 소박한 지방문화를 발달시킨 결과의 산물이다.

Answer 33.① 34.③ 35.④

36 다음은 신라말기와 고려후기의 불교에 대한 설명이다. 공통적으로 나타나는 내용은?

> • 신라말기 – 지방의 호족들은 진골귀족과 결탁한 교종불교에 회의를 느껴, 참선을 중시하는 선종을 후원하게 됨으로써 새 바람을 일으켰다.
> • 고려후기 – 문신귀족들의 보호를 받아왔던 교종은 쇠퇴하고, 침체해 있던 선종이 조계종으로 통합되어 무신정권시대에 교세를 크게 떨쳤다.

① 집권층은 교종불교를 믿었다.
② 선종은 반체제운동에 기여하였다.
③ 선종은 불교정화운동에 기여하였다.
④ 호족들은 불교에 대해서 호의적이었다.

TIP 선종은 기존의 교종불교의 세속화를 비판하는 입장에서 성립되었다. 무신정권은 선종을 후원하였고 따라서 선종은 반체제운동을 하지 않았다.

37 다음은 조선시대 불교정책의 변화과정을 순서대로 배열한 것이다. 이러한 변화가 의미하는 것으로 가장 적절한 것은?

> • 종전의 남녀를 막론하고 승려가 되는 것을 억제하였다.
> • 원각사를 중건하였고 간경도감을 설치하여 불경을 간행하기도 하였다.
> • 성종은 시행되고 있었던 승표 허가제인 도첩제를 완전히 폐지하였다.

① 승려의 자질을 향상시키는 과정으로 볼 수 있다.
② 유불을 이념적으로 통합하고 체계화시키려는 노력의 과정이다.
③ 불교의 사회적 지위에 대한 이해로 불교를 장려하는 방향이다.
④ 유교주의가 심화됨으로써 불교에 대한 압박이 가중되고 있다.

TIP ④ 조선시대는 사회적으로는 유교주의적 국가기초를 확립하고 경제적으로는 국가재정과 노동력을 확보하기 위하여 정책적으로 불교를 억압하였다.

※ 조선시대의 불교
- ㉠ 태조 : 도첩제를 실시하여 인위적으로 승려수를 제한하였다.
- ㉡ 세종 : 선·교 양종으로 통합하고 36본산만 인정하였다.
- ㉢ 성종 : 도첩제마저 폐지하여 출가를 일체 금하였다.
- ㉣ 중종 : 승과를 폐지하고 승려들의 사회적 신분을 격하시키는 등 불교에 대한 압박이 가중되고 있었다.

Answer 36.③ 37.④

38 다음 중 고려 예술에 관한 설명으로 옳은 것은?

① 철불보다는 석불이 주로 만들어졌다.
② 건축은 외관이 높고 웅대하게 만들었다.
③ 석탑, 불상 등 조각 분야가 특히 발달하였다
④ 석탑은 주로 신라계통의 양식을 계승하였다.

TIP ① 규모가 큰 철불이 많이 주조되었지만 걸작품은 많지 않았다.
② 고려의 건축은 경사진 지대에다 층단식으로 건물을 지어 전체적인 외관이 높고 웅대하게 보이는 양식을 취하고 있다.
③ 고려시대에는 귀족들의 생활도구를 중심으로 한 미술 공예품이 발달하여 자기, 나전칠기, 불교의식에 사용되는 도구 등의 제작이 크게 발달하였다.
④ 석탑은 전체적으로 보아 신라계통에서 이탈하여 여러가지 형식의 것이 시험되는 단계에 있었다고 할 수 있다.

39 다음에 나열한 탑의 설명으로 옳지 않은 것은?

- 법천사 지광국사 현묘탑
- 정토사 홍법국사 실상탑
- 여주 고달사지의 원종대사 혜진탑

① 고려시대 조형예술의 중요한 부분이 되었다.
② 탑신이 구형 또는 평면 사각형인 것도 있다.
③ 승려들의 사리를 안치한 묘탑이다.
④ 교종의 유행과 관련이 깊다.

TIP ④ 선종의 유행과 관계가 깊은 것들이다.

Answer 38.② 39.④

40 다음 중 조선시대의 문화에 대한 설명으로 옳은 것은?

① 자연과의 조화를 이루는 서원건축이 발달하였다.
② 공예분야에서는 상감청자의 전성기를 이루었다.
③ 통일과 균형의 미를 강조한 불교미술이 발달하였다.
④ 풍수지리사상은 국가의 통제를 받아 쇠퇴하였다.

TIP ② 고려시대
③ 통일신라시대
④ 풍수지리설과 도참사상은 조선초기 이래로 중요시되어 한양 천도에 참조가 되었으며, 양반사대부의 묘지 선정에서도 작용하여 산송문제가 사회적인 문제로 대두되기도 하였다.

41 다음 설명과 관계있는 학자들에 관한 설명으로 옳은 것은?

- 정도전, 권근의 학통을 계승하였다.
- 관학인 성균관, 집현전 출신이 주류를 이루었다.
- 조선 왕조 개창에 참여하여 15세기 문화와 사상을 주도하였다.
- 전통적인 유학과 불교, 도교의 폐단을 없애고자 성리학을 새로운 정치이념으로 내세웠다.

① 성리학 이외의 학문과 사상을 배척하였다.
② 이(理)와 기(氣)에 관한 학문적 논쟁을 벌였다.
③ 성리학 자체의 명분에 충실하려고 노력하였다.
④ 공리사상에 바탕을 두고 부국 강병을 추구하였다.

TIP 제시된 내용은 관학파(훈구파)에 대한 설명이다.
①②③ 사학파(사림파) ④ 관학파(훈구파)

Answer 40.① 41.④

42 다음에서 주리철학과 관계 깊은 사실만을 고른 것은?

> ㉠ 경험적인 현실세계를 중요시하였다.
> ㉡ 신분질서를 유지하는 규범확립에 기여하였다.
> ㉢ 기호학파를 형성하여 성리학의 주류를 이루었다.
> ㉣ 일본의 성리학 발전에 절대적인 영향을 끼쳤다.

① ㉠㉡
② ㉠㉢
③ ㉡㉣
④ ㉢㉣

TIP 주리철학은 도덕적 원리에 대한 인식과 그 실천을 중시하여, 신분질서를 유지하는 도덕규범의 확립에 크게 기여하였고, 김성일 · 유성룡 등의 제자들에 의하여 영남학파를 형성하였으며 일본의 성리학에도 큰 영향을 끼쳤다.

43 조선초기에 각 분야별로 편찬된 서적에 대한 설명 중 옳지 않은 것은?

① 농학 – 우리 풍토에 맞는 농법 개발
② 의약 – 국산 약재의 정리와 치료방법 연구
③ 역법 – 중국 중심의 세계관 정립
④ 법전 – 통치규범의 성문화

TIP ③ 역법은 중국과 아라이바의 역법을 참고로 하여 서울을 기준으로 자주적 성격의 칠정산이 편찬되었다.

44 조선초기에 과학기술이 발달하게 된 배경으로 옳지 않은 것은?

① 부국 강병이 추구되었다.
② 집권층은 민생 안정에 관심이 컸다.
③ 우주와 자연의 원리를 탐구하는 성리학이 발달하였다.
④ 서역과 중국의 과학기술이 전통과학기술과 결합되었다.

TIP ③ 성리학이 우주와 인간의 원리를 연구대상으로 하지만, 그것은 경험적 사실에 기초한 것이 아니라 관념적인 논리체계에 기초하고 있기 때문에 자연과학의 발달과는 관련이 없다.

Answer 42.③ 43.③ 44.③

45 다음의 밑줄 친 내용과 가장 가까운 역사의식을 지닌 책은?

> 부여씨와 고씨가 망한 다음에 김씨의 신라가 남에 있고 대씨의 발해가 북에 있으니 이것이 남북국이다. 여기에는 마땅히 남북국의 역사가 있어야 할 터인데 고려가 편찬하지 않은 것은 잘못이다.

① 동국통감
② 동국사략
③ 대동지지
④ 신증동국여지승람

TIP 유득공의 「발해고」 서문으로 발해사만을 다룬 최초의 사서이다.
① 성종 16년 서거정 등이 왕명을 받고 신라 초부터 고려 말까지의 역사를 편찬한 사서이다.
② 태종 3년 권근 등이 편찬한 사서로 단군조선을 시발점으로 하여 삼국시대까지 나열되어 있다.
④ 중종 25년 이행, 윤은보, 신공제 등이 동국여지승람을 증수하여 편찬한 것으로 조선 전기 대표적인 관찬지리서이다.

46 조선전기에 편찬된 역사서에 대한 설명 중 옳은 것은?

① 고려사절요 – 고려의 시대사를 본기, 연표, 지, 열전 등으로 나누어 서술하였다.
② 동국통감 – 고조선에서 고려 말까지의 역사를 시대순으로 정리한 통사이다.
③ 고려사 – 고려의 시대사를 성리학적 명분론에 입각하여 재정리하였다.
④ 고려국사 – 고려시대의 역사를 있었던 그대로 서술하였다.

TIP ② 동국통감은 고조선부터 고려 말까지의 역사를 정리한 편년체 통사이다.

Answer 45.③ 46.②

47 조선초기에 편찬된 다음의 저술들에서 공통점으로 지적할 수 있는 것은?

> • 농사직설(농서)
> • 칠정산(달력)
> • 진도(병서)
> • 향약집성방(약학서)

① 사대적인 발상을 바탕으로 하였다.
② 성리학의 이론적 발달을 촉진시켰다.
③ 우리 실정에 맞는 자주적 내용을 담았다.
④ 북방민족과의 항쟁과정에서 편찬되었다.

TIP 제시된 저술들은 모두 우리의 현실에 맞게 구성된 자주성이 엿보이는 것들이다.

48 다음의 내용을 종합하여 보았을 때 조선시대의 특징이라고 할 수 있는 것은?

> • 상장제례에 관한 예학이 발달하였다.
> • 지나친 도덕주의로 현실적인 부국강병책에 소홀하였다.
> • 불교, 도교, 민간신앙 등을 이단 · 음사로 몰아 배척하였다.

① 성리학적 명분과 의리를 중시하였다.
② 향촌자치의 왕도정치를 추구하였다.
③ 민본정치의 이념을 구현하고자 하였다.
④ 민족적 자각과 전통문화에 대한 관심이 고조되었다.

TIP 조선 사회는 성리학적 명분론에 입각하여 엄격한 신분질서를 강조하였고, 신분질서의 안정에 필요한 의례를 중시함으로써 상장제례에 관한 예학이 발달하게 되었다. 그러나 명분론에서 파생된 정통론은 성리학 이외의 사상을 이단으로 배척하였으며, 명분에 따른 지나친 도덕주의는 현실의 부국강병에 소홀하게 되는 형식주의로 빠지게 되는 결과를 초래하였다.

Answer 47.③ 48.①

49 16세기 학문의 경향으로 옳은 설명은?

① 역사학 – 성리학적 대의명분보다는 민족적 자각을 일깨우고 왕실과 국가의 위신을 높였다.
② 문학 – 사장이 중시되고 시조가 발달하였다.
③ 유학 – 학문 대립이 정치 대립으로 연장되었다.
④ 보학 – 양반문벌제도의 해체에 기여하였다.

TIP ① 사림의 존화주의적, 왕도주의적 정치 · 문화의식을 반영하였다.
② 16세기 사림은 경학을 중시하였다.
④ 보학은 양반문벌체제를 강화시켰다.

50 다음의 내용으로 파악할 수 있는 16세기 문화의 성격은?

- 이정, 황집중, 어몽룡은 각각 대, 포도, 매화를 잘 그려 삼절로 일컬어졌다.
- 윤선도의 시조는 자연을 벗삼아 살아가는 은둔적인 생활의 즐거움을 표현하여 널리 애송되었다.
- 가사문학이 발달하여 정철은 풍부한 우리말의 어휘를 마음껏 구사하여 관동별곡 같은 걸작을 남겼다.

① 진취적이며 낭만적인 시대 분위기를 반영하였다.
② 우리의 전통문화와 연결된 생활감정을 묘사하였다.
③ 일반 서민들이 창작하고 향유하는 예술이 대두하였다.
④ 자연 속에서 서정적인 아름다움을 찾는 경향이 유행하였다.

TIP 사림이 주도한 16세기 문화는 경학에 치중하고 사장을 경시하였으며, 문학작품의 주제도 우리나라 산천의 아름다움과 자연을 벗삼아 살아가는 은둔적인 생활의 즐거움, 사림 도학자의 위선을 풍자한 것 등으로 다양하게 나타났다.

Answer 49.③ 50.④

51 다음의 미술품들이 제작되었던 시대의 역사관을 골라 바르게 짝지은 것은?

(가) 안견의 몽유도원도	(나) 신사임당의 수박도
(다) 김홍도의 씨름도	(라) 공민왕의 천산대렵도

㉠ 고증사학의 토대 확립
㉡ 존화주의적 · 왕도주의적 역사 서술
㉢ 정통과 명분을 중시하는 성리학적 사관의 대두
㉣ 근대 계몽사학의 성립
㉤ 단군을 시조로 하는 통사의 편찬

① (가) – ㉤, (나) – ㉣
② (가) – ㉠, (다) – ㉡
③ (가) – ㉤, (라) – ㉢
④ (다) – ㉢, (라) – ㉡

TIP (가) 15세기 – ㉤, (나) 16세기 – ㉡, (다) 18세기 – ㉠, (라) 14세기 – ㉢

52 다음의 내용들을 종합하여 내린 결론으로 가장 타당한 것은?

• 칠정산의 편찬	• 측우기의 제작
• 인지의의 제작	• 상명산법의 편찬

① 토지 · 조세제도가 활발하였다.
② 관념적 철학의 연구가 활발하였다.
③ 농업의 진흥에 대한 관심이 깊었다.
④ 중국의 과학기술을 적극 수용하였다.

TIP 15세기에는 천문, 측량, 수학분야의 과학기술이 발달하였는데, 이는 국가의 농업 진흥에 대한 관심에서 출발되었다.

Answer 51.③ 52.③

53 다음 조선후기의 그림에 나타난 문화적 성격을 바르게 설명한 것은?

> ㉠ 정선의 인왕제색도, 금강전도
> ㉡ 신윤복의 봄나들이
> ㉢ 김홍도의 서당도

① ㉠㉡은 민중의 기복적 염원과 미의식을 잘 표현하고 있다.
② ㉠㉢은 중국과의 문화 교류를 통하여 중국 화풍을 모방하였다.
③ ㉡㉢은 조선후기 사회의 사회 · 경제적 변동을 반영하였다.
④ ㉢은 섬세하고 세련된 필치를 구사하여 도회지 양반의 풍류생활을 묘사하였다.

TIP ㉠ 정선의 인왕제색도와 금강전도는 자연의 모습을 직접 답사한 후 원근법을 이용하여 사실적으로 묘사한 진경산수화이다.
㉡ 신윤복의 풍속화는 도회지 양반의 풍류생활과 남녀 간의 애정을 세련되고 섬세하게 표현하였다.
㉢ 김홍도는 서민생활을 주소재로 하여 소탈하고 소박한 삶을 그려내었다.
③ 신윤복 · 김홍도의 풍속화와 같은 예술품의 변화는 사회 · 경제적 발달에 따른 변화를 반영하는 것이었다.

54 조선후기 실학자와 저서의 내용이 맞는 것은?

① 유형원은 반계수록에서 상공업을 진흥시켜 부국 강병을 이룰 것을 주장하였다.
② 유수원은 우서에서 상인 간의 합자를 통한 경영규모의 확대와 생산과 판매를 주관할 것을 제안하였다.
③ 홍대용은 임하경륜에서 성리학을 통하여 부국 강병을 이룰 수 있다고 주장하였다.
④ 박제가는 북학의에서 청과의 통상을 반대하였다.

TIP ① 유형원은 반계수록에서 균전론을 내세워 자영농 육성을 통한 토지제도의 개혁을 주장하였고, 양반문벌제도 · 과거제도 · 노비제도의 모순을 비판하였다.
③ 홍대용은 임하경륜, 의산문답 등에서 기술의 혁신과 문벌제도의 철폐, 그리고 성리학의 극복이 부국 강병의 근본이라고 강조하였으며, 중국이 세계의 중심이라는 생각을 극복하였다.
④ 박제가는 북학의에서 청의 문물을 적극적으로 수용할 것을 제청하였다.

Answer 53.③ 54.②

55 다음 저서들의 공통점은?

• 사변록	• 존언
• 성호사설	• 동사강목

① 북벌론을 주장하였다.
② 성리학의 한계성을 자각하고 이를 비판하였다.
③ 붕당에 따른 폐해를 지적하였다.
④ 서양의 과학기술을 받아들이자는 움직임에서 저술되었다.

TIP ㉠ 사변록(박세당) : 주자의 학설에 반론을 펴는 한편, 자기류의 해석을 내린 책이다.
㉡ 존언(정제두) : 성리학을 비판하였다.
㉢ 성호사설(이익) : 천문 · 지리 · 인사 · 경사 등 각 방면의 내용을 기록한 백과사전으로 역사서술의 고증학적 방법을 제시하였다.
㉣ 동사강목(안정복) : 고조선으로부터 고려 말까지의 역사를 서술한 것으로 우리 역사의 독자적 정통론을 세워 이를 체계화하였으며, 역사 사실들을 치밀하게 고증하여 고증사학의 토대를 닦았다.

56 다음 중 양명학에 대한 설명으로 옳지 않은 것은?

① 북학파에 영향을 미쳤다.
② 정제두에 이르러 학파가 형성되었다.
③ 성리학의 현실적 한계성 때문에 수용되었다.
④ 18세기 초 성리학을 비판하는 입장에서 양명학을 연구했다.

TIP 양명학은 중국의 고증학은 실사구시(實事求是)를 내세워 학문 연구에서 실증적 방법을 강조하였고, 이것은 조선의 실학파에 영향을 주었다.

Answer 55.② 56.③

57 다음 중 조선후기 농서와 저자가 옳지 않은 것은?

① 색경 – 이규경
② 산림경제 – 홍만선
③ 임원경제지 – 서유구
④ 과농소초 – 박지원

TIP ① 색경은 곡물재배법, 채소 · 과수 · 화초의 재배법, 목축, 양장기술 등 농사 전반에 걸친 해설서로 박세당이 저술하였다.

58 조선후기의 각 문화 영역별 특징을 잘못 연결한 것은?

① 문학 – 영웅적 인물의 활약상을 비현실적인 배경에 재미있게 묘사한 작품이 많았다.
② 서예 – 고대 금석문에서 서도의 원류를 찾으려는 서체가 새로 나왔다.
③ 도자기 – 흰 바탕에 푸른 색깔로 그림을 그려 넣은 백자가 발달하였다.
④ 건축 – 서양 축성법을 본떠 거중기를 이용하여 견고한 석성을 축조하였다.

TIP ① 조선후기 문학작품에서는 주인공들이 종래의 영웅적 인물에서 서민적 인물로 바뀌었고, 문학의 배경은 비현실적 세계보다는 현실적 인간세계로 옮겨 갔다.

59 다음과 같은 주장을 하였던 실학자로 옳은 것은?

토지 소유의 지나친 편중을 개탄하고, 농민들이 균등하게 토지를 소유할 수 있기를 기대하는 한편, 민생 안정과 국가재정의 확충을 위하여 대동법의 확대 실시를 주장하기도 하였다.

① 이수광
② 정인홍
③ 한백겸
④ 유형원

TIP 제시된 내용은 실학의 선구자라 할 수 있는 한백겸의 주장으로서 이는 대동법을 확대 실시하자는 의견이다.

Answer 57.① 58.① 59.③

60 다음과 같은 학문을 신봉하였던 학자들이 조선시대에 수행한 역할은?

> • 지행합일(知行合一)의 실천성을 중시하여 알았다고 하여도 행하지 아니하였다고 하면 그 앎은 진정한 앎이 아니니, 앎이 있다면 곧 행함이 있어야 한다고 주장하였다.
> • 경기도 중심의 재야 소론계열 학자와 불우한 종친 출신의 학자들이 주로 연구하였다. 16세기 말부터 관심을 가진 사람이 있었는데, 17세기에는 보다 많은 사람들이 관심을 가졌다.

① 서원과 향약을 통해 향촌사회를 이끌었다.
② 청의 발달된 문물을 도입하는 데 힘썼다.
③ 성리학의 폐단을 비판, 극복하려 하였다.
④ 상공업의 진흥과 기술문화의 혁신에 앞장섰다.

TIP 제시된 내용은 성리학에 반대하여 발생한 양명학에 대한 설명이다.

61 조선후기의 농업기술과 그 영향이 바르게 연결된 것은?

> ㉠ 견종법의 보급 – 이랑과 이랑 사이의 간격이 넓어졌다.
> ㉡ 이앙법의 보급 – 노동력의 절감과 생산량의 증대에 기여하였다.
> ㉢ 쟁기기능의 개선 – 초벌갈이로서의 가을갈이가 보편화되었다.
> ㉣ 수리관개시설의 발달 – 논을 밭으로 바꾸는 현상이 활발해졌다.

① ㉠㉡　　② ㉠㉣
③ ㉡㉢　　④ ㉢㉣

TIP 조선후기에 이랑과 이랑 사이의 간격이 좁아지고, 깊이갈이로 이랑과 고랑의 높이 차이를 크게 한 것은 소를 이용한 쟁기기능의 개선 때문이다. 18세기 중엽 이후에는 수리시설이 발달하여 밭을 논으로 바꾸는 현상이 활발해졌다.

Answer 60.③ 61.③

62 조선후기 실학자 중 상공업 중심의 개혁사상가들에 대한 설명으로 옳은 것은?

① 상공업의 발달을 위하여 자유방임정책을 주장하였다.
② 신분질서를 그대로 유지하려는 보수적 측면이 있었다.
③ 문호를 개방하여 외국과 통상할 것을 주장한 사람도 있었다.
④ 그들의 궁극 목표는 유교적 이상국가를 건설하는 데 있었다.

TIP ③ 상공업 중심의 개혁사상가에는 유수원 · 홍대용 · 박지원 · 박제가 등이 있으며, 문호 개방과 통상을 주장한 사람은 박제가로서 소비를 권장하였다.

63 다음과 같은 실학자의 개혁론이 나오게 된 배경으로 가장 적절한 것은?

> ㉠ 유형원의 균전론
> ㉡ 이익의 한전론
> ㉢ 정약용의 한전론

① 지주제의 확산
② 대외무역의 발달
③ 동학사상의 출현
④ 외세의 위협 증대

TIP 지주제를 철폐하고 자영농민을 육성하기 위하여 실학자들은 위와 같은 토지제도의 개혁을 주장하였다.

64 실학자들의 주장 중에서 중농학파와 중상학파의 공통점으로 옳은 것은?

① 지주제를 수긍하고 신분제의 철폐를 주장하였다.
② 기술 · 문화의 개발과 능력 위주의 관료정치를 추구하였다.
③ 병농일치의 군사제도, 사농일치의 교육제도를 추구하였다.
④ 민족주의 의식을 가지고 민생 안정과 부국 강병을 추구하였다.

TIP ④ 실학자들은 성리학을 기저로 하는 문화의 한계성을 깨닫고 정신문화와 물질문화를 균형 있게 발전시켜 부국 강병과 민생 안정을 이룩함으로써 안으로는 분열된 사회를 통합하고, 밖으로는 급변하는 국제정세에 대처할 수 있도록 국가역량을 강화하려는 운동을 전개하였다.

Answer 62.③ 63.① 64.④

65 경세치용학파에 대한 설명으로 옳은 것은?

① 19세기 후반에 개화사상으로 이어졌다.
② 봉건적 신분제도를 타파하고 평등한 사회의 실현을 추구하였다.
③ 토지제도의 개혁을 통한 자영농의 육성을 중시하였다.
④ 향촌사회에 영향력이 컸던 경상도 남인들 중에서 많이 배출되었다.

TIP ③ 농업 중심의 개혁론을 제시한 실학자들은 대부분 서울 부근의 경기지방에서 활약한 남인 출신이었다. 이들은 공통적으로 농민생활의 안정을 위한 토지제도의 개혁을 가장 중요시하였다.

66 조선후기 회화에 나타난 특징으로 볼 수 없는 것은?

① 서민생활을 그린 풍속화가 유행하였다.
② 자연을 사실대로 그리려는 진경산수화풍이 출현하였다.
③ 이상세계를 추구하는 산수화가 유행하였다.
④ 서민 부자들의 수요에 부응하기 위한 민화가 많이 제작되었다.

TIP ③ 이상세계를 그리는 산수화는 조선전기에 많이 그려졌다. 조선후기에는 정선에 의해 진경산수화가 개척되고 김홍도, 신윤복에 의해 풍속화가 유행하였다.

67 17～18세기의 문학에 대한 설명 중 옳지 않은 것은?

① 17세기 이후에는 많은 한글소설이 쏟아져 나왔다.
② 소설은 내용으로 보아 전쟁소설, 사회소설, 윤리소설 등이 나왔다.
③ 후기에 와서는 시조의 형식을 중시하는 사설시조가 발달하여 서민 속에 파고들었다.
④ 새로운 경향의 한문학 작품은 주로 중간 계층의 하층양반, 서얼계급, 선비사회에서 창작되고 읽혀졌다.

TIP ③ 사설시조는 형식이 일부 파괴된 시조로 주제도 평민들의 자유분방하고 소박한 생활감정을 사실적으로 묘사한 작품이 많았다.

Answer 65.③ 66.③ 67.③

68 19세기는 서민문학의 전성기라고 할 수 있다. 이에 관한 설명 중 옳지 않은 것은?

① 종합예술적 성격을 띤 가면극이 유행했다.
② 판소리는 사대부층을 중심으로 크게 환영받았다.
③ 판소리 사설의 창작과 정리에 공이 큰 사람은 신재효였다.
④ 한 편의 이야기를 창과 이야기로 엮어 나가면서 불렀던 판소리가 중심이었다.

TIP ② 판소리는 사대부층보다는 일반 서민층으로부터 크게 환영받았다.

69 다음 중 조선후기 문학의 경향으로 옳지 않은 것은?

① 양반 사대부들에 의해 판소리가 보급되었다.
② 상민과 중인들이 시인 동우회를 조직하였다.
③ 한글소설과 사설시조가 창작되어 서민들의 소박한 감정을 사실적으로 표현하였다.
④ 인간 감정의 적나라한 묘사와 사회현실에 비판적인 경향을 나타냈다.

TIP ① 상민이나 광대들에 의해 보급된 판소리는 한 편의 이야기를 창과 아니리로 엮어 나간 것으로 광대들이 가창과 연극으로 연출하였다.

Answer 68.② 69.①

근현대사의 흐름

01 근현대의 정치 변동

❶ 개화와 자주운동

(1) 조선말기의 국내 정세

① 19세기 중엽의 정세

㉠ **대내적 상황** : 세도정치의 폐단이 극에 달하여 무능한 양반지배체제에 저항하는 민중세력이 성장하고 있었다.

㉡ **대외적 상황** : 일본과 서양 열강의 침략적 접근이 일어나고 있었다.

② **흥선대원군의 집권** … 실추된 왕권을 회복하고 국가적 위기를 극복하기 위하여 노력하였다.

㉠ 내정개혁

- 세도정치의 타파 : 세도가문의 인물들을 몰아내고 인재를 고르게 등용하였다.
- 비변사의 폐지 : 비변사를 폐지하여 의정부와 삼군부의 기능을 회복시켰다.
- 서원의 정리 : 붕당의 온상인 서원을 철폐 · 정리하여 국가재정을 확충하고 양반과 유생들의 횡포를 막았다.
- 경복궁의 중건 : 왕권 강화를 위해 경복궁을 중건하였다.
- 삼정의 개혁 : 양전사업을 실시하여 전정을 바로잡고, 군역제도를 개혁하여 호포법을 실시하였으며, 환곡제를 사창제로 개혁하였다.
- 법전 정비 : 대전회통과 육전조례 등의 법전을 정비 · 간행하였다.
- 국방력의 강화 : 훈련도감에 포수를 선발하여 군사력을 증강하고 수군통제사의 지위를 격상시키고 수군을 강화하였다.
- 한계 : 국가기강을 바로잡고 민생을 안정시키는 데 어느 정도 기여하였으나 전통체제 내에서의 개혁이다.

㉡ 대외정책

- 통상수교거부정책 : 국방력을 강화하고, 통상수교 요구를 거부하는 한편, 천주교를 탄압하였다. 병인양요와 신미양요를 겪었지만 강화도에서 격퇴하였으며, 전국 각지에 국권수호의 의지를 다지기 위해 척화비를 건립하였다.
- 한계 : 외세의 침략을 일시적으로 저지하는 데는 성공하였으나, 조선의 문호 개방이 지연되었다.

(2) 개항과 개화정책

① 개항

㉠ **배경** : 흥선대원군이 물러나고 통상개화론자들이 대두하면서 문호 개방의 여건이 마련되어 갔다.

㉡ **강화도조약과 개항(1876)** : 운요호사건을 계기로 조약을 맺어 처음으로 문호를 개방하였다. 우리나라 최초의 근대적 조약으로 부산, 원산, 인천 등 세 항구의 개항이 이루어졌으나, 치외법권, 해안측량권, 통상장정의 체결을 내용으로 한 일본 침략의 발판을 마련한 불평등 조약이었다.

㉢ **각국과의 조약 체결** : 미국과 조·미수호통상조약을 맺은 것을 시작으로 영국·독일·러시아·프랑스와 외교관계를 수립하였지만, 대부분 치외법권을 인정하고 최혜국 대우를 약속한 불평등 조약이었다.

② 개화정책의 추진

㉠ **수신사의 파견** : 1차로 김기수, 2차로 김홍집이 일본을 다녀왔다. 일본의 발전상과 세계 정세의 변화를 알고, 개화의 필요성을 더욱 느끼게 되었다. 이에 정부는 대외관계와 근대문물의 수입 등 여러가지의 과제를 해결하기 위하여 개화파 인물들을 정계에 기용하였고, 이들을 중심으로 개화정책을 추진해 나갔다.

㉡ **제도의 개편**

- 관제의 개편 : 개화정책을 전담하기 위한 기구로 통리기무아문을 설치하고 그 아래에 12사를 두어 외교, 군사, 산업 등의 업무를 분담하게 하였다(청의 관제 모방).
- 군제의 개혁 : 종래의 5군영을 무위영, 장어영의 2영으로 통합·개편했으며, 신식군대의 양성을 위하여 별도로 별기군을 창설하였고, 일본인 교관을 채용하여 근대적 군사훈련을 시키고, 사관생도를 양성하였다.

㉢ **근대문물 수용사절의 파견**

- 신사유람단(조사시찰단) 파견(1881) : 일본의 정부기관, 각종 산업시설을 시찰하였다.
- 영선사 파견(1881) : 김윤식과 유학생들을 청국의 톈진에 유학시켜 무기제조법, 근대적 군사훈련법을 배우게 하였다.

③ 위정척사운동

㉠ **전개과정**

- 1860년대 : 서양의 통상 요구에 대응하여 서양과의 교역을 반대하는 통상반대운동을 전개하고, 서양의 무력 침략에 대항하여 척화주전론(斥和主戰論)으로 나타나 대원군의 통상수교 거부를 뒷받침하였다.
- 1870년대 : 문호 개방을 전후해서는 최익현을 비롯한 유생들이 왜양일체론(倭洋一體論), 개항불가론을 들어 개항반대운동을 전개하였다.
- 1880년대 : 정부의 개화정책 추진과 조선책략의 유포에 반발하여 개화반대운동을 전개하였다.
- 1890년대 이후 : 일본의 침략에 저항하는 항일의병운동으로 계승되었다.

㉡ **의의**

- 긍정적 의미 : 정치적·경제적인 면에서 강력한 반침략·반외세의 의지를 가지고 있었다.
- 부정적 의미 : 조선 왕조의 전제주의적 정치체제, 지주 중심의 봉건적 경제체제, 양반 중심의 차별적 사회체제, 성리학적 유일사상체제를 유지시키려는 데 목적을 두고 있었다.

㉢ 한계 : 외세의 침략을 막으려는 반외세 자주운동이었지만 전통적인 사회체제를 그대로 유지하려고 하여 시대의 흐름에 뒤떨어진 한계를 지니고 있었다.

④ 임오군란의 발발(1882)

㉠ 원인 : 개화파와 보수파의 대립, 구식군대의 차별대우에 대한 불만으로 일어났다.

㉡ 영향 : 일본과 제물포조약을 체결하여 배상금을 물고, 청의 내정간섭을 초래하였으며, 조선은 친청정책으로 기울어져서 개화정책은 후퇴하였다.

⑤ 갑신정변(1884)

㉠ 배경 : 친청세력의 개화당 탄압, 조선 주둔 청군의 철수, 일본 공사의 지원 약속, 청의 내정간섭과 개화정책의 후퇴 등에 대한 반발로 급진개화파들은 갑신정변을 일으켰다.

㉡ 개혁요강의 내용 : 청에 대한 사대관계 폐지, 인민평등권의 확립, 지조법의 개혁, 모든 재정의 호조 관할(재정의 일원화), 경찰제도의 실시, 내각중심정치의 실시 등이다.

㉢ 경과 : 삼일천하로 끝난 이 정변은 개혁주체의 세력기반이 미약하였고, 외세에 의존해서 권력을 잡으려 했으며, 청의 무력 간섭의 심화로 인해 실패하였으며, 개화세력이 도태되고 말았다.

㉣ 결과 : 한성조약(보상금 지불과 공사금 신축비 부담)과 텐진조약(청 · 일 양국군의 철수와 조선 파병시 상대국에 미리 알릴 것)이 체결되었다.

㉤ 역사적 의의

- 정치면 : 중국에 대한 전통적인 외교관계를 청산하려 하였고, 전제군주제를 입헌군주제로 바꾸려는 정치개혁을 최초로 시도하였다.
- 사회면 : 문벌을 폐지하고 인민평등권을 확립하여 봉건적 신분제도를 타파하려 하였다.
- 근대화운동의 선구 : 근대국가 수립을 목표로 하는 최초의 정치개혁운동이었고, 역사 발전에 합치되는 민족운동의 방향을 제시하였다.

(3) 동학농민운동의 전개

① 배경

㉠ 정부의 대책 미미 : 정부의 개화정책 추진이나 개화운동, 유생층의 위정척사운동은 점점 격화되어 열강의 침략 경쟁에 효과적으로 대응하지 못하였다.

㉡ 농촌경제의 파탄 : 근대문물의 수용과 배상금 지불 등으로 국가재정이 궁핍해져 농민에 대한 수탈이 심해졌고, 일본의 경제적 침투로 농촌경제가 파탄에 이르게 되었다.

㉢ 농민층의 불안과 불만의 팽배 : 정치 · 사회의식이 급성장한 농촌지식인과 농민들 사이에 사회변혁의 욕구가 높아졌다.

㉣ 동학의 교세 확산 : 동학의 인간평등사상과 사회개혁사상은 새로운 사회로의 변화를 갈망하는 농민의 요구에 부합되었고, 농민들은 동학의 조직을 통하여 대규모의 세력을 모을 수 있었다.

② **경과** … 동학농민군은 보국안민과 제폭구민을 외치며 고부봉기를 일으키고 전주를 점령하였다(1894). 집강소에서 폐정개혁을 실천하였으나 정부의 개혁이 부진하고 일본의 침략과 내정간섭이 강화되자 서울로 북상하였고, 우금치전투는 관군 · 일본군에게 패하여 실패로 돌아갔다.

③ **의의** … 개혁정치를 요구하고 외세의 침략을 물리치려 한 아래로부터의 반봉건적 · 반침략적 민족운동이라는 성격을 가진다. 동학농민의 요구는 갑오개혁에 일부 반영되었으며, 농민군의 잔여세력은 항일의병항쟁에 가담하였다.

TIP 폐정개혁 12개조

㉠ 동학도는 정부와의 원한을 씻고 서정에 협력한다.
㉡ 탐관오리는 그 죄상을 조사하여 엄징한다.
㉢ 횡포한 부호를 엄징한다.
㉣ 불량한 유림과 양반의 무리를 징벌한다.
㉤ 노비문서를 소각한다.
㉥ 7종의 천인 차별을 개선하고, 백정이 쓰는 평량갓은 없앤다.
㉦ 청상과부의 개가를 허용한다.
㉧ 무명의 잡세는 일체 폐지한다.
㉨ 관리 채용에는 지벌을 타파하고 인재를 등용한다.
㉩ 왜와 통하는 자는 엄징한다.
㉪ 공사채를 물론하고 기왕의 것을 무효로 한다.
㉫ 토지는 평균하여 분작한다.

(4) 근대적 개혁의 추진

① 내정개혁의 필요성이 대두되어 정부는 교정청을 설치하여 자주적인 개혁에 착수하였다.

② **갑오개혁**(1894)

㉠ **배경** : 일본은 내정개혁을 강요하였고, 군대를 동원하여 경복궁을 점령하였으며, 친일 내각과 군국기무처를 설치하였고 갑오개혁을 추진하였다.

㉡ **내용**

- 정치면 : 내각의 권한이 강화되고 왕권을 제한하였다.
- 사회면 : 신분제를 철폐하고 전통적인 폐습을 타파하였다.

㉢ **한계** : 군사면의 개혁과 농민들이 요구한 토지제도의 개혁은 거의 이루어지지 않았다.

③ **을미개혁** … 을미사변 이후에 을미개혁과 단발령을 시행하였다. 이에 유생층과 농민들은 의병을 일으켰으며, 아관파천으로 중단되었다(1896).

④ **의의** … 갑오개혁과 을미개혁은 일본에 의한 강요도 있었으나, 개화파 인사들과 동학농민층의 개혁의지가 반영된 근대적 개혁이었다.

TIP 개혁의 추진

갑신정변(14개조 정강)	동학농민운동(폐정개혁안)	갑오개혁(홍범14조)	을미개혁
문벌 폐지	노비문서 소각	문벌 폐지(신분제 폐지)	단발령 공포
지조법의 개혁	무명잡세 폐지	납세법정주의	종두법 실시
능력에 따른 관리 임명	지벌 타파, 인재 등용	과거제도 폐지	태양력 사용
청에 대한 사대 청산	과부 개가 허용	과부 개가 허용	연호 사용(건양)
재정의 일원화(호조)	왜와 통한 자 엄징	재정의 일원화(탁지부)	우편제 실시
혜상공국 폐지	토지 평균 분작	군사개혁 소홀	소학교 설치
경찰제 실시	공사채 면제	경찰제 일원화	친위대 · 진위대
부정한 관리의 치죄	탐관오리 엄징	도량형 개정 · 통일	

2 주권수호운동의 전개

(1) 독립협회와 대한제국

① **독립협회**(1896)

㉠ **배경** : 아관파천 이후 열강의 이권 침탈이 심화되었다.

㉡ **창립** : 서재필 등은 자유민주주의적 개혁사상을 민중에게 보급하고 국민의 힘으로 자주독립국가를 건설하기 위하여 독립신문을 창간하고 독립협회를 창립하였다. 근대사상과 개혁사상을 지닌 진보적 지식인과 도시 시민층이 중심이 되었다.

㉢ 독립협회의 주요 활동

- 민중에 기반을 둔 사회단체로 발전하여 강연회와 토론회를 개최하였다.
- 신문과 잡지를 발간하고 자주국권운동, 자유민권운동, 국민참정권운동을 전개하였다.
- 만민공동회와 관민공동회를 개최하여 헌의 6조를 결의함으로써 중추원을 개편하여 의회를 만들려고 하였다.

㉣ **해산** : 서구식 입헌군주제의 실현을 추구하여 보수세력의 반발을 샀으며 보수세력은 황국협회를 이용하여 독립협회를 탄압하였고, 독립협회는 3년 만에 해산되었다.

② **대한제국**(1897) … 환궁 후 대한제국을 선포하고 연호를 광무라 하였다.

㉠ 개혁

- 구본신참 : 옛 제도를 근본으로 하고 새로운 제도를 참작한다는 구본신참을 시정방향으로 제시하였다.
- 대한국 국제를 제정하여 전제황권을 강화하고자 하였다.
- 양전사업을 실시하고 지계를 발급하여 근대적 토지소유제도를 마련하였으며 상공업진흥책을 추진하였다.

㉡ **한계** : 집권층의 보수성과 열강의 간섭으로 실패로 돌아갔다.

(2) 항일의병전쟁의 전개

① 을미의병(1895) … 을미사변과 단발령으로 유생층의 불만이 최고조에 이르렀고 농민과 동학농민군까지 가세하여 전국적으로 확대되었다.

② 을사의병(1905) … 민종식, 최익현, 신돌석(평민 의병장) 등의 활약이 두드러졌으며, 이들은 조약의 폐기와 친일내각의 타도를 주장하였다.

③ 정미의병(1907) … 고종의 강제퇴위로 군대가 해산되자, 해산군인들이 의병에 합류하였다. 활동영역은 간도, 연해주 등 국외로까지 확산되었다.

④ 서울진공작전 … 전국 의병부대가 연합하여 서울진공작전을 시도하였다. 간도와 연해주 일대의 의병들은 국내진입작전을 꾀하기도 하였고, 일본군들은 남한 대토벌 작전을 폈쳤으며, 의병들은 간도 · 연해주로 이동하여 항일독립군을 형성하였다.

⑤ 의의 … 의병전쟁은 국권회복을 위한 무장투쟁으로서 항일독립투쟁의 정신적 기반이 마련되는 계기가 되었다.

⑥ 한계 … 양반 유생층이 전통적 지배질서의 유지를 고집하여 대다수 농민의병들과 갈등을 빚기도 해 소기의 성과를 거두지는 못하였다.

(3) 애국계몽운동의 전개

① 초기 … 개화 · 자강계열 단체들이 설립되어 구국민족운동을 전개하였다.

㉠ 보안회 : 일제의 황무지개간권 요구를 좌절시켰다.

㉡ 헌정연구회 : 입헌정체의 수립을 목적으로 설립되었다.

② 1905년 이후 … 국권 회복을 위한 애국계몽운동을 전개하였다.

㉠ 대한자강회 : 교육과 산업을 진흥시켜 독립의 기초를 만들 것을 목적으로 국권 회복을 위한 실력양성운동을 전개하였으나 고종의 강제퇴위반대운동으로 해산되었다.

㉡ 대한협회 : 교육의 보급, 산업 개발 및 민권 신장 등을 강령으로 내걸고 실력양성운동을 전개하였다.

㉢ 신민회 : 비밀결사조직으로 국권 회복과 공화정체의 국민국가 건설을 목표로 하였다. 국내적으로 문화적 · 경제적 실력양성운동을 폈쳤으며, 국외로 독립군기지 건설에 의한 군사적인 실력양성운동에 힘쓰다가 105인사건으로 해체되었다.

③ 의의 … 민족독립운동의 이념과 전략을 제시하였으며, 장기적인 민족독립운동의 기반이 마련되었다.

④ 한계 … 일제에 의하여 정치적으로 예속된 상태에서 전개되어 항일투쟁의 성과면에서 한계가 있었다.

③ 민족의 수난과 항일독립운동

(1) 국권의 피탈과 민족의 수난

① **국권의 피탈** … 한 · 일신협약(차관정치) → 군대 해산 → 사법권 · 경찰권 박탈 → 국권 강탈(1910)

② **조선총독부** … 입법 · 행정 · 사법 · 군대통수권을 장악하고, 한국인 회유책으로 중추원을 설치하였다.

③ **헌병경찰통치**(1910 ~ 1919) … 헌병경찰이 경찰의 임무를 대행하고, 독립운동가를 색출하여 처단하였으며 즉결처분권을 가졌다. 독립운동을 탄압하여 105인사건이 일어나기도 했다.

④ **문화통치**(1919 ~ 1931) … 3 · 1운동과 국제 여론의 악화로 제기되었다.

㉠ 내용
- 문관총독의 임명을 약속하였으나 임명되지 않았다.
- 헌병경찰제를 보통경찰제로 바꾸었지만 경찰 수나 장비는 증가하였다.
- 교육은 초급의 학문과 기술교육만 허용되었다.

㉡ 본질 : 소수의 친일분자를 키워 우리 민족을 이간하여 분열시키자는 의도였다.

⑤ **민족말살통치**(1931 ~ 1945)

㉠ **병참기지화 정책** : 한반도를 대륙 침략의 병참기지로 삼고 태평양전쟁을 도발하면서 식민지 수탈을 강화하였다.

㉡ **민족말살정책**
- 내선일체 · 일선동조론 · 황국신민화 등을 내세워 국사 · 국어교육의 금지, 황국신민서사암송, 궁성요배, 신사참배, 일본식 성명 사용을 강요하였다.
- 강제징병 · 징용을 하였으며, 정신대라는 이름으로 젊은 여성들을 군수공장 등에서 혹사시키고 일본군 위안부로 삼는 만행을 저질렀다.

(2) 3 · 1운동

① **국권 회복 노력** … 국내적으로는 독립의군부 · 대한광복회 · 조선국권회복단 등 수많은 항일결사를 조직하여 일제에 대항하였고, 국외적으로는 독립운동기지를 건설하여 무장투쟁의 전통을 계승하고 독립전쟁의 기반을 다져나갔다.

② **독립선언** … 민족지도자들은 민족자결주의와 2 · 8도쿄독립선언에 고무되어 민족대표 33인의 독립선언서를 발표하였다. 서울과 지방에서 학생과 시민들이 중심이 되어 만세시위를 전개하였고, 지방도시에서 농촌으로 확산되었으며 무력적 저항운동으로 변모하게 되었다. 또한 이 운동은 국외로 확산되어 만주와 연해주, 미국, 일본 등지에서도 시위가 전개되었다.

③ **의의** … 3 · 1운동은 전 민족이 참여한 거족적 대규모의 독립운동이었고, 독립의 희망과 자신감을 갖게 하였으며, 민족의 주체성을 확인하는 계기가 되었다.

(3) 대한민국임시정부

① **정부 통합** … 한성정부와 대한국민의회가 통합되어 상하이에 대한민국임시정부가 수립되었다. 이는 3권 분립과 민주공화제 정부의 성격을 가졌으며 주석 · 부주석체제를 갖추었다.

② **임시정부의 활동**

㉠ 비밀행정조직망인 연통제와 교통국이 설치되어 군자금 모금과 정보 수집에 기여하였다.

㉡ 파리강화회의에 대표를 파견하거나 구미위원부를 설치하는 등 외교활동도 활발하였다.

㉢ 독립신문과 한일관계 사료집을 간행하는 사료편찬소도 설치하였다.

(4) 국내의 항일운동

① **6 · 10만세운동**(1926) … 일제의 수탈정책과 식민지교육에 대한 반발로 일어났으며, 순종의 장례식이 전국적 만세시위로 확대된 것이다.

② **광주학생항일운동**(1929) … 광주에서 발생한 한 · 일 학생 간의 충돌을 경찰이 편파적으로 처리하자 일제히 궐기하였으며 전국 규모의 항일투쟁으로 확대되었다.

③ **무장항일투쟁** … 보합단(평북 동암산), 천마산대(평북 천마산), 구월산대(황해도 구월산) 등이 대표적인 무장단체였으며, 이들의 목표는 일제의 식민통치기관을 파괴하고 친일파를 처단하는 것이었다.

(5) 항일독립전쟁의 전개

① **독립운동기지의 건설** … 만주의 삼원보, 밀산부의 한흥동, 블라디보스토크의 신한촌이 대표적인 독립운동기지였다.

② **항일독립전쟁** … 봉오동 · 청산리전투(1920)가 가장 유명하다. 독립군은 군자금 모금, 밀정 처단, 친일파 숙청 등의 활동을 벌이기도 하였다.

③ **독립군의 시련** … 간도참변(1920), 자유시참변(1921)으로 독립군은 큰 타격을 받게 되었다.

④ **3부의 성립** … 독립군 통합운동을 추진하여 참의부 · 정의부 · 신민부를 결성하였다.

⑤ **한 · 중 연합작전** … 한국독립군과 조선혁명군이 중국군과 연합하였다.

⑥ **한국광복군의 창설**(1940) … 조선의용대를 흡수하여, 대일선전포고를 하기도 했다(1941). 인도와 미얀마전선에 참전하였고, 국내진공작전을 준비하였다.

④ 대한민국의 발전

(1) 광복 직후의 국내정세

① 광복 직전의 건국준비활동

㉠ **대한민국임시정부** : 대한민국건국강령을 제정 · 공포하였다.

㉡ **중국 화북지방의 사회주의 계열 독립운동가** : 민주공화국의 수립을 강령으로 내세우고 건국준비에 나섰다.

㉢ **국내** : 조선건국동맹이 조직되어 일제 타도와 민주주의 국가 건설을 추구하였다.

② **국토의 분단** … 미군과 소련군의 군정이 시작되었고, 신탁통치가 모스크바 3상회의에서 결의되었다. 이에 좌익과 우익은 격렬하게 대립하였으며, 남한과 북한에서 각각 단독정부를 수립하려는 움직임이 활발하였다.

③ **통일정부 수립 추진** … 분단을 우려한 인사들이 좌우합작운동과 남북협상(김구)을 벌였으나 실패로 돌아갔다.

(2) 민주주의의 시련과 발전

① **4 · 19혁명**(1960) … 자유당 정권의 부정선거로 인해 학생과 시민 중심의 전국적인 시위가 발생하였으며 그 결과 이승만 정권은 붕괴되었다.

② **장면 정부** … 내각책임제와 양원제 국회의 권력구조였으며, 사회 무질서와 혼란은 지속되었다.

③ **5 · 16군사정변**(1961) … 박정희 정부는 대통령 중심제와 단원제 국회의 권력구조로 헌법을 개정하였다.

④ **10월유신**(1972) … 박정희는 종신집권을 위해 유신체제를 구축하였고 민중의 끊임 없는 저항을 받았다. 그리고 마침내 10 · 26사태가 일어나 유신체제는 막을 내렸다.

⑤ **전두환 정부** … 5 · 18민주화운동을 진압하면서 전두환 정부가 탄생하였으나, 민주화운동을 탄압하고 각종 부정과 비리가 발생했으며, 결국 6월민주항쟁(1987)으로 국민의 요구가 수용되어 6 · 29민주화선언이 발표되었고 대통령 직선제로 개헌하였다.

(3) 통일을 위한 노력

① **4 · 19혁명 이후** … 중립화 통일론이나 남북협상론이 제기되었지만 5 · 16군사정변으로 통일 논의는 진전되지 못하였다.

② **1970년대** … 7 · 4남북공동성명을 발표하여 자주 · 평화 · 민족 대단결의 통일원칙을 내세웠다.

③ **1980년대** … 남한의 민족화합민주통일방안과 북한의 고려민주주의 연방공화국방안이 제시되었으며, 남북의 이산가족이 서울과 평양을 방문하였다.

④ **1990년대** … 남북한 사이에 화해와 불가침 및 교류 · 협력에 관한 합의서가 채택되고 한반도 비핵화 공동선언이 채택되기도 하였다.

⑤ **2000년** … 6 · 15남북공동선언이 발표되고 남북간의 긴장 완화와 화해협력이 진전되었다.

02 근현대의 경제 변화

1 열강의 경제 침탈과 경제적 구국운동

(1) 열강의 경제적 침탈

① 일본 상인의 무역 독점

㉠ 개항초기 : 외국상인의 활동범위가 개항장을 10리 이내로 제한하는 거류지무역이 행해졌다.

㉡ 1880년대 : 외국상인의 활동무대가 개항장 100리까지 확대되어 일본 상인들이 내륙으로 진출하게 되었다.

㉢ 임오군란 이후 : 일본 상인과 청나라 상인의 경쟁이 치열해지면서 국내 상업은 더욱 위축되었다.

㉣ 청일전쟁 이후 : 일본 상인들은 국내 상권을 독점적으로 지배하였다.

② 제국주의 열강의 경제 침탈

㉠ 일본 은행이 진출하여 은행업무, 세관업무, 화폐정리업무까지 담당하여 금융지배가 시작되었다.

㉡ 열강의 이권 탈취는 아관파천 이후 극심해지며 철도부설권, 광산채굴권, 삼림채벌권이 일본 · 러시아 · 미국 · 영국 등에게 넘어갔으며 정부는 이에 효과적으로 대처하지 못하였다.

(2) 경제적 침탈에 대한 저항

① 방곡령 시행 … 일제의 미곡 유출에 대항하여 황해도 · 함경도 지역에서 방곡령이 실시되었다.

> TIP 방곡령 … 일본 상인들이 농촌시장으로 침투하여 지나친 곡물을 반출해가자 곡물가격이 폭등하게 되었다. 방곡령은 흉년이 들면 지방관의 직권으로 실시되었는데, 방곡령을 실시하기 1개월 전에 통고해야 하는 조 · 일통상장정의 의무를 어겨 외교문제화되었다. 결과적으로 방곡령을 철회하고 배상금을 지불하였다.

② 상권수호운동 … 서울 상인들은 황국중앙총상회를 조직했으며, 경강상인들은 증기선을 도입하여 일본 상인에게 빼앗긴 운송권 회복을 시도하였다.

③ 이권침탈저지운동 … 독립협회가 이권침탈에 대항하여 이권수호운동을 벌였다.

④ 회사 설립

㉠ 일부 상인들은 열강의 경제적 침탈에 대항하여 자본주의 생산방식이나 새로운 경영방식을 도입하고 많은 회사들을 설립하였다.

㉡ 1880년대에는 대동상회 · 장통상회 등이 설립되었으며 1890년대에는 40여개에 달하였다.

㉢ 대한제국의 상공업진흥정책이 실시된 이후에는 해운회사, 철도회사, 광업회사 등과 같은 근대적 형태의 주식회사도 나타났다.

⑤ 국채보상운동

㉠ 배경 : 일제는 한국을 재정적으로 예속시키기 위하여 우리 정부로 하여금 일본에서 차관을 도입하게 하였고, 이 결과 한국 정부가 짊어진 외채는 총 1,300만원이나 되어 상환이 어려운 처지에 놓였다.

㉡ 전개과정 : 이에 국민의 힘으로 국채를 상환하여 국권을 회복하자는 국채보상운동이 일어났다. 이 운동은 서상돈, 김광제 등이 국채보상금을 모금하기 위하여 대구에서 개최한 국민대회를 계기로 전국으로 확산되었다. 서울에서는 국채보상기성회가 조직되어 전 국민의 호응을 얻었고, 대한매일신보 등 여러 신문사들도 적극 후원하였다.

㉢ 결과 : 국채보상기성회의 간사인 양기탁에게 국채보상금을 횡령하였다는 누명을 씌워 구속하는 등 통감부의 간교한 방해로 인하여 좌절되고 말았다.

2 일제하 민족경제의 변화

(1) 식민지 수탈경제

① 토지조사사업(1912 ~ 1918)

㉠ 방법 : 우리 농민이 토지 소유에 필요한 서류를 갖추어 지정된 기간 안에 신고해야만 소유권을 인정받게 하였으나, 신고기간이 짧고 절차가 복잡하여 신고의 기회를 놓친 사람이 많았다. 이것은 일제가 한국인의 토지를 빼앗기 위한 것이다.

㉡ 결과 : 3%의 지주가 경작지의 50% 이상을 소유하여 지주제가 강화되고 소작농이 증가되었으며, 고율의 소작료를 부담하게 되자 농민들은 몰락하기 시작했다.

② 산미증식계획(1920 ~ 1933)

㉠ 증산량보다 많은 양이 수탈되자 한국의 식량사정은 악화되었다.

㉡ 논농사 중심의 구조로 쌀 생산을 강요하였다.

㉢ 수리조합사업비와 토지개량사업비를 농민에게 전가하자 농민부채가 증가하여 농민의 몰락이 가속화되었다.

③ 산업의 침탈

㉠ 화폐정리사업으로 통감부시기에 민족자본의 축적이 와해되었다.

㉡ 회사령을 공포하여 한국인의 회사설립과 경영을 통제하였다. 이에 민족 자본의 성장은 억제되었고, 일본인이 한국 공업을 주도하게 되었다.

㉢ 광업령, 임야조사사업, 어업령을 통해 우리 자원을 약탈하였다.

㉣ 일본의 군수공업화정책으로 전기, 제철, 중화학 공장을 설립하여 병참 기지화되었다.

㉤ 식량배급제도와 각종 물자의 공출제도를 강행하였다.

(2) 경제적 민족운동

① **소작쟁의** … 소작농들은 일본인 지주와 조선인 지주에 대항하여 소작료 인하와 소작권 박탈반대 등을 요구하였고, 이것은 점차 일제의 수탈에 반대하는 항일민족운동으로 발전하게 되었다.

② **민족기업의 성장** … 중소상인자본으로 직포공장, 메리야스공장, 고무신 공장 등 경공업 관련 공장들이 세워졌고, 대자본가는 경성방직주식회사를 세웠다.

③ **물산장려운동** … 민족기업을 지원하고 민족경제의 자립을 달성하는 것을 목적으로 하였다. 그러나 총독부가 물자를 통제하는 등 일제의 탄압이 가해졌으며, 기업정비령을 내려 강제로 청산하거나 일본인 공장에 합병하는 등 민족기업을 억압하였다.

④ **노동쟁의** … 노동자들은 생존권을 지키기 위하여 임금인상이나 노동조건 개선 등을 주장하는 노동운동을 벌였다. 이는 항일민족운동으로 발전하였다.

③ 현대의 경제 발전

(1) 광복 직후의 경제 혼란

① **미군정기** … 미군정하의 우리 경제는 극심한 인플레이션, 원자재와 소비재의 부족, 식량 부족, 국토 분단 등으로 인한 경제적 혼란이 가속화되었다.

② 대한민국정부의 경제

㉠ **기본방향** : 농업과 공업의 균형 있는 발전, 소작제의 철폐, 기업활동의 자유보장, 사회보장제도의 실시, 인플레이션의 극복 등이 경제정책의 기본방향이었다.

㉡ **경제안정시책** : 농지개혁법을 제정하고 시행하여 농촌경제의 안정을 꾀하였고, 귀속재산의 불하로 산업자본이 형성되었다.

㉢ **6 · 25전쟁의 피해** : 생산시설의 42%가 파괴되어 전비 지출로 인플레이션이 가속화된 데다가 물가 폭등과 물자 부족으로 국민생활의 어려움이 극심해졌다.

(2) 경제 발전

① 경제복구사업

㉠ **경제복구사업의 진행** : 제분 · 제당공업, 섬유(면화)공업이 성장하였고, 시멘트와 비료 등의 생산도 늘어났다.

㉡ **취약한 경제구조** : 소비재산업이 급속하게 성장한 데 비하여 기계공업 등의 생산산업은 발전하지 못하였다. 또한 농업분야의 복구가 지체되었고, 원조가 줄어들면서 우리 경제는 상당한 어려움을 겪게 되었다.

② 경제개발 5개년계획

㉠ 경과

- 제1 · 2차 경제개발 5개년계획 : 기간산업을 육성하고, 경공업의 신장에 주력하였다.
- 제3 · 4차 경제개발 5개년계획 : 중화학공업의 육성에 주력하여 광공업 비중이 증가되었고, 공업구조가 경공업 중심에서 중화학공업으로 변화하게 되었다.
- 사회간접시설의 확충 : 경부고속국도를 비롯한 도로와 항만, 공항 등의 사회간접시설이 확충되었으며, 간척사업과 작물의 품종개량으로 식량생산이 증대되었다.

㉡ 결과 : 수출이 비약적으로 증대하는 등 고도의 경제 성장을 이루었으며, 국내 자본이 축적되어 외국자본에 의존하던 자본구조가 어느 정도 개선되었다.

㉢ 문제점 : 소수 재벌에 의해 자본의 집중이 심화되었고, 국내산업의 수출의존도가 심해졌다.

③ 노동운동

㉠ 1970년대 이후 노동자의 수가 크게 늘어나고 6월 민주화운동의 진전과 함께 사회의식이 높아지면서 노동운동이 활성화되었다.

㉡ 정부는 노동정책으로 노동관계법을 개정하였으며, 기업가와 노동자의 인간적 관계와 직업윤리를 정착시키기 위하여 많은 노력을 기울였다.

④ 해외 진출과 국제경제협력체 가입

㉠ 해외 진출 : 오늘날 우리나라의 기업은 해외 진출을 적극적으로 추진하고 있다. 무역대상국도 1980년대 이후 미국와 일본 중심에서 벗어나 유럽, 동남아시아, 중국, 남미 등지로 다변화하고 있다. 특히 경제적으로 급속히 부상하고 있는 중국과 밀접한 경제적 관계를 형성하면서 우리나라는 동아시아 경제의 한 축을 만들어 가고 있다.

㉡ 경제협력체 가입

- 아시아 · 태평양 경제협력체(APEC)에 적극 참여
- 경제협력개발기구(OECD)에 가입

㉢ 국가적 위기 극복 : 1990년대 후반 세계경제의 침체 속에서 우리 경제가 위기를 맞기도 하였으나, 국민이 일치 단결하여 슬기롭게 대처함으로써 21세기의 새로운 시대를 열어 가고 있다.

03 근현대의 사회 변동

1 평등사회의 추구

(1) 평등의식의 확산

① **천주교** … 평등의식이 확산되자 중인과 평민층의 입교가 증가하였고, 특히 부녀자 신도가 많았다.

② **동학** … 인내천사상으로 평민층 이하의 지지를 받았다.

③ **개신교** … 교육과 의료사업을 전개하였고, 남녀평등사상을 보급하였으며, 애국계몽운동에 이바지하였다.

④ **갑신정변** … 양반신분제도와 문벌이 폐지되었고 인재를 등용하여 인민의 평등을 실현하려 하였다.

(2) 동학농민군의 사회개혁운동

① **폐정개혁안 제시** … 탐관오리·횡포한 부호·양반 유생의 정벌, 노비문서 소각, 천인들에 대한 처우 개선, 과부의 재가 허용, 모든 무명 잡세의 폐지, 문벌과 지벌을 타파한 인재의 등용, 토지의 평균 분작을 주장하였다.

② **집강소 설치** … 농민들의 집강소에서는 폐정을 개혁하면서 한편으로는 노비문서와 토지문서를 소각하고 창고를 열어 식량과 금전을 농민에게 나누어 주었다.

TIP 동학농민운동의 성격
㉠ 반봉건적 성격
• 정치: 봉건적 정치체제의 타파, 민씨정권의 퇴진과 대원군의 섭정 요구
• 사회: 신분제도의 폐지와 천민의 해방, 동학교도의 복권 주장
• 경제: 삼정의 개혁과 고리채의 무효화, 지주전호제의 개혁과 평균분작의 실시
㉡ 반침략적 성격: 외세의 침략을 물리치고자 한 아래로부터의 농민운동이었다.

(3) 갑오개혁과 신분제의 폐지

① 사회면의 개혁

㉠ 반상과 귀천을 초월한 평등주의적 사회질서를 수립하였으며, 노비 및 기타 천민층의 점진적 해방이 이루어졌다.

㉡ 기술직 중인의 관직등용을 확대하였다.

㉢ 여성의 대우가 향상되고, 혼인풍습도 개선되었다.

② **의의** … 조선사회가 근대화되고, 양반들의 권력독점체제가 해체되는 계기가 되었다.

③ **한계** … 전통적 신분제도(양반제, 노비제)는 점진적이고 개량적인 개혁의 추진에 그치고 말았다.

(4) 민권운동의 전개(독립협회활동)

① **민권운동**

㉠ **인권확대운동** : 천부인권사상을 근거로 국민의 생명과 재산권을 보호할 목적으로 전제군주제 및 양반관료제의 횡포로부터 백성을 보호하려는 것이었다.

㉡ **참정권 실현운동** : 의회설립운동으로 중추원을 의회로 개편하고, 관민공동회를 개최하였다(헌의 6조 – 입헌군주제 지향).

② **민권사상의 확산** … 평등사회가 출현하여 관민공동회에서 천민이 연사로 나서거나, 만민공동회에서 시전상인이 회장으로 선출되는 일이 나타났다.

TIP 독립협회의 3대사상

자주국권사상	자유민권사상	자강개혁사상
• 자주주권의 옹호 • 자주적 중립외교의 추진 • 민족문화의 창조적 계승	• 자주독립, 민권의 신장 • 국민참정권의 주장(언론 · 출판 · 집회 · 결사의 자유)	• 입헌군주제 실시 • 산업의 개발 • 신 교육의 실시
민족주의 사상	민주주의 사상	근대화 사상

❷ 민족독립운동의 사회 변화

(1) 한인의 국외 이주와 독립운동

① **만주** … 19세기 중엽에는 기아와 열악한 경제상황을 타개하기 위해서 이주를 하였다면, 20세기 초반에는 일제의 탄압을 피하고 항일운동을 위해 이주하였다.

② **연해주** … 한민회를 설치하고 대한광복군 정부를 수립하여 무장투쟁의 기반을 마련하였다.

③ **미국** … 신민회, 한인협성회, 공립협회(국민회)와 흥사단을 조직하여 활동하였다.

④ **일본** … 조선청년독립단을 구성하여 2 · 8독립선언을 발표하여 3 · 1운동의 도화선을 제공하였다.

(2) 사회주의 운동의 대두와 신간회 운동

① 사회주의 운동의 대두

㉠ 1920년대 러시아와 중국에서 활동하고 있던 독립운동가들이 사회주의를 처음으로 받아들였다.

㉡ 노동운동, 농민운동, 청년운동, 학생운동, 여성운동, 형평운동 등이 전개되었다.

② 신간회 운동

㉠ 민족주의 진영과 사회주의 진영은 민족유일당, 민족협동전선이라는 표어 아래 이상재, 안재홍 등을 중심으로 신간회를 결성하였다.

㉡ 신간회는 전국에 약 140여개소의 지회를 두고 노동운동과 농민운동을 지도하였다.

㉢ 광주학생항일운동의 진상단을 파견하였다.

TIP 신간회 … 민족주의계와 사회주의계가 이념과 방략을 초월하고 단일화된 민족운동을 추진하고자 결성한 단체이다. 이들은 민족의 단결과 정치 · 경제적 각성의 촉구, 친일 기회주의자를 배격하자는 강령 아래 활동하였다. 광주항일학생운동에 조사단을 파견하고, 수재민구호운동을 벌였으며, 재만동포옹호운동을 전개하고, 농민운동과 학생운동을 지원하였다. 그러나 일제의 탄압과 내부의 이념 대립으로 1930년대 초에 해체되고 말았다.

(3) 농민운동과 노동운동

① 농민운동은 소작쟁의를 중심으로 전개되었다. 1920년대 전반기에는 고율의 소작료 인하와 소작권의 이동을 반대하는 시위가 많았으나, 1920년대 후반기에는 농민조합이 소작쟁의를 주도하여 항일민족운동으로 변모하게 되었다.

② 노동운동은 자유 노동자를 중심으로 한 노동조합이 결성되어 임금 인상과 단체계약권의 확립, 8시간 노동제의 실시, 노동조건의 개선을 요구하는 파업투쟁을 벌이기도 하였다. 이는 1920년대 후반기에 전국적으로 확산되어 영흥 노동자 총파업, 원산 노동자 총파업 등 항일적 성격을 띤 운동으로 변모하게 되었다.

(4) 여성운동과 학생운동

① 여성운동 … 1920년대 초반기에는 가부장제와 전통적 인습 타파를 외치는 계몽차원에서 전개되었고, 중반기에 이르러서는 사회주의 운동과 결합하여 발달하였다.

② 학생운동 … 동맹휴학 형태로 전개되어 식민지 노예교육의 철폐, 조선역사의 교육, 교내 조선어 사용 등을 요구하였다. 광주학생항일운동이 대표적인 예이다.

TIP 광주학생항일운동(1929) … 광주에서 일본 남학생이 한국 여학생을 희롱한 사건을 계기로, 한 · 일 학생 간에 충돌이 일어나면서 시작되었다. 일본 경찰이 일방적으로 한국 학생들만 검거 · 탄압하자, 광주의 모든 학교 학생들이 궐기하였다. 이에 일반 국민들도 가세함으로써 광주학생항일운동은 전국적인 규모의 항일투쟁으로 확대되었다.

③ 현대사회의 변화

(1) 복지사회의 추구

① 배경 … 1960년대 이후 성장 위주의 경제정책으로 농촌의 피폐, 이농현상, 도시빈민의 형성, 환경오염, 근로기준법 위반 등의 문제가 발생하였다. 또한 노약자, 빈곤층, 실업자, 노숙자 등 소외계층이 생겨났다.

② 대책 … 정부는 서민을 위한 생활보조금 제공, 무주택자를 위한 주택 건설, 고용보험 및 연금제도를 시행하는 등 사회보장제도를 마련하였다.

(2) 산업화와 도시화

① 환경문제 … 성장우선주의 정책을 편 결과 경제는 비약적으로 발전하였으나, 공해문제가 발생하였고 그 결과 정부는 환경부를 설치하였다.

② 농촌경제의 피폐 … 산업화에 따른 노동자들의 저임금정책을 뒷받침하기 위하여 저곡가정책을 실시하였기 때문에 농촌의 생활은 어려워졌으며 이를 보완하기 위해 새마을운동이 전국적으로 전개되었다.

③ 새마을운동

㉠ 전개 : 1970년대 제창되었고, 근면 · 자조 · 협동을 기본정신으로 삼아 침체된 농촌에 활기를 불어 넣었고 이는 도시로 확대되었다.

㉡ 결과 : 새마을운동은 생활태도의 혁신과 농어촌의 환경 개선, 소득 증대에 기여하였다.

④ 문제점 … 산업화와 도시화로 인해 가족제도의 붕괴, 노동자문제, 실업자문제 등 여러 가지 문제들이 나타나기 시작했고, 이를 해결하려는 움직임이 전개되기도 하였다.

⑤ 여성의 지위 향상 … 여성의 취업인구가 크게 늘어났고, 농촌에서도 여성의 경제활동 참여가 증가되었다. 여성의 직업분야도 저임금 미숙련 노동자에서 전문직으로까지 확대되었으며 사회적 위상도 높아졌다.

04 근현대의 문화의 흐름

1 근대 문화의 발달

(1) 근대 문명의 수용

① **근대 문물의 도입** … 19세기 후반부터 개화파는 우리의 정신문화는 지키면서 서양의 과학기술을 수용하자는 동도서기론을 개창하였고, 정부는 과학기술을 비롯한 서양의 근대 문물을 도입하여 개화정책을 추진하였다.

② **근대 시설의 수용**

㉠ **통신시설** : 전신 · 전화를 가설하였고, 우정국을 운영하여 근대적 우편제도를 실시하였다.

㉡ **교통시설** : 전차를 운행하였으며, 경인선과 경부선의 철도가 부설되었다.

㉢ 근대 시설은 외세의 이권 침탈이나 침략목적에 이용되기도 하였으나 한편으로는 국민생활의 편리와 생활 개선에 이바지하였다.

③ **근대 의료시설** … 광혜원을 비롯한 여러 병원들이 설립되어 질병 퇴치와 국민보건 향상에 공헌하였으며, 경성의학교 · 세브란스병원 등에서는 의료요원을 양성하였다.

④ **건축** … 근대 문물의 수용과 함께 명동성당, 덕수궁 석조전 등 서양식 건물이 세워졌으며, 교회와 학교 건축을 중심으로 서양식 건축의 보급이 확산되었다.

(2) 근대 교육과 학문의 보급

① **근대 교육** … 1880년대부터 근대 교육이 시작되었다.

㉠ **교육기관**

- 원산학사 : 최초의 근대적 사립학교로서, 외국어 · 자연과학 등 근대 학문과 무술을 가르쳤다.
- 육영공원 : 관립학교로서 미국인 교사를 초빙하여 상류층 자제에게 영어 · 수학 · 지리학 · 정치학 등의 근대학문을 교육하였다.
- 동문학 : 영어강습기관을 세워 통역관을 양성시켰다.

㉡ **개신교 선교사** : 배재학당, 이화학당 등의 사립학교를 설립하여 근대 학문을 가르치고 민족의식 고취와 민주주의 사상의 보급에 이바지하였다.

㉢ **갑오개혁기** : 근대적 교육제도를 마련하여 관립학교와 사립학교가 생겨났다.

㉣ **애국계몽운동기** : 사립학교를 중심으로 구국교육운동을 전개하고 민족의식 고취를 위한 교육활동이 성행하고 근대 학문과 사상이 보급되어 갔다.

② 국학운동 … 민족의식과 애국심을 고취하려는 국학운동이 전개되었다.
  ㉠ 국사 연구 : 신채호 · 박은식 등은 구국위인들의 전기를 써서 보급시켰다.
  ㉡ 국어 연구 : 지석영과 주시경이 국어 연구에 공헌하였다.

(3) 문예와 종교의 새 경향

① 문학의 새 경향
  ㉠ 이인직의 혈의 누, 이해조의 자유종 등의 신소설이 등장하여 계몽문학의 구실을 하였고, 최남선은 신체시인 해에게서 소년에게를 써서 근대시의 형식을 개척하였다.
  ㉡ 외국 문학 : 천로역정, 이솝 이야기, 로빈슨 표류기 등 외국문학의 소개는 신문학의 발달과 근대의식의 보급에 기여하였다.

② 예술계의 변화
  ㉠ 음악 : 애국가, 권학가, 독립가와 같은 창가가 유행하였다.
  ㉡ 연극 : 원각사라는 서양식 극장이 설립되고 은세계, 치악산 등의 작품이 공연되었으나 민중 사이에서는 전통적인 민속가면극이 성행하였다.
  ㉢ 미술 : 서양식 유화가 도입되고 김정희 계통의 문인화가들이 한국 전통회화를 발전시켰다.

③ 종교운동의 변화
  ㉠ 천주교 : 1880년대부터 자유롭게 선교활동을 벌여 교육 · 언론 · 사회사업 등에 공헌하였다.
  ㉡ 개신교 : 교육과 의료사업 등에 많은 업적을 남겼다.
  ㉢ 동학 : 제 3 대 교주인 손병희 때 천도교로 개칭하여 새로운 발전을 이룩하였다.
  ㉣ 불교 : 한용운이 중심이 되어 불교의 혁신과 자주성 회복을 위한 움직임이 일어났다.
  ㉤ 대종교 : 단군신앙을 기반으로 민족적 입장을 강조하고 항일운동에 적극 참여하였다.

❷ 민족문화수호운동

(1) 일제의 민족말살정책과 한국사 왜곡

① 우민화교육과 동화정책 … 일제는 우민화교육과 동화정책을 통하여 한국인의 황국신민화를 꾀하였고, 민족말살정책을 강행하면서 우리말과 우리 역사교육을 금지하였다.

② 한국사의 왜곡 … 한국사를 왜곡하여 한국인의 민족의식을 약화시키고 나아가 말살시키려 하였다. 이에 한국사의 타율성 · 정체성 등이 강조되었고, 자율성과 독창성 등은 무시되었다. 일제가 설치한 조선사편수회가 이에 앞장섰다.

(2) 민족문화수호운동의 전개

① 한글보급운동

㉠ **조선어연구회** : 이윤배 · 최현배 등의 국어학자들은 조선어연구회를 조직하여 국어연구와 한글보급에 힘썼다. 그들은 한글을 간행하고, 가갸날(한글날)을 제정하였다.

㉡ **조선어학회**
- 한글맞춤법통일안과 표준어를 제정하였으며, 우리말큰사전의 편찬에 착수하였으나 일제의 방해로 성공하지 못하였다.
- 조선어학회 사건을 일으켜 수많은 회원들을 투옥하였다.

② 한국사의 연구

㉠ **박은식**
- 19세기 이후 민족의 수난을 밝힌 한국통사와 우리의 항일투쟁을 다룬 한국독립운동지혈사를 저술하였다.
- 민족정신을 '혼'으로 파악하여 혼이 담겨 있는 민족사를 강조하였다.

㉡ **신채호**
- 조선상고사, 조선사연구초 등을 저술하여 민족주의 역사학의 기반을 확립하였다.
- 낭가사상을 강조하였다.

㉢ **정인보**
- 고대사 연구에 치중하였고 '오천년간 조선의 얼'을 신문에 연재하였다.
- 일제 식민사관에 대항하였고 얼사상을 강조하였다.

㉣ **문일평** : 민족문화의 근본으로 세종을 대표자로 하는 조선심 또는 조선사상을 강조하였다.

> TIP 조선학운동 … 정인보, 문일평, 안재홍 등이 여유당전서의 간행을 계기로 과거 민족주의 역사학이 국수적 · 낭만적이었음을 비판하고 실학에서 자주적인 근대 사상과 우리 학문의 주체성을 찾으려고 하였다.

③ **진단학회** … 청구학회를 중심으로 한 일본 어용학자들의 왜곡된 한국학 연구에 반발하여 이윤재, 이병도, 손진태, 조윤제 등이 진단학회를 조직하고 한국학 연구에 힘썼다.

(3) 민족교육진흥운동

① **조선교육회** … 한규설과 이상재는 고등교육기관을 설립하여 우수한 인재를 양성하고자 총독부에 대학설립을 요구하였으나 총독부가 이를 무시하였다. 그러자 조선교육회는 민립대학설립운동을 전개하여 모금운동을 벌였으나 일제의 방해로 실패로 돌아갔다. 그 대신 일제는 경성제국대학을 설립하여, 조선인의 불만을 무마하려고 하였다.

② **문맹퇴치와 농촌계몽운동** … 언론계와 청년 학생이 힘을 합쳐 문맹퇴치와 농촌계몽을 통하여 민족의 자강을 이룩하고자 노력하였다.

(4) 일제강점기의 종교활동

① 천도교
- ㉠ 제 2 의 3 · 1운동을 계획하여 자주독립선언문을 발표하였다.
- ㉡ 개벽, 어린이, 학생 등의 잡지를 간행하여 민중의 자각과 근대문물의 보급에 기여하였다.

② 개신교
- ㉠ 민중계몽과 각종 문화사업을 활발히 전개하였다.
- ㉡ 신사참배를 거부하여 탄압을 받기도 하였다.

③ 천주교 … 사회사업과 민중계몽에 이바지하였고, 만주에서 항일운동에 나서기도 하였다.

④ 대종교 … 무장항일단체인 중광단을 조직하였고, 3 · 1운동 직후에는 북로군정서로 개편하여 청산리대첩에 참여하였다.

⑤ 불교
- ㉠ 한용운을 비롯한 승려들이 한국 불교를 일본 불교에 예속시키려는 일제의 불교통합정책에 저항하였다.
- ㉡ 교육기관을 설립하여 민족교육운동에 이바지하였다.

⑥ 원불교 … 개간사업과 저축운동을 통해 민족의 역량을 배양하였고 생활개선 및 새생활운동에도 앞장섰다.

(5) 일제 강점기의 문예활동

① 문학활동
- ㉠ 근대 문학
  - 이광수, 최남선 : 근대 문학의 개척에 공헌하였다.
  - 한용운, 김소월, 염상섭 : 민족정서와 민족의식을 담은 작품을 통해서 근대 문학 발전에 이바지하였다.
- ㉡ 1920년대 : 신경향파 문학이 대두하여 문학의 사회적 기능이 강조되었다.
- ㉢ 1930년대 : 순수문학 잡지가 간행되었고, 정지용 · 김영랑은 시문학 동인으로 활약하면서 순수문학과 서정시의 발전에 이바지하였다.
- ㉣ 일제말기 : 이육사, 윤동주 등은 항일의식과 민족정서를 담은 작품을 창작하였다. 그러나 이광수, 최남선 등의 일부 문인들은 일제의 침략전쟁을 찬양하는 활동에 참여하기도 하였다.

② 예술
- ㉠ 음악 : 안익태, 윤극영 등이 많은 활동을 하였다.
- ㉡ 미술 : 안중식은 한국화, 이중섭은 서양화를 발전시켰다.
- ㉢ 연극 : 토월회, 극예술연구회 등의 활동으로 근대 연극이 발전하였다.
- ㉣ 영화 : 나운규가 아리랑을 발표하여 한국 영화 발전에 기여하였다.

③ 현대 문화의 동향

(1) 현대의 교육

① **광복 이후** … 미국식 교육이 도입되었고, 6·3·3·4제의 학제를 근간으로 하는 교육제도가 마련되었으며, 홍익인간의 교육이념이 채택되었다.

② **이승만 정부** … 초·중등학교와 대학의 증설로 교육이 양적으로 확대되었으나 6·25전쟁으로 인하여 교육환경은 매우 열악해졌다. 이 기간 동안 교육은 멸공통일의 신념을 길러 안보의식을 고취시키는 데 중점을 두었다.

③ **4·19혁명 이후** … 교육의 정치적 중립을 확보하려는 움직임과 함께 학원 민주화운동이 일어났으나 5·16군사정변으로 좌절되었다.

④ **박정희 정부** … 반공교육이 강화되고, 기능양성교육에 치중하였다. 이런 상황에서 교육자치제는 명목상으로만 존재하였고, 교육의 중앙집권화와 관료적 통제가 강화되었다. 1968년에 발표한 국민교육헌장은 이 시기 교육의 방향을 제시한 것이었다.

⑤ **1980년대** … 국민정신교육을 강조하고 통일안보교육, 경제교육, 새마을교육을 실시하였으며, 특히 입시과외의 폐해를 줄이기 위한 조치를 취하였다.

⑥ **1990년대** … 급속한 정보화와 기술의 향상에 따라 변화·발전하는 경세와 사회구소에 능동석으로 대처하기 위하여 창의력 신장과 시민의식을 육성하기 위한 교육개혁을 추진하였다.

(2) 현대의 사상과 종교

① 사상

㉠ **광복 이후** : 민족주의와 민주주의 및 반공 등 여러 이념이 혼재한 시기로, 민족주의가 정치 사회적으로 남용되어 민주주의는 시련을 겪기도 하였으며, 남북 분단상황에서 반공이념이 강조되었다.

㉡ **1960 ~ 1970년대** : 민족주의와 민주주의가 정착되어 민주화에 진전을 보였다.

㉢ **1980년대** : 5·18민주화운동과 6월민주항쟁으로 민족주의와 민주주의가 뿌리를 내리게 되었다.

㉣ **1980년대 말 이후** : 냉전체제가 해체되고, 남북관계에도 진전을 가져오게 되었다.

② 종교

㉠ **개신교** : 여러 교단으로 나뉘어졌던 교단의 통일과 사회 참여를 모색하면서 교세를 크게 확장하였다.

㉡ **천주교** : 세계적 연계성과 통일된 교구조직을 통하여 획기적인 발전을 이루었다.

㉢ **불교** : 혁신운동을 통하여 승려의 자질 향상, 교육의 쇄신, 포교의 다양화 등을 추진하여 농촌지역뿐만 아니라 도시에서도 지속적인 발전을 이룩하였다.

㉣ **천도교, 대종교, 원불교 :** 민족종교도 그 나름의 기반 확립과 교세 확장에 노력하였다.

㉤ 1970년대 이후 종교계는 민주화운동에 크게 기여하였다.

(3) 현대의 문화활동과 과학기술의 발전

① **문화활동**

㉠ **광복 직후 :** 문화예술단체들은 좌익과 우익에 따라 성격이 나뉘어 분열하였다.

㉡ **1950년대 :** 6 · 25전쟁 이후에는 민족주의적 자유주의 문인 중심의 순수문학이 주류를 이루었다.

㉢ **1960년대 :** 중등교육이 확대되고 경제여건이 향상됨에 따라 문화의 대중화현상이 나타났다. 문화의 대중화는 텔레비전 등 대중전파매체가 널리 보급되면서 가속화되었고, 산업화와 도시화가 진전됨에 따라 더욱 확산되었다.

㉣ **1970년대 :** 민족문학론이 대두되어 현실의 비판과 민주화운동의 실천, 그리고 민족의 통일문제를 다루는 데까지 나아갔으며, 민중문학운동이 전개되기도 하였다.

㉤ **1980년대 이후 :** 경제 발전에 힘입어 문화 향유층이 급격하게 확대되었고, 영화나 가요 등 다양한 성격의 대중문화가 발전하게 되었다.

㉥ **최근 :** 이전 문화의 틀에서 벗어나 더 분방한 경향을 추구하는 포스트모더니즘이 나타나기도 하였다.

② **과학기술** … 1960년대부터 과학기술이 발달하기 시작하였다. 과학 선진국에 유학을 갔던 인재들이 한국과학기술연구소(KIST)로 돌아오면서 현대 과학기술이 발전할 수 있는 기반이 마련되었다.

③ **전통문화** … 점점 대중화와 서양화에 밀려 자리를 잃어가고 있으며, 감각적이고 상업적인 대중문화가 성행하게 되었다. 이는 민족문화를 발전시키고 세계적인 문화를 창출하는 과제를 낳았다.

최근 기출문제 분석

2019. 10. 19. 우정서기보(계리직)

1 **㈎전쟁 기간 내에 있었던 사실로 옳지 않은 것은?**

> 일본의 연합 함대가 인천과 뤼순에서 러시아 군함을 공격하면서 ㈎전쟁이 시작되었다. 일본군은 뤼순 요새를 함락시키고 봉천에서 러시아군을 격파하여 북쪽으로 몰아내었다. 일본은 전투에서 연이어 승리하였지만 국력을 소진하였으며, 러시아는 피의 일요일 사건으로 내정이 불안한 상태였다. 마침 동아시아에 큰 관심이 있던 미국이 중재에 나서 포츠머스에서 강화 조약이 체결되었다.

① 대한제국 정부는 변화하는 국제 정세에 대응하면서 국외 중립을 선언하였다.
② 일본은 독도를 시마네 현에 편입시킬 것을 결정하는 불법적 영토침탈 행위를 자행하였다.
③ 대한제국 정부는 「재정 및 외교 고문 용빙에 관한 한 · 일 각서」를 일본의 강요로 체결하였다.
④ 일본은 미국과 가쓰라 · 태프트 밀약을 맺어 미국으로부터 대한 제국에 대한 지배권을 인정받았다.

TIP ㈎는 1904~1905년에 만주와 한국의 지배권을 두고 러시아와 일본 간에 벌어진 러일전쟁이다.
① 고종은 일본과 러시아의 관계가 악화되고 전운이 감돌자 1904년 1월 21일 국외 중립을 선언하였다. 그러나 한반도 주변의 국제정세의 흐름과 열강의 동향을 제대로 파악하지 못한 중립 선언은 결국 실패로 돌아갔고, 러일전쟁이 발발하였다.

Answer 1.①

2019. 10. 19. 우정서기보(계리직)

2 ㈎법의 내용으로 옳은 것을 〈보기〉에서 모두 고른 것은?

(가)법

[시행 1949. 6. 21.]

제1장 총칙

제1조 본법은 헌법에 의거하여 농지를 농민에게 적정히 분배함으로써 농가경제의 자립과 농업생산력의 증진으로 인한 농민생활의 향상 내지 국민경제의 균형과 발전을 기함을 목적으로 한다.

… (중략) …

제29조 본법은 공포일로부터 시행한다.

〈보기〉

㉠ 소유권의 명의가 분명치 않은 농지는 정부에 귀속한다.
㉡ 농가가 아닌 자의 농지와 자경하지 않는 자의 농지는 정부가 매수한다.
㉢ 분배받은 농지는 분배받은 농가의 대표자 명의로 등록하고 가산으로서 상속한다.
㉣ 이 법에 있어 농가라 함은 가주 또는 동거가족이 농경을 주업으로 하여 독립생계를 영위하는 합법적 사회단위를 칭한다.

① ㉠
② ㉠, ㉡
③ ㉠, ㉡, ㉢
④ ㉠, ㉡, ㉢, ㉣

TIP ㈎는 농지개혁법이다.

㉠ [O] 농지개혁법 제5조 1호에 따라 법령급 조약에 의하여 몰수 또는 국유로 된 농지와 소유권의 명의가 분명치 않은 농지는 정부에 귀속되었다.
㉡ [O] 농지개혁법 제5조 2호에 따라 농가 아닌 자의 농지, 자경하지 않는 자의 농지, 본법 규정의 한도를 초과하는 부분의 농지 등은 적당한 보상으로 정부가 매수하였다.
㉢ [O] 농지개혁법 제15조의 내용이다.
㉣ [O] 농지개혁법 제3조의 내용이다.

Answer 2.④

2019. 10. 19. 우정서기보(계리직)

3 ㈎에 대한 설명으로 옳은 것을 〈보기〉에서 모두 고른 것은?

> 대황제 폐하께서 갑오년 중흥(中興)의 기회를 맞아 자주독립의 기초를 확정하시고 새로이 경장(更張)하는 정령(政令)을 반포하실 때에 특히 한문과 한글을 같이 사용하여 공사 문서(公私文書)를 국한문으로 섞어 쓰라는 칙교(勅敎)를 내리셨다. 모든 관리가 이를 받들어 근래에 관보와 각 부군(府郡)의 훈령, 지령과 각 군(各郡)의 청원서, 보고서가 국한문으로 쓰였다. 이제 본사에서도 신문을 확장 하려는 때를 맞아 국한문을 함께 쓰는 것은, 무엇보다도 대황제 폐하의 성칙(聖勅)을 따르기 위해서이며, 또한 옛글과 현재의 글을 함께 전하고 많은 사람들에게 읽히기 위함이다.
>
> – 「㈎」 창간사 –

〈보기〉

㉠ 경술국치 이후 강제로 「한성신문」으로 바뀌어 발행되다가 폐간하였다.
㉡ 천도교 기관지로 창간되었으며 인민의 교육을 강조하고 반민족적 행위 등을 규탄하였다.
㉢ 1898년 8월 창간한 일간지로 개화 문명의 수용을 통해 근대 사회를 건설하고자 국민 계몽에 주력하였다.
㉣ 1898년 9월에 창간되어 광무 정권이 표방한 '구본신참'의 원칙에 따라 온건하면서도 점진적인 개혁을 제시하였다.

① ㉠, ㉢
② ㉠, ㉣
③ ㉡, ㉢
④ ㉡, ㉣

TIP 제시된 사료는 「황성신문」의 창간사이다.
㉡ 1906년에 손병희가 창간한 『만세보』에 대한 설명이다.
㉢ 『제국신문』에 대한 설명이다.

Answer 3.②

2019. 10. 19. 우정서기보(계리직)

4 (가)~(다)에 해당하는 독립운동 단체를 바르게 짝지은 것은?

> (가) 한국독립당을 조직하고 무장 부대인 한국독립군을 산하에 두어 북만주를 중심으로 활동하였다.
> (나) 중 · 일 전쟁이 일어나자 조선민족혁명당을 중심으로 통합에 찬성하는 단체들에 의하여 결성되었다.
> (다) 1938년 민족혁명당을 중심으로 조직된 군사 단체이며 일부는 화북으로 이동하고 남은 병력은 한국 광복군에 합류하였다.

	(가)	(나)	(다)
①	국민부	조선독립동맹	조선의용군
②	혁신의회	조선민족전선연맹	조선의용대
③	혁신의회	조선독립동맹	조선의용군
④	국민부	조선민족전선연맹	조선의용대

TIP (가) 1928년 만주 길림에서 김동삼, 지청천 등에 의해 조직된 독립운동단체인 혁신의회에 대한 설명이다.
(나) 1937년 조선민족혁명당을 중심으로 조선민족해방자동맹, 조선혁명자연맹, 조선청년전위동맹 등의 단체가 참가하여 결성한 좌파계의 항일민족연합전선인 조선민족전선연맹에 대한 설명이다.
(다) 1938년 중국의 한커우(漢口)에서 김원봉을 중심으로 창설한 독립무장부대인 조선의용대에 대한 설명이다.

2018. 7. 21. 우정서기보(계리직)

5 다음 내용이 실린 책과 관련된 설명으로 옳지 않은 것은?

> 조선 땅덩어리는 실로 아시아의 요충을 차지하고 있어 형세가 반드시 다투게 마련이며, …(중략)… 그렇다면 오늘날 조선의 책략은 러시아를 막는 일보다 더 급한 것이 없을 것이다. 러시아를 막는 책략은 어떠한가? 중국과 친하고, 일본과 맺고, 미국과 이어짐으로써 자강을 도모할 따름이다.

① 청의 외교관인 황쭌셴(황준헌)이 저술하였다.
② 조 · 일 수호 조규를 체결하는데 영향을 주었다.
③ 김홍집이 수신사로 일본에 다녀오면서 가져왔다.
④ 지방 유생들이 상소를 통해 책의 내용을 비판하였다.

TIP ② 『조선책략』의 내용이다. 러시아를 막는 방책인 '친중국, 결일본, 연미방'을 담은 책인 『조선책략』은 주일 청의 외교관인 황쭌셴이 저술한 책으로 2차 수신사(1880)로 다녀온 김홍집의 소개로 국내에 유포되었다. 이에 따라 미국에 대한 기대감이 상승 했으며, 청의 알선으로 조미수호통상조약이(1882년)에 체결되었다.

Answer 4.② 5.②

2018. 7. 21. 우정서기보(계리직)

6 **다음과 같은 역사론을 주장한 인물이 쓴 논저를 〈보기〉에서 모두 고른 것은?**

> 역사란 무엇이냐. 인류 사회의 아와 비아의 투쟁이 시간부터 발전하며 공간부터 확대하는 심적 활동 상태의 기록이니, 세계사라 하면 세계 인류의 그리 되어온 상태의 기록이며, 조선사라 하면 조선 민족의 그리 되어온 상태의 기록이다.

〈보기〉

㉠ 조선사연구초 ㉡ 조선상고사감
㉢ 조선상고문화사 ㉣ 한국독립운동지혈사

① ㉠, ㉡ ② ㉠, ㉢
③ ㉡, ㉣ ④ ㉢, ㉣

TIP ② 신채호에 대한 설명이다. 신채호는 구한말 독립협회에서 활동했으며, 1905년 을사늑약이 체결되자 황성신문과 대한매일신보에 논설을 쓰며 친일파의 매국행위를 비판했다. 1907년에는 안창호, 이갑 등과 함께 비밀결사 신민회 창립에 기여했으며, 국채보상운동에도 적극적으로 참여했다. 러시아 블라디보스토크로 건너간 신채호 선생은 권업신문의 주필로서 재러동포들의 독립사상을 고취하고 권익을 옹호하는 등 항일언론활동을 활발히 전개했다. 또한 『조선상고문화사』, 『조선사연구초』를 집필해 민족의식 고취에도 힘썼으며, 1919년 4월 상하이 임시정부 수립에도 참가했다.
㉡ 안재홍 ㉣ 박은식

Answer 6.②

2018. 7. 21. 우정서기보(계리직)

7 **다음 내용을 주장한 단체의 활동으로 옳은 것을 〈보기〉에서 모두 고른 것은?**

> 1조 각 소에 권유원을 파견하여 권유문을 뿌리며 인민의 정신을 각성케 할 것
> 2조 신문 잡지 및 서적을 간행하여 인민의 지식을 계발케 할 것
> 3조 정미(精美)한 학교를 건설하여 인재를 양성할 것
> ⋮
> (중략)
> ⋮
> 7조 본회에 합자로 실업장을 설립하여 실업계의 모범을 만들 것

〈보기〉

㉠ 『만세보』라는 기관지를 발행하였다.
㉡ 평양에 대성학교, 정주에 오산학교를 설립하였다.
㉢ 일본의 황무지 개간권 요구에 대한 반대운동을 전개하였다.
㉣ 비밀 결사 단체로 안창호, 양기탁, 신채호 등이 조직하였다.

① ㉠, ㉡　② ㉠, ㉢
③ ㉡, ㉣　④ ㉢, ㉣

TIP ③ 신민회에 대한 설명이다.
㉠ 만세보는 1906년에 창간되었던 일간신문이며 천도교 교주 손병희의 발의로 창간되었다.
㉢ 황무지 개간권 요구에 대한 반대운동은 보안회(1904)의 활동이다.

2018. 7. 21. 우정서기보(계리직)

8 **다음 선언을 발표한 단체에서 활동한 인물로 옳은 것은?**

> 민중은 우리 혁명의 대본영(大本營)이다. 폭력은 우리 혁명의 유일한 무기이다. 우리는 민중 속으로 가서 민중과 손을 잡아 끊임없는 폭력, 암살, 파괴, 폭동으로써 강도 일본의 통치를 타도하고, 우리 생활에 불합리한 일체의 제도를 개조하여 인류로써 인류를 압박하지 못하며, 사회로써 사회를 박탈치 못하는 이상적 조선을 건설할지니라.

① 이봉창　② 안중근
③ 강우규　④ 김지섭

Answer 7.③ 8.④

TIP 제시된 자료는 의열단의 강령을 담은 신채호의 조선혁명선언(1923)이다. 주요 사건을 일으킨 대표적인 단원으로는 박재혁, 최수봉, 김익상, 이종암, 오성륜, 김상옥, 김지섭, 김병현, 김광추, 박희광, 나석주 등이 있다. 김지섭은 도쿄에서 황궁으로 들어가는 이중교에 폭탄을 던져 일제에게 두려움을 안겨 주었다.

2018. 7. 21. 우정서기보(계리직)

9 **다음 강령을 발표한 단체에 대한 설명으로 옳지 않은 것은?**

> 1. 우리는 정치적 경제적 각성을 촉진함
> 2. 우리는 단결을 공고히 함
> 3. 우리는 기회주의를 일체 부인함

① 순종의 인산일에 만세 시위를 계획하였다.
② 일제강점기 국내에서 조직된 최대의 민족 운동 단체였다.
③ 비타협적 민족주의 세력과 사회주의 세력이 협력하여 만든 민족협동전선체이다.
④ 광주 학생 항일 운동이 발발하자, 진상 보고를 위한 민중 대회를 개최하려 하였다.

TIP 신간회(1927~1931)에 대한 설명이다. 신간회는 한국인 본위의 교육 실시, 착취 기관 철폐 등을 주장하였고, 사회 운동도 적극적으로 지원하였다. 특히, 원산 노동자 총파업의 지원, 갑산 화전민 학살 사건에 대한 진상 규명 운동을 전개하였다. 1929년 11월 광주 학생 항일 운동이 일어나자 현지에 조사단을 파견하고, 조사 결과를 발표할 민중 대회를 준비하였으나, 경찰의 탄압으로 좌절되었다.
① 1926년 6월 10일에 일어난 만세 운동이다.

2018. 7. 21. 우정서기보(계리직)

10 **다음을 암송하도록 강요했던 시기에 일제가 추진한 정책으로 옳은 것은?**

> 1. 우리는 황국신민이다. 충성으로써 군국에 보답하련다.
> 2. 우리 황국신민은 신애협력하고 단결을 굳게 하련다.
> 3. 우리 황국신민은 인고단련의 힘을 길러 황도를 선양하련다.

① 회사령 폐지
② 징병제 실시
③ 치안유지법 제정
④ 조선 태형령 공포

TIP 제시된 글은 황국신민서사이다. 일본은 중일전쟁(1937) 이후 충성 맹세문을 제창하게 했다.
① 1920년 4월 ② 1944년 ③ 1925년 ④ 1912년

Answer 9.① 10.②

2018. 7. 21. 우정서기보(계리직)

11 **대한민국 정부가 수립된 이후에 일어난 사실로 옳지 않은 것은?**

① 제주도에서 4 · 3사건이 발생하였다.

② 유상매입, 유상분배의 방식으로 농지개혁이 실시되었다.

③ 미국의 경제 원조를 바탕으로 이른바 삼백산업이 성장하였다.

④ 친일 청산을 위한 기구로 반민족행위특별조사위원회가 설치되었다.

TIP 대한민국 정부 수립 : 1948년 8월 15일
제주 4.3 사건 : 1948년 4월 3일
② 1949년 6월 ~ 1950년 3월 ③ 1950년대 ④ 1948년 9월

Answer 11.①

출제 예상 문제

1 다음 사건에 대한 설명으로 옳은 것은?

㉠ 3 · 1운동	㉡ 6 · 10만세운동	㉢ 광주학생운동

① ㉠은 비폭력 시위에서 무력적인 저항운동으로 확대되었다.
② ㉡ 이후에 사회주의 사상이 본격적으로 유입되었다.
③ ㉡과 ㉢으로 인해 일제는 식민통치방식을 획기적으로 바꾸었다.
④ 시기적으로 ㉠ – ㉢ – ㉡의 순서로 진행되었다.

TIP ① 비폭력주의를 원칙으로 하였으나 점차 무력적인 저항으로 변모되었다.
② 우리나라의 사회주의는 레닌의 약소민족 지원약속과 3 · 1운동의 영향으로 대두되었다.
③ 일제는 3 · 1운동을 계기로 1910년대의 무단정치에서 1920년대 문화정치로 그 통치방식을 변경하였다.
④ 시기적으로 3 · 1운동(1919) – 6 · 10만세운동(1926) – 광주학생항일운동(1929) 순으로 전개되었다.

2 다음은 우리나라 사람들과 접촉한 인물들이다. 그 시기가 빠른 순으로 배열된 것은?

㉠ 묄렌도르프(Möllendorff)
㉡ 하멜(Hamel)
㉢ 오페르트(Oppert)
㉣ 웰테브레(Weltevree)

① ㉡㉣㉢㉠
② ㉡㉣㉠㉢
③ ㉣㉡㉢㉠
④ ㉣㉡㉠㉢

TIP ㉠ 1882년 11월 이홍장의 추천으로 우리나라 정부의 통리아문 협판에 부임하였다.
㉡ 1653년 8월 일본으로 가는 도중 풍랑을 만나 제주도에 표착하게 된 동인도회사 소속의 직원이다.
㉢ 1866년 충남 아산만에 들어와 통상요구를 한 독일의 상인이다.
㉣ 1628년 한국에 표류된 네덜란드 선원으로 대포를 만드는데 공헌하였다.

Answer 1.① 2.③

3 다음 (㉠)에 들어갈 인물과 관련이 없는 것은?

> 각국과 더불어 통상한 이래 안팎의 관계와 교섭이 날로 늘어나고, 따라서 관청과 상인들이 주고받는 통신이 많아지게 되었다. …(중략)… 우정총국(郵征總局)을 설립하여 연해의 각 항구에서 왕래하는 서신을 관장하고, 내지(內地)의 우편(郵便)도 또한 마땅히 점차 확장하여 공사(公私)의 이익을 거두도록 하라. 병조참판 (㉠)을 우정총판(郵征總辦)으로 뽑고, 그로 하여금 우정총국의 장정(章程)의 마련과 임원의 선정을 보고하여 시행하도록 할 것을 통리군국사무아문(統理軍國事務衙門)과 통리교섭통상사무아문(統理交涉通商事務衙門)에 분부한다.
>
> – 일성록, 고종 21년 3월 27일(양력 4월 22일) –

① 갑신정변　　② 조사시찰단
③ 보빙사　　④ 아관파천

TIP 서문은 홍영식에 대한 설명이다. 홍영식은 1873년(고종 10) 식년문과에 병과로 급제, 규장각의 정자 · 대교 · 직각 등을 역임하였고 1881년 신사유람단 조사로 선발되어 주로 일본 육군을 시찰하였다.
귀국 후 통리기무아문의 군무사부경리사가 되었으며, 1882년 홍문관부제학과 규장각직제학에 임명되었고, 부호군이 되어 임오군란의 수습에도 활약하였다. 1883년 6월 한미수호조약에 따른 보빙사 전권 부대신으로 미국을 다녀와 11월에 그 결과를 보고하였으며, 개화에 깊은 관심을 가지고 있던 그는 미국에서 돌아온 뒤부터 개화당(開化黨) 활동에 적극적으로 임하였다. 1884년 함경북도병마수군절도사 겸 안무사로 임명되었다가, 곧 협판군국사무로 전임되고, 병조참판에 임명되었다. 그 해 3월 27일에는 우정국총판을 겸임하여 우정국을 세우는 데 전력하였다. 10월 17일 김옥균 · 박영효 등과 우정국의 개국 축하잔치가 벌어지는 틈을 이용해 갑신정변을 일으켰다.

4 다음을 시대순으로 바르게 나열한 것은?

> ㉠ 카이로 회담　　㉡ 대한민국 정부수립
> ㉢ 모스크바 3상회의　　㉣ 제주 4 · 3항쟁

① ㉠ – ㉢ – ㉡ – ㉣　　② ㉠ – ㉢ – ㉣ – ㉡
③ ㉢ – ㉠ – ㉡ – ㉣　　④ ㉣ – ㉠ – ㉢ – ㉡

TIP ㉠ 카이로회담(1943) – ㉢ 모스크바 3상회의(1945. 12) – ㉣ 제주 4 · 3항쟁(1948. 4) – ㉡ 대한민국 정부수립(1948. 8)

Answer 3.④ 4.②

5 다음은 한국 현대사에 발생한 사건들이다. 시기적으로 ㉠과 ㉡ 사이에 들어갈 수 있는 사실은?

> ㉠ 박정희를 중심으로 한 군부세력은 사회혼란을 구실로 군사정변을 일으켜 정권을 잡았다.
> ㉡ 10월유신이 단행되어 대통령에게 강력한 통치권을 부여하는 권위주의 통치체제가 구축되었다.

① 자유당의 독재와 부정선거를 규탄하는 대규모 시위가 일어났다.
② 내각책임제와 양원제 국회의 권력구조로 헌법을 개정하였다.
③ 7년 단임의 대통령을 간접선거로 선출하는 헌법이 공포되었다.
④ 베트남으로 국군이 파병되었으며 한 · 일협정이 체결되었다.

TIP ㉠은 1961년 5월, ㉡은 1972년 10월에 일어난 사건이므로 박정희를 중심으로 한 제3공화국의 해당 내용을 찾으면 된다.
① 제1공화국
② 제2공화국
③ 제5공화국의 탄생이 일어나는 제8차 개헌내용
④ 베트남 국군 파병은 1965년 7월의 사건으로 제3공화국 시기에 해당한다.

6 다음 중 대한민국 수립 전후 상황으로 옳은 것은?

① 김구가 남북협상을 위해 노력했다.
② 남 · 북한 공동 총선거의 실시가 결의되었다.
③ 미 · 소공동위원회가 한반도를 5년 동안 신탁통치하기로 결정하였다.
④ 4 · 3제주사건은 좌익계 군인들을 중심으로 전개되었다.

TIP ② 김구, 김규식 등은 남한의 단독선거가 남북의 영구적 분단을 초래할 것을 우려하여 남 · 북 총선거를 실시하려고 시도했으나 실패하였다.
③ 모스크바 3상 회의에서 한국 임시민주정부를 수립하기 위해 미 · 소공동위원회를 설치하고, 한국을 최고 5년간 미 · 영 · 중 · 소 4개국이 신탁통치를 하기로 결정하였다.
④ 제주도 4 · 3사건은 좌 · 우익의 대립이 격화되어 일어난 사건으로, 남한의 5 · 10 단독 총선거 반대, 미군 철수 등을 주장하며 시위하던 제주도민들에 대해 미군정과 토벌대가 무차별로 가혹하게 대처하면서 확대된 사건이다.

Answer 5.④ 6.①

7 **다음 (㉠)에 관련된 단체의 활동에 대한 설명으로 옳은 것은?**

> 대한민국 임시정부는 대한민국 원년(1919)에 정부가 공포한 군사 조직법에 의거하여 … (㉠) 을/를 조직하고 … 공동의 적인 일본 제국주의자들을 타도하기 위해 연합군의 일원으로 항전을 계속한다. … 우리 민족의 확고한 독립정신은 불명예스러운 노예 생활에서 벗어나기 위하여 무자비한 압박자에 대한 영웅적 항쟁을 계속하여 왔다. … 이때 우리는 큰 희망을 갖고 우리 조국의 독립을 위해 우리의 전투력을 강화할 시기가 왔다고 확신한다. … 우리들은 한·중 연합 전선에서 우리 스스로의 부단한 투쟁을 감행하여 동아시아를 비롯한 아시아 민중들의 자유와 평등을 쟁취할 것을 약속하는 바이다.

① 조선 의용대 병력을 일부 흡수하여 조직을 강화하였다.
② 양세봉의 지휘 하에 중국군과 연합 작전을 전개하였다.
③ 중국 호로군과 연합하여 동경성 전투에서 일본군을 무찔렀다.
④ 조국 광복회 국내 조직의 도움을 받아 국내 진입 작전을 시도하였다.

TIP 서문은 한국광복군에 대한 설명이다. 한국광복군은 1937년 중일전쟁 후 중국 충칭으로 이동한 임시정부는 독립운동을 효과적으로 수행하기 위하여 정부조직을 주석제로 바꾸고 독립운동의 세력을 결집시키고 체계적이고 조직적인 독립전쟁을 위하여 독자적인 군대가 필요하여 1940년 창설한 임시정부 하의 정규군대이다. 중국 각지 활동 중인 독립군 부대원 및 신흥 무관학교 출신 독립군, 조선의용대를 흡수하여 조직의 확대를 꾀하였다.

8 **대한민국임시정부와 관련된 내용으로 옳지 않은 것은?**

① 한국광복군의 창설
② 민족유일당운동의 결과로 수립
③ 우리나라 최초의 민주공화제 정부
④ 연통제와 교통국 등의 비밀행정조직망

TIP ② 대한민국임시정부는 3·1운동의 결과로 수립되었으며, 민족유일당운동의 결과로 범국민적 항일운동단체인 신간회가 결성되었다.

Answer 7.① 8.②

9 **흥선대원군이 다음과 같은 개혁정책을 추구하였던 궁극적인 목적은?**

> ㉠ 양반에게도 군포를 부과, 징수하는 호포법을 실시하였다.
> ㉡ 대전회통, 육전조례 등을 편찬하여 법치질서를 재정비하였다.
> ㉢ 비변사 기능을 축소하고 의정부 기능을 강화하였으며 삼군부를 부활시켰다.
> ㉣ 붕당의 근거지로 백성을 수탈해 온 600여개소의 서원을 철폐하였다.

① 부족한 국가의 재정기반을 확대함이 목적이었다.
② 지배층의 수탈을 억제하여 민생을 보호함이 목적이었다.
③ 문란한 기강을 바로 잡아 왕권을 재확립함에 있었다.
④ 열강의 침략을 대비하기 위해 국방을 강화함에 있었다.

TIP 흥선대원군은 집권 후 안으로는 문란해진 기강을 바로 잡아 전제왕권의 강화를 꾀하였고, 밖으로는 외세의 통상 요구와 침략에 대비하는 정책을 강행하였다.

10 **다음 사건의 공통점으로 옳지 않은 것은?**

> • 한 · 일 학생 간에 충돌로 광주학생항일운동이 일어났다.
> • 순종 황제의 인산일을 기하여 6 · 10만세운동이 일어났다.

① 민족주의계와 사회주의계의 대립 극복에 기여하였다.
② 학생들이 독립투쟁에 있어 주역이었음을 알 수 있다.
③ 민족유일당운동으로 조직된 신간회가 주도한 독립운동이다.
④ 일제의 식민지 교육에 대한 반발이 배경이 되었다.

TIP ③ 민족유일당운동으로 조직된 신간회가 후원한 것은 광주학생항일운동이었다.

Answer 9.③ 10.③

11 다음의 조 · 일통상규정(1876)의 내용을 통해 추론한 것 중 옳은 것은?

- 화물의 출입에는 특별히 수년간의 면세를 허용한다.
- 일본 정부에 소속된 모든 선박은 항구세를 납부하지 않는다.
- 일본인은 모든 항구에서 쌀과 잡곡을 수출할 수 있다. 단, 재해시 1개월 전에 통고하고 방곡령이 가능하다.

① 조선에 대한 일본의 경제원조가 시작이 되었다.
② 조선과 일본은 자유무역을 통하여 상호이익을 얻었다.
③ 조선 정부는 방곡령을 통해 미곡의 유출을 방지할 수 있었다.
④ 일본으로 양곡이 무제한 유출되어 조선의 농촌경제는 피폐해졌다.

TIP 조 · 일통상장정은 일본이 조선에 대한 경제적 침략을 용이하게 하기 위해 맺은 것으로서, 이 조약 이후 일본 상인의 곡물 유출이 심각하여 조선은 식량난을 겪게 되었다. 이에 대한 저항책으로 방곡령을 선포하였으나 배상금을 물어 주는 등 실패로 돌아갔다.

12 다음은 강화도조약 이후 조선과 일본과의 관계를 설명한 것이다. 가장 늦게 일어난 것은?

① 전국의 황무지개간권을 요구하였다.
② 일본 화폐의 유통과 양곡의 무제한 유출을 허용하였다.
③ 공사관 보호를 위한 일본 군대를 주둔할 수 있게 하였다.
④ 지조법 개정, 경찰제 실시를 주장하는 개혁안을 발표하게 하였다.

TIP ① 러 · 일전쟁 이후(1904 ~ 1905)
② 강화도조약(1876)
③ 제물포조약(1882)
④ 갑신정변(1884)

Answer 11.④ 12.①

13 문호 개방 이후 전개된 새로운 움직임으로 볼 수 없는 것은?

① 근대적 정치사상을 수용하여 입헌군주제를 확립하려는 노력이 대두되었다.
② 민족적이고 민중적인 새로운 종교가 창시되어 근대사회 건설과 반제국주의 운동을 주도하였다.
③ 농업 중심의 봉건적 토지경제에서 벗어나 상공업 중심의 근대 자본주의 경제를 추구하려는 움직임이 나타났다.
④ 양반 중심의 특권체제를 부정하고, 민권보장과 참정권 운동을 통해 평등사회를 구현하려는 노력이 대두되었다.

TIP ② 민족적 · 민중적 · 반제국적 성격의 동학은 개항 전에 창시되었다(1860).

14 임오군란에 대한 글을 읽고 그 성격을 말한 것 중 옳지 않은 것은?

> 임오군란은 민씨정권이 일본인 교관을 채용하여 훈련시킨 신식군대인 별기군을 우대하고, 구식군대를 차별대우한 데 대한 불만에서 폭발하였다. 구식군인들은 대원군에게 도움을 청하고, 정부고관의 집을 습격하여 파괴하는 한편, 일본인 교관을 죽이고 일본 공사관을 습격하였다. 뿐만 아니라 도시빈민들이 합세한 가운데 민씨정권의 고관을 처단한 뒤 군란을 피해 달아나는 일본 공사 일행을 인천까지 추격하였다. 임오군란은 대원군의 재집권으로 일단 진정되었으나, 이로 인하여 조선을 둘러싼 청 · 일 양국의 새로운 움직임을 초래하였다.

① 친청운동
② 반일운동
③ 대원군 지지운동
④ 개화반대운동

TIP 1882년에 일어난 임오군란은 정부고관의 집을 습격하는 등의 반정부운동, 일본인 교관 살해 및 일본 공사관 습격의 반일운동, 흥선대원군에게의 도움 요청과 대원군 재집권 지지운동, 구식군인의 주도와 신식군대인 별기군에 대한 반발 등의 개화반대운동의 성격이 있었다.

Answer 13.② 14.①

15 갑신정변을 추진한 정치세력에 대한 설명으로 옳은 것을 고르면?

> ㉠ 입헌군주제와 토지의 재분배를 추구하였다.
> ㉡ 청의 내정간섭과 민씨정권의 보수화에 반발하였다.
> ㉢ 청의 양무운동을 본받아 점진적인 개혁을 추구하였다.
> ㉣ 일본의 메이지유신을 본받아 급진적인 개혁을 추구하였다.
> ㉤ 민중을 개화운동과 결합하여 일본의 정치적 · 경제적 침략을 저지하려 하였다.

① ㉠㉡
② ㉠㉢㉣
③ ㉡㉣
④ ㉡㉢㉤

TIP 갑신정변은 급진개화파로 이루어진 개화당이 일으켰다. 이들은 국내 민중의 지지기반 없이 일본에 의존하여 개혁을 추진했기 때문에 실패했으며, 또한 지주 출신이 대부분이었기 때문에 토지의 재분배를 추진하지 않았다.

16 다음을 통해서 알 수 있는 동학농민운동의 성격은?

> 폐정개혁 12개조를 한꺼번에 개혁하고 숙청하는 바람에, 소위 부자 · 빈자라는 것과 양반 · 상놈 · 상전 · 종놈 · 적자 · 서자 등 모든 차별적 명색은 그림자도 보지 못하게 되었으므로, 세상 사람들이 동학군의 별명을 지어 부르기를 나라의 역적이요, 유교의 난적이요, 부자의 강도요, 양반의 원수라 하는 것이다.

① 반침략의 자주독립운동
② 반봉건적인 사회개혁운동
③ 성리학적인 질서확립운동
④ 민권 확립의 자유민권운동

TIP 동학농민운동의 시작은 탐관오리의 수탈에 대한 반발로 일어났으나, 점차 봉건체제에 대한 개혁을 주장하면서 반봉건의 성격으로 나아갔다.

Answer 15.③ 16.②

17 다음은 갑오개혁과 을미개혁에 대한 설명이다. 옳은 것은?

> 일본의 강요 이전에 갑신정변이나 동학농민운동에 대한 개혁운동이 일어났고, 갑오개혁과 을미개혁이 사실상 조선의 개화관료들에 의해 추진되었다. 개혁의 결과도 근대화 과정에서 대단히 중요한 정치·경제·사회적인 일대 개혁이었다는 점에서 제한적이나마 그 개혁의 자율성이 인정되고 있다.

① 민족의 내적 노력으로 이루어진 근대적인 개혁이었다.
② 일본과 조선의 타협으로 이루어진 급진적인 개혁이었다.
③ 국민의 지지를 통해 이루어진 자주적인 개혁이었다.
④ 일본의 억압에 의해 이루어진 강제적인 개혁이었다.

TIP 일본의 제국주의적 침략의도에서 강요된 측면이 있었으나, 전체적인 면에서 보면 우리 민족의 개혁의지에서 이루어진 근대적 개혁이었다.

18 다음과 같은 내용으로 개혁을 추구하였던 운동에 대한 설명 중 옳지 않은 것은?

> • 문벌을 폐지하여 인민평등의 권리를 제정하고 능력에 따라 관리를 등용할 것
> • 재정은 모두 호조에서 관할하게 하고 그 밖의 재무관청은 폐지할 것

① 민중의 지지를 받지 못해 3일 천하로 끝났다.
② 청의 무력 간섭으로 실패하였다.
③ 반외세운동으로 평가받고 있다.
④ 근대국가 건설을 목표로 하였다.

TIP 갑신정변은 김옥균, 박영효를 비롯한 급진 개화파들이 일본의 힘을 얻어 추진하였다. 실패 후에는 청의 내정간섭이 더욱 심해졌고, 개화세력이 위축되었다. 그러나 근대국가 건설을 목표로 하는 최초의 정치개혁 운동이라는 점에 그 의의가 있다.

Answer 17.① 18.③

19 **갑신정변 후 청나라와 일본간에 맺어진 텐진조약의 내용이다. 이를 통해 추정할 수 있는 사실은?**

> ㉠ 청·일본 양국군은 4개월 이내에 조선에서 철병할 것
> ㉡ 조선의 훈련교관은 청·일 이외의 제3국에서 초빙할 것
> ㉢ 조선에 파병할 경우에는 상대국에 미리 문서로 연락할 것

① 조선 문제를 놓고 청과 일본이 처음으로 대립하게 되었다.
② 조선은 청나라, 일본 이외의 나라와도 외교관계를 맺게 되었다.
③ 청과 일본은 조선에서 동등한 지위를 갖게 되었다.
④ 조선은 청에 대한 사대외교를 청산하게 되었다.

TIP ① 청과 일본이 조선 문제를 놓고 대립한 것은 갑신정변 이전부터의 일이다.
② 서양과의 수교는 갑신정변 이전부터 이루어지기 시작했다.
④ 청에 대한 사대관계의 청산은 갑오·을미개혁 때의 사실이다.

20 **다음 중 연결순서가 옳은 것은?**

① 갑오개혁 – 아관파천 – 삼국간섭 – 대한제국 성립
② 아관파천 – 강화도조약 – 갑신정변 – 대한제국 성립
③ 임오군란 – 갑신정변 – 갑오개혁 – 아관파천
④ 강화도조약 – 갑신정변 – 임오군란 – 갑오개혁

TIP 강화도조약(1876) – 임오군란(1882) – 갑신정변(1884) – 갑오개혁(1894) – 삼국간섭(1895) –아관파천(1896) – 대한제국 성립(1897)

Answer 19.③ 20.③

21 독립협회가 주장한 내용과 거리가 먼 것은?

① 개인의 생명과 재산의 자유권을 주장했다.
② 국민주권론을 토대로 국민참정권을 주장했다.
③ 중추원을 개편하여 의회를 설립할 것을 주장했다.
④ 군주제를 폐지하고 공화제를 실시할 것을 주장했다.

TIP ④ 독립협회는 전제군주제를 입헌군주제로 개혁하고, 행정 · 재정제도를 근대적으로 개혁하며, 신교육과 산업개발의 필요성을 역설하였다.

22 다음 (㉠) 단체에 대한 설명으로 옳지 않은 것은?

> 무릇 우리 대한인은 내외를 막론하고 통일 연합으로써 그 진로를 정하고 독립 자유로써 그 목적을 세움이니, 이것이 (㉠)이/가 원하는 바이며, (㉠)이/가 품어 생각하는 소이이니, 간단히 말하면 오직 신정신을 불러 깨우쳐서 신단체를 조직한 후에 신국을 건설할 뿐이다.

① 국내를 중심으로 무장투쟁 독립운동을 전개하였다.
② 교과서와 서적 출판보급을 위해 태극서관을 설립하였다.
③ 민족자본육성을 위해 평양에 자기회사를 운영하였다.
④ 정주에 오산학교 등을 세워 민족교육을 실시하였다.

TIP ① 신민회는 비밀단체로 표면적으로는 애국계몽단체, 이면에는 독립운동 기지건설에 노력하였다. 1910년 국권이 박탈되자 국내뿐 아니라 해외에서도 펼쳐졌으며, 미국으로 건너간 안창호는 샌프란시스코에 흥사단을 조직하여 새로운 운동을 펼쳤고, 이동휘는 간도 · 시베리아에서 항일독립운동을 펼쳤다. 신민회는 105인 사건을 계기로 투옥되면서 해산되었다.

Answer 21.④ 22.①

23 다음에서 설명되는 독립운동세력을 고르면?

> 이들은 만주의 독립군과 긴밀한 연락을 취하면서 일제의 식민통치기관 파괴, 일본 군경과의 교전, 친일파 처단, 군자금 모금 등의 무장항일투쟁을 벌였다.

> ㉠ 보합단 ㉡ 천마산대
> ㉢ 대한광복회 ㉣ 조선국권회복단

① ㉠㉡ ② ㉠㉣
③ ㉡㉢ ④ ㉢㉣

TIP 3·1운동 이후 무장 항일투쟁은 주로 만주와 연해주를 중심으로 전개되었으나, 국내에서도 보합단·천마산대·구월산대 등의 무장단체가 결성되어 일본 군경과 치열한 전투를 전개하였다.
㉢㉣ 대한광복회와 조선국권회복단은 1910년대에 국내에서 조직된 항일결사단체이다.

24 독립협회에서 주최했던 관민공동회에서 결의한 헌의 6조의 내용에 나타난 주장이라고 볼 수 없는 것은?

> ㉠ 외국인에게 아부하지 말 것
> ㉡ 외국과의 이권에 관한 계약과 조약은 각 대신과 중추원 의장이 합동 날인하여 시행할 것
> ㉢ 국가재정은 탁지부에서 전관하고, 예산과 결산을 국민에게 공포할 것
> ㉣ 중대 범죄를 공판하되, 피고의 인권을 존중할 것
> ㉤ 칙임관을 임명할 때는 정부에 그 뜻을 물어서 중의를 따를 것
> ㉥ 정해진 규정을 실천할 것

① 공화정치의 실현 ② 권력의 독점방지
③ 국민의 기본권 확보 ④ 자강개혁운동의 실천

TIP ① 독립협회가 추구한 정치형태는 입헌군주제였고, 공화정치의 실현을 추구한 최초의 단체는 신민회였다.

Answer 23.① 24.①

25 **다음 중 한말 의병운동에 대한 설명으로 옳은 것은?**

① 위정척사사상을 가진 유생층이 주도하였다.
② 애국계몽단체들과 공동투쟁을 전개하였다.
③ 정부의 적극적인 후원과 지원을 받았다.
④ 러시아와 일본의 침략에 맞서 봉기하였다.

TIP ② 애국계몽단체들은 의병 투쟁을 잘못된 노선으로 규정하고 협조하였다.
③ 정부의 탄압을 받아 해체하기도 하였다.
④ 한말 의병들은 주로 일본의 침략적 행위에 대해 투쟁하였다.

26 **대한민국임시정부의 주요 활동을 통해 추론할 수 있는 사실은?**

- 미국에 구미위원부를 두어 한국의 독립문제를 제기하였다.
- 연통제를 통하여 국내외의 연결과 군자금의 조달을 도모하였다.
- 국제연맹과 워싱턴회의에 우리 민족의 독립열망을 전달하였다.
- 김규식으로 하여금 파리강화회의에서 우리 민족의 독립을 주장하게 하였다.

① 일본과의 무력항쟁에 주력하였다.
② 국외 무장독립운동세력을 통합할 수 있었다.
③ 무장투쟁의 근거지를 국외에서 국내로 옮기려 하였다.
④ 전체 독립운동가들의 동조를 얻지 못하여 진통을 겪게 되었다.

TIP 임시정부의 초기활동은 이승만의 외교독립론에 근거하여 진행되었기 때문에 무장투쟁론을 주장한 만주와 연해주의 독립운동세력의 지지는 얻지 못하였다.

Answer 25.① 26.④

27 다음은 헌병경찰통치하의 식민정치양식이다. 옳지 않은 것은?

① 교원까지도 제복을 입히고 칼을 차게 하였다.
② 조선 총독은 군대통수권까지 장악하고 집행하였다.
③ 당시에 자행된 105인사건은 가장 악랄한 수법의 표본이다.
④ 중추원을 따로 두어 조선인의 의사도 어느 정도 반영하였다.

TIP ④ 중추원은 친일 귀족들로 구성된 형식적인 자문기관으로 단 한 차례도 회합한 일이 없었다.

28 한말에 다음과 같은 활동을 한 단체의 목표를 모두 고르면?

- 평양에 대성학교, 정주에 오산학교를 설립하였다.
- 평양에 자기회사를 만들어 산업 부흥에 노력하였다.
- 대구에 태극서관을 설립하여 문화운동을 건설하였다.
- 남만주에 삼원보, 밀산부에 한흥동을 건설하였다.

㉠ 국권 회복과 공화정체의 국민국가 수립
㉡ 문화적 · 경제적인 실력양성운동
㉢ 독립군기지 건설에 의한 군사력의 양성
㉣ 민족주의와 사회주의 진영의 통합

① ㉠㉡
② ㉠㉡㉢
③ ㉠㉡㉣
④ ㉠㉡㉢㉣

TIP ㉣ 사회주의 사상이 우리나라에 유입된 것은 3 · 1운동 이후의 사실이었으며, 민족 진영과 사회주의 진영 간에 갈등이 일어나자 이를 극복하기 위하여 1920년대 후반에 민족유일당운동이 일어났다. 신민회는 일제의 탄압으로 1911년에 해체되었으므로 이와 관련이 없다.

Answer 27.④ 28.②

29 다음 사실들은 통일을 위한 우리의 노력을 보여 주고 있다. 이 가운데서 남한과 북한, 양측의 통일의지가 반영된 것은?

① 1972년의 7 · 4남북공동성명
② 1973년의 6 · 23선언
③ 1988년의 7 · 7특별선언
④ 1989년의 한민족공동체 통일방안

TIP 1972년에는 남북한 당국자 사이에 7 · 4남북공동성명이 발표되었는데, 이 성명은 민족통일의 원칙을 천명한 것으로서 자주통일, 평화통일, 민족적 대단결의 3대 원칙을 그 내용으로 삼았다.

30 1948년에 세워진 대한민국이 민족사적 정통성을 갖는 근거는?

① 카이로선언의 약속
② 건국준비위원회의 협력
③ 모스크바 3국 외상회의의 결정
④ 대한민국 임시정부의 법통 계승

TIP 1948년 7월 17일 제헌국회는 대한민국 임시정부의 법통을 계승한 민주공화국체제의 헌법을 제정하였다. 제헌국회는 이승만을 대통령으로, 이시영을 부통령으로 선출하고, 이어서 이승만 대통령은 정부를 구성하고 대한민국의 수립을 국내외에 선포하였다(1945. 8. 15). 그리고 이러한 사실은 유엔총회에서도 승인을 받아 대한민국은 한반도에서 유일한 합법정부로 인정받게 되어 그 정통성을 가질 수 있었다.

Answer 29.① 30.④

31 다음의 민족운동과 관련된 설명으로 옳지 않은 것은?

> 지금 우리들의 정신을 새로이 하고 충의를 떨칠 때이니, 국채 1,300만원은 우리 한 제국의 존망에 직결된 것이라. 이것을 갚으면 나라가 존재하고, 갚지 못하면 나라가 망할 것은 필연적인 사실이나, 지금 국고는 도저히 상환할 능력이 없으며, 만일 나라에서 갚는다면 그 때는 이미 3,000리 강토가 내 나라 내 민족의 소유가 못 될 것이다.

① 일제는 대한제국의 화폐정리와 시설개선의 명목으로 차관을 제공하였다.
② 차관제공정책은 대한제국을 재정적으로 일본에 완전히 예속시키려는 것이었다.
③ 일제는 이 운동에 앞장섰던 대한매일신보를 탄압하여 발행자 베델을 추방하려 하였다.
④ 이 운동은 처음 평양에서 조만식 등이 조선물산장려회를 발족시키면서 시작되었다.

TIP ④ 제시된 내용은 국채보상운동에 대한 내용으로 일제강점기의 물산장려운동과는 직접적인 연관이 없다. 국채보상운동은 우리 경제 파탄을 목적으로 도입된 일본 차관을 상환하려는 전국적 움직임이었다.

32 다음의 내용에 대한 설명으로 올바른 것은?

> 농가나 부재지주가 소유한 3정보 이상의 농지는 국가가 매수하고, 국가에서 매수한 농지는 영세농민에게 3정보를 한도로 분배하였다. 그 대가를 5년간에 걸쳐 보상토록 하였다.

① 북한의 토지개혁에 영향을 주었다.
② 무상몰수, 무상분배의 원칙하에 전개되었다.
③ 토지국유제에 입각하여 경작권을 나누어주었다.
④ 많은 농민들이 자기 토지를 소유하게 되었다.

TIP 제시된 내용은 대한민국 정부수립 직후에 단행된 농지개혁법의 내용이다. 이 시기 농민의 대부분은 소작농이었으므로 농지개혁을 실시하여 소작농들이 어느 정도 자기 농토를 소유하게 되었다.
① 남한의 농지개혁에 대한 설명이다.
② 유상몰수, 유상분배의 원칙하에 실시되었다.
③ 토지국유제가 아니었으며, 소유권을 나누어 준 것이다.

Answer 31.④ 32.④

33 다음은 국채보상 국민대회의 취지문에서 발췌한 내용이다. 이를 통해 알 수 있는 일제의 침략정책은?

> 지금은 우리가 정신을 새로이 하고 충의를 떨칠 때이니, 국채 1,300만원은 바로 한(韓) 제국의 존망에 직결된 것이다. 이것을 갚으면 나라가 존재하고, 갚지 못하면 나라가 망할 것은 필연적인 사실이나, 지금 국고는 도저히 상환할 능력이 없으며, 만일 나라에서 갚는다면 그 때는 이미 3,000리 강토는 내 나라, 내 민족의 소유가 못 될 것이다. 국토란 한 번 잃어버리면 다시는 찾을 길이 없는 것이다.

① 재정적으로 일본에 예속시키기 위한 정책을 시행하였다.
② 공산품을 수출하고 그 대가로 조선의 곡물을 주로 가져갔다.
③ 조선의 민족정신을 말살하려는 우민화교육을 실시하였다.
④ 식민지화를 위한 기초작업으로 토지약탈에 주력하였다.

TIP ① 청 · 일전쟁 후 내정 간섭을 강화한 일제는 러 · 일전쟁 이후에는 화폐정리를 명목으로 차관을 강요하였다. 이는 대한제국을 재정적으로 일제에 예속시키기 위한 조치였다.

34 다음 중 민족기업에 관한 설명으로 옳지 않은 것은?

① 민족기업은 순수한 한국인만으로 운영되었다.
② 지주 출신 기업인이 지주와 거상의 자본을 모아 대규모 공장을 세웠다.
③ 대규모 공장은 평양의 메리야스공장 및 양말공장, 고무신공장들이었다.
④ 3 · 1운동 이후 민족산업을 육성하여 경제적 자립을 도모하려는 움직임이 고조되어 갔다.

TIP ③ 메리야스공장, 양말공장 등은 서민 출신의 상인들이 1～2대에서 3～4대의 기계로 제품을 생산하는 정도에 불과하였다.

Answer 33.① 34.③

35 일제시대 경제적 저항운동에 대한 설명으로 옳지 않은 것은?

① 소작쟁의는 농민들의 생존권 투쟁이었으며, 항일운동의 성격도 띠고 있었다.
② 민족기업의 활동은 큰 회사의 설립보다는 오히려 소규모 공장의 건설에서 두드러졌다.
③ 노동쟁의는 일제가 대륙 침략을 위해 노동자들의 요구조건을 들어줌에 따라 1940년부터는 거의 없어졌다.
④ 기업가와 상인들을 중심으로 물산장려운동을 벌여 근검저축, 생활개선, 금주 · 단연운동 등을 추진하였다.

TIP ③ 조선농민총동맹(1927)의 결성 후 보다 조직적으로 쟁의가 전개되었고, 항일민족운동의 성격을 띠면서 더욱 격렬해졌다.

36 다음 중 소작쟁의에 관한 설명으로 옳지 않은 것은?

① 전국적인 농민조직은 1927년에 결성된 조선농민총동맹이다.
② 당시 소작인들은 소작료로 수확량의 50% 이상을 일본인 지주에게 바쳤다.
③ 소작쟁의는 농민들의 생존권 투쟁이었으며, 나아가 일제의 수탈에 항거하는 성격이 강하였다.
④ 소작쟁의는 1912년 토지조사사업 때 처음 발생하였으나 3 · 1운동과 더불어 진압되었다.

TIP ④ 소작쟁의는 1919년에 처음으로 발생하였고, 1920 ~ 1930년대에 더욱 적극적으로 전개되었다. 초기의 쟁의는 소작권 이전이나 고율 소작료에 대한 반대 투쟁임에 비해 1930년대 이후의 쟁의는 항일민족운동의 성격을 띠었다.

37 다음 중 노동운동과 관련된 설명으로 옳지 않은 것은?

① 1950년대 이후 빈부의 격차가 커지자, 상대적 빈곤감을 느끼는 계층들의 불만을 자아내게 되었다.
② 1960년대는 공업화 초기로 실업자가 일자리를 얻게 되고, 절대빈곤인구가 감소되어 갔다.
③ 1970년대 이후부터는 빈부의 격차가 커지고, 상대적 빈곤감을 느끼게 되었다.
④ 1980년대 이후에는 정부의 탄압으로 노동운동이 활성화되지 못하였다.

TIP ④ 1987년 이후 정치적 민주화가 추진되면서 노동운동도 임금의 인상, 노동조건의 개선, 기업가의 경영 합리화 등을 목표로 활성화되었다.

Answer 35.③ 36.④ 37.④

38 일제의 산미증식계획에 대한 설명으로 옳지 않은 것은?

① 일본의 식량 공급을 목적으로 한 계획이었다.
② 한국 농업을 논농사 중심의 농업구조로 바꾸었다.
③ 쌀이 증산되면서 농민들의 소작료는 점점 인하되었다.
④ 수리시설의 증가는 도리어 농민을 빈곤하게 만들었다.

TIP ③ 우리 농민은 증산량보다 훨씬 초과한 양의 미곡을 수탈당함으로써 식량사정이 극도로 악화되어 기아 선상에 허덕이게 되었다.

39 다음은 일제가 우리나라에서 실시하였던 경제정책을 나열한 것이다. 이에 대한 설명으로 옳은 것을 모두 고르면?

(가) 토지조사령을 발표하여 전국적인 토지조사사업을 벌였다.
(나) 회사령을 제정하여, 기업의 설립을 총독의 허가제로 하였다.
(다) 발전소를 건립하고 군수산업 중심의 중화학공업을 일으켰다.

㉠ (가)의 결과로 우리 농민이 종래 보유하고 있던 경작권이 근대적 소유권으로 전환되었다.
㉡ (나)의 목적은 우리의 민족자본을 억압하기 위한 것이었다.
㉢ (가), (나)의 정책이 추진되었던 시기에는 주로 소비재 중심의 경공업이 발달하였다.
㉣ (다)의 시설은 북동부 해안지방에 편중되어 남북간의 공업 발달에 심한 불균형을 초래하였다.

① ㉠㉡㉢ ② ㉠㉡㉣
③ ㉠㉢㉣ ④ ㉡㉢㉣

TIP ㉠ 종래 우리 나라의 농민은 토지의 소유권과 함께 경작권도 보유하고 있었는데, 토지조사사업으로 많은 농민이 기한부 계약에 의한 소작농으로 전락하고 말았다.

Answer 38.③ 39.③

40 일제하의 국내 사회운동에 대해 바르게 설명한 것은?

① 강력한 대항을 위해 사회주의자만 참여한 민족유일당운동으로 신간회가 조직되었다.
② 물산장려운동은 일제의 경제 침탈에 대항해서 민족주의와 사회주의 진영을 통합한 민족협동전선으로 전개되었다.
③ 농민 · 노동운동은 1920년대 전반기에는 생존권 투쟁 중심에서 1920년대 후반기에는 갈수록 항일민족운동의 성격을 띤다.
④ 여성들은 전근대의식에서 탈피하지 못하여 사회운동에는 참여하지 않았다.

TIP ① 신간회는 민족주의 진영과 사회주의 진영이 단일화된 민족운동이다.
② 물산장려운동은 민족진영의 운동이다.
③ 농민 · 노동운동은 초기에는 소작쟁의를 중심으로 한 생존권 투쟁이었으나, 후반으로 갈수록 일제의 수탈행위에 항거하는 항일민족운동이었다.
④ 여성들의 참가가 활발하였다.

41 다음 중 신간회에 관한 내용으로 옳지 않은 것은?

① 좌우협력운동의 양상이 확대되어 1927년 신간회가 조직되었다.
② 김활란 등 여성들이 조직한 근우회가 자매단체로 활동하였다.
③ 신간회는 평양에 자기회사를 설립하고, 평양 · 대구에 태극서관을 운영하였다.
④ 신간회는 당시 진행되고 있던 자치운동을 기회주의로 규정하여 철저히 규탄하였다.

TIP ③ 신민회에 대한 내용으로 신민회는 안창호 · 양기탁 · 이동녕 등이 사회 각계각층의 인사를 망라하여 조직한 비밀결사단체이다. 실력 배양으로 독립역량 강화를 달성하고자 교육 · 문화 · 산업에 치중하였으며, 국외의 독립운동기지 건설에 선구적 역할을 하였다. 민족의 실력을 양성하기 위한 시책으로 민족교육기관(대성학교, 오산학교)과 민족기업(평양 자기회사, 대구 태극서관)에 역점을 두어 활동하였다.

Answer 40.③ 41.③

42 개항(1876) 이후에 일반 백성들의 의식이 향상되면서 봉건적 신분제도에 대한 거부감이 늘어나게 되었다. 이러한 신분제 타파에 기여하게 된 사건이 아닌 것은?

① 동학운동
② 임오군란
③ 갑오개혁
④ 갑신정변

TIP 임오군란(1882) … 개화정책과 외세의 침략에 대한 반발로 구식군인들에 의해서 일어난 사건으로 신식군대인 별기군을 우대하고 구식군대를 차별대우한 데 대한 불만에서 폭발되었다.

43 다음 단체들이 추진하려고 했던 것은?

• 신간회	• 근우회

① 물산장려운동
② 무장항일투쟁
③ 민족유일당운동
④ 농민운동과 노동운동

TIP 민족유일당운동
㉠ 신간회 : 민족유일당운동에 의하여 민족주의 진영과 사회주의 진영이 이념을 초월하여 단일화된 민족운동을 추진하자는 취지에서 비롯되었다.
㉡ 근우회 : 여성계의 민족유일당으로 조직되었다.

44 다음에서 의회 설립에 의한 국민참정운동을 최초로 전개한 단체는?

① 신민회
② 독립협회
③ 대한협회
④ 황국협회

TIP 독립협회는 의회 설립에 의한 국민참정운동과 국정개혁운동을 전개하였다. 이와 같은 활동을 통하여 보수적 내각을 퇴진시키고, 박정양의 진보적 내각을 수립하게 하는 데 성공하였으며, 의회식 중추원관제를 주장하였다.

Answer 42.② 43.③ 44.②

45 다음의 내용에 대하여 옳게 설명한 것은?

> • 최초로 설립된 조선은행에 이어 한성은행, 천일은행 등의 민간은행이 설립되었다.
> • 1880년대 초기부터 대동상회, 장통상회 등의 상회사가 나타나 갑오개혁 이전의 회사수가 전국 각지에 40여개에 달했다.

① 토착상인은 외국상인의 침략으로 모두 몰락하였다.
② 민족자본은 외국자본의 유입으로 그 토대를 마련하였다.
③ 근대적 민족자본은 정부의 지원과 보조로만 형성될 수 있었다.
④ 외국자본에 대항하여 민족자본을 형성하려는 노력이 전개되었다.

TIP ④ 토착상인은 외국상인의 침략에 대해 다각적으로 대항하였으며, 근대적 민족자본 형성에는 국민의 자율적 노력이 크게 작용했다.

46 간도와 연해주에서의 독립운동에 대한 설명으로 옳지 않은 것은?

① 2 · 8독립선언을 발표하여 3 · 1운동의 도화선을 제공하였다.
② 한국독립군은 중국군과 연합하여 항일전을 전개하였다.
③ 대부분의 독립운동단체들은 경제 및 교육단체를 표방하였다.
④ 대한광복군 정부가 수립되어 무장투쟁의 기반이 마련되었다.

TIP ① 1919년 일본에 유학하고 있던 유학생들이 도쿄에 모여 독립을 요구하는 2 · 8독립선언문을 선포하고 이를 일본정부에 통고한 뒤 시위를 전개하였다. 이는 3 · 1운동의 도화선이 되었다.

47 다음 중 사회주의가 반대한 것은?

① 신간회　　② 소작쟁의
③ 물산장려운동　　④ 노동쟁의

TIP 사회주의 사상은 청년 · 지식인층을 중심으로 청년운동, 소년운동, 여성운동, 농민운동, 노동운동 등 각 방면에 걸쳐 우리 민족의 권익과 지위 향상을 위한 활동을 하였다.

Answer 45.④ 46.① 47.③

48 일제에 의한 수난기에 우리 민족이 행하였던 저항이 시기적으로 맞게 설명된 것은?

① 1910년대 – 무장독립전쟁, 신간회 활동

② 1920년대 – 조선교육회 설립, 해외독립운동기지 건설

③ 1930년대 – 비밀결사운동, 조선어학회 사건

④ 1940년대 – 광복군의 활동, 신사참배거부운동

TIP ① 1910년대 : 해외독립운동기지 건설, 비밀결사운동
② 1920년대 : 신간회 활동, 무장독립전쟁, 조선교육회 설립
③ 1930년대 : 조선어학회의 활발한 활동, 해체는 1942년
④ 1940년대 : 광복군의 활동, 신사참배거부운동

49 한국의 독립과 관련된 회담내용으로 옳지 않은 것은?

① 모스크바 삼상회의(三相會議)에서 임시정부 수립과 신탁통치안을 결의하였다.

② 카이로 회담에서 미 · 영 · 중의 수뇌들은 적당한 절차를 거쳐 한국을 독립시킬 것을 처음으로 결의하였다.

③ 포츠담 회담에서 일본은 한국에 대한 모든 권리 및 청구권을 포기하였다.

④ 제2차 미 · 소공동위원회에서 한국의 신탁통치문제를 협의하였으나 결렬되고 말았다.

TIP ③ 1951년 조인된 샌프란시스코 강화조약에 대한 설명이다.
※ 1945년 7월 포츠담 회담에서는 일본에 대한 전쟁 종결의 조건을 발표하였고 일본 군대의 무장해제, 일본 전범자 처벌, 일본 군수산업의 금지와 평화산업의 유지, 일본 민주주의정부 수립과 동시에 점령군의 철수, 일본군의 무조건 항복, 한국 독립 재확인 등의 내용이 선언되었다.

Answer 48.④ 49.③

50 다음의 사회교육활동을 시대순으로 바르게 나열한 것은?

> ㉠ 멸공필승의 신념과 집단안보의식의 고취
> ㉡ 국민교육헌장 선포
> ㉢ 홍익인간의 교육이념 수립
> ㉣ 재건국민운동의 추진

① ㉠㉢㉣㉡
② ㉠㉣㉡㉢
③ ㉢㉠㉣㉡
④ ㉢㉣㉡㉠

TIP ㉢ 홍익인간의 교육이념 수립(정부 수립 후)→㉠ 멸공 필승의 신념과 집단안보의식의 고취(6 · 25 중)→㉣ 재건국민운동의 추진(5 · 16 후)→㉡ 국민교육헌장 선포(1968)

51 1930년대에 전개된 소작쟁의에 대한 설명으로 옳은 것은?

① 산미증식계획의 추진으로 감소되었다.
② 소작료 인하가 소작쟁의의 주된 쟁점이었다.
③ 신민회의 적극적인 지도하에 전국으로 확산되었다.
④ 일제의 식민지 지배에 저항하는 민족운동의 성격이 보다 강화되었다.

TIP ④ 1930년대의 소작쟁의는 일제의 수탈에 저항하는 민족운동의 성격을 띠면서 더욱 격렬해져 갔다.

Answer 50.③ 51.④

52 다음의 내용과 관련된 조직을 바르게 나열한 것은?

> 동일한 목적, 동일한 성공을 위하여 운동하고 투쟁하는 혁명가들은 반드시 하나의 기치 아래 모이고, 하나의 호령 아래 모여야만 비로소 상당한 효과를 얻을 수 있음은 더 말할 나위가 없다.

① 물산장려회 조직
② 조선어학회와 진단학회 조직
③ 신간회와 조선어학회 조직
④ 신간회와 근우회의 조직

TIP 1920년대에 들어와 사회주의 사상이 유입되면서 민족의 독립운동에 이념적인 갈등이 초래되었다. 이러한 문제를 해결하기 위해 민족주의계와 사회주의계의 통합이 논의되었고, 그 결과 결성된 단체가 신간회와 근우회였다.

53 다음 중 1920년대 초에 유입된 사회주의 사상의 영향으로 활발하게 전개된 운동을 바르게 고른 것은?

> ㉠ 소작쟁의
> ㉡ 노동쟁의
> ㉢ 청소년운동
> ㉣ 물산장려운동
> ㉤ 6 · 10만세운동

① ㉠㉡㉢㉣
② ㉠㉡㉢㉤
③ ㉠㉡㉣㉤
④ ㉠㉢㉣㉤

TIP ㉣ 물산장려운동은 지주자본가 계층이 중심이 되어 민족자본의 형성을 목표로 일으킨 경제적 민족운동이다.

Answer 52.④ 53.②

54 1960년대부터 진행된 산업화와 도시화의 결과로 옳지 않은 것은?

① 도시에 주택문제, 환경문제가 발생하였다.
② 저곡가정책으로 농촌의 생활이 개선되었다.
③ 가족제도가 붕괴되고 노동자문제가 나타났다.
④ 서비스산업, 광공업분야의 종사자가 늘어났다.

TIP ② 수출주도형 경제 개발로 인해 농업은 희생을 감수하였다. 산업화에 따른 노동자의 저임금정책을 뒷받침하기 위하여 저곡가정책을 실시하였기 때문이다.

55 다음에서 설명하는 종교는?

- 1909년에 나철, 오기호 등에 의해 창시된 단군을 숭배하는 민족종교이다.
- 항일구국운동에 앞장섰으며 북로군정서군의 모태가 되었다.

① 대종교 ② 천도교
③ 개신교 ④ 원불교

TIP 제시된 설명은 대종교에 관한 설명이다. 대종교는 단군을 숭배하는 민족종교로 중광, 단군교라는 명칭에서 대종교로 바꾸었다. 처음 서울에서 창시되었다가 북간도로 옮겼으며 항일구국운동을 펼쳐 청산리전투를 수행한 북로군정서군의 군인이 대부분 대종교의 교인이었다.
② 동학을 개칭한 것으로 자주독립선언문을 발표하고 제2의 3·1운동을 추진하였다.
③ 신사참배를 거부하였다.
④ 1916년에 박중빈이 창시한 종교로 개간사업과 저축운동 등을 전개하였다.

56 다음 중 1883년 덕원 주민들과 개화파 인물이 설립한 최초의 근대적 사립학교는?

① 육영공원 ② 배재학당
③ 원산학사 ④ 동문학

TIP 원산학사 … 덕원·원산 주민을 비롯하여 민간에 의해 세워진 최초의 근대적 사립학교로 배재학당보다 2년 앞서 설립되었으며 일종의 과도적 근대학교라 할 수 있다.

Answer 54.② 55.① 56.③

57 다음 중 신문에 대한 설명으로 옳지 않은 것은?

① 독립신문 – 영문과 한글로 간행되었다.
② 황성신문 – 장지연의 '시일야 방성대곡'을 게재하였다.
③ 대한매일신보 – 베델과 양기탁에 의해 발행되었고 국채보상운동도 지원하였다.
④ 제국신문 – 가톨릭이 간행하였고 순 한글 주간지였다.

TIP ④ 가톨릭이 간행한 순 한글 주간지는 1906년에 간행된 경향신문이다.

58 다음에 내용과 관련있는 민족주의 사학자와 그 업적이 바르게 연결된 것은?

> 나라는 형체이요, 역사는 정신이다. 지금 한국에 형은 허물어졌으나 신만이라도 홀로 전제할 수 없는 것인가? 이것이 통사를 저술하는 까닭이라, 신이 존속하여 멸하지 않으면 형은 부활할 때가 있을 것이다.

① 문일평 – 조선심
② 박은식 – 혼사상
③ 정인보 – 얼사상
④ 신채호 – 낭가사상

TIP 제시된 내용은 혼을 강조한 박은식의 한국통사 서문에 나오는 글이다.

59 다음 중 일제시대 종교단체에 관한 설명으로 옳은 것은?

① 천주교는 중광단을 조직하였다.
② 천도교는 경향 등의 잡지로 민중 계몽에 이바지하였다.
③ 대종교는 남녀평등, 허례허식 폐지 등을 추진하였다.
④ 원불교는 개간사업과 저축운동을 전개하였다.

TIP ① 대종교 ② 천주교 ③ 원불교
④ 박중빈이 창시한 원불교는 개간사업과 저축운동을 전개하여 민족의 자립정신을 일깨우는 한편, 남녀평등 · 허례허식의 폐지 등 새생활운동을 전개하였다.

Answer 57.④ 58.② 59.④

60 다음 설명하는 역사학자는 누구인가?

- 황성신문, 대한매일신보의 주필
- 한국통사, 한국독립운동지혈사를 저술
- 상하이 임시정부의 부통령을 지냄

① 박은식
② 한용운
③ 신채호
④ 최남선

TIP 박은식(朴殷植) … 한말의 민족사학자이자 독립운동가이다. 1898년 9월 장지연이 창간한 황성신문의 주필로 민중계몽에 나섰고, 만민공동회와 더불어 반봉건 · 반침략 투쟁을 벌이던 독립협회에도 가입하였다. 또한 유교 개혁을 주장하고, 장지연 등과 대동교를 창건하여 종교부장으로 활동하면서 유교계를 친일화하려는 일제의 공작에 대항하였다. 동명성왕실기, 발해태조건국지, 안중근전, 한국통사를 지었다. 1915년 상하이에서 이상설 · 신규식과 함께 신한청년당을 조직하고 이 당의 취지서와 규칙을 작성, 감독으로 선임되었고, 신규식과 함께 대동보국단을 조직하여 단장이 되었다. 3 · 1운동으로 독립에 대한 확신을 갖고 한국독립운동지혈사를 저술하였다. 3 · 1운동 후 임시정부가 수립되자 그는 임시정부의 기관지 독립신문의 사장이 되었고, 1924년 임시정부 국무총리 겸 대통령 대리, 1925년 3월 이승만의 대통령 면직으로 제2대 대통령이 되었다. 이 때를 전후하여 임시정부는 독립운동의 이념 · 방법 · 지연 · 인맥 등의 파벌 암투로 내분을 겪고 있었다. 그는 독립운동의 대동단결을 위하여 임시정부의 헌법을 개정, 대통령제를 국무위원제로 고치고 헌법에 따라 국무위원을 선임하고 자신은 대통령직에서 물러났다.

61 다음과 같은 작품들의 공통점은?

- 꿈 하늘
- 최도통전
- 삼대
- 아리랑

① 민족의식을 고취하였다.
② 봉건의식 타파를 주장하였다.
③ 신경향파 문학에 속한다.
④ 문맹퇴치운동에 크게 기여하였다.

TIP 역사학자인 단재 신채호는 뛰어난 문장력을 바탕으로 민족의식을 고취하는 소설인 꿈 하늘과 국가를 위기에서 구해 낸 을지문덕 · 최도통(최영) · 이순신에 관한 전기를 저술하였다. 횡보 염상섭은 소설 삼대에서 전통적인 가부장, 사회주의자, 독립운동가로 구성된 주인공들의 갈등을 통해, 춘사 나운규는 영화 아리랑을 통해 민족의식을 고취시켰다.

Answer 60.① 61.①

62 을사조약 이후 전개된 국학 연구에서 국사분야와 관계된 설명으로 옳지 않은 것은?

① 일제의 침략에 맞서 정통과 대의명분을 강조하는 역사 연구의 기풍을 진작시켰다.
② 우리 역사상 외침에 대항하여 승리로 이끈 전쟁영웅들의 전기를 저술하였다.
③ 최남선은 박은식과 함께 민족 고전을 정리, 간행하였다.
④ 외국의 건국 또는 망국의 역사를 번역하여 소개하였다.

TIP 을사조약 이후의 국사 연구는 일본의 침략에 직면한 국민들의 사기와 애국심을 불러 일으키고 독립의지와 역사의식을 높이려 하였다.
① 정통과 대의명분을 강조하는 역사관은 성리학적 역사관이다.

63 일제식민통치체제에서 민족교육활동을 전개한 기관과 거리가 먼 것은?

① 야학
② 강습소
③ 청구학회
④ 조선교육회

TIP ③ 청구학회는 한국사 왜곡을 위해 일제 어용학자들로 구성된 역사연구기관이었다.

64 개항 이후 우리나라의 건축양식에 있어 서양의 영향을 받은 건축물을 골라 묶은 것은?

㉠ 독립문	㉡ 광화문
㉢ 경복궁 근정전	㉣ 독립관
㉤ 명동 성당	㉥ 덕수궁 석조전

① ㉠㉢㉤
② ㉠㉤㉥
③ ㉡㉢㉤
④ ㉡㉢㉥

TIP 독립문은 프랑스의 개선문을 본땄으며, 명동성당은 고딕양식으로, 덕수궁의 석조전은 르네상스식으로 지어졌다.

Answer 62.① 63.③ 64.②

65 다음과 관련된 민족운동으로 옳은 것은?

> 교육에도 종류가 있어서 민중의 보통적인 지식은 이를 보통교육으로써 능히 할 수 있으나 심원한 지식과 오매한 진리는 고등교육에 의하지 않으면 불가능하다. 사회 최고의 비판을 구하고 유능한 인물을 양성하려면 최고 학부의 존재가 필요하다.

① 문자보급운동
② 과학대중화운동
③ 브나로드운동
④ 민립대학설립운동

TIP 민립대학설립운동은 일제의 우민화교육정책에 맞서 한국인의 재력과 노력으로 대학을 설립하자는 독립운동의 한 방편이었다.

66 한말 국학 연구에 대한 설명 중 옳지 않은 것은?

① 박은식은 독사신론에서 구국항쟁사를 다루었다.
② 최남선은 광문회를 조직하여 민족의 고전을 정리하였다.
③ 정인보는 조선사연구에서 민족의 주체성을 강조하였다.
④ 유길준의 서유견문은 새로운 국한문체를 발전시키는 데 공헌하였다.

TIP ① 박은식은 한국통사, 한국독립운동지혈사를 저술하였고, 독사신론은 조선상고사, 조선사연구초, 을지문덕전, 이태리 건국 3걸전, 최도통 등과 함께 신채호가 저술했다.

67 다음 인물들의 공통점을 무엇인가?

> • 장지연 • 신채호 • 박은식

① 국 · 한문체의 보급에 크게 공헌하였다.
② 민족 고전을 정리 · 간행하는 데 힘썼다.
③ 유교문화를 중심으로 국사인식을 체계화하였다.
④ 민족사의 주체성, 우수성을 강조한 계몽사학자였다.

Answer 65.④ 66.① 67.④

TIP 한말의 역사학은 민족의 정통성을 찾고 외국의 침략으로부터 국권을 수호하려는 강렬한 민족주의 사학이 발달하였다.

68 다음은 어떤 단체의 설립목적을 제시한 것이다. 이 단체와 관련이 있는 사실은?

> ㉠ 교육기관을 설치하고 청소년의 교육을 진흥할 것
> ㉡ 동지를 발견하고 단합하여 국민운동의 역량을 축적할 것
> ㉢ 각종 상공업 기관을 만들어 단체의 재정과 국민의 부력을 증진할 것

① 삼원보와 같은 해외독립운동기지를 건설하였다.
② 원산학사를 세워 근대 학문을 가르쳤다.
③ 물산장려운동을 전개하였다.
④ 비밀행정조직인 연통제를 조직하였다.

TIP 신민회는 안창호 · 양기탁 등이 조직한 비밀결사단체로 민족교육의 추진(대성학교, 오산학교), 민족산업의 육성(자기회사), 민족문화의 계발, 독립운동기지 건설(서간도의 삼원보) 등 각 방면에서 진흥운동을 전개한 단체였다.

69 근대 시설에 대한 설명으로 옳지 않은 것은?

① 1885년 서울과 인천사이에 전신선이 가설되었다.
② 1887년 경복궁에 처음으로 전등이 점등되었다.
③ 1899년 서대문에서 청량리까지 처음으로 전차가 운행되었다.
④ 1910년 서울에서 초량까지 경부선 철도가 개설되었다.

TIP ④ 1901년 기공되어 1904년 12월 27일 완공되어 1905년 1월 서울에서 초량 간 경부선 철도가 개통되었다.

Answer 68.① 69.④

상용한자

01 한자이해의 기초
02 상용한자 익히기
03 최근 기출문제 분석
04 출제예상문제

01 한자이해의 기초

1 한자의 기초

(1) 한자의 구조

① 한자의 3요소

㉠ 모양(形) : 상형(象形), 지사(指事) – 형체(形體)의 구조

㉡ 뜻(義) : 회의(會意), 형성(形聲) – 자의(字義)의 구조

㉢ 소리(音) : 전주(轉注), 가차(假借) – 자의(字義), 음운(音韻)의 운용

② 육서(六書)

㉠ 상형(象形) : 사물(象)의 모양(形)을 본뜬(象) 글자

⊙ → 日(해 일) 木 → 木(나무 목)

예 山, 魚, 馬, 月, 川, 火, 鳥, 門

㉡ 지사(指事) : 추상적인 의미(事)를 가리키는(指) 글자

→ 上 → 下

예 本, 末, 天, 一, 二, 中, 大

㉢ 회의(會意) : 둘 이상의 한자의 뜻(意)을 합쳐서(會) 만든 글자

• 日 + 月 → 明(밝다 명) • 人 + 言 → 信(믿다 신)

㉣ 형성(形聲) : 한자의 뜻(形)과 소리(聲)를 합쳐서 만든 글자

- 氵(水, 形부) + 靑(聲부) → 淸(맑다 청)
- 日(形부) + 靑(聲부) → 晴(날씨가 개다 청)

예 江, 頭, 銅, 梅, 聞, 悲, 問, 露, 洋, 味

㉤ 전주(轉注) : 글자의 뜻을 굴리고(轉) 끌어대어(注) 사용하는 글자

- 道(도) : 길, 도리
- 長(장) : 나이가 많다, 우두머리

예 老, 樂, 惡, 說, 考

㉥ 가차(假借) : 주로 외래어를 표기하기 위해 한자의 형태나 음을 임시로(假) 빌어(借) 쓰는 글자

- 燕(제비 연) → 宴(잔치 연)
- 羅馬(Rome)
- 弗($, 달러)

예 獨逸, 亞細亞, 可思莫思(cosmos), 林肯(Lincoln), 華盛頓(Washington)

(2) 한자의 부수

① 부수의 분류(分類)

㉠ 변(邊, ◧) : 글자의 왼쪽 부분을 이루는 부수

예 • 亻(人 인변) : 休, 依
- 忄(心 마음심변) : 恃, 情
- 衤(衣 옷의변) : 袖, 複

㉡ 방(傍, ◨) : 글자의 오른쪽 부분을 이루는 부수

예 • 卩(㔾 병부절방) : 印
- 阝(邑 고을읍방) : 郎, 部
- 隹(새추방) : 雄

㉢ 머리(頭, ⬒) : 글자의 위쪽 부분을 이루는 부수

예 • 宀(갓머리) : 守, 家
- 艹(艸 초두머리) : 草, 花
- 雨(비우머리) : 雲, 雪

㉣ 받침(▃, ▙) : 글자의 아래쪽 또는 왼쪽에서 아래쪽으로 걸치는 부분을 이루는 부수

예 • 皿(그릇명받침) : 益, 盟
• 辶(辵, 책받침) : 近, 道
• 廴(민책받침) : 廷, 建

㉤ 몸(◘) : 글자의 주위에 둘러 있는 부수

예 • 囗(큰입구몸) : 國
• 門(문문몸) : 間
• 行(다닐행몸) : 衝

㉥ 엄호(▛) : 머리로부터 변의 위치에 걸쳐 있는 부수

예 • 疒(병질엄) : 疾, 病
• 尸(주검시엄) : 屍
• 广(엄호) : 床

㉦ 기타 : 갈래가 불분명하거나 이름을 붙이기가 곤란한 부수들은 그 글자의 뜻과 음을 부수의 이름으로 쓴다.

예 一(한일), 門(문문), 又(또우), 心(마음심), 行(다닐행), 小(작을소)

② 부수의 변형

원 형	변 형	원 형	변 형	원 형	변 형	원 형	변 형
人	亻(사람인변)	手	扌(손수변)	艸	++(초두변)	足	(발족) 踿
心	忄, 㣺(마음심변)	犬	犭(개사슴록변)	玉	王(구슬옥변)	火	灬(불화받침)
水	氵(삼수변)	衣	衤(옷의변)	刀	刂(칼도방)	老	耂(늙을로)
肉	月(육달월변)	邑	阝(언덕부변)	阜	阝(고을읍방)	辵	辶(책받침)

③ 제부수한자

二, 小, 斗, 文, 用, 立, 耳, 臣, 老, 皮, 生, 父, 田, 舟, 行, 衣, 車, 金, 辰, 長, 非, 面,
音, 風, 飛, 首, 香, 馬, 高, 鬼, 魚, 鳥, 鹿, 麥, 麻, 黃, 黑, 鼎, 鼠, 鼻, 齊, 齒, 龍, 龜

④ 찾기 어려운 부수

부 수	글 자	부 수	글 자
一	丈, 不, 世, 丘	二	于, 五, 互, 井, 亞
丨	中	刂(刀)	分, 初, 券, 劃
亅	了, 事, 予	手	承, 拜
丶	丸, 丹, 主	幺	幾
丿	乃, 久, 之, 乘	玄	率
人	以, 來, 今	气	氣
八	共, 兼, 公, 六, 其	行	街
水(氵)	氷, 求, 泰, 泉, 渾	内	离
入	內, 全, 兩	立	競
夕	夢, 夜	廾	弄
十	午, 卑, 南, 半, 卒, 卍, 卄	旡	旣
口	史, 吉, 吏, 各, 句, 同, 命, 合, 喧, 商, 哀, 嘗, 喪	老(耂)	考
又	及, 反, 受, 叛	儿	免 光,
火	然, 燕	舛	舞
爪	爲	厶	去
羊	美, 義	亠	亡
氏	民	田	甲, 申, 由, 男, 畫
巛	巡, 巢	月(肉)	望, 脚, 能, 肯
工	巨	止	正, 此, 武, 歸, 步
臼	與, 興, 舊	干	年, 辛, 幹
日	更 曲 曳	衣	表, 袁, 衷
木	果, 東, 條, 業, 栽	乙	也

② 한자의 실제

(1) 두 가지 이상의 음을 가진 한자

한자	음과 뜻	예	한 자	음과 뜻	예
降	내릴 강	降雨(강우), 下降(하강)	更	다시 갱	更生(갱생), 更新(갱신)
	항복할 항	降伏(항복), 投降(투항)		고칠 경	更張(경장), 更正(경정)
車	수레 거	車馬(거마), 人力車(인력거)	見	볼 견	見聞(견문), 見利(견리)
	수레 차	自動車(자동차), 商用車(상용차)		나타날 현	謁見(알현)
宅	집안 댁	宅內(댁내)	茶	차 다	茶菓(다과), 茶道(다도)
	집 택	宅地(택지), 住宅(주택)		차 차	茶禮(차례), 紅茶(홍차)
度	법도 도	程度(정도), 尺度(척도)	分	나눌 분	分裂(분열), 部分(부분)
	헤아릴 탁	忖度(촌탁), 度計(탁계)		단위 푼	分錢(푼전)
不	아니 불	不可(불가), 不屈(불굴)	寺	절 사	寺刹(사찰)
	아니 부	不當(부당), 不正(부정)		내관 시	奉常寺(봉상시, 관아 이름)
殺	죽일 살	殺人(살인), 抹殺(말살)	參	석 삼	參萬(삼만)
	감할 쇄	相殺(상쇄), 殺到(쇄도)		참여할 참	參加(참가)
狀	형상 상	狀況(상황), 實狀(실상)	索	찾을 색	索引(색인), 搜索(수색)
	문서 장	信任狀(신임장), 訴狀(소장)		노 삭	索道(삭도), 大索(대삭)
塞	변방 새	要塞(요새), 險塞(험새)	省	살필 성	省察(성찰), 反省(반성)
	막을 색	閉塞(폐색), 語塞(어색)		덜 생	省略(생략), 省減(생감)
屬	무리 속	附屬(부속), 貴金屬(귀금속)	率	거느릴 솔	率先(솔선), 統率(통솔)
	이을 촉	屬望(촉망), 屬託(촉탁)		비율 률	比率(비율), 能率(능률)
衰	쇠할 쇠	衰弱(쇠약), 盛衰(성쇠)	帥	장수 수	帥長(수장), 元帥(원수)
	상복 최	齊衰(제최)		거느릴 솔	統帥(통솔), 帥先(솔선)
宿	묵을 숙	宿泊(숙박), 投宿(투숙)	食	먹을 식	食用(식용), 斷食(단식)
	성수 수	星宿(성수)		밥 사	簞食瓢飮(단사표음)

한자	훈	음	용례
則	곧	즉	어조사
	법칙	칙	沈沒(침몰), 沈潛(침잠)
拓	베낄	탁	拓本(탁본)
	열	척	開拓(개척)
暴	나타낼	폭	暴露(폭로)
	사나울	포	暴惡(포악)
洞	마을	동	洞里(동리), 洞窟(동굴)
	통할	통	洞察(통찰), 洞達(통달)
反	거스릴	반	違反(위반), 反亂(반란)
	뒤집을	번	反沓(번답), 反田(번전)
復	회복할	복	復歸(복귀), 恢復(회복)
	다시	부	復活(부활), 復興(부흥)
惡	악할	악	善惡(선악), 惡德(악덕)
	미워할	오	憎惡(증오), 惡心(오심)
易	바꿀	역	交易(교역), 貿易(무역)
	쉬울	이	平易(평이), 難易(난이)
抵	막을	저	抵抗(저항)
	칠	지	抵掌(지장)
切	온통	체	一切(일체)
	끊을	절	切開(절개), 切迫(절박)
辰	별	진	日辰(일진)
	때	신	日月星辰(일월성신)
差	틀릴	차	差異(차이), 時差(시차)
	들쭉날쭉할	치	差參(치참), 差輕(치경)
皮	가죽	피	外皮(외피), 皮革(피혁)
	가죽	비	鹿皮(녹비)
沈	성	심	沈氏(심씨)
	잠길	침	沈沒(침몰), 沈潛(침잠)
跛	절름발이	파	跛行(파행)
	비스듬할	피	跛倚(피의)
讀	읽을	독	讀書(독서), 朗讀(낭독)
	구절	두	吏讀(이두), 句讀(구두)
屯	진칠	둔	駐屯(주둔), 屯田兵(둔전병)
	어려울	준	屯險(준험), 屯困(준곤)
便	오줌	변	小便(소변)
	편할	편	郵便(우편)
識	알	식	博識(박식), 有識(유식)
	기록할	지	標識(표지)
若	만일	약	萬若(만약)
	반야	야	般若經(반야경)
咽	목구멍	인	咽喉(인후)
	목멜	열	嗚咽(오열)
著	나타날	저	著明(저명), 顯著(현저)
	입을	착	附著(附着, 부착), 著服(着服, 착복)
提	끌	제	提起(제기), 提携(제휴)
	떼지어날	시	提提(시시)
斟	헤아릴	짐	斟酌(짐작)
	술칠	침	斟量(침량)
推	옮을	추	推移(추이), 推進(추진)
	밀	퇴	推敲(퇴고)
畫	그림	화	畫家(화가), 漫畫(만화)
	그을	획	計劃(계획), 一畫(일획)

한자	뜻	음	용례	한자	뜻	음	용례
行	갈	행	同行(동행), 旅行(여행)	廓	클	확	廓大(확대), 廓正(확정)
	항렬	항	行列(항렬), 配行(배행)		외성	곽	輪廓(윤곽)
陜	좁을	협	陜隘(협애)	滑	미끄러울	활	滑降(활강), 滑空(활공)
	땅이름	합	陜川(합천)		익살	골	滑稽(골계)
龜	이름	구	龜浦(구포), 龜山(구산)	說	말씀	설	說話(설화), 異說(이설)
	거북	귀	龜鑑(귀감), 龜船(귀선)		달랠	세	遊說(유세), 誘說(유세)
	터질	균	龜裂(균열), 龜坼(균탁)		기뻐할	열	說樂(열락), 說喜(열희)
數	셈할	수	數學(수학), 複數(복수)	布	베	포	布衣(포의)
	자주	삭	數白(삭백), 頻數(빈삭)		펼	포	布告(포고)
	촘촘할	촉	數罟(촉고)		베풀	보	布施(보시)
否	아니	부	否決(부결), 可否(가부)	北	북녘	북	北進(북진), 南北(남북)
	악할	비	否運(비운)		패배할	배	敗北(패배)
	막힐	비	否塞(비색)		저버릴	배	反北(반배)
樂	풍류	악	器樂(기악), 樂曲(악곡)	刺	찌를	자	刺戟(자극), 刺繡(자수)
	즐길	락	苦樂(고락), 快樂(쾌락)		찌를	척	刺殺(척살), 刺候(척후)
	좋아할	요	樂山樂水(요산요수)		수라	라	水刺(수라, 임금의 진지)
徵	부를	징	徵收(징수)				
	거둘	징	明徵(명징)				
	음률이름	치	宮商角徵羽(궁상각치우)				

(2) 주의해야 할 한자독음

ㄱ

苛斂(가렴)	降下(강하)	譴責(견책)	鞏固(공고)	膠着(교착)	糾合(규합)
恪別(각별)	醵出(갹출·거출)	更張(경장)	過剩(과잉)	口腔(구강)	龜裂(균열)
恪守(각수)	槪括(개괄)	更迭(경질)	誇示(과시)	句讀(구두)	琴瑟(금슬)
艱難(간난)	凱旋(개선)	輕蔑(경멸)	刮目(괄목)	救恤(구휼)	矜持(긍지)
看做(간주)	改悛(개전)	驚愕(경악)	乖離(괴리)	軌道(궤도)	旗幟(기치)
間歇(간헐)	車馬(거마)	膏肓(고황)	攪亂(교란)	詭辯(궤변)	嗜好(기호)
減殺(감쇄)	揭示(게시)	滑稽(골계)	敎唆(교사)	龜鑑(귀감)	喫煙(끽연)

ㄴ

懦弱(나약) 懶怠(나태) 難澁(난삽) 濫觴(남상) 賂物(뇌물) 訥辯(눌변)
內人(나인) 拿捕(나포) 捺印(날인) 鹵獲(노획) 漏泄(누설) 凜凜(늠름)
懶惰(나타) 烙印(낙인) 捏造(날조) 鹿皮(녹비) 陋醜(누추) 稜線(능선)

ㄷ

簞食(단사) 遝至(답지) 對峙(대치) 陶冶(도야) 淘汰(도태) 鈍濁(둔탁)
踏襲(답습) 撞着(당착) 島嶼(도서) 挑戰(도전) 瀆職(독직) 登攀(등반)

ㅁ

莫逆(막역) 煤煙(매연) 蔑視(멸시) 冒瀆(모독) 夢寐(몽매) 拇印(무인)
罵倒(매도) 邁進(매진) 明澄(명징) 牡丹(모란) 巫覡(무격) 紊亂(문란)
魅力(매력) 驀進(맥진) 木瓜(모과) 木鐸(목탁) 毋論(무론) 未洽(미흡)

ㅂ

剝奪(박탈) 發穗(발수) 倂呑(병탄) 補塡(보전) 不朽(불후) 譬喩(비유)
反駁(반박) 拔萃(발췌) 兵站(병참) 敷衍(부연) 崩壞(붕괴) 瀕死(빈사)
反芻(반추) 勃興(발흥) 菩提(보리) 復興(부흥) 飛騰(비등) 頻數(빈삭)
頒布(반포) 幇助(방조) 菩薩(보살) 分析(분석) 否塞(비색) 嚬蹙(빈축)
反哺(반포) 拜謁(배알) 報酬(보수) 粉碎(분쇄) 匕首(비수) 憑藉(빙자)
潑剌(발랄) 排泄(배설) 布施(보시) 焚香(분향) 飛躍(비약) 聘父(빙부)

ㅅ

娑婆(사바)
些少(사소)
使嗾(사주)
奢侈(사치)
索莫(삭막)
數數(삭삭)
索然(삭연)
撒水(살수)
撒布(살포)
三昧(삼매)
相剋(상극)
相殺(상쇄)
索引(색인)
省略(생략)
逝去(서거)
棲息(서식)
羨望(선망)
先塋(선영)
殲滅(섬멸)
星宿(성수)
洗滌(세척)
遡及(소급)
甦生(소생)
騷擾(소요)
贖罪(속죄)
悚懼(송구)
殺到(쇄도)
戍樓(수루)
蒐集(수집)
收穫(수확)
數爻(수효)
馴致(순치)
拾得(습득)
昇遐(승하)
猜忌(시기)
示唆(시사)
諡號(시호)
辛辣(신랄)
神祕(신비)
迅速(신속)
呻吟(신음)
失踪(실종)

ㅇ

阿諂(아첨)
惡辣(악랄)
軋轢(알력)
斡旋(알선)
謁見(알현)
隘路(애로)
曖昧(애매)
哀愁(애수)
惹起(야기)
掠奪(약탈)
語彙(어휘)
掩蔽(엄폐)
濾過(여과)
閭閻(여염)
轢死(역사)
役割(역할)
涅槃(열반)
厭惡(염오)
永劫(영겁)
領袖(영수)
囹圄(영어)
傲氣(오기)
懊惱(오뇌)
誤謬(오류)
嗚咽(오열)
惡寒(오한)
訛傳(와전)
渦中(와중)
緩衝(완충)
枉臨(왕림)
歪曲(왜곡)
猥濫(외람)
要塞(요새)
夭折(요절)
凹凸(요철)
紐帶(유대)
蹂躪(유린)
遊說(유세)
隱匿(은닉)
吟味(음미)
凝視(응시)
義捐(의연)
吏讀(이두)
移徙(이사)
弛緩(이완)
離合(이합)
匿名(익명)
溺死(익사)
湮滅(인멸)
一括(일괄)
一切(일체)
逸脫(일탈)
剩餘(잉여)
孕胎(잉태)

ㅈ

自矜(자긍)
恣意(자의)
自暴(자포)
箴言(잠언)
將帥(장수)
障礙(장애)
這間(저간)
詛呪(저주)
沮止(저지)
傳播(전파)
戰慄(전율)
截然(절연)
正鵠(정곡)
精謐(정밀)
切斷(절단)
截斷(재단)
詔書(조서)
造詣(조예)
措置(조치)
慫慂(종용)
綢繆(주무)
躊躇(주저)
浚渫(준설)
遵守(준수)
櫛比(즐비)
憎惡(증오)
遲滯(지체)
眞僞(진위)
眞摯(진지)
桎梏(질곡)
叱責(질책)
嫉妬(질투)
斟酌(짐작)
執拗(집요)
懲戒(징계)
懲兆(징조)

ㅊ

茶禮(차례)	慙悔(참회)	天稟(천품)	寵愛(총애)	秋波(추파)	穉心(치심)
搾取(착취)	猖獗(창궐)	尖端(첨단)	撮影(촬영)	秋毫(추호)	熾烈(치열)
刹那(찰나)	蒼氓(창맹)	捷徑(첩경)	推戴(추대)	築臺(축대)	恥辱(치욕)
讒訴(참소)	刺殺(척살)	諦念(체념)	追悼(추도)	衷心(충심)	輜重(치중)
斬新(참신)	闡明(천명)	涕淚(체루)	酋長(추장)	詭言(궤언)	蟄居(칩거)
參酌(참작)	喘息(천식)	憔悴(초췌)	醜態(추태)	脆弱(취약)	稱頌(칭송)
參差(참치)	穿鑿(천착)	忖度(촌탁)	推薦(추천)	就學(취학)	稱頉(칭탈)

ㅌ

琢磨(탁마)	綻露(탄로)	榻本(탑본)	洞燭(통촉)	堆積(퇴적)	鬪技(투기)
拓本(탁본)	誕辰(탄신)	攄得(터득)	推敲(퇴고)	頹廢(퇴폐)	投機(투기)
度支(탁지)	耽溺(탐닉)	洞察(통찰)	頹落(퇴락)	妬忌(투기)	投擲(투척)

ㅍ

破綻(파탄)	敗北(패배)	貶下(폄하)	包括(포괄)	褒賞(포상)	稟議(품의)
覇權(패권)	澎湃(팽배)	平坦(평탄)	抛棄(포기)	捕捉(포착)	諷刺(풍자)
悖倫(패륜)	膨脹(팽창)	廢棄(폐기)	鋪道(포도)	暴虐(포학)	逼迫(핍박)
稗說(패설)	便便(편편)	閉塞(폐색)	捕縛(포박)	標識(표지)	沛然(패연)

ㅎ

遐壤(하양)	諧謔(해학)	荊棘(형극)	廓淸(확청)	橫暴(횡포)	恤兵(휼병)
虐待(학대)	行狀(행장)	螢雪(형설)	幻滅(환멸)	嚆矢(효시)	痕迹(흔적)
割引(할인)	享樂(향락)	好惡(호오)	宦海(환해)	嗅覺(후각)	欣快(흔쾌)
肛門(항문)	絢爛(현란)	豪宕(호탕)	恍惚(황홀)	後裔(후예)	欽慕(흠모)
行列(항렬)	孑孑(혈혈)	忽然(홀연)	賄賂(회뢰)	萱堂(훤당)	恰似(흡사)
偕老(해로)	嫌惡(혐오)	花卉(화훼)	膾炙(회자)	毁損(훼손)	犧牲(희생)
解弛(해이)	嫌疑(혐의)	廓然(확연)	獲得(획득)	携帶(휴대)	詰難(힐난)

③ 반의어

可決(가결) – 否決(부결)	高潔(고결) – 低俗(저속)	獨創(독창) – 模倣(모방)
架空(가공) – 實際(실제)	供給(공급) – 需要(수요)	忘却(망각) – 記憶(기억)
却下(각하) – 接受(접수)	屈辱(굴욕) – 雪辱(설욕)	模糊(모호) – 分明(분명)
減少(감소) – 增加(증가)	歸納(귀납) – 演繹(연역)	物質(물질) – 精神(정신)
感情(감정) – 理性(이성)	勤勉(근면) – 懶怠(나태)	敏感(민감) – 鈍感(둔감)
拒絶(거절) – 承諾(승낙)	緊密(긴밀) – 疏遠(소원)	密接(밀접) – 疏遠(소원)
建設(건설) – 破壞(파괴)	內包(내포) – 外延(외연)	發達(발달) – 退步(퇴보)
謙遜(겸손) – 傲慢(오만)	訥辯(눌변) – 能辯(능변)	潑剌(발랄) – 萎縮(위축)
輕視(경시) – 重視(중시)	唐慌(당황) – 沈着(침착)	普遍(보편) – 特殊(특수)
敷衍(부연) – 省略(생략)	永劫(영겁) – 刹那(찰나)	創造(창조) – 模倣(모방)
否認(부인) – 是認(시인)	榮轉(영전) – 左遷(좌천)	添加(첨가) – 削減(삭감)
否定(부정) – 肯定(긍정)	銳敏(예민) – 愚鈍(우둔)	抽象(추상) – 具象(구상)
分離(분리) – 統合(통합)	偶然(우연) – 必然(필연)	稚拙(치졸) – 洗鍊(세련)
分析(분석) – 綜合(종합)	優越(우월) – 劣等(열등)	閉鎖(폐쇄) – 開放(개방)
卑近(비근) – 深遠(심원)	輪廓(윤곽) – 核心(핵심)	暴露(폭로) – 隱蔽(은폐)
悲運(비운) – 幸運(행운)	理想(이상) – 現實(현실)	合理(합리) – 矛盾(모순)
奢侈(사치) – 儉素(검소)	低俗(저속) – 高尙(고상)	擴大(확대) – 縮小(축소)
所得(소득) – 損失(손실)	詛呪(저주) – 祝福(축복)	許多(허다) – 稀少(희소)
愼重(신중) – 輕率(경솔)	漸進(점진) – 急進(급진)	狹義(협의) – 廣義(광의)
實質(실질) – 形式(형식)	拙作(졸작) – 傑作(걸작)	厚待(후대) – 薄待(박대)
曖昧(애매) – 明瞭(명료)	遲延(지연) – 促成(촉성)	當番(당번) – 非番(비번)
逆境(역경) – 順境(순경)	斬新(참신) – 陳腐(진부)	脫退(탈퇴) – 加入(가입)

④ 숙어 및 고사성어

ㄱ

- **街談巷說**(가담항설) : 길거리나 항간에 떠도는 소문

  유사어 道聽塗說(도청도설) : 길거리에서 듣고 말하는 소문
  街談巷語(가담항어), 風說(풍설)

- **苛斂誅求**(가렴주구) : 세금을 혹독하게 징수하고 강제로 재물을 빼앗다.

  유사어 民生塗炭(민생도탄) : 백성의 생활이 아주 어려움에 처하다.
  苛政猛於虎(가정맹어호) : 가혹한 정치는 호랑이보다 무섭다.

- **刻骨難忘**(각골난망) : 은혜가 뼈에 새겨져 잊을 수 없다.

  유사어 結草報恩(결초보은) : 풀을 맺어 은혜를 갚는다.
  白骨難忘(백골난망) : 죽어서도 은혜를 잊지 못한다.

- **刻舟求劍**(각주구검) : 배에서 칼을 떨어뜨리고 떨어진 자리에 표를 했다가 배가 정박한 다음에 찾으려 한다. 미련하고 변통성이 없다.

  유사어 守株待兎(수주대토) : 나무 그루터기를 지키고 앉아 토끼가 부딪혀 죽기를 기다린다.
  膠柱鼓瑟(교주고슬) : 거문고의 안족(雁足, 기러기발)을 아교풀로 붙여 놓고 거문고를 탄다.
  尾生之信(미생지신) : 융통성이 없이 약속만 지킨다. 신의가 굳다.

- **渴而穿井**(갈이천정) : 목마른 자가 우물을 판다. 평소에 준비 없이 있다가 일이 급해져서야 당황한다.

- **甘言利說**(감언이설) : 남의 비위에 맞도록 꾸민 달콤한 말과 이로운 조건을 내세워 꾀드기는 말

- **甘呑苦吐**(감탄고토) : 달면 삼키고 쓰면 뱉는다. 사리의 옳고 그름을 따지지 않고, 자기에게 이로우면 좋아하고 맞지 않으면 싫어한다.

  유사어 兎死狗烹(토사구팽) : 토끼가 죽으면 뒤쫓던 사냥개를 삶는다.
  炎涼世態(염량세태) : 세력이 성하면 가까이 하고, 세력이 쇠해지면 멀어지는 경박한 세상인심

- **甲男乙女**(갑남을녀) : 평범한 사람들

  유사어 張三李四(장삼이사) : 중국에 장씨와 이씨가 많은데, 그 장씨의 셋째 아들과 이씨의 넷째 아들, 이름이 드러나지 않는 평범한 사람
  樵童汲婦(초동급부) : 땔나무를 하는 아이와 물을 긷는 아낙네
  凡夫凡婦(범부범부), 善男善女(선남선녀), 愚夫愚婦(우부우부), 匹夫匹婦(필부필부)

- **甲論乙駁**(갑론을박) : 서로 의견이 엇갈리어 논박한다.

- **康衢煙月**(강구연월) : 큰 거리의 평화스러운 풍경, 태평성대(太平聖代)

  유사어 比屋可封(비옥가봉) : 사람들이 어질고 착해서 제후에 봉할 만한 집들이 즐비하다.
  含哺鼓腹(함포고복) : 입에 먹을 것을 머금고 배를 두드린다.

  반의어 麥秀之嘆(맥수지탄) : 나라가 망하거나 쇠약해짐을 탄식한다.
  江湖煙波(강호연파) : 대자연의 아름다운 풍경
  改過遷善(개과천선) : 나쁜 잘못을 바로 고치어 착하게 된다.
  去頭截尾(거두절미) : 머리와 꼬리를 잘라 버린다. 앞뒤를 생략한다.

- **擧案齊眉**(거안제미) : 밥상을 눈썹과 가지런하도록 공손히 들어 남편 앞에 바친다. 남편을 깍듯이 공경한다.

  유사어 女必從夫(여필종부)

- **乾坤一擲**(건곤일척) : 운명이나 흥망을 걸고 단판걸이로 승패를 겨룬다.

- **格物致知**(격물치지) : 사물의 이치를 연구하여 지식을 확실히 한다.

- 牽强附會(견강부회) : 말을 억지로 끌어다 붙여 자신이 주장하는 조건에 맞게 만든다.
- 見利思義(견리사의) : 이로운 점을 보거든 의로운 일인가 아닌가 따져 본다.
- 犬馬之勞(견마지로) : 임금이나 나라에 대하여 자신의 수고를 낮추어 부르는 말
- 見物生心(견물생심) : 재물을 보면 욕심이 생긴다.
- 見危致命(견위치명) : 나라가 위급해지면 목숨을 나라에 바친다.
- 結草報恩(결초보은) : 죽어서 은혜를 잊지 않고 갚는다〔白骨難忘(백골난망)〕.
- 頃頃刻刻(경경각각) : 아주 짧은 시간
- 耿耿孤枕(경경고침) : 근심에 싸여 있는 외로운 잠자리
- 傾國之色(경국지색) : 임금이 혹하여 국정을 게을리 함으로써 나라를 위태롭게 할 정도로 뛰어난 미인

  유사어 傾城之色(경성지색) : 성이 망해도 모를 정도의 미인〔傾城之美(경성지미)〕
  丹脣皓齒(단순호치) : 붉은 입술과 흰 이
  花容月態(화용월태) : 꽃 같은 용모와 달 같은 자태의 미인
  沈魚落雁(침어낙안) : 물고기가 물에 잠기고 기러기가 떨어질 정도의 미인
- 敬而遠之(경이원지) : 존경하기는 하되 가까이 하지는 않는다. 겉으로는 공경하는 척하면서 속으로는 멀리 한다.
- 敬天勤民(경천근민) : 하늘을 공경하고 백성을 다스리기에 부지런하다.
- 驚天動地(경천동지) : 하늘을 놀래키고 땅을 뒤흔든다. 세상을 몹시 놀라게 한다.
- 鷄肋(계륵) : 닭의 갈비는 먹을 만한 살은 없으나 그냥 버리기도 아깝다. 그다지 가치는 없으나 버리기가 아까운 사물을 두고 하는 말
- 鷄鳴狗盜(계명구도) : 제나라 맹상군의 고사에서 유래한 말로, 행세하는 사람이 배워서는 아니될 천한 기능 또는 그런 기능을 가진 사람을 일컫는 말
- 呱呱之聲(고고지성) : 아이가 세상에 나오면서 내는 울음소리, 무슨 일의 첫 시작의 신호
- 股肱之臣(고굉지신) : 팔다리와 같이 임금이 가장 믿고 중히 여기는 신하
- 膏粱珍味(고량진미) : 기름진 고기와 좋은 곡식으로 만든 맛있는 음식

  유사어 山海珍味(산해진미)
- 高麗公事三日(고려공사삼일) : 고려의 정책이나 법령은 사흘간격으로 바뀐다. 시작한 일이 오래 가지 못한다.

  유사어 作心三日(작심삼일) : 한 번 먹은 마음이 사흘을 넘기지 못한다.
  朝令暮改(조령모개) : 아침에 법령을 정하고서 저녁에 다시 고친다.
  朝變夕改(조변석개) : 아침저녁으로 자주 변한다〔潮汐之變(조석지변)〕
  變化無雙(변화무쌍), 變化難測(변화난측)

  반의어 初志一貫(초지일관) : 처음 지닌 뜻이 변함없이 한결같다.
  始終一貫(시종일관), 始終如一(시종여일)
- 姑息之計(고식지계) : 임시방편적인 계책, 미봉책

  유사어 凍足放尿(동족방뇨) : 언 발에 오줌 누기
  下石上臺(하석상대) : 아랫돌 빼서 윗돌 괴기
  臨機應變(임기응변), 彌縫策(미봉책), 姑息之策(고식지책), 臨時變通(임시변통)

- 苦肉之策(고육지책) : 적을 속이거나 어려운 사태에서 벗어나기 위한 수단으로서 제 몸을 괴롭히면서까지 쓰는 계책
- 孤掌難鳴(고장난명) : 한 손바닥으로는 소리를 내지 못한다. 세상일은 상대가 있어야 이루어진다.

유사어 獨不將軍(독불장군) : 군사가 없이 혼자서는 장군이 될 수 없다.
獨木不成林(독목불성림) : 나무 한 그루로는 숲을 이루지 못한다.

- 苦盡甘來(고진감래) : 고생이 다하면 즐거움이 온다.

반의어 興盡悲來(흥진비래)

- 古稀(고희) : 70세를 일컫는 두보의 말, 두보(杜甫)의 시 「曲江(곡강)」 中 「人生七十古來稀(인생칠십고래희)」의 준말
- 曲學阿世(곡학아세) : 정도(正道)를 벗어난 학문으로 세상사람들에게 아첨을 한다.
- 骨肉相爭(골육상쟁) : 동족끼리의 싸움

유사어 同族相殘(동족상잔)

- 過猶不及(과유불급) : 지나침은 오히려 미치지 않는 것보다 못하다.
- 管見窺天(관견규천) : 대롱구멍으로 하늘을 본다. 소견이 매우 좁다.

유사어 管中之天(관중지천) : 대롱 속의 하늘
坐井觀天(좌정관천) : 우물 안에 앉아서 하늘을 본다.
井底之蛙(정저지와) : 우물 안 개구리

- 管鮑之交(관포지교) : 제(齊)나라 관중(官中)과 포숙(鮑叔)의 사귐이 매우 친밀했다는 고사에서 유래한 말로, 친구끼리의 매우 두터운 사귐을 이른다.

유사어 竹馬故友(죽마고우) : 죽마를 함께 타고 놀던 어린 시절의 친구[竹馬之友(죽마지우)]
金蘭之契(금란지계) : 쇠처럼 굳고 난처럼 향기로운 우정(二人同心 其利斷金 同心之言 其臭如蘭)
斷金之交(단금지교) : 쇠를 끊을 만한 굳은 우정
刎頸之交(문경지교) : 목이 대신 잘려 죽어도 여한이 없는 우정, 재상 인상여와 장수 염파가 맺은 우정
水魚之交(수어지교) : 물과 고기의 관계처럼 굳은 우정이나 군신관계로, 유비와 제갈량의 고사에서 유래한다.
知己之友(지기지우) : 자기를 알아주는 친구
肝膽相照(간담상조) : 간과 쓸개를 서로 내보인다. 즉 속마음을 터놓고 지내는 친구
知音(지음) : 초나라 때 종자기가 백아가 타는 거문고소리만 듣고도 백아의 생각하는 바를 알았다는 고사에서 유래된 것으로, 마음을 알아주는 벗

- 刮目相對(괄목상대) : 눈을 비비고 볼 정도로 발전의 속도가 놀랍다.

유사어 日就月將(일취월장) : 날마다 나아가고 달마다 발전한다.
日新又日新(일신우일신) : 날마다 새로워진다.

- 矯角殺牛(교각살우) : 소의 뿔을 바로 잡으려다 소를 죽인다. 결점이나 흠을 고치려다가 수단이 지나쳐서 도리어 일을 그르친다.

유사어 小貪大失(소탐대실)

- 巧言令色(교언영색) : 교묘한 말과 보기 좋게 꾸민 낯빛
- 矯枉過正(교왕과정) : 잘못된 것을 바로잡으려다 오히려 지나쳐 더 잘못된다.

유사어 矯枉過直(교왕과직)

- **敎外別傳**(교외별전) : 선종(禪宗)에서 석가가 말이나 문자를 쓰지 않고 마음으로써 심오한 뜻을 전하여 준 일을 이른다.

  유사어 以心傳心(이심전심) : 마음으로써 마음 또는 가르침을 전한다. 마음과 마음이 서로 통한다.
  心心相印(심심상인), 不立文字(불립문자), 言外言(언외언)
  拈華示衆(염화시중), 拈華微笑(염화미소)

- **九牛一毛**(구우일모) : 매우 많은 양 중에서 극히 적은 양

  유사어 鳥足之血(조족지혈) : 새발의 피
  滄海一粟(창해일속) : 푸른 바다에 좁쌀 하나

- **九折羊腸**(구절양장) : 양의 창자처럼 구부러진 험한 산길
- **群鷄一鶴**(군계일학) : 닭의 무리 속에 있는 한 마리의 학이라는 뜻으로, 많은 평범한 사람 가운데 뛰어난 한 사람

  유사어 間世之材(간세지재) : 세상을 둘로 나눠 가질 만한 인재
  囊中之錐(낭중지추) : 주머니 속의 못
  泰山北斗(태산북두) : 태산처럼 높고 북두성처럼 뚜렷한 인재
  白眉(백미), 出衆(출중), 泰斗(태두), 拔群(발군)

- **捲土重來**(권토중래) : 흙먼지를 일으키며 다시 온다. 한 번 패했다가 세력을 회복해서 다시 쳐들어온다.
- **錦上添花**(금상첨화) : 비단옷 위에 꽃을 더한다. 좋은 일에 또 좋은 일이 더해진다.
- **今昔之感**(금석지감) : 현재와 옛날을 비교할 때 그 차이가 심함을 보고 느끼는 감정
- **金枝玉葉**(금지옥엽) : 귀여운 손자, 임금의 자손이나 집안
- **杞憂**(기우) : 장래의 일에 대한 쓸데없는 걱정

- **南柯一夢**(남가일몽) : 꿈과 같은 한 때의 부귀영화

  유사어 一場春夢(일장춘몽) : 하룻밤의 봄꿈
  老生之夢(노생지몽), 呂翁之枕(여옹지침), 一炊之夢(일취지몽), 邯鄲之夢(한단지몽)

- **難兄難弟**(난형난제) : 형이라 하기도 어렵고 아우라 하기도 어렵다. 능력이나 재주의 우열을 가리기 어려울 정도로 엇비슷하다.

  유사어 伯仲之勢(백중지세) : 맏형과 둘째형 정도의 형세
  莫上莫下(막상막하) : 위도 아니고 아래도 아니다.
  大同小異(대동소이) : 거의 같고 약간 다르다.
  五十步百步(오십보백보) : 싸우다 후퇴했을 때 오십보를 물러서나 백보를 물러서나 별반 차이가 없다.

  반의어 天壤之差(천양지차) : 하늘과 땅 차이
  雲泥之差(운니지차) : 구름과 진흙의 차이

- **南橘北枳**(남귤북지) : 강남(江南)의 귤을 추운 강북(江北)에 옮겨 심으면 탱자가 된다는 말로 사람이나 문화 등이 환경에 따라 달라진다.

  유사어 麻中之蓬(마중지봉) : 삼밭 가운데의 쑥, 쑥이 삼밭에서 자라게 되면 삼대의 영향으로 받쳐 주지 않아도 곧게 자란다(좋은 영향).
  近墨者黑 近朱者赤(근묵자흑 근주자적) : 먹을 가까이 하는 사람은 검어지고, 붉은 것을 가까이 하는 사람은 붉어진다(좋지 않은 영향).

- 南男北女(남남북녀) : 우리나라에서 남쪽 지방은 남자가 잘나고, 북쪽 지방은 여자가 아름답다.
- 男負女戴(남부여대) : 가난한 사람이 살 곳을 찾아 떠돌아다닌다.

  유사어 東家食西家宿(동가식서가숙) : 동쪽 동네에서 밥을 먹고 서쪽 동네에서 잠을 잔다.
  三旬九食(삼순구식) : 한 달에 아홉 끼밖에 먹지 못할 정도의 가난
  釜中生魚(부중생어) : 오래도록 밥을 짓지 못하여 솥 안에 물고기가 생긴다. 극빈(極貧)을 비유하여 이르는 말
- 濫觴(남상) : 큰 강물도 그 시초는 한 잔에 넘칠 정도의 물이라는 뜻에서, 사물의 처음, 시작을 말한다.
- 勞心焦思(노심초사) : 매우 애쓰며 속을 태운다.
- 弄假成眞(농가성진) : 농담삼아 한 것이 진심으로 한 것과 같이 된다.
- 弄瓦之慶(농와지경) : 딸을 낳은 경사

  유사어 弄瓦之喜(농와지희)
- 弄璋之慶(농장지경) : 아들을 낳은 경사

  유사어 弄璋之喜(농장지희)
- 累卵之勢(누란지세) : 달걀이 쌓여 있는 형세처럼 매우 위태로운 상황

  유사어 累卵之危(누란지위) : 계란을 쌓아 놓은 듯이 위급하다.
  風前燈火(풍전등화) : 바람 앞의 등불
  百尺竿頭(백척간두) : 아주 높은 장대 끝에 매달려 있는 형세
  命在頃刻(명재경각) : 운명이 아주 짧은 순간에 달려 있다.
  焦眉之急(초미지급) : 눈썹에 불이 붙은 형세

ㄷ

- 多岐亡羊(다기망양) : 달아난 양을 찾아가다 길이 여러 갈래로 갈려 양을 잃어버린다. 학문의 방향이 여러 갈래이면 진리에 도달하기 어렵다. 방법이 여러 가지이면 도리어 실행하기가 어렵다.
- 多多益善(다다익선) : 많으면 많을수록 더 좋다.
- 多聞博識(다문박식) : 견문이 많고 지식이 넓다.
- 斷機之戒(단기지계) : 맹자가 수학 도중에 귀향했을 때 그의 어머니가 베틀의 실을 끊어 훈계했다는 데서 유래되었다. 학문을 중도에서 그만 둠을 경계한다.
- 丹脣皓齒(단순호치) : 붉은 입술과 흰 이, 아름다운 여자
- 簞瓢陋巷(단표누항) : 소박한 시골살림, 시골생활

  유사어 安貧樂道(안빈낙도), 貧而無怨(빈이무원)
- 堂狗風月(당구풍월) : 서당개 삼년이면 풍월을 읊는다[堂狗三年吠風月(당구삼년폐풍월)]. 무식한 사람도 유식한 사람과 같이 있으면 영향을 받는다.
- 螳螂拒轍(당랑거철) : 제 분수를 모르고 강적에게 대항한다(하룻강아지 범 무서운 줄 모른다).
- 大器晩成(대기만성) : 큰 그릇은 늦게 이루어진다.
- 讀書百遍義自見(독서백편의자현) : 같은 내용을 반복해서 읽으면 뜻이 드러난다.
- 讀書三到(독서삼도) : 바른 독서법, 입으로는 다른 말을 하지 아니하고(口到) 마음을 하나로 가다듬어(心到) 되풀이하여 읽으면 본의를 깨닫게 된다.

- 同價紅裳(동가홍상) : 같은 값이면 다홍치마, 같은 값이면 품질이 좋은 것을 택한다(이왕이면 창덕궁).
- 讀書三餘(독서삼여) : 독서하기에 좋은 세 가지 경우(겨울·밤·비올 때)
- 同病相憐(동병상련) : 같은 병을 앓고 있는 사람은 서로 불쌍히 여긴다.
- 東奔西走(동분서주) : 매우 빠르다.
- 同床異夢(동상이몽) : 같은 침상에 누워 서로 다른 꿈을 꾼다. 함께 있으면서 생각(목적)은 서로 다르다.
- 同性異俗(동성이속) : 사람의 본성은 한 가지인데, 습관과 풍속에 따라 서로 달라진다.
- 凍足放尿(동족방뇨) : 언 발에 오줌 누기, 임시방편, 지속적인 효과가 없다.
- 同舟相救(동주상구) : 이해관계를 같이 하는 사람은 서로 아는 사이거나 모르는 사이거나 간에 자연히 서로 돕게 된다.

  유사어 吳越同舟(오월동주)
- 杜門不出(두문불출) : 문을 닫고 세상에 나가지 아니한다.
- 登高自卑(등고자비) : 높은 곳에 오르려면 낮은 곳에서 시작하는 것처럼 일에는 순서와 절차가 있다(천릿길도 한 걸음부터).
- 登龍門(등용문) : 급류를 뛰어오른 잉어만이 용이 된다. 입신출세할 수 있는 기회를 잡거나 혹은 그 지위
- 得隴望蜀(득롱망촉) : 한 가지 소원을 이룬 다음 다시 다른 소원을 이루고자 한다. 사람의 욕망은 끝이 없다.

  유사어 騎馬欲率奴(기마욕솔노) : 말 타면 노비를 거느리고 싶다.
- 燈下不明(등하불명) : 등잔 밑이 어둡다. 가까이 있는 것이 도리어 알아내기 어렵다.
- 燈火可親(등화가친) : 가을밤은 등불을 가까이 하여 독서하기에 좋다.

ㅁ

- 馬耳東風(마이동풍) : 남의 말을 귀담아 듣지 않고 곧 흘려버린다.

  유사어 牛耳讀經(우이독경), 牛耳誦經(우이송경)
- 馬行處牛亦去(마행처우역거) : 말이 가는 곳이면 소도 또한 갈 수 있다. 한 사람이 할 수 있는 일이면 다른 사람도 할 수 있다.
- 晩時之歎(만시지탄) : 기회를 놓치고 나서의 후회

  유사어 死後藥方文(사후약방문) : 죽은 뒤에 약처방을 한다.
  亡羊補牢(망양보뢰) : 양 잃고 외양간 고친다.
  十日之菊(십일지국) : 국화는 9월 9일이 절정기인데 10일의 국화란 뜻, 절정기를 지나다.
- 望雲之情(망운지정) : 자식이 객지에서 부모를 그리워하는 마음
- 亡子計齒(망자계치) : 죽은 자식 나이 세기, 쓸데없는 일로 슬퍼한다.
- 麥秀之嘆(맥수지탄) : 보리목이 팬 것을 보고 탄식한다. 나라의 멸망을 탄식한다.
- 孟母三遷(맹모삼천) : 孟母三遷之敎(맹모삼천지교)의 준말, 맹자의 어머니가 맹자의 교육을 위하여 세 번 이사했다.
- 面從腹背(면종복배) : 앞에서는 복종하나 뒤에서는 배반한다.

유사어 面從後言(면종후언) : 얼굴을 마주 대할 때는 따르고 뒤로 돌아서서는 욕을 한다.
口蜜腹劍(구밀복검) : 입으로는 달콤하게 말을 하면서 뱃속에는 칼을 감추고 있다.
表裏不同(표리부동) : 겉과 속이 다르다.

- **明鏡止水**(명경지수) : 밝은 거울과 고여 있는 맑은 물, 사념이 없이 고요한 마음
- **明若觀火**(명약관화) : 불을 보는 것처럼 명백하다.
- **命在頃刻**(명재경각) : 금방 숨이 끊어질 정도에 이르다.

유사어 風前燈火(풍전등화)

- **矛盾**(모순) : 말이나 행동의 전후가 서로 맞지 않다.

유사어 自家撞着(자가당착)

- **目不識丁**(목불식정) : 정(丁)자도 모른다. 낫 놓고 기역자도 모른다.

유사어 一字無識(일자무식) : 한 자도 모른다.
魚魯不辨(어로불변) : 고기 어(漁)자와 노나라 노(魯)자를 분별하지 못한다.
盲者丹靑(맹자단청) : 장님 단청 보기
文盲(문맹), 門外漢(문외한)

반의어 博學多識(박학다식) : 널리 배워 많이 안다.

- **滅私奉公**(멸사봉공) : 사(私)를 버리고 공(公)을 위하여 힘쓴다.

유사어 先公後私(선공후사) : 공적인 일을 먼저 생각하고 사적인 일은 나중에 생각한다.
先憂後樂(선우후락) : 백성의 근심을 먼저 걱정하고 백성들이 모두 즐거워하면 자신도 즐거워한다.

반의어 憑公營私(빙공영사) : 공적인 일을 빙자하여 개인의 이익을 도모한다.

- **無念無想**(무념무상) : 무아(無我)의 경지에 이르러 일체의 상념이 없다.

유사어 物我一體(물아일체), 無障無礙(무장무애), 物心一如(물심일여), 無我之境(무아지경)

- **武陵桃源**(무릉도원) : 신선이 살았다는 전설적인 곳

유사어 別天地(별천지), 無何有之鄕(무하유지향), 無何有(무하유)

반의어 紅塵(홍진), 風塵(풍진)

- **無不通知**(무불통지) : 무슨 일이든지 다 통하여 환히 안다.
- **文房四友**(문방사우) : 종이, 붓, 벼루, 먹
- **門外漢**(문외한) : 어떤 일에 전혀 관계가 없거나 서투른 사람(손방)
- **聞一知十**(문일지십) : 한 가지를 듣고 열 가지를 한다.
- **物心一如**(물심일여) : 자연과 인간이 하나로 조화를 이룬다.
- **未曾有**(미증유) : 지금까지 아직 한 번도 있어 본 일이 없다.

유사어 前代未聞(전대미문)

ㅂ

- **班衣之戱**(반의지희) : 초나라 때 노래를 잘한 사람이 늙어서도 부모님을 즐겁게 해드리기 위해 색동저고리를 입고 기어다니며 재롱을 부린 데서 유래되었다. 지극한 효성

  유사어 反哺之孝(반포지효) : 까마귀 새끼가 자라면 먹이를 물어와서 어미새를 먹인다는 데서 유래되었다.
  昏定晨省(혼정신성) : 저녁에는 잠자리를 정리해드리고 새벽에는 부모님의 안색을 살핀다.
  冬溫夏淸(동온하청) : 겨울에는 따뜻하게, 여름에는 시원하게 정성을 다해 모신다.
  出庫反面(출고반면) : 나갈 때는 목적지를 알리고 들어와서는 얼굴을 보인다. 항상 자신이 어디에 있는지 부모님이 알도록 하여 근심하지 않게 한다.

  반의어 風樹之嘆(풍수지탄), 北山之感(북산지감) - 불효의 한탄

- **白骨難忘**(백골난망) : 죽어서도 은혜를 잊지 못한다.

  유사어 刻骨銘心(각골명심)

- **百年之客**(백년지객) : 아무 스스럼이 없어져도 끝까지 예의를 갖추어야 하는 손님(사위).
- **百年河淸**(백년하청) : 중국 황하(黃河)는 늘 흐려 있다가 천년만에야 한 번 맑다. 오랜 시일이 지나도 이루어지기 어렵다.

  유사어 千年一淸(천년일청), 何待明年(하대명년)

- **百樂一顧**(백락일고) : 남이 자기의 재능을 인정해서 잘 대우해준다.
- **白面書生**(백면서생) : 공부만 하여 세상물정에 어두운 사람

  유사어 册床退物(책상퇴물)

- **伯牙絶絃**(백아절현) : 거문고를 잘 타는 백아가 자신의 거문고소리를 들을 줄 알았던 종자기가 죽은 뒤 절망해서 거문고줄을 끊었다는 데서 유래한다. 친한 친구의 죽음을 진심으로 슬퍼한다.
- **百尺竿頭**(백척간두) : 백 자나 되는 높은 장대 끝, 매우 위험한 상태
- **覆轍之戒**(복철지계) : 앞의 수레가 엎어지는 것을 보고 뒤의 수레가 미리 경계한다.
- **夫唱婦隨**(부창부수) : 남편이 부르면 아내가 이에 따른다. 부부가 화합을 이룬다.
- **附和雷同**(부화뇌동) : 일정한 주관이 없이 남의 의견에 덩달아 따른다.
- **不俱戴天**(불구대천) : 하늘을 함께 일 수 없다는 뜻으로 이 세상에서 함께 살 수 없을 만큼 큰 원한을 비유하는 말

  유사어 氷炭之間(빙탄지간) : 얼음과 숯불의 사이
  犬猿之間(견원지간) : 개와 원숭이의 사이

- **不問可知**(불문가지) : 묻지 않아도 알 수 있다.
- **不問曲直**(불문곡직) : 일의 옳고 그름을 묻지 아니한다.
- **不事二君**(불사이군) : 한 사람이 두 임금을 섬기지 아니한다.
- **不搖不屈**(불요불굴) : 어떤 어려움에도 굽히거나 꺾이지 아니한다.
- **不撤晝夜**(불철주야) : 밤낮을 가리지 않고 강행한다.
- **不恥下問**(불치하문) : 아랫사람에게 묻는 것을 부끄럽게 여기지 않는다.
- **鵬程萬里**(붕정만리) : 바다가 지극히 넓다. 사람의 앞길이 극히 넓고도 멀다.
- **髀肉之嘆**(비육지탄) : 영웅이 말을 타고 전장에 나가지 못하여 넓적다리에 살만 찌는 것을 한탄한다. 재능을 발휘할 기회를 얻지 못하고 세월만 헛되이 보내는 일을 탄식한다.

- **非一非再**(비일비재) : 같은 일이 한두 번이 아니다.
- **貧而無怨**(빈이무원) : 가난하면서도 남을 원망하지 않는다.
- **憑公營私**(빙공영사) : 공공의 일을 빙자하여 개인의 이익을 얻는다.
- **氷姿玉質**(빙자옥질) : 얼음같이 맑고 깨끗한 살결과 구슬같이 아름다운 자질, 매화의 아름다움

ㅅ

- **四顧無親**(사고무친) : 사방을 둘러보아도 친한 사람이 없다〔孤立無援(고립무원)〕.
- **四面楚歌**(사면초가) : 사면이 적으로 둘러싸여 완전히 고립된 상태
- **似而非**(사이비) : 겉은 같으나 사실은 같지 않다.
- **蛇足**(사족) : 畫蛇添足(화사첨족)의 준말, 쓸데없는 군일로 도리어 일을 망친다. 또는 군더더기
- **事必歸正**(사필귀정) : 처음에는 그릇된 곳으로 나아가던 일이 결국에는 바른 곳으로 돌아간다.
- **山紫水明**(산자수명) : 산수가 매우 아름답다.
- **山海珍味**(산해진미) : 산과 바다의 산물을 갖추어 썩 잘 차린 진지한 음식
- **殺身成仁**(살신성인) : 자기 몸을 희생하여 인(仁)을 이룬다.
- 三綱五倫(삼강오륜) : 삼강(三綱)은 도덕에 있어서 바탕이 되는 세 가지 벼리〔君爲臣綱(군위신강)・父爲子綱(부위자강)・夫爲婦綱(부위부강)〕, 오륜(五倫)은 父子有親(부자유친)・君臣有義(군신유의)・夫婦有別(부부유별)・長幼有序(장유유서)・朋友有信(붕우유신)
- **三顧草廬**(삼고초려) : 숨어 사는 사람을 세 번이나 임금이 방문한다는 뜻으로, 인재를 얻기 위하여 끈기있게 노력한다. 유비가 남양땅에 있는 제갈량의 집을 세 번 찾아가서 그를 청하여 군사(軍師)로 삼았다는 고사에서 유래한다.
- **三昧**(삼매) : 잡념이 없이 오직 한 가지 일에만 정신을 쏟는 일심불란(一心不亂)의 경지

  유사어 三昧境(삼매경)
- **三人成虎**(삼인성호) : 세 사람이 짜면 범이 거리에 나왔다는 거짓말도 할 수 있다. 근거 없는 말이라도 여러 사람이 하면 곧이 듣는다.

  유사어 衆口鑠金(중구삭금)
- **三從之道**(삼종지도) : 여자의 세 가지 도리를 말하는 것으로 어려서는 아버지, 출가 후에는 남편, 남편 사후에는 아들에게 순종해야 한다.
- **桑田碧海**(상전벽해) : 뽕나무밭이 푸른 바다로 변한다. 세상의 모든 일이 덧없이 변함을 가리킨다.
- **塞翁之馬**(새옹지마) : 세상의 길흉화복은 항상 바뀌어 예측할 수 없다.
- **先憂後樂**(선우후락) : 백성보다 먼저 근심하고 백성이 즐거운 후에 즐거워한다.
- **雪上加霜**(설상가상) : 눈 위에 또 서리가 덮힌 격으로 불행 위에 또 불행이 겹친다.
- **歲寒孤節**(세한고절) : 겨울철에도 홀로 푸른 대나무
- **歲寒三友**(세한삼우) : 겨울철 관상용의 세 가지 나무인 소나무(松), 대나무(竹), 매화(梅)를 일컫는다.

- 小株密植(소주밀식) : 작은 그루는 빽빽하게 심다.
- 小貪大失(소탐대실) : 작은 것을 탐내다가 큰 것을 잃다.
- 束手無策(속수무책) : 손을 묶인 듯이 어찌할 방책이 없이 꼼짝하지 못한다. 어찌할 도리가 없다.
- 送舊迎新(송구영신) : 묵은 해를 보내고 새해를 맞이한다.
- 松都三絶(송도삼절) : 개성의 세 가지 뛰어난 존재를 말하는 것으로 서화담, 황진이, 박연폭포
- 松茂栢悅(송무백열) : 소나무가 무성하면 잣나무가 기뻐한다. 남이 잘 되는 것을 기뻐한다.
- 首邱初心(수구초심) : 여우가 죽을 때는 자기가 살던 언덕쪽으로 머리를 향한 데서 근본을 잊지 않음 또는 고향을 그리워하는 마음을 비유하는 말이다.

  유사어 狐死首丘(호사수구), 思鄕之心(사향지심)
- 手不釋卷(수불석권) : 손에서 책을 놓지 않는다. 열심히 공부한다.
- 首鼠兩端(수서양단) : 구멍에서 머리만 내밀고 이리저리 엿보는 쥐, 어찌할 바를 모르고 머뭇거리며 살피기만 하는 상태
- 袖手傍觀(수수방관) : 팔짱을 끼고 곁에서 보기만 한다. 마땅히 해야 할 일에 그저 보고만 있다.
- 水魚之交(수어지교) : 물고기가 물을 떠나 살 수 없듯이 떨어질 수 없는 아주 가까운 사이, 부부가 화목한다. 임금과 신하 사이의 두터운 교분, 유비가 '내게 제갈공명이 있는 것은 물고기가 물을 얻은 것이나 다름없다'고 한 고사에서 유래한다.
- 羞惡之心(수오지심) : 불의를 부끄러워하고 남의 착하지 못함을 미워하는 마음
- 熟讀詳美(숙독상미) : 익숙하도록 읽어 자세히 안다.
- 菽麥不辨(숙맥불변) : 콩과 보리를 분별하지 못할 만큼 어리석다.
- 宿虎衝鼻(숙호충비) : 자는 범 코침 주기, 해로운 일을 자초한다.
- 脣亡齒寒(순망치한) : 입술이 없으면 이가 시리다. 가깝고 이해관계가 깊은 둘 중에 한쪽이 망하면 다른 한쪽도 위험하게 된다.

  유사어 脣齒之國(순치지국)
- 尸位素餐(시위소찬) : 직책을 다하지 못하면서 한갓 자리만 차지하고 녹만 받아 먹는다.
- 始終一貫(시종일관) : 처음부터 끝까지 변함이 없다.
- 食少事煩(식소사번) : 먹을 것은 없고 일만 번거롭다.
- 食言(식언) : 거짓말을 하는 것
- 識字憂患(식자우환) : 학식이 있는 것이 도리어 근심을 사게 된다.
- 食前方丈(식전방장) : 사방 한 길 넓이에 잘 차린 음식, 호사스런 음식
- 信賞必罰(신상필벌) : 상을 줄 만한 공이 있는 사람에게는 반드시 상을 주고 벌을 줄 만한 죄가 있는 사람에게는 반드시 벌을 준다. 상벌을 공정하게 행한다.

- **身言書判**(신언서판) : 인물을 선택하는 표준으로 삼던 네 가지 조건, 즉 신수와 말씨와 글씨와 판단력
- **神出鬼沒**(신출귀몰) : 귀신이 출몰하듯 자유자재(自由自在)로 나타났다 숨었다 한다.
- **身土不二**(신토불이) : 신체와 토양은 둘이 아니다. 사람은 자기 땅에서 생산된 것을 먹어야 한다.
- **深思熟考**(심사숙고) : 깊이 잘 생각하다.

  유사어 深思熟慮(심사숙려)
- **十干**(십간) : 간지에서 갑(甲), 을(乙), 병(丙), 정(丁), 무(戊), 기(己), 경(庚), 신(辛), 임(壬), 계(癸)를 통틀어 일컫는 말
- **十二支**(십이지) : 열두 개의 지지, 자(子), 축(丑), 인(寅), 묘(卯), 진(辰), 사(巳), 오(午), 미(未), 신(申), 유(酉), 술(戌), 해(亥)
- **十匙一飯**(십시일반) : 열 사람이 한 술씩 보태면 밥 한 그릇이 이루어진다. 여러 사람이 조금씩 힘을 모아 도움을 주면 한 사람을 쉽게 구조할 수 있다.

- **我田引水**(아전인수) : 내 논에 물 대기, 자기에게만 이롭게 한다.

  반의어 易地思之(역지사지)
- **雅致高節**(아치고절) : 우아한 풍취와 고고한 절개, 매화의 절개
- **安分知足**(안분지족) : 편안한 마음으로 제 분수를 지키며 만족할 줄 안다.
- **安貧樂道**(안빈낙도) : 구차하고 가난한 중에서도 편안한 마음으로 도를 즐긴다.
- **哀而不傷**(애이불상) : 슬프나 겉으로 슬픔을 나타내지 않는다.
- **弱冠**(약관) : 남자나이 20세

  유사어 弱年(약년)
- **羊頭狗肉**(양두구육) : 양머리를 내걸고 개고기를 판다. 겉과 속이 다름을 일컫는 말
- **漁父之利**(어부지리) : 쌍방이 다투는 틈에 제삼자가 애쓰지 않고 이익을 가로챈다.
- **於異阿異**(어이아이) : 어 다르고 아 다르다.
- **語不成說**(어불성설) : 말이 조금도 사리에 맞지 않는다.
- **與民同樂**(여민동락) : 백성과 더불어 함께 즐긴다.
- **如反掌**(여반장) : 손바닥을 뒤집는 것과 같이 아주 쉽다.
- **與世推移**(여세추이) : 세상이 변하는 대로 따라서 변한다.
- **女必從夫**(여필종부) : 아내는 반드시 남편을 따라야 한다.
- **易地思之**(역지사지) : 처지를 바꾸어서 생각한다.
- **緣木求魚**(연목구어) : 나무 위에 올라가서 물고기를 구한다. 당치 않은 일을 하여 이루어지기가 불가능하다.

  유사어 乾木水生(건목수생)
- **煙霞一輝**(연하일휘) : 아름다운 자연의 경치
- **炎涼世態**(염량세태) : 권세가 있을 때는 아첨하여 좇고 권세가 없어지면 푸대접하는 세속의 인심

- 拈華微笑(염화미소) : 말 없는 가운데 마음과 마음으로 뜻이 서로 통한다.
- 五里霧中(오리무중) : 오 리에 걸친 깊은 안개 속이라는 뜻으로 내용이 어떻게 되었는지 짐작할 길이 없음을 이른다.
- 寤寐不忘(오매불망) : 자나깨나 잊지 못한다.
- 吾不關焉(오불관언) : 상관하지 않거나 또는 그런 태도
  유사어 袖手傍觀(수수방관)
- 吾鼻三尺(오비삼척) : 내 코가 석자, 곤경에 처하여 자기 일도 감당할 수 없는데 어찌 남을 도울 수 있겠는가.
- 烏飛梨落(오비이락) : 까마귀 날자 배 떨어진다. 우연한 행동이 남의 혐의를 받는다.
- 傲霜孤節(오상고절) : 서릿발 속에서도 피는 국화의 절개
- 五十步百步(오십보백보) : 조금 낫고 못한 정도의 차이는 있으나 근본적으로는 차이가 없다. 양나라 혜왕이 정치에 관해 맹자에게 물었을 때 맹자가 전쟁에서 패하여 오십보 도망한 것이나 백보 도망한 것이나 도망한 것에는 다름이 없다고 대답한 말에서 유래되었다.
- 吳越同舟(오월동주) : 오나라 사람과 월나라 사람이 함께 배를 탄다. 서로 사이가 나쁜 사람들이 같은 처지에 놓이거나 한 자리에 있게 되면 사이가 나쁘더라도 필요한 경우에는 협력한다. 춘추전국시대에 오나라와 월나라는 서로 오랫동안 싸우는 사이였는데, 두 나라 사람이 한 배를 타고 가다가 바람이 불자 서로 협력하였다는 고사에서 유래한다.
- 吳下阿蒙(오하아몽) : 학문의 진보가 없는 사람
- 烏合之卒(오합지졸) : 까마귀떼가 모인 것처럼 질서가 없는 무리, 갑자기 모아들인 훈련 없는 군사, 규칙도 통일성도 없이 모여든 군중
- 屋上加屋(옥상가옥) : 지붕 위에 거듭 지붕을 얹는다. 있는 위에 무익하게 거듭한다.
- 玉石俱焚(옥석구분) : 옥과 돌이 모두 타 버린다. 선인이나 악인 모두 망한다.
- 溫故知新(온고지신) : 옛 것을 익히고 그것으로 미루어 새 것을 안다.
- 臥薪嘗膽(와신상담) : 섶에 누워 자고 쓴 쓸개를 맛본다. 원수를 갚으려고 괴롭고 어려운 일을 참고 견딘다. 춘추전국시대 오왕 부차가 아버지의 원수인 월나라 구천에게 복수하기 위하여 섶나무 위에서 자고, 구천도 쓸개를 핥으면서 부차에게 복수할 것을 잊지 않았다는 고사에서 유래한다.
  유사어 切齒腐心(절치부심) : 일을 이루기 위해 이를 갈고 속을 썩인다.
  含憤蓄怨(함분축원) : 분함을 머금고 원한을 쌓는다.
- 外柔內剛(외유내강) : 겉으로는 부드럽게 보이나 속은 강하다.
- 樂山樂水(요산요수) : 산수의 경치를 좋아한다.
- 龍蛇飛騰(용사비등) : 용과 뱀이 하늘로 날아오르다. 생동감 있고 아주 힘찬 필력
- 勇往邁進(용왕매진) : 거리낌없이 용감하게 나아가다.
- 牛耳讀經(우이독경) : 쇠귀에 경 읽기, 말을 귀담아 듣지 않는다.
  유사어 牛耳誦經(우이송경)
- 羽化登仙(우화등선) : 사람이 날개가 돋쳐 신선이 되어 올라간다.
- 遠禍召福(원화소복) : 화를 물리치고 복을 불러들인다.

- 越鳥巢南枝(월조소남지) : 고향을 그리워한다[胡馬依北風(호마의북풍)].
- 月下氷人(월하빙인) : 부부의 인연을 맺어 주는 사람, 중매쟁이
  유사어 月下老人(월하노인)
- 危機一髮(위기일발) : 조금도 여유가 없이 아슬아슬한 위기
- 韋編三絶(위편삼절) : 책을 맨 가죽끈이 세 번이나 끊어질 정도로 책을 많이 읽는다.
- 有口無言(유구무언) : 입은 있으나 변명할 말이 없다.
- 流芳百世(유방백세) : 빛나는 이름이 후세에 오래 남는다.
  반의어 遺臭萬年(유취만년)
- 有備無患(유비무환) : 어떤 일에 미리 준비가 있어야 근심이 없다.
  유사어 居安思危(거안사위)
- 有名無實(유명무실) : 이름만 있고 실상은 없다.
- 有耶無耶(유야무야) : 있는지 없는지 모르게 흐리멍텅한 모양
- 類類相從(유유상종) : 동류끼리 서로 내왕하며 사귄다(가재는 게편이다).
- 悠悠自適(유유자적) : 속세를 떠나 아무 것에도 속박되지 아니하고, 자기 하고 싶은 대로 조용하고 편안히 생활한다.
- 遺臭萬年(유취만년) : 더러운 이름은 오래도록 남는다.
- 以心傳心(이심전심) : 말과 글에 의하지 않고 마음에서 마음으로 전한다.
- 以熱治熱(이열치열) : 열은 열로써 다스린다.
- 二律背反(이율배반) : 서로 모순되는 두 개의 명제가 동등한 권리로 주장된다.
- 泥田鬪狗(이전투구) : 진탕에서 싸우는 개, 강인한 성격의 함경도 사람을 평한 말, 명분이 서지 않는 일로 몰골 사납게 싸운다.
- 耳懸鈴鼻懸鈴(이현령비현령) : 귀에 걸면 귀걸이, 코에 걸면 코걸이
- 因果應報(인과응보) : 원인에 따라 결과가 생긴다.
- 仁者無敵(인자무적) : 어진 사람은 모든 사람을 사랑하므로 천하에 적이 없다.
- 人之常情(인지상정) : 사람이 보통 가질 수 있는 인정
- 一擧兩得(일거양득) : 한 가지 일을 하여 두 가지 이득을 얻다.
  유사어 一石二鳥(일석이조)
- 日久月心(일구월심) : 날이 오래고 달이 깊어진다. 골똘히 바란다.
- 一騎當千(일기당천) : 한 사람이 천 사람을 당한다. 무예가 아주 뛰어나다.
- 一刀兩斷(일도양단) : 칼로 쳐서 두 도막을 내듯이 사물을 선뜻 결정한다.
  유사어 一刀割斷(일도할단)
- 一望無涯(일망무애) : 끝없이 멀고 넓어서 눈을 가리는 것이 없다.
- 一面如舊(일면여구) : 서로 모르는 사람이 한 번 만나 보고서 옛 벗처럼 친밀하다.

- 一目瞭然(일목요연) : 한 번 보고 곧 환하게 알 수 있다.
- 一絲不亂(일사불란) : 질서가 정연하여 조금도 어지러움이 없다.
- 一瀉千里(일사천리) : 강물의 수세가 빨라 한 번 흘러 천 리 밖에 다다른다. 사물이 거침없이 진행되다. 문장, 구변이 거침없다.
- 一魚濁水(일어탁수) : 한 마리의 물고기가 물을 흐린다. 한 사람의 잘못으로 여러 사람이 그 해를 입게 된다.
- 一切唯心造(일체유심조) : 세상 모든 것은 마음에 의해 달라진다.
- 日就月將(일취월장) : 나날이 다달이 진전하다. 계속 진취되어 가다.
  유사어 日新又日新(일신우일신)
- 一筆揮之(일필휘지) : 한숨에 흥취있고 줄기차게 글씨를 써내린다.
- 一攫千金(일확천금) : 단번에 많은 재물을 얻는다.
- 臨渴掘井(임갈굴정) : 목이 말라야 우물을 판다. 준비가 없이 일을 당하고야 허둥지둥하는 태도

- 自家撞着(자가당착) : 자신의 언동이 앞뒤가 어긋나 모순이 된다.
  유사어 矛盾(모순)
- 自强不息(자강불식) : 스스로 힘쓰며 쉬지 아니한다.
- 自激之心(자격지심) : 자기가 한 일에 대하여 제 스스로 미흡하게 여기는 마음
- 自繩自縛(자승자박) : 자기가 만든 줄에 제 몸을 옭아 묶는다. 자신이 한 말이나 행동 때문에 자기가 얽매이게 된다.
- 自業自得(자업자득) : 자신이 저지른 일의 과보를 자신이 얻는다.
- 自暴自棄(자포자기) : 마음에 불만이 있어 스스로 자기를 돌보지 않고 마구 행동한다.
- 自畵自讚(자화자찬) : 자기가 그린 그림을 자기 스스로 칭찬한다. 제 일을 스스로 자랑한다.
- 作心三日(작심삼일) : 결심이 사흘을 가지 못한다.
- 張三李四(장삼이사) : 장씨의 삼남과 이씨의 사남, 평범한 사람들
- 賊反荷杖(적반하장) : 도둑이 도리어 매를 든다. 잘못한 사람이 도리어 상대방을 나무란다.
- 電光石火(전광석화) : 아주 짧은 시간, 매우 빠른 동작
- 前代未聞(전대미문) : 지금까지 들어본 적이 없다. 매우 놀라운 일이나 새로운 것
  유사어 未曾有(미증유), 前古未聞(전고미문)
- 戰戰兢兢(전전긍긍) : 몹시 두려워 벌벌 떨면서 조심한다.
- 輾轉反側(전전반측) : 근심이 있어 이리저리 뒤척이며 잠을 이루지 못한다.
- 轉禍爲福(전화위복) : 화가 바뀌어 복이 된다.
- 切磋琢磨(절차탁마) : 옥이나 돌 등을 갈고 닦아 빛을 낸다. 학문이나 덕행을 부지런히 닦는다.
- 漸入佳境(점입가경) : 차차 재미있는 경지로 들어간다.

- 頂門一鍼(정문일침) : 정수리에 침을 놓다. 따끔한 비판이나 충고
- 井底之蛙(정저지와) : 우물 안 개구리. 보고 들은 견문이 적은 사람
- 糟糠之妻(조강지처) : 술지게미나 쌀겨 따위로 연명하며 같이 고생한 아내. 어려울 때 고생을 같이 한 아내. 본처
- 朝三暮四(조삼모사) : 옛날 중국 송나라 저공의 고사에서 유래한 말이다(저공이 원숭이에게 아침에 열매를 세 개 주고 저녁에 네 개 준다고 하니 원숭이들이 노했다. 이에 아침에 네 개, 저녁에 세 개를 준다고 하니 여러 원숭이들이 좋아했다). 간사한 꾀로 사람을 속여 희롱한다.
- 坐不安席(좌불안석) : 불안하거나 걱정스러워 한군데 오래 앉아 있지 못한다.
- 坐井觀天(좌정관천) : 우물 속에 앉아서 하늘을 본다. 견문이 좁고 편견이 심하다.
- 主客顚倒(주객전도) : 주인과 손님이 뒤바뀌다. 주되는 것과 종되는 것의 위치가 뒤바뀌다.
- 晝耕夜讀(주경야독) : 낮에는 밭을 갈고 밤에는 글을 읽는다. 바쁜 틈을 타서 어렵게 공부를 한다.
- 走馬加鞭(주마가편) : 달리는 말에 채찍질하기. 잘하는 사람을 더욱 격려한다.
- 走馬看山(주마간산) : 달리는 말 위에서 산천을 구경한다. 천천히 살펴볼 여유없이 바쁘게 대강 보고 지나간다(수박 겉 핥기).
- 竹馬故友(죽마고우) : 죽마를 같이 타던 옛 벗. 어릴 때의 친구

  유사어 竹馬之友(죽마지우)
- 竹杖芒鞋(죽장망혜) : 대지팡이와 짚신. 먼 길을 떠날 때의 간편한 차림
- 衆寡不敵(중과부적) : 적은 수로 많은 수를 대적할 수 없다.

  유사어 寡不敵衆(과불적중)
- 衆口難防(중구난방) : 여러 사람의 입은 막기 어렵다. 뭇사람의 말은 실로 막기가 어렵다.
- 重言復言(중언부언) : 반복하여 말한다.
- 指鹿爲馬(지록위마) : 사슴을 가리켜 말이라고 한다. 윗사람을 농락하여 권세를 마음대로 하거나 또는 모순된 것을 끝까지 우겨 남을 속이려 한다. 진나라의 조고가 이세황제의 권력을 농락하려고 일부러 사슴을 말이라고 속여서 바쳤다는 고사에서 유래한다.
- 芝蘭之交(지란지교) : 벗 사이의 고상한 교제
- 指呼之間(지호지간) : 손짓해 부를 만큼 가까운 거리
- 盡人事待天命(진인사대천명) : 사람으로서 할 수 있는 일을 다하고 천명을 기다린다.
- 盡忠報國(진충보국) : 충성을 다하여 나라를 구한다.
- 進退兩難(진퇴양난) : 이러지도 저러지도 못하는 어려움

  유사어 進退維谷(진퇴유곡), 四面楚歌(사면초가)

ㅊ

- 滄海一粟(창해일속) : 넓은 바다의 한 알의 좁쌀, 광대한 것 속의 극히 작은 물건
- 剔抉(척결) : 살을 긁어내고 뼈를 발라낸다. 부정을 파헤쳐내다.
- 千慮一失(천려일실) : 천 가지의 생각 가운데 실수가 있을 수 있다. 현명한 사람도 많은 일 중에 실수가 있을 수 있다.
- 天方地軸(천방지축) : 너무 바빠서 허둥지둥 내닫는 모양, 분별없이 함부로 덤빈다.
- 天崩之痛(천붕지통) : 하늘이 무너지는 듯한 슬픔, 임금이나 아버지의 상을 당한 슬픔
- 泉石膏肓(천석고황) : 자연을 사랑하는 마음이 매우 깊다.
  유사어 煙霞痼疾(연하고질)
- 天壤之差(천양지차) : 하늘과 땅의 차이, 차이가 매우 큼을 일컫는 말
- 天佑神助(천우신조) : 하늘이 돕고 신이 돕다.
- 天衣無縫(천의무봉) : 천사의 옷은 꿰맨 자국이 없다. 시나 문장이 꾸민 흔적이 없이 아주 자연스럽다. 사물이 완전무결하다.
- 千紫萬紅(천자만홍) : 여러 가지 꽃의 울긋불긋한 모양
- 千載一遇(천재일우) : 천년에 한 번 만나다. 좀처럼 만나기 어려운 좋은 기회
- 天地開闢(천지개벽) : 천지가 처음으로 열린다. 자연이나 사회의 큰 변동을 비유하여 이르는 말
- 徹頭徹尾(철두철미) : 처음부터 끝까지 철저하다.
- 青雲之志(청운지지) : 입신출세의 큰 뜻
- 青天霹靂(청천벽력) : 맑게 갠 하늘의 날벼락, 뜻밖에 일어나는 변고
- 青出於藍(청출어람) : 쪽에서 나온 물감이 오히려 쪽풀보다 더 푸르다. 흔히 제자가 스승보다 더 뛰어남을 일컫는 말이다.
- 清風明月(청풍명월) : 맑은 바람과 밝은 달, 아름다운 자연
- 草露人生(초로인생) : 풀잎에 맺힌 이슬처럼 덧없는 인생
- 草綠同色(초록동색) : 풀과 녹색은 같은 빛이다. 같은 처지나 같은 유의 사람들은 그들끼리 함께 행동한다(가재는 게편).
- 焦眉之急(초미지급) : 눈썹에 불이 붙은 것처럼 아주 급한 지경
- 初志一貫(초지일관) : 처음에 먹은 마음을 끝까지 관철한다.
- 寸鐵殺人(촌철살인) : 조그만 쇠붙이로 사람을 죽인다. 간단한 경구로 급소를 찔러 사람을 감동시킨다.
  유사어 頂門一鍼(정문일침)
- 取捨選擇(취사선택) : 취할 것은 취하고 버릴 것은 버려서 골라잡다.
- 春秋筆法(춘추필법) : 대의명분을 밝히는 논조
- 醉生夢死(취생몽사) : 술에 취한 듯 꿈을 꾸는 듯 흐리멍텅하게 살아가다.
- 七顚八起(칠전팔기) : 일곱 번 넘어져도 여덟 번 일어난다. 수없이 실패해도 굽히지 않는다.

- 七縱七擒(칠종칠금) : 잡고 놓아줌을 자유자재로 한다. 상대방을 마음대로 하는 비상한 재주를 이르는 말이다.
- 針小棒大(침소봉대) : 바늘 만한 것을 몽둥이만 하다고 한다. 작은 일을 크게 과장해서 말한다.

ㅋ

- 快刀亂麻(쾌도난마) : 시원스럽게 어지러운 일들을 잘 처리한다.
- 快人快事(쾌인쾌사) : 시원시원한 사람의 시원스런 행동

ㅌ

- 他山之石(타산지석) : 다른 산에서 나는 하찮은 돌도 자기의 옥을 가는데 쓴다. 他山之石可以攻玉(타산지석가이공옥)의 준말로, 다른 사람의 하찮은 언행도 자기의 지덕을 연마하는데 도움이 된다.
- 卓上空論(탁상공론) : 실현성이 없는 헛된 이론
- 坦坦大路(탄탄대로) : 평평하고 넓은 길, 장래가 아무 어려움이나 괴로움이 없이 수월하다.
- 貪官汚吏(탐관오리) : 탐욕이 가득한 관리
- 泰斗(태두) : 泰山北斗(태산북두)의 준말로 태산과 북두성, 세상사람으로부터 가장 존경을 받는 사람
- 泰山不讓土壤(태산불양토양) : 대인(大人)은 도량이 넓어서 뭇사람을 다 포용한다.
- 土美養禾(토미양화) : 흙이 고우면 벼를 기를 수 있다. 어진 임금은 인재를 잘 기른다.
- 推敲(퇴고) : 시문의 자구(字句)를 고치는 것

ㅍ

- 破邪顯正(파사현정) : 그릇된 생각을 깨뜨리고 바른 도리를 나타낸다.
- 破竹之勢(파죽지세) : 대를 쪼개는 것처럼 강한 세력으로 거침없이 쳐들어가는 모양
- 平沙落雁(평사낙안) : 모래펄에 내려앉은 기러기, 단정하고 맵시 있는 글씨를 비유한 말
- 布衣寒士(포의한사) : 벼슬이 없는 가난한 선비
- 表裏不同(표리부동) : 겉과 속이 다르다.
- 風樹之嘆(풍수지탄) : 효도를 다하지 못하고 어버이를 여읜 자식의 슬픔, 樹欲靜而風不止子欲養而親不得(수욕정이풍부지자욕양이친부득)에서 유래한다.
- 風月主人(풍월주인) : 맑은 바람, 밝은 달 등 자연을 즐기는 사람
- 風前燈火(풍전등화) : 바람 앞의 등불처럼 위급한 일이 곧 닥침을 가리키는 말이다.
- 風餐露宿(풍찬노숙) : 바람과 이슬을 무릅쓰고 밖에서 먹고 자다. 모진 고생을 겪다.

ㅎ

- **鶴首苦待**(학수고대) : 학처럼 목을 빼고 기다린다. 몹시 기다리다.
- **邯鄲之夢**(한단지몽) : 세상의 부귀영화가 한바탕 꿈처럼 허무하다.
  유사어 逸趣之夢(일취지몽), 黃粱夢(황량몽), 呂翁枕(여옹침)
- **汗牛充棟**(한우충동) : 소에 실으면 소가 땀을 흘리고, 방에 쌓으면 들보에까지 가득 찰 정도로 많은 책
- **含哺鼓腹**(함포고복) : 잔뜩 먹고 배를 두드리며 즐긴다.
- **咸興差使**(함흥차사) : 한번 간 사람이 돌아오지 않거나 소식이 없다.
- **虛張聲勢**(허장성세) : 실속 없이 허세만 떠벌린다.
- **懸河之辯**(현하지변) : 흐르는 물과 같이 말을 잘한다.
  유사어 靑山流水(청산유수)
- **螢雪之功**(형설지공) : 갖은 고생을 하며 학문을 하여 이룩한 공
- **狐假虎威**(호가호위) : 높은 사람의 권세를 등에 업고 위세를 부린다.
- **縞衣玄裳**(호의현상) : 흰 저고리와 검은 치마, 학을 이르는 말
- **昏定晨省**(혼정신성) : 저녁에는 이부자리를 보고 아침에는 안색을 살핀다. 부모님을 아침저녁으로 보살펴 드리고 안부인사를 한다.
- **畵龍點睛**(화룡점정) : 용의 그림에서 마지막 눈동자를 찍다. 어떤 일에서 가장 마지막의 중요한 부분을 보탬으로써 그 일을 완성시킨다.
- **畵中之餠**(화중지병) : 그림의 떡, 보기만 할 뿐 실제로 얻을 수는 없다.
- **煥腐作新**(환부작신) : 낡은 것을 바꾸어서 새로운 것으로 만들다.
- **宦海風波**(환해풍파) : 벼슬살이에서 겪은 온갖 풍파
- **膾炙**(회자) : 회와 구운 고기, 널리 여러 사람의 입에 오르내리다.
- **嚆矢**(효시) : 소리나는 화살, 우는 살, 중국에서 개전의 신호로 우는 살을 먼저 쏘았다는 데서 사물의 제일 처음을 비유한 말이다.
- **後生可畏**(후생가외) : 젊은이란 장차 얼마나 큰 역량을 나타낼지 헤아리기 어려운 존재이므로 존중하며 소중히 다루어야 한다.
- **厚顔無恥**(후안무치) : 뻔뻔스러워서 부끄러워할 줄을 모른다.
- **興盡悲來**(흥진비래) : 즐거운 일이 다하면 슬픈 일이 닥쳐온다.

⑤ 속담과 풀이

• 가는 말이 고와야 오는 말이 곱다. (去言美來言美 來語不美去語何美 : 거언미래언미 내어불미거어하미)
☞ 내가 상대방에게 잘하면 상대방도 나에게 잘한다.

• 간다고 간 게 형방의 집 (偶然去刑房處 : 우연거형방처)
☞ 죄를 지으면 피할 수 없다.

• 같은 값이면 다홍치마 (同價紅裳 : 동가홍상)
☞ 같은 값이면 좋고 예쁜 것을 취한다.

• 까마귀 날자 배 떨어진다. (烏飛梨落 : 오비이락)
☞ 어떤 일이 공교롭게 동시에 일어나 남의 오해를 받게 된다.

• 검둥개 미역 감기기 (黑狗沐浴 : 흑구목욕)
☞ 효과가 드러나지 않는 일

• 고래싸움에 새우등 터진다. (鯨戰蝦死 : 경전하사)
☞ 남의 싸움에 공연한 피해를 본다.

• 고양이 목에 방울 달기 (猫頭懸鈴 : 묘두현령)
☞ 실현가능성이 없는 일을 계속한다.

• 고운 놈 미운 데 없고 미운 놈 고운 데 없다. (愛之無可憎 憎之無可愛 : 애지무가증 증지무가애)
☞ 한 번 좋게 보면 모든 것이 좋게 보이고 언짢게 보면 모든 것이 밉게 보인다.

• 공든 탑이 무너지랴. (積功之塔不墮 : 적공지탑불휴)
☞ 공들여 하는 일은 실패로 돌아가지 않는다.

• 꼬리가 길면 밟힌다(새도 오래 머물면 화살을 맞는다). (鳥久止 必帶矢 : 조구지 필대시)
☞ 편하고 이로운 곳에 오래 있으면 마침내 화를 입는다.

• 귀 막고 방울 도둑질한다. (掩耳盜鈴 : 엄이도령)
☞ 눈 가리고 아웅한다.

• 귀에 걸면 귀걸이 코에 걸면 코걸이 (耳懸鈴鼻懸鈴 : 이현령비현령)
☞ 이렇게 저렇게 둘러대기에 달렸다.

• 귀에 속삭이는 말은 듣지 말고 소문낼까 두려워하는 말은 말하지 말라. (附耳之言勿聽焉 戒洩之焉勿言焉 : 부이지언물청언 계설지언물언언)
☞ 정당하지 못한 말은 귀담아 듣지 말고 소문이 날까 두려워하는 말은 절대로 말해서는 안된다.

• 그 사람을 알지 못하거든 그 벗을 보라. (不知其人 視其友 : 부지기인 시기우)
☞ 뜻이 같은 사람끼리 벗이 된다.

• 급히 먹는 밥이 목이 멘다. (忙食咽喉 : 망식열후)
☞ 일을 서두르면 그르치기 쉽다.

• 나라가 흥하려면 백성에게 듣고 망하려면 귀신에게 듣는다. (國將興聽於民 將亡聽於神 : 국장흥청어민 장망청어신)
☞ 흥하는 나라는 국민의 여론을 존중하고 망하는 나라는 미신에 의지한다.

• 남의 잔치에 배 놓아라 감 놓아라 한다. (他人之宴曰梨曰柿 : 타인지연왈리왈시)
☞ 자기가 나설 자리가 아닌데 나서서 간섭한다.

• 낮말은 새가 듣고 밤말은 쥐가 듣는다. (晝言雀聽夜言鼠聆 : 주언작청 야언서령)
☞ 말조심을 해야 한다.

• 내리사랑은 있어도 치사랑은 없다. (下愛有上愛無 : 하애유 상애무)
☞윗사람이 아랫사람을 관대하게 대해야 한다.

• 내 배가 부르면 종의 배고픔을 살피지 못한다. (我腹旣飽 不察奴飢 : 아복기포 불찰노기)
☞생활이 편안해지면 가난한 사람의 어려움을 이해하지 못한다.

• 내 코가 석자 (吾鼻三尺 : 오비삼척)
☞내 사정이 급해서 남을 돌볼 여유가 없다.

• 네 쇠뿔이 아니면 내 담이 무너지랴? (非汝牛角 豈毁我牆 : 비여우각 기훼아장)
☞너 때문에 내가 실패했다.

• 농부는 굶어 죽더라도 씨앗을 베고 죽는다. (農夫餓死 枕厥種子 : 농부아사 침궐종자)
☞농부에게 씨앗은 생명보다 소중하다.

• 누울 자리 보고 발 뻗는다. (量吾被置吾足 : 양오피치오족)
☞처한 환경을 잘 헤아려 행동하라.

• 달면 삼키고 쓰면 뱉는다. (甘呑苦吐 : 감탄고토)
☞신의를 돌보지 않고 자기의 이익만 꾀한다.

• 달아나는 노루 보다 얻은 토끼 놓친다. (奔獐顧放獲兎 : 분장고방획토)
☞큰 것을 노리다가 작은 것마저 잃는다.

• 도둑은 뒤로 잡지 앞으로 잡지 않는다. (盜以後捉不以前捉 : 도이후착불이전착)
☞확증을 가지고 잡아야지 혐의만 가지고서는 안 된다. 정면에서 잡으려 들면 해를 입기 쉬우므로 도망갈 때 잡는다.

• 돌로 치면 돌로 치고 떡으로 치면 떡으로 친다. (投石石來 擲餠餠回 : 투석석래 척병병회)
☞내가 하는데 따라서 갚음이 되돌아온다.

• 돈이 있으면 가히 산 호랑이의 눈썹도 살 수 있다. (有錢可買活虎眉 : 유전가매활호미)
☞돈이 있으면 어떠한 어려운 일도 할 수 있다.

• 되로 주고 말로 받는다. (始用升授 迺以斗受 : 시용승수 내이두수)
☞조금 주고 몇 갑절로 대가를 받는다.

• 들으면 병, 안 들으면 약 (聞則疾 不聞藥 : 문즉질 불문약)
☞들어서 고통받는 것보다 차라리 듣지 않는 것이 낫다.

• 등잔 밑이 어둡다. (燈下不明 : 등하불명)
☞가까이 있는 것을 도리어 알기 어렵다.

• 말을 볼 적에 여윈 데에서 놓치고 선비를 볼 때에 가난한 데서 놓친다. (相馬失之瘦 相士失之貧 : 상마실지수 상사실지빈)
☞겉모습만으로 속에 지닌 덕을 알지는 못한다.

• 말 타면 견마 잡히고 싶다. (騎馬欲率奴 : 기마욕솔노)
☞말을 타면 종을 거느려 말을 끌게 하고 싶다. 사람의 욕심은 끝이 없다.

• 먼 일가는 이웃만 못하다. (遠族不如近隣 : 원족불여근린)
☞아무리 가까운 친척도 멀리 살면 위급할 때 도움이 되지 못하지만 가까이 사는 이웃은 도와줄 수 있으므로 오히려 더 친숙할 수 있다.

• 멧돼지 잡으려다 집돼지 잃어버린다. (獲山猪失家猪 : 획산저실가저)
☞하찮은 것을 탐내다가 오히려 더 소중한 것을 잃어버린다.

• 목마른 놈이 우물 판다. (臨渴掘井 : 임갈굴정)
☞급히 필요한 사람이 서둘러 시작한다.

- 묵은 원수 갚으려다 새 원수 생겨난다. (欲報舊讐新讐出 : 욕보구수신수출)
  ☞보복하려고 하는데 또 새로운 원한이 생긴다.
- 문 열고 도적을 들여 놓는다. (開門納賊 : 개문납적)
  ☞스스로 화를 만든다.
- 물이 너무 맑으면 고기가 없고 사람이 너무 살피면 무리가 없다. (水至淸則無魚 人至察卽無徒 : 수지청즉무어 인지찰즉무도)
  ☞사리를 지나치게 따지고 덕이 없으면 추종자가 없어 외롭다.
- 미꾸라지 한 마리가 온 도랑을 흐린다. (一魚混全川 : 일어혼전천)
  ☞한 사람의 해독이 뭇사람에게 미침을 말한다.
- 미운 아이 먼저 안아준다. (予所憎兒先抱之懷 : 여소증아선포지회)
  ☞미워하는 아이는 미워할수록 더욱 미워지므로 마음을 돌려 예쁘게 보면 사랑스런 마음이 솟아난다.
- 바늘 도둑이 소 도둑 된다. (針賊大牛賊 : 침적대우적)
  ☞처음에는 하찮은 것을 훔치다가 나중에는 큰 것을 도둑질하게 된다.
- 발 없는 말이 천 리 간다. (無足之言飛千里 : 무족지언비천리)
  ☞말조심을 해야 한다.
- 밤새도록 울다가 누가 죽었느냐 묻는다. (旣終夜哭問誰不祿 : 기종야곡문수불록)
  ☞무슨 일인지도 모르고 어떤 일에 참여하는 어리석음을 뜻하는 말이다.
- 백 리 가는 나그네는 구십 리가 절반이다. (行百里者半於九十 : 행백리자반어구십)
  ☞일은 시작하기보다 마무리가 중요하다.
- 범 없는 골에 토끼가 스승이다. (谷無虎先生兎 : 곡무호선생토)
  ☞장군이 죽으면 그 아래 졸개가 판을 친다.
- 복숭아나무와 오얏나무는 말하지 않으나, 아래에 저절로 길이 이루어진다. (桃李不言下自成蹊 : 도이불언하자성혜)
  ☞나에게 아름다움이 있으면 사람들이 스스로 와서 구하기 마련이다.
- 불면 날까 쥐면 꺼질까. (吹之恐飛 執之恐陷 : 취지공비 집지공함)
  ☞어린 자녀를 몹시 귀여워한다.
- 빚 주고 뺨 맞는다. (債旣給逢批頰 : 채기급봉비협)
  ☞남에게 후하게 하고 오히려 모욕을 당하는 경우
- 사흘 길을 하루에 가고 열흘 누워 쉰다. (三日之程一日 往十日臥 : 삼일지정일일 왕십일와)
  ☞빨리 하려다 목적도 이루지 못하고 도리어 그것으로 인하여 해를 입는다.
- 산에 들어가 호랑이를 피하랴. (入山忌虎 : 입산기호)
  ☞당연히 있는 어려움을 꺼려 한다.
- 살아서는 남에게 유익함이 있고 죽어서는 남에게 해로움이 없다. (生有益於人 死不害於人 : 생유익어인 사불해어인)
  ☞살아서 생전에 유익한 일을 하면 사후에도 남에게 해를 끼치지 않는다.
- 삼정승 사귀지 말고 내 몸조심하라. (莫交三公 愼吾身 : 막교삼공 신오신)
  ☞권세에 아부하여 벼슬을 구하려 하지말고 제 몸을 조심하여 화를 당하지 않게 하라.
- 새도 가지를 가려 앉는다. (良禽擇木 : 양금택목)
  ☞환경을 잘 선택해야 한다.
- 새발의 피 (鳥足之血 : 조족지혈)
  ☞극히 적은 분량
- 새벽달 보려고 초저녁부터 나앉는다. (待曉月坐黃昏 : 대효월좌황혼)

☞미리 서두른다.

- 선비는 자기를 아는 자를 위해 죽고 여자는 자기를 좋아하는 자를 위해 얼굴을 꾸민다. (士爲知己者死 女爲悅己者容 : 사위지기자사 여위열기자용)

  ☞선비는 의리를 존중하고 여자는 겉치장에 신경을 쓴다.

- 성문에 실수하여 불이 나면 재앙이 연못에 있는 물고기에 미친다. (城門失火 殃及池魚 : 성문실화 앙급지어)

  ☞까닭없이 화를 입는다.

- 세 살 버릇이 여든까지 간다. (三歲之習至于八十 : 삼세지습지우팔십)

  ☞어릴 때의 나쁜 버릇은 늙어서도 고쳐지지 않는다.

- 소 잃고 외양간 고친다. (亡羊補牢 : 망양보뢰)

  ☞일을 그르친 후에 뉘우쳐도 소용없다.

- 손바닥도 마주쳐야 소리가 난다. (孤掌難鳴 : 고장난명)

  ☞혼자서 하기 어려운 일

- 쇠귀에 경 읽기 (牛耳讀經 : 우이독경)

  ☞아무리 이야기해야 소용없다.

- 수박을 겉만 핥으면 속맛을 알지 못한다. (西瓜外舐 不識內美 : 서과외지 불식내미)

  ☞사물의 겉만 대충 살핀다.

- 십년 세도 없고 열흘 붉은 꽃 없다. (權不十年 花無十日紅 : 권불십년 화무십일홍)

  ☞부귀영화는 오래 지속하지 못한다.

- 아닌 땐 굴뚝에 연기 날까. (突不燃不生煙 : 돌불연불생연)

  ☞원인이 없는 결과가 없다.

- 안 되는 놈은 뒤로 자빠져도 코가 깨진다. (窮人之事飜亦破鼻 : 궁인지사번역파비)

  ☞운이 없는 사람은 기회가 오더라도 뜻대로 되지 않는다.

- 양손에 떡 (兩手執餠 : 양수집병)

  ☞버릴 수도 취할 수도 없다.

- 어 다르고 아 다르다. (於異阿異 : 어이아이)

  ☞같은 말이라도 잘 골라 써야 한다.

- 어린 아이 말이라도 귀담아 들어라. (兒孩云言宜納耳門 : 아해운언의납이문)

  ☞어린 아이의 말도 때로는 쓸 말이 있으니 잘 들어야 한다.

- 언 발에 오줌 누기 (凍足放尿 : 동족방뇨)

  ☞효력이 곧 없어지는 일

- 여자가 원한을 품으면 오뉴월에도 서리가 내린다. (一婦含怨 五月飛霜 : 일부함원 오월비상)

  ☞여자의 저주는 무서운 것이다.

- 열 그릇의 밥에 한 술씩이면 한 그릇 밥을 이룬다. (十飯一匙 還成一飯 : 십반일시 환성일반)

  ☞여럿의 조그만 도움이 한 사람에게 큰 힘이 된다.

- 열 길 물속은 알아도 한 길 사람 속은 모른다. (水深可知人心難知 : 수심가지인심난지)

  ☞물의 깊이는 쉽게 알 수 있어도 사람의 마음은 알기가 어렵다.

- 열 번 찍어 안 넘어가는 나무가 없다. (十伐之木 : 십벌지목)

  ☞노력해서 안 되는 일은 없다.

- 열 사람이 지켜도 한 놈의 도둑을 못 막는다. (十人守之不得察一賊 : 십인수지부득찰일적)

  ☞지키는 사람이 많아도 틈을 엿보아 도둑질하려는 사람은 막을 길이 없다.

• 오를 수 없는 나무는 쳐다보지도 말라. (難上之木勿仰 : 난상지목물앙)
☞자기 능력이 미치지 못할 일은 처음부터 손대지 말라.
• 옷은 새 것이 좋고 사람은 오랜 친구가 좋다. (衣以新爲好 人以舊爲好 : 의이신위호 인이구위호)
☞옷은 새 옷이 좋고 사람은 오래 사귀어 마음을 아는 친구가 좋다.
• 우물 안 개구리 (井底之蛙 : 정저지와)
☞세상형편을 모르는 사람
• 웃는 낯에 침 뱉으랴. (對笑顔唾亦難 : 대소안타역난)
☞사람이 웃는 얼굴로 다가오면 그가 비록 밉더라도 물리쳐 버릴 수가 없다.
• 자는 범 코침 주기 (宿虎衝鼻 : 숙호충비)
☞가만히 두면 아무 일도 없을 것을 공연히 건드려서 위험을 산다.
• 음지가 양지되고 양지가 음지된다. (陰地轉陽地變 : 음지전양지변)
☞역경에 있던 사람도 때가 되면 행운을 만날 수 있다.
• 장님 단청 구경하기 (盲玩丹靑 : 맹완단청)
☞알지 못하고 아는 체한다.
• 정수리에 부은 물을 반드시 발바닥에까지 흘러내린다. (灌頂之水 必流足底 : 관정지수 필류족저)
☞그 일의 근원이 나쁘면 결과도 반드시 나쁘다.
• 제사 덕에 쌀밥 먹는다. (祭德稻飯 : 제덕도반)
☞남의 덕으로 잘 먹게 되다.
• 제사 돕는 자는 맛보고 싸움을 돕는 자는 상한다. (佐祭者嘗 佐鬪者傷 : 좌제자상 좌투자상)
☞선한 일을 돕는 자는 복을 받고 악한 일을 돕는 자는 해를 받는다.
• 죽은 자식 나이 세기 (亡子計齒 : 망자계치)
☞이미 그릇된 일은 생각해도 쓸데없다.
• 차라리 닭의 입이 될지언정 소의 꼬리가 되지 않는다. (寧爲鷄口 勿爲牛後 : 영위계구 물위우후)
☞큰 인물을 추종하느니보다 작으나마 우두머리가 되는 것이 낫다.
• 천금으로 집을 사고 팔백금으로 이웃을 사라. (千金買宅 八百買隣 : 천금매택 팔백매린)
☞이웃이 나쁘면 아무리 좋은 집이라도 살 수 없다(이웃의 중요함).
• 천인의 손가락질을 받으면 병 없이도 죽는다. (千人所指 無病而死 : 천인소지 무병이사)
☞많은 사람들의 미워하는 바가 되면 재앙이 저절로 미친다.
• 친구 따라 강남 간다. (隨友適江南 : 수우적강남)
☞벗이 좋아 먼 길이라도 싫어하지 않고 따라 나선다.
• 콩 심은 데 콩 나고 팥 심은 데 팥 난다. (種瓜得瓜 種豆得豆 : 종과득과 종두득두)
☞원인에 따른 결과가 나타난다.
• 하룻밤을 자도 만리성을 쌓는다. (一夜之宿長城或築 : 일야지숙 장성혹축)
☞잠시 만난 사람끼리도 정이 깊다.
• 하룻강아지 범 무서운 줄 모른다. (一日之狗不知畏虎 : 일일지구 부지외호)
☞멋 모르고 덤비는 사람을 비웃는 말
• 한 자 깊이도 짧은 데가 있고 한 치 길이도 긴 데가 있다. (尺有所短 寸有所長 : 척유소단 촌유소장)
☞지혜로운 자라도 할 수 없는 일이 있고 어리석은 자라도 감당할 수 있는 일이 있다.
• 행랑 빌면 안방까지 든다. (旣借堂 又借房 : 기차당 우차방)
☞인정을 베풀면 염치없는 요구를 자꾸만 하게 된다.

6 가족의 호칭

구 분	자 기		타 인	
	산 사람	죽은 사람	산 사람	죽은 사람
어머니	자친(慈親), 모주(母主), 가자(家慈)	선비(先妣), 선자(先慈)	자당(慈堂), 대부인(大夫人), 모당(母堂), 훤당(萱堂), 모부인(母夫人)	선대부인(先大夫人), 선부인(先夫人)
아버지	가친(家親), 엄친(嚴親), 부조(父主)	선친(先親), 선고(先考), 선부군(先父君)	춘부장(春府丈), 춘장(椿丈), 춘당(春堂)	선대인(先大人), 선고장(先考丈), 선장(先丈)
할아버지	조부(祖父), 왕부(王父)	조고(祖考), 왕고(王考)	왕존장(王尊丈), 왕대인(王大人)	선조부장(先祖父丈), 선왕고장(先王考丈)
할머니	조모(祖母), 왕모(王母)	조비(祖妣)	왕대부인(王大夫人), 존조모(尊祖母)	선왕대부인(先王大夫人), 선조비(先祖妣)
아 들	가아(家兒), 가돈(家豚), 돈아(豚兒), 미돈(迷豚)	망아(亡兒)	영랑(令郎), 영식(令息), 영윤(令胤)	
딸	여식(女息), 식비(息鄙)		영애(令愛), 영교(令嬌), 영양(令孃)	

7 절기와 풍속

(1) 간지

① 십이지(十二支)

12지	자(子)	축(丑)	인(寅)	묘(卯)	진(辰)	사(巳)	오(午)	미(未)	신(申)	유(酉)	술(戌)	해(亥)
동물	쥐	소	범	토끼	용	뱀	말	양	원숭이	닭	개	돼지
음력월	11	12	1(정월)	2	3	4	5	6	7	8	9	10
방위	북	북 동		동	동 남		남	남 서		서	서 북	
시각	23 ~ 1	1 ~ 3	3 ~ 5	5 ~ 7	7 ~ 9	9 ~ 11	11 ~ 13	13 ~ 15	15 ~ 17	17 ~ 19	19 ~ 21	21 ~ 23

② **십간**(十干) : 갑(甲), 을(乙), 병(丙), 정(丁), 무(戊), 기(己), 경(庚), 신(莘), 임(壬), 계(癸)

③ **육십갑자**(六十甲子, 십간을 축으로 십이지를 순서대로 돌린다)

순서	육십갑자	순 서	육십갑자	순서	육십갑자	순서	육십갑자	순서	육십갑자	순서	육십갑자
1	갑자 (甲子)	11	갑술 (甲戌)	21	갑신 (甲申)	31	갑오 (甲午)	41	갑진 (甲辰)	51	갑인 (甲寅)
2	을축 (乙丑)	12	을해 (乙亥)	22	을유 (乙酉)	32	을미 (乙未)	42	을사 (乙巳)	52	을묘 (乙卯)
3	병인 (丙寅)	13	병자 (丙子)	23	병술 (丙戌)	33	병신 (丙申)	43	병오 (丙午)	53	병진 (丙辰)
4	정묘 (丁卯)	14	정축 (丁丑)	24	정해 (丁亥)	34	정유 (丁酉)	44	정미 (丁未)	54	정사 (丁巳)
5	무진 (戊辰)	15	무인 (戊寅)	25	무자 (戊子)	35	무술 (戊戌)	45	무신 (戊申)	55	무오 (戊午)
6	기사 (己巳)	16	기묘 (己卯)	26	기축 (己丑)	36	기해 (己亥)	46	기유 (己酉)	56	기미 (己未)
7	경오 (庚午)	17	경진 (庚辰)	27	경인 (庚寅)	37	경자 (更子)	47	경술 (庚戌)	57	경신 (庚申)
8	신미 (辛未)	18	신사 (辛巳)	28	신묘 (辛卯)	38	신축 (辛丑)	48	신해 (辛亥)	58	신유 (辛酉)
9	임신 (壬申)	19	임오 (壬午)	29	임진 (壬辰)	39	임인 (壬寅)	49	임자 (壬子)	59	임술 (壬戌)
10	계유 (癸酉)	20	계미 (癸未)	30	계사 (癸巳)	40	계묘 (癸卯)	50	계축 (癸丑)	60	계해 (癸亥)

(2) 이십사절기

월	절기	양력일	월	절기	양력일	월	절기	양력일
정월	입춘(立春)	2월 4일	오월	망종(亡種)	6월 6일	구월	한로(寒露)	10월 9일
	우수(雨水)	2월 19일		하지(夏至)	6월 22일		상강(霜降)	10월 24일
이월	경칩(驚蟄)	3월 6일	유월	소서(小暑)	7월 8일	시월	입동(立冬)	11월 8일
	춘분(春分)	3월 21일		대서(大暑)	7월 23일		소설(小雪)	11월 23일
삼월	청명(淸明)	4월 5일	칠월	입추(立秋)	8월 8일	십일월	대설(大雪)	12월 8일
	곡우(穀雨)	4월 21일		처서(處暑)	8월 24일		동지(冬至)	12월 22일
사월	입하(立夏)	5월 6일	팔월	백로(白露)	9월 8일	십이월	소한(小寒)	1월 6일
	소만(小滿)	5월 22일		추분(秋分)	9월 23일		대한(大寒)	1월 21일

(3) 시간

구분	오후		오전							오후		
단위	7 ~ 9	9 ~ 11	11 ~ 1	1 ~ 3	3 ~ 5	5 ~ 7	7 ~ 9	9 ~ 11	11 ~ 1	1 ~ 3	3 ~ 5	5 ~ 7
天干	甲夜	乙夜	丙夜	丁夜	戊夜							
地支	戌時	亥時	子時	丑時	寅時	卯時	辰時	巳時	午時	未時	申時	酉時
밤	初更	二更	三更	四更	五更							

잠깐만 날짜 … 초하루 - 朔(삭), 열흘 - 旬(순), 보름 - 望(망), 스므날 - 念(념), 그믐 - 晦(회)

8 나이를 나타내는 말

나이	명칭	나이	명칭	나이	명칭
10세	沖年(충년)	15세	志學(지학)	20세	弱冠(약관)
30세	而立(이립)	40세	不惑(불혹)	50세	知天命(지천명)
60세	耳順(이순)	61세	還甲(환갑), 華甲(화갑), 回甲(회갑)	70세	古稀(고희), 從心(종심)
77세	喜壽(희수)	80세	傘壽(산수)	88세	米壽(미수)
90세	卒壽(졸수)	99세	白壽(백수)	100세	上壽(상수), 期頤之壽(기원지수)

02 상용한자 익히기

① ㄱ

可	옳을 가	加	더할 가	佳	아름다울 가	架	시렁 가
家	집 가	假	거짓 가	街	거리 가	暇	겨를 가
歌	노래 가	價	값 가	伽	절 가	柯	자루 가
軻	굴대 가	賈	값가, 앉은장사 고	迦	막을 가	各	각각 각
角	뿔 각	却	물리칠 각	刻	새길 각	脚	다리 각
閣	문설주 각	覺	깨달을 각	珏	쌍옥 각	干	방패 간
刊	책펴낼 간	肝	간 간	看	볼 간	姦	간사할 간
間	閒의 俗字	幹	줄기간	懇	정성 간	簡	대쪽 간
杆	나무이름 간	艮	어긋날 간	渴	목마를 갈	葛	칡 갈
鞨	말갈 갈	甘	달 감	減	덜 감	敢	감히 감
感	느낄 감	監	볼 감	憾	한할 감	鑑	거울 감
邯	땅 이름 감(고을 이름 한)	甲	첫째 천간 갑	岬	산허리 갑	鉀	갑옷 갑
江	강 강	降	항복할 강(내릴 항)	剛	굳셀 강	康	편안할 강
强	굳셀 강	綱	벼리 강	鋼	강철 강	講	익힐 강
姜	성 강	彊	굳셀 강	疆	지경 강	岡	산등성이 강
崗	岡의 俗字	介	끼일 개	改	고칠 개	皆	다 개

個 낱 개	開 열 개	蓋 덮을 개	慨 분개할 개
槪 평미레 개	价 착할 개	塏 높고 건조할 개	客 손 객
更 다시 갱	坑 구덩이 갱	去 갈 거	巨 클 거
車 수레 거	居 있을 거	拒 막을 거	距 떨어질 거
據 의거할 거	擧 들 거	件 사건 건	建 세울 건
健 튼튼할 건	乾 하늘 건	鍵 열쇠 건	乞 빌 걸
傑 뛰어날 걸	杰 傑의 俗字	桀 홰 걸	儉 검소할 검
劍 칼 검	檢 봉함 검	揭 들 게	憩 쉴 게
格 바로잡을 격	隔 사이 뜰 격	激 물결 부딪쳐 흐를 격	擊 부딪칠 격
犬 개 견	見 볼 견	肩 어깨 견	牽 끌 견
堅 굳을 견	遣 보낼 견	絹 명주 견	甄 질그릇 견
決 터질 결	缺 이지러질 결	結 맺을 결	潔 깨끗할 결
兼 겸할 겸	謙 겸손할 겸	京 서울 경	庚 일곱째 천간 경
徑 지름길 경	耕 밭갈 경	竟 다할 경	頃 밭 넓이 단위 경
景 볕 경	卿 벼슬 경	硬 굳을 경	敬 공경할 경
傾 기울 경	經 날 경	境 지경 경	輕 가벼울 경
慶 경사 경	警 경계할 경	鏡 거울 경	競 겨룰 경
驚 놀랄 경	炅 빛날 경	儆 경계할 경	璟 영과 同字
瓊 옥 경	系 이을 계	戒 경계할 계	季 끝 계
界 지경 계	癸 열째 천간 계	契 맺을 계	係 걸릴 계
計 꾀 계	桂 계수나무 계	啓 열 계	械 형틀 계
階 섬돌 계	溪 시내 계	繫 맬 계	繼 이을 계
鷄 닭 계	古 옛 고	考 상고할 고	告 알릴 고
固 굳을 고	苦 쓸 고	姑 시어미 고	孤 외로울 고

枯 마를 고
故 옛 고
高 높을 고
庫 곳집 고
雇 품살 고(새 이름 호)
鼓 북 고
稿 볏짚 고
顧 돌아볼 고
皐 부르는 소리 고
曲 굽을 곡
谷 골 곡
哭 울 곡
穀 곡의 俗字
困 괴로울 곤
坤 땅 곤
骨 뼈 골
工 장인 공
公 공변될 공
孔 구멍 공
功 공 공
共 함께 공
攻 칠 공
空 빌 공
供 이바지할 공
恭 공손할 공
貢 바칠 공
恐 두려울 공
串 익힐 관
戈 창 과
瓜 오이 과
果 실과 과
科 과정 과
過 지날 과
誇 자랑할 과
寡 적을 과
課 매길 과
菓 과일 과
郭 성곽 곽
官 벼슬 관
冠 갓 관
貫 꿸 관
款 정성 관
寬 너그러울 관
管 피리 관
慣 버릇 관
館 객사 관
關 빗장 관
觀 볼 관
琯 옥피리 관
光 빛 광
狂 미칠 광
廣 넓을 광
鑛 쇳돌 광
掛 걸 괘
怪 기이할 괴
傀 클 괴
塊 흙덩이 괴
愧 부끄러워 할 괴
壞 무너질 괴
槐 홰나무 괴
巧 공교할 교
交 사귈 교
郊 성 밖 교
校 학교 교
教 가르침 교
絞 목맬 교
較 견줄 교
僑 높을 교
膠 아교 교
橋 다리 교
矯 바로잡을 교
九 아홉 구
口 입 구
久 오랠 구
丘 언덕 구
句 글귀 구
求 구할 구
究 궁구할 구
具 갖출 구
苟 진실로 구
拘 잡을 구
狗 개 구
俱 함께 구
區 지경 구
球 공 구
救 건질 구
邱 땅 이름 구
玖 옥돌 구
構 얽을 구
歐 토할 구
舊 예 구
購 살 구
懼 두려워할 구
驅 몰 구
鷗 갈매기 구
龜 나라 이름 구(거북 귀, 틀 균)

局 판 국	菊 국화 국	國 나라 국	鞠 공 국
君 임금 군	軍 군사 군	郡 고을 군	群 군의 俗字
屈 굽을 굴	掘 팔 굴	窟 굴 굴	弓 활 궁
宮 집 궁	窮 다할 궁	券 문서 권	巻 쇠뇌 권
拳 주먹 권	圈 우리 권	勸 권할 권	權 저울추 권
厥 그 궐	闕 대궐 궐	軌 길 궤	鬼 귀신 귀
貴 귀할 귀	歸 돌아갈 귀	叫 부르짖을 규	糾 꼴 규
規 법 규	閨 도장방 규	圭 홀 규	奎 별 이름 규
揆 헤아릴 규	珪 홀 규	均 고를 균	菌 버섯 균
克 이길 극	極 다할 극	劇 심할 극	斤 도끼 근
近 가까울 근	根 뿌리 근	筋 힘줄 근	僅 겨우 근
勤 부지런할 근	謹 삼갈 근	槿 무궁화나무 근	瑾 아름다운 옥 근
今 이제 금	金 쇠 금	禽 날짐승 금	琴 거문고 금
禁 금할 금	錦 비단 금	及 미칠 급	急 급할 급
級 등급 급	給 넉넉할 급	肯 옳이 여길 긍	兢 삼갈 긍
己 자기 기	企 꾀할 기	忌 꺼릴 기	技 재주 기
汽 김 기	奇 기이할 기	其 그 기	祈 빌 기
紀 벼리 기	氣 기운 기	豈 어찌 기	起 일어날 기
記 기록할 기	飢 주릴 기	基 터 기	寄 부칠 기
旣 이미 기	棄 버릴 기	幾 기미 기	棋 바둑 기
欺 속일 기	期 기약할 기	旗 기 기	畿 경기 기
器 그릇 기	機 틀 기	騎 말탈 기	冀 바랄 기
岐 갈림길 기	淇 강 이름 기	琦 옥 이름 기	琪 옥 기
璣 구슬 기	箕 키 기	耆 늙은이 기	騏 털총이 기

麒 기린 기 | 沂 물이름 기 | 驥 천리마 기 | 緊 굳게 얽을 긴
吉 길할 길

② ㄴ

那 어찌 나 | 諾 대답할 낙 | 暖 따뜻할 난 | 難 어려울 난
男 사내 남 | 南 남녘 남 | 納 바칠 납 | 娘 아가씨 낭(랑)
乃 이에 내 | 內 안 내 | 奈 어찌 내 | 耐 견딜 내
女 계집 녀(여) | 年 해 년 | 念 생각할 념(염) | 寧 편안할 녕(영)
奴 종 노 | 努 힘쓸 노 | 怒 성낼 노 | 農 농사 농
濃 짙을 농 | 惱 괴로와할 뇌 | 腦 뇌 뇌 | 尿 오줌 뇨
能 능할 능 | 尼 중 니(이) | 泥 진흙 니(이) | 溺 빠질 닉

③ ㄷ

多 많을 다 | 茶 차 다 | 丹 붉을 난[원음(原音) ; 단, 란] | 旦 아침 단
但 다만 단 | 段 구분 단 | 單 홑 단 | 短 짧을 단
團 둥글 단 | 端 바를 단 | 壇 단 단 | 檀 박달나무 단
斷 끊을 단 | 鍛 쇠 불릴 단 | 湍 여울 단 | 達 통달할 달
淡 묽을 담 | 潭 깊을 담 | 談 말씀 담 | 擔 멜 담
膽 쓸개 담 | 畓 논 답 | 答 팥 답 | 踏 밟을 답
唐 당나라 당 | 堂 집 당 | 當 당할 당 | 糖 사탕 당
黨 무리 당 | 塘 못 당 | 大 큰 대 | 代 대신할 대
垈 터 대 | 待 기다릴 대 | 帶 띠 대 | 貸 빌릴 대

隊 대 대	臺 돈대 대	對 대답할 대	戴 일 대
德 덕 덕	悳 덕 덕	刀 칼 도	到 이를 도
度 법도 도	挑 휠 도	逃 달아날 도	島 섬 도
倒 넘어질 도	徒 무리 도	途 길 도	桃 복숭아나무 도
悼 슬퍼할 도	陶 질그릇 도	盜 훔칠 도	渡 건널 도
道 길 도	都 도읍 도	塗 진흙 도	跳 뛸 도
圖 그림 도	稻 벼 도	導 이끌 도	燾 비출 도
毒 독 독	督 살펴볼 독	篤 도타울 독	獨 홀로 독
讀 읽을 독	豚 돼지 돈	敦 도타울 돈	惇 도타울 돈
燉 이글거릴 돈	頓 조아릴 돈	突 갑자기 돌	乭 이름 돌
冬 겨울 동	同 한가지 동	東 동녘 동	洞 골 동
凍 얼 동	桐 오동나무 동	動 움직일 동	童 아이 동
棟 용마루 동	銅 구리 동	董 동독할 동	斗 말 두
豆 콩 두	頭 머리 두	杜 팥배나무 두	屯 진칠 둔
鈍 무딜 둔	得 얻을 득	登 오를 등	等 가지런할 등
燈 등잔 등	謄 베낄 등	騰 오를 등	藤 등나무 등
鄧 나라 이름 등			

④ ㄹ

裸 벌거벗을 라(나)	羅 새그물 라(나)	洛 강 이름 락(낙)	落 떨어질 락
絡 헌솜 락	樂 즐길 락(풍류 악, 좋아할 요)	卵 알 란(난)	亂 어지러울 란(난)
蘭 난초 란(난)	欄 난간 란(난)	爛 문드러질 란	藍 쪽 람(남)
濫 퍼질 람(남)	覽 볼 람(남)	拉 꺾을 랍(납)	浪 물결 랑(낭)

郞 사나이 랑(낭)	朗 밝을 랑(낭)	廊 복도 랑(낭)	來 올 래(내)
萊 명아주 래(내)	冷 찰 랭(냉)	略 다스릴 략(약)	掠 노략질할 략(약)
良 좋을 량(양)	兩 두 량(양)	凉 량의 俗字	梁 들보 량(양)
量 헤아릴 량(양)	諒 믿을 량(양)	糧 양식 량(양)	輛 수레 량(양)
亮 밝을 량(양)	樑 들보 량(양)	旅 군사 려(여)	慮 생각할 려(여)
勵 힘쓸 려(여)	麗 고울 려(여)	呂 음률 려(여)	廬 오두막집 려(여)
驪 가라말 려(여)	礪 거친 숫돌 려(여)	力 힘 력(역)	歷 지낼 력(역)
曆 책력 력(역)	連 잇닿을 련(연)	蓮 연밥 련(연)	煉 불릴 련(연)
憐 불쌍히 여길 련(연)	練 익힐 련(연)	聯 잇달 련(연)	鍊 불릴 련(연)
漣 물놀이 연(련)	戀 사모할 련(연)	劣 못할 렬(열)	列 줄 렬(열)
烈 세찰 열(렬)	裂 찢을 열(렬)	廉 청렴할 렴(염)	濂 내 이름 렴(염)
獵 사냥 렵(엽)	令 영 령(영)	零 조용히 오는 비 령(영)	領 옷깃 령(영)
嶺 재 령(영)	靈 신령 령(영)	玲 옥 소리 령(영)	例 법식 례(예)
禮 예도 례(예)	醴 단술 례(예)	老 늙은이 로(노)	勞 일할 로(노)
路 길 로(노)	露 이슬 로(노)	爐 화로 로(노)	魯 노둔할 로(노)
盧 밥그릇 로(노)	蘆 갈대 로(노)	鷺 해오라기 로(노)	鹿 사슴 록(녹)
祿 복 록(녹)	綠 초록빛 록(녹)	錄 기록할 록(녹)	論 말할 론(논)
弄 희롱할 롱(농)	籠 대그릇 롱(농)	雷 우뢰 뢰(뇌)	賴 힘입을 뢰(뇌)
了 마칠 료(요)	料 되질할 료(요)	僚 동료 료(요)	療 병 고칠 료(요)
遼 멀 료(요)	龍 용 룡(용)	累 묶을 루(누)	淚 눈물 루(누)
屢 창 루(누)	漏 샐 루(누)	樓 다락 루(누)	柳 버들 류(유)
留 머무를 류(유)	流 흐를 류(유)	硫 유황 류(유)	類 무리 류(유)
謬 그릇될 류(유)	劉 죽일 류(유)	六 여섯 륙(육)	陸 뭍 륙(육)
倫 인륜 륜(윤)	輪 바퀴 륜(윤)	崙 산 이름 륜(윤)	律 법 률(율)

栗 밤나무 률(율)
率 헤아릴 률(율, 거느릴 솔, 장수 수)
隆 클 륭(융)
陵 큰 언덕 릉(능)
楞 모 릉(능)
里 마을 리
理 다스릴 리
利 날카로울 리(이)
離 떼놓을 리(이)
裏 속 리(이)
梨 배나무 리(이)
履 신 리(이)
李 오얏 리(이)
吏 벼슬아치 리(이)
隣 린의 俗字
麟 기린 린(인)
林 수풀 림(임)
臨 임할 림(임)
立 설 립(입)

5 ㅁ

馬 말 마
麻 삼 마
摩 갈 마
磨 갈 마
魔 마귀 마
痲 저릴 마
莫 없을 막(저물 모, 고요할 맥)
幕 막 막
漠 사막 막
膜 막 막
萬 일만 만
晩 저물 만
滿 찰 만
慢 게으를 만
漫 질펀할 만
灣 물굽이 만
蠻 오랑캐 만
娩 해산할 만
末 끝 말
靺 버선 말
亡 망할 망
妄 허망할 망
忙 바쁠 망
忘 잊을 망
罔 그물 망
茫 아득할 망
望 바랄 망
網 그물 망
每 매양 매
妹 누이 매
埋 묻을 매
買 살 매
梅 매화나무 매
媒 중매 매
賣 팔 매
魅 도깨비 매
枚 줄기 매
脈 맥 맥
麥 보리 맥
貊 북방 종족 맥
盲 소경 맹
孟 맏 맹
猛 사나울 맹
盟 맹세할 맹
覓 찾을 멱
免 면할 면
面 낯 면
眠 잠잘 면
勉 힘쓸 면
綿 이어질 면
冕 면류관 면
沔 물 흐를 면(머리 감을 목)
勉 힘쓸 면
滅 멸망할 멸
蔑 업신여길 멸
名 이름 명
命 목숨 명
明 밝을 명
冥 어두울 명
鳴 울 명
銘 새길 명
毛 털 모
母 어미 모
矛 창 모

某 아무 모	侮 업신여길 모	募 모을 모	帽 모자 모
慕 그리워할 모	暮 저물 모	模 법 모	貌 얼굴 모
謀 꾀할 모	牟 소 우는 소리 모	茅 띠 모	謨 꾀 모
木 나무 목	目 눈 목	沐 머리감을 목	牧 칠 목
睦 화목할 목	穆 화목할 목	夢 꿈 몽	蒙 입을 몽
卯 네째 지지 묘	妙 묘할 묘	苗 모 묘	墓 무덤 묘
廟 사당 묘	昴 별자리 이름 묘	戊 다섯째 천간 무	茂 우거질 무
武 굳셀 무	務 일 무	無 없을 무	貿 바꿀 무
舞 춤출 무	霧 안개 무	墨 먹 묵	默 묵묵할 묵
文 무늬 문	門 문 문	問 물을 문	聞 들을 문
紊 어지러울 문	汶 내 이름 문	勿 말 물	物 만물 물
未 아닐 미	米 쌀 미	尾 꼬리 미	味 맛 미
美 아름다울 미	眉 눈썹 미	迷 미혹할 미	微 작을 미
彌 두루 미	民 백성 민	敏 재빠를 민	憫 근심할 민
旻 하늘 민	旼 화락할 민	玟 옥돌 민	珉 옥돌 민
閔 위문할 민	密 빽빽할 밀	蜜 꿀 밀	

6 ㅂ

朴 후박나무 박	泊 배 댈 박	拍 칠 박	迫 닥칠 박
博 넓을 박	薄 엷을 박	舶 큰 배 박	反 되돌릴 반
半 반 반	伴 짝 반	返 돌아올 반	叛 배반할 반
班 나눌 반	般 돌 반	飯 밥 반	搬 옮길 반
盤 소반 반	磻 강 이름 반	潘 뜨물 반	拔 뺄 발

發 쏠 발
髮 터럭 발
鉢 바리때 발
渤 바다 이름 발
方 모 방
芳 꽃다울 방
妨 방해할 방
防 둑 방
邦 나라 방
房 방 방
放 놓을 방
倣 본뜰 방
紡 자을 방
訪 찾을 방
傍 곁 방
旁 두루 방
龐 클 방
杯 잔 배
拜 절 배
背 등 배
倍 곱 배
俳 광대 배
配 아내 배
培 북돋울 배
排 밀칠 배
輩 무리 배
賠 물어줄 배
裵 裴의 本字
白 흰 백
百 일백 백
伯 맏 백
栢 柏의 俗字
番 갈마들 번
煩 괴로와할 번
繁 많을 번
飜 뒤칠 번
伐 칠 벌
罰 죄 벌
閥 공훈 벌
筏 떼 벌
凡 무릇 범
犯 범할 범
汎 뜰 범
範 법 범
范 풀 이름 범
法 법 법
碧 푸를 벽
僻 후미질 벽
壁 벽 벽
辨 분별할 변
邊 가 변
辯 말잘할 변
變 변할 변
卞 조급할 변
弁 고깔 변
別 나눌 별
丙 남녘 병
兵 군사 병
屛 병풍 병
竝 아우를 병
病 병 병
倂 아우를 병
昞 밝을 병
昺 昞과 同字
柄 자루 병
炳 밝을 병
秉 잡을 병
步 걸음 보
保 지킬 보
普 널리 보
補 기울 보
報 갚을 보
譜 계보 보
寶 보배 보
甫 클 보
潽 끓을 보
輔 덧방나무 보
卜 점 복
伏 엎드릴 복
服 옷 복
復 돌아올 복
腹 배 복
福 복 복
複 겹옷 복
覆 뒤집힐 복
馥 향기 복
本 밑 본
奉 받들 봉
封 봉할 봉
峯 봉우리 봉
俸 녹 봉
逢 만날 봉
蜂 벌 봉
鳳 봉새 봉
縫 꿰맬 봉
蓬 쑥 봉

夫 지아비 부 | 父 아비 부 | 付 줄 부 | 否 아닐 부
扶 도울 부 | 府 곳집 부 | 附 붙을 부 | 負 질 부
赴 나아갈 부 | 浮 뜰 부 | 符 부신 부 | 婦 며느리 부
部 거느릴 부 | 副 버금 부 | 富 가멸 부 | 腐 썩을 부
膚 살갗 부 | 賦 구실 부 | 簿 장부 부 | 敷 펼 부
阜 언덕 부 | 釜 가마 부 | 傅 스승 부 | 北 북녘 북
分 나눌 분 | 奔 달릴 분 | 粉 가루 분 | 紛 어지러워질 분
憤 결낼 분 | 墳 무덤 분 | 奮 떨칠 분 | 芬 향기로울 분
不 아닐 불 | 弗 아닐 불 | 佛 부처 불 | 拂 떨 불
朋 벗 붕 | 崩 무너질 붕 | 鵬 대붕새 붕 | 比 견줄 비
妃 왕비 비 | 批 칠 비 | 非 아닐 비 | 肥 살찔 비
卑 낮을 비 | 飛 날 비 | 匪 대상자 비 | 秘 귀신 비
悲 슬플 비 | 費 쓸 비 | 備 갖출 비 | 婢 여자종 비
鼻 코 비 | 碑 돌기둥 비 | 丕 클 비 | 毘 毗와 同字
毖 삼갈 비 | 貧 가난할 빈 | 賓 손 빈 | 頻 자주 빈
彬 빛날 빈 | 氷 얼음 빙 | 聘 찾아갈 빙

7 ㅅ

士 선비 사 | 巳 여섯째 지지 사 | 四 넉 사 | 史 역사 사
司 맡을 사 | 仕 벼슬할 사 | 寺 절 사 | 死 죽을 사
似 같을 사 | 沙 모래 사 | 邪 간사할 사 | 私 사사 사
舍 집 사 | 事 일 사 | 使 하여금 사 | 社 토지의 신 사
祀 제사 사 | 査 사실할 사 | 思 생각할 사 | 唆 부추길 사

師 스승 사
射 궁술사
捨 버릴 사
蛇 뱀 사
斜 비낄 사
赦 용서할 사
絲 실 사
詐 속일 사
詞 말씀 사
斯 이 사
飼 먹일 사
寫 베낄 사
賜 줄 사
謝 사례할 사
辭 말 사
泗 물이름 사
削 깎을 삭
朔 초하루 삭
山 뫼 산
産 낳을 산
傘 우산 산
散 흩을 산
算 셀 산
酸 초 산
殺 죽일 살
三 석 삼
森 나무 빽빽할 삼
蔘 인삼 삼
插 꽂을 삽
上 위 상
床 牀의 俗字 상 상
尙 오히려 상
狀 형상 상
相 서로 상
桑 뽕나무 상
商 헤아릴 상
常 항상 상
祥 상서로울 상
喪 죽을 상
象 코끼리 상
想 생각할 상
傷 상처 상
詳 자세할 상
裳 치마 상
嘗 맛볼 상
像 형상 상
賞 상줄 상
霜 서리 상
償 갚을 상
箱 상자 상
庠 학교 상
雙 쌍 쌍
塞 막힐 색(변방 새)
色 빛 색
索 찾을 색(동아줄 삭)
生 날 생
西 서녘 서
序 차례 서
書 쓸 서
恕 용서할 서
徐 천천할 서
庶 여러 서
敍 차례 서
暑 더울 서
署 관청 서
瑞 상서 서
誓 맹세할 서
緖 실마리 서
舒 펼 서
夕 저녁 석
石 돌 석
昔 예 석
析 가를 석
席 자리 석
惜 아낄 석
碩 클 석
釋 풀 석
奭 클 석
晳 밝을 석
錫 주석 석
仙 신선 선
先 먼저 선
宣 베풀 선
旋 돌 선
船 배 선
善 착할 선
選 가릴 선
線 줄 선
禪 봉선 선
鮮 고울 선
繕 기울 선
瑄 도리옥 선
璇 아름다운 옥 선
璿 아름다운 옥 선
舌 혀 설
雪 눈 설

設 베풀 설
說 말씀 설
卨 사람 이름 설
薛 맑은 대쑥 설

纖 가늘 섬
陝 고을 이름 섬
蟾 두꺼비 섬
暹 해 돋을 섬

涉 건널 섭
攝 당길 섭
燮 불꽃 섭
成 이룰 성

性 성품 성
姓 성 성
省 살필 성
星 별 성

城 성 성
盛 담을 성
聖 성스러울 성
誠 정성 성

聲 소리 성
晟 밝을 성
世 대 세
洗 씻을 세

細 가늘 세
稅 세
歲 해 세
勢 기세 세

貰 세낼 세
小 작을 소
少 적을 소
召 부를 소

所 바 소
昭 밝을 소
素 흴 소
笑 웃을 소

消 사라질 소
掃 쓸 소
紹 이을 소
疎 疏와 同字

訴 하소연 할 소
蔬 푸성귀 소
燒 사를 소
蘇 차조기 소

騷 떠들 소
巢 집 소
沼 늪 소
邵 고을 이름 소

束 묶을 속
俗 풍속 속
速 빠를 속
粟 조 속

屬 엮을 속(이을 촉)
續 이을 속
孫 손자 손
損 덜 손

松 소나무 송
送 보낼 송
訟 송사할 송
頌 기릴 송

誦 욀 송
宋 송나라 송
刷 쓸 쇄
鎖 쇠사슬 쇄

衰 쇠할 쇠
水 물 수
手 손 수
囚 가둘 수

守 지킬 수
收 거둘 수
秀 빼어날 수
受 받을 수

垂 드리울 수
首 머리 수
帥 장수 수
修 닦을 수

殊 죽일 수
授 줄 수
搜 찾을 수
須 모름지기 수

遂 이를 수
愁 시름 수
睡 잘 수
需 구할 수

壽 목숨 수
隨 따를 수
誰 누구 수
數 셀 수

樹 나무 수
輸 나를 수
雖 비록 수
獸 짐승 수

洙 강 이름 수
銖 무게 단위 수
隋 수나라 수(제사 고기 나머지 타)
叔 아재비 숙

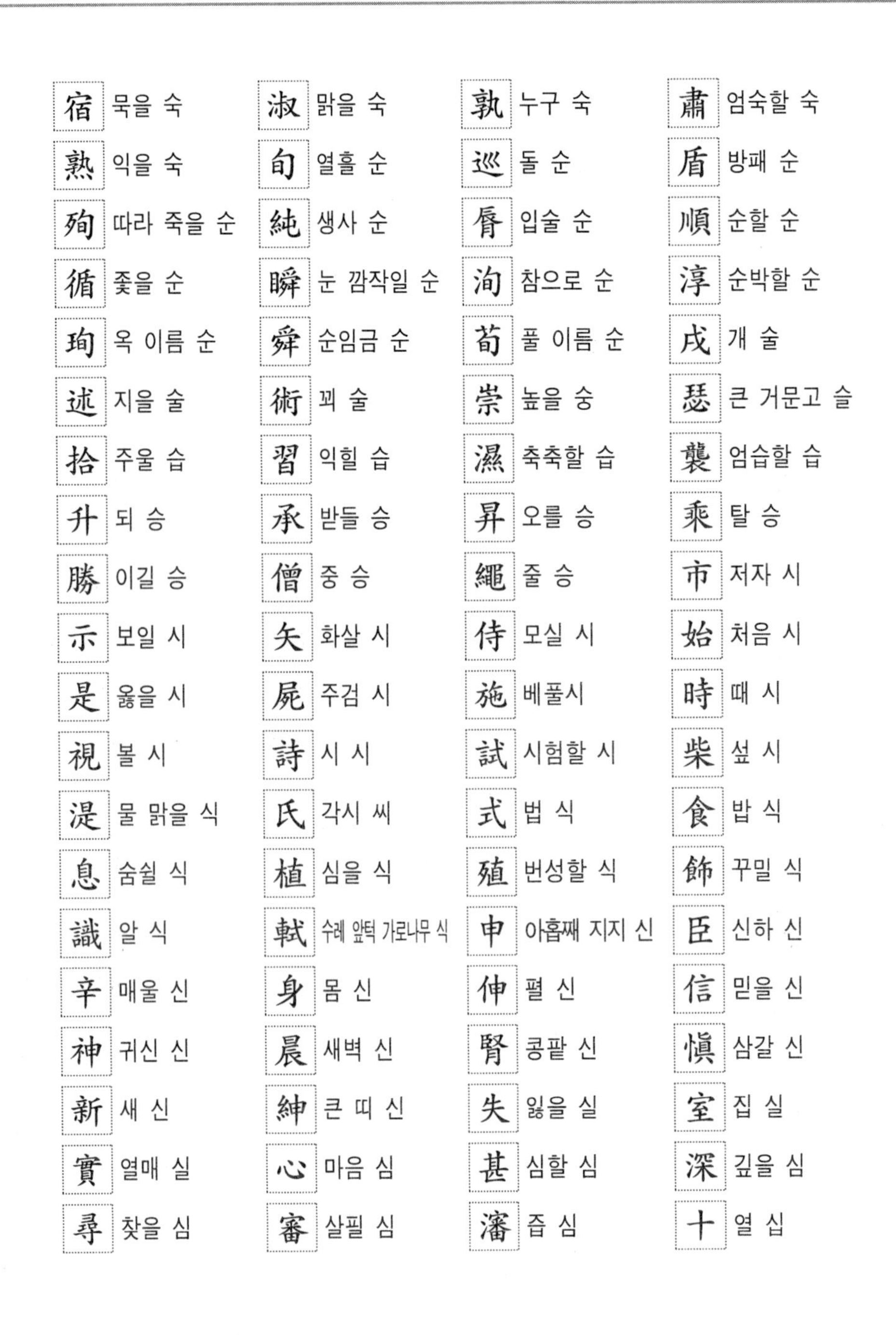
宿 묵을 숙 淑 맑을 숙 孰 누구 숙 肅 엄숙할 숙
熟 익을 숙 旬 열흘 순 巡 돌 순 盾 방패 순
殉 따라 죽을 순 純 생사 순 脣 입술 순 順 순할 순
循 좇을 순 瞬 눈 깜작일 순 洵 참으로 순 淳 순박할 순
珣 옥 이름 순 舜 순임금 순 荀 풀 이름 순 戌 개 술
述 지을 술 術 꾀 술 崇 높을 숭 瑟 큰 거문고 슬
拾 주울 습 習 익힐 습 濕 축축할 습 襲 엄습할 습
升 되 승 承 받들 승 昇 오를 승 乘 탈 승
勝 이길 승 僧 중 승 繩 줄 승 市 저자 시
示 보일 시 矢 화살 시 侍 모실 시 始 처음 시
是 옳을 시 屍 주검 시 施 베풀시 時 때 시
視 볼 시 詩 시 시 試 시험할 시 柴 섶 시
湜 물 맑을 식 氏 각시 씨 式 법 식 食 밥 식
息 숨쉴 식 植 심을 식 殖 번성할 식 飾 꾸밀 식
識 알 식 軾 수레 앞턱 가로나무 식 申 아홉째 지지 신 臣 신하 신
辛 매울 신 身 몸 신 伸 펼 신 信 믿을 신
神 귀신 신 晨 새벽 신 腎 콩팥 신 愼 삼갈 신
新 새 신 紳 큰 띠 신 失 잃을 실 室 집 실
實 열매 실 心 마음 심 甚 심할 심 深 깊을 심
尋 찾을 심 審 살필 심 瀋 즙 심 十 열 십

8 ㅇ

牙 어금니 아 芽 싹 아 我 나 아 亞 버금 아

兒 아이 아
阿 언덕 아
雅 메까마귀 아
餓 주릴 아
岳 큰 산 악
惡 악할 악
握 쥘 악
安 편안할 안
岸 언덕 안
案 책상 안
眼 눈 안
雁 기러기 안
顔 얼굴 안
謁 아뢸 알
閼 가로막을 알
岩 巖의 俗字 암의 俗字
暗 어두울 암
癌 암 암
押 누를 압
壓 누를 압
鴨 오리 압
央 가운데 앙
仰 우러를 앙
殃 재앙 앙
哀 슬플 애
涯 물가 애
愛 사랑 애
碍 애의 俗字
埃 티끌 애
艾 쑥 애
厄 액 액
液 진 액
額 이마 액
也 어조사 야
夜 밤 야
耶 어조사 야
野 들 야
惹 이끌 야
倻 땅 이름 야
若 같을 약
約 묶을 약
弱 약할 약
藥 약 약
躍 뛸 약
羊 양 양
洋 바다 양
揚 오를 양
陽 볕 양
楊 버들 양
養 기를 양
樣 모양 양
壤 흙 양
孃 계집애 양
讓 사양할 양
襄 도울 양
於 어조사 어
魚 고기 어
御 어거할 어
漁 고기 잡을 어
語 말씀 어
抑 누를 억
億 억 억
憶 생각할 억
言 말씀 언
焉 어찌 언
彦 선비 언
嚴 엄할 엄
業 업 업
予 나 여
汝 너 여
如 같을 여
余 나 여
與 줄 여
餘 남을 여
輿 수레 여
亦 또 역
役 부릴 역
易 바꿀 역
逆 거스를 역
疫 염병 역
域 지경 역
譯 통변할 역
驛 역참 역
延 끌 연
沿 따를 연
宴 잔치 연
軟 연의 俗字
研 갈 연
然 그러할 연
硯 벼루 연
煙 연기 연
鉛 납 연
演 멀리 흐를 연
燃 사를 연
緣 가선 연
燕 제비 연

姸 고울 연
淵 못 연
衍 넘칠 연
悅 기쁠 열
閱 검열할 열
熱 더울 열
炎 불탈 염
染 물들일 염
厭 싫을 염
鹽 소금 염
閻 이문 염
葉 잎 엽
燁 빛날 엽
永 길 영
迎 맞이할 영
英 꽃부리 영
泳 헤엄칠 영
映 비출 영
詠 읊을 영
榮 꽃 영
影 그림자 영
營 경영할 영
暎 映의 俗字
瑛 옥빛 영
盈 찰 영
塋 무덤 영
預 미리 예
銳 날카로울 예
豫 미리 예
藝 심을 예
譽 기릴 예
芮 풀 뾰족뾰족 날 예
睿 깊고 밝을 예
濊 깊을 예(물 많은 모양 회, 막힐 활)
芸 향초 이름 운
午 일곱째 지지 오
五 다섯 오
汚 더러울 오
吾 나 오
烏 까마귀 오
悟 깨달을 오
娛 즐거워할 오
梧 벽오동나무 오
嗚 탄식소리 오
傲 거만할 오
誤 그릇할 오
吳 나라 이름 오
墺 물가 오
玉 옥 옥
屋 집 옥
獄 옥 옥
沃 물 댈 옥
鈺 보배 옥
溫 따뜻할 온
穩 평온할 온
翁 늙은이 옹
擁 안을 옹
邕 화할 옹
雍 누그러질 옹
甕 독 옹
瓦 기와 와
臥 엎드릴 와
完 완전할 완
緩 느릴 완
莞 왕골 완
曰 가로 왈
王 임금 왕
往 갈 왕
旺 성할 왕
汪 넓을 왕
歪 비뚤 왜(외)
倭 왜국 왜(순한 모양 위)
外 밖 외
畏 두려워할 외
妖 아리따울 요
要 구할 요
搖 흔들릴 요
遙 멀 요
腰 허리 요
謠 노래 요
曜 빛날 요
堯 요임금 요
姚 예쁠 요
耀 빛날 요
辱 욕되게 할 욕
浴 목욕할 욕
欲 하고자 할 욕
慾 욕심 욕
用 쓸 용
勇 날쌜 용
容 얼굴 용
庸 쓸 용
熔 鎔의 俗字
傭 품팔이 용
溶 질편히 흐를 용
瑢 패옥 소리 용

鎔 녹일 용	鏞 종 용	又 또 우	于 어조사 우
友 벗 우	尤 더욱 우	牛 소 우	右 오른쪽 우
宇 집 우	羽 깃 우	雨 비 우	偶 짝 우
遇 만날 우	愚 어리석을 우	郵 역참 우	憂 근심할 우
優 넉넉할 우	佑 도울 우	祐 도울 우	禹 하우씨 우
旭 아침 해 욱	頊 삼갈 욱	昱 빛날 욱	煜 빛날 욱
郁 성할 욱	云 이를 운	雲 구름 운	運 돌 운
韻 운 운	鬱 막힐 울	雄 수컷 웅	熊 곰 웅
元 으뜸 원	苑 나라 동산 원	怨 원망할 원	原 근원 원
員 수효 원	院 담 원	援 당길 원	圓 둥글 원
園 동산 원	源 근원 원	遠 멀 원	願 원할 원
媛 미인 원	瑗 도리옥 원	袁 옷길 원	月 달 월
越 넘을 월	危 위태할 위	位 자리 위	委 맡길 위
胃 밥통 위	威 위엄 위	偉 훌륭할 위	尉 벼슬 위
爲 할 위	圍 둘레 위	違 어길 위	僞 거짓 위
慰 위로할 위	緯 씨 위	謂 이를 위	衛 지킬 위
蔚 풀 이름 울(성할 위)	渭 강 이름 위	韋 다룸가죽 위	魏 나라 이름 위
由 말미암을 유	幼 어릴 유	有 있을 유	酉 닭 유
乳 젖 유	油 기름 유	柔 부드러울 유	幽 그윽할 유
悠 멀 유	唯 오직 유	惟 생각할 유	猶 오히려 유
裕 넉넉할 유	遊 놀 유	愈 나을 유	維 바 유
誘 꾈 유	遺 끼칠 유	儒 선비 유	庾 곳집 유
兪 점점 유	楡 느릅나무 유	踰 넘을 유	肉 고기 육
育 기를 육	閏 윤달 윤	潤 젖을 윤	允 진실로 윤

尹 다스릴 윤
胤 이을 윤
鈗 병기 윤
融 화할 융
恩 은혜 은
銀 은 은
隱 숨길 은
殷 성할 은
垠 끝 은
誾 온화할 은
乙 새 을
吟 읊을 음
音 소리 음
淫 음란할 음
陰 응달 음
飮 마실 음
邑 고을 읍
泣 울 읍
凝 엉길 응
應 응할 응
鷹 매 응
衣 옷 의
矣 어조사 의
宜 마땅할 의
依 의지할 의
意 뜻 의
義 옳을 의
疑 의심할 의
儀 거동 의
醫 의원 의
議 의논할 의
二 두 이
已 이미 이
以 써 이
而 말 이을 이
耳 귀 이
夷 오랑캐 이
異 다를 이
移 옮길 이
貳 두 이
伊 저 이
珥 귀엣고리 이
怡 기쁠 이
益 더할 익
翼 날개 익
翊 도울 익
人 사람 인
刃 칼날 인
仁 어질 인
引 끌 인
因 인할 인
印 도장 인
忍 참을 인
姻 혼인 인
寅 세째 지지 인
認 알 인
一 한 일
日 해 일
逸 달아날 일
壹 한 일
鎰 중량 일
佾 춤 일
壬 아홉째 천간 임
任 맡길 임
賃 품팔이 임
妊 아이 밸 임
入 들 입

9 ㅈ

子 아들 자
字 글자 자
自 스스로 자
姉 자의 俗字
刺 찌를 자
者 놈 자
玆 이 자
姿 맵시 자
恣 방자할 자
紫 자주빛 자
慈 사랑할 자
資 재물 자
磁 자석 자
雌 암컷 자
諮 물을 자
滋 불을 자

作 지을 작
昨 어제 작
酌 따를 작
爵 잔 작
殘 해칠 잔
暫 잠시 잠
潛 자맥질 할 잠
蠶 누에 잠
雜 섞일 잡
丈 어른 장
壯 씩씩할 장
長 길 장
莊 풀 성할 장
章 글 장
帳 휘장 장
張 베풀 장
將 장차 장
掌 손바닥 장
葬 장사지낼 장
場 마당 장
粧 단장할 장
裝 꾸밀 장
腸 창자 장
奬 권면할 장
障 가로막을 장
藏 감출 장
臟 오장 장
墻 牆과 同字
庄 농막 장
樟 녹나무 장
璋 반쪽 홀 장
蔣 줄 장
才 재주 재
在 있을 재
再 두 재
災 재앙 재
材 재목 재
哉 어조사 재
宰 재상 재
栽 심을 재
財 재물 재
裁 마를 재
載 실을 재
爭 다툴 쟁
低 밑 저
底 밑 저
抵 거스를 저
沮 막을 저
著 분명할 저
貯 쌓을 저
赤 붉을 적
的 과녁 적
寂 고요할 적
笛 피리 적
跡 자취 적
賊 도둑 적
滴 물방울 적
摘 딸 적
適 갈 적
敵 원수 적
積 쌓을 적
績 실 낳을 적
蹟 자취 적
籍 서적 적
田 밭 전
全 온전할 전
典 법 전
前 앞 전
展 펼 전
專 오로지 전
電 번개 전
傳 전할 전
殿 큰 집 전
錢 돈 전
戰 싸울 전
轉 구를 전
甸 경기 전
切 끊을 절
折 꺾을 절
竊 훔칠 절
絶 끊을 절
節 마디 절
占 차지할 점
店 가게 점
漸 점점 점
點 점 점
接 사귈 접
蝶 나비 접
丁 네째천간 정
井 우물 정
正 바를 정
呈 드릴 정
廷 조정 정
定 정할 정
征 칠 정
亭 정자 정

貞 곧을 정
政 정사 정
訂 바로 잡을 정
庭 뜰 정
頂 정수리 정
停 머무를 정
偵 정탐할 정
情 뜻 정
淨 깨끗할 정
程 단위 정
精 쓿은 쌀 정
整 가지런할 정
靜 고요할 정
艇 거룻배 정
鄭 나라 이름 정
晶 밝을 정
珽 옥홀 정
旌 기 정
楨 광나무 정
汀 물가 정
禎 상서 정
鼎 솥 정
弟 아우 제
制 마를 제
帝 임금 제
除 섬돌 제
第 차례 제
祭 제사 제
堤 방죽 제
提 끌 제
齊 가지런할 제
製 지을 제
際 사이 제
諸 모든 제
劑 약지을 제
濟 건널 제
題 표제 제
弔 조상할 조
早 새벽 조
兆 조짐 조
助 도울 조
造 지을 조
祖 조상 조
租 구실 조
鳥 새 조
措 둘 조
條 가지 조
組 끈 조
釣 낚시 조
彫 새길 조
朝 아침 조
照 비출 조
潮 조수 조
調 고를 조
操 잡을 조
燥 마를 조
趙 나라 조
曺 성 조
祚 복 조
足 발 족
族 겨레 족
存 있을 존
尊 높을 존
卒 군사 졸
拙 졸할 졸
宗 마루 종
從 좇을 종
終 끝날 종
種 씨 종
綜 잉아 종
縱 늘어질 종
鐘 종 종
琮 옥홀 종
左 왼 좌
坐 앉을 좌
佐 도울 좌
座 자리 좌
罪 허물 죄
主 주인 주
朱 붉을 주
舟 배 주
州 고을 주
走 달릴 주
住 살 주
周 두루 주
宙 집 주
注 물댈 주
洲 섬 주
柱 기둥 주
奏 아뢸 주
酒 술 주
株 그루 주
珠 구슬 주
晝 낮 주
週 돌 주
鑄 쇠 부어 만들 주

疇 밭두둑 주
竹 대 죽
俊 준걸 준
准 승인할 준
準 수준기 준
遵 좇을 준
埈 준과 同字
峻 높을 준
晙 밝을 준
浚 깊을 준
濬 칠 준
駿 준마 준
中 가운데 중
仲 버금 중
重 무거울 중
衆 무리 중
卽 곧 즉
症 증세 증
曾 일찍 증
蒸 찔 증
增 불을 증
憎 미워할 증
證 증거 증
贈 보낼 증
之 갈 지
止 발 지
支 가를 지
只 다만 지
至 이를 지
旨 맛있을 지
枝 가지 지
池 못 지
地 땅 지
志 뜻 지
知 알 지
持 가질 지
指 손가락 지
脂 기름 지
紙 종이 지
智 슬기 지
誌 기록할 지
遲 늦을 지
址 터 지
芝 지초 지
直 곧을 직
職 벼슬 직
織 짤 직
稙 일찍 심은 벼 직
稷 기장 직
辰 지지 진
珍 보배 진
津 나루 진
眞 참 진
振 떨칠 진
陣 줄 진
陳 늘어놓을 진
進 나아갈 진
診 볼 진
塵 티끌 진
盡 다될 진
震 벼락 진
鎭 진압할 진
秦 벼 이름 진
晋 晉의 俗字
姪 조카 질
疾 병 질
秩 차례 질
窒 막을 질
執 잡을 집
集 모일 집
輯 모을 집
徵 부를 징
懲 혼날 징

10 ㅊ

且 또 차
次 버금 차
此 이 차
差 어긋날 차
借 빌 차
遮 막을 차
捉 잡을 착
着 붙을 착(저)

錯 섞일 착	餐 먹을 찬	贊 도울 찬	讚 기릴 찬
燦 빛날 찬	鑽 끌 찬	璨 빛날 찬	瓚 제기 찬
札 패 찰	刹 절 찰	察 살필 찰	參 간여할 참
慘 참혹할 참	慙 부끄러울 참	斬 벨 참	昌 창성할 창
倉 곳집 창	窓 창 창	唱 노래 창	創 비롯할 창
蒼 푸를 창	滄 찰 창	暢 펼 창	彰 밝을 창
敞 높을 창	昶 밝을 창	菜 나물 채	採 캘 채
彩 무늬 채	采 캘 채	埰 영지 채	蔡 거북 채
債 빚 채	冊 책 책	責 꾸짖을 책	策 채찍 책
妻 아내 처	處 살 처	悽 슬퍼할 처	尺 자 척
斥 물리칠 척	拓 주울 척	戚 겨레 척	隻 새 한 마리 척
陟 오를 척	千 일천 천	川 내 천	天 하늘 천
泉 샘 천	淺 얕을 천	踐 밟을 천	賤 천할 천
遷 옮길 천	薦 천거할 천	釧 팔찌 천	哲 밝을 철
撤 거둘 철	徹 통할 철	鐵 쇠 철	喆 哲과 同字
澈 물 맑을 철	尖 뾰족할 첨	添 더할 첨	瞻 볼 첨
妾 첩 첩	諜 염탐할 첩	青 푸를 청	清 맑을 청
晴 갤 청	請 청할 청	聽 들을 청	廳 관청 청
逮 미칠 체	替 쇠퇴할 체	遞 갈마들 체	滯 막힐 체
體 몸 체	締 맺을 체	肖 닮을 초	抄 노략질할 초
初 처음 초	招 부를 초	草 풀 초	秒 초 초(까끄라기 묘)
哨 망볼 초	焦 그을릴 초	超 넘을 초	礎 주춧돌 초
楚 모형 초	促 재촉할 촉	燭 촛불 촉	觸 닿을 촉
蜀 나라 이름 촉	寸 마디 촌	村 마을 촌	銃 총 총

聰 귀 밝을 총	總 거느릴 총	最 가장 최	催 재촉할 최
崔 높을 최	抽 뺄 추	秋 가을 추	追 쫓을 추
推 옮을 추	趨 달릴 추	醜 추할 추	楸 개오동나무 추
鄒 나라 이름 추	丑 소 축	畜 쌓을 축	祝 빌 축
逐 쫓을 축	軸 굴대 축	蓄 쌓을 축	築 쌓을 축
縮 다스릴 축	蹴 찰 축	春 봄 춘	椿 참죽나무 춘
出 날 출	充 찰 충	忠 충성 충	衷 속마음 충
衝 찌를 충	蟲 벌레 충	冲 沖의 俗字	吹 불 취
取 취할 취	臭 냄새 취	就 이룰 취	醉 취할 취
趣 달릴 취	炊 불땔 취	聚 모일 취	側 곁 측
測 잴 측	層 층 층	治 다스릴 치	値 값 치
恥 부끄러워할 치	致 보낼 치	置 둘 치	稚 어릴 치
齒 이 치	峙 우뚝 솟을 치	雉 꿩 치	則 법칙 칙(곧 즉, 본받을 칙)
親 친할 친	七 일곱 칠	漆 옻 칠	沈 가라앉을 침
枕 베개 침	侵 침노할 침	浸 담글 침	針 바늘 침
寢 잠잘 침	稱 일컬을 칭		

⑪ ㅋ

快 쾌할 쾌

⑫ ㅌ

他 다를 타	打 칠 타	妥 온당할 타	墮 떨어질 타
托 밀 탁	卓 높을 탁	託 부탁할 탁	琢 쫄 탁
濁 흐릴 탁	濯 씻을 탁	炭 숯 탄	誕 태어날 탄
彈 탄알 탄	歎 읊을 탄	灘 여울 탄	脫 벗을 탈
奪 빼앗을 탈	貪 탐할 탐	探 찾을 탐	耽 즐길 탐
塔 탑 탑	湯 넘어질 탕	太 클 태	怠 게으름 태
殆 위태할 태	胎 아이 밸 태	泰 클 태	態 모양 태
颱 태풍 태	兌 바꿀 태	台 별 태(나 이)	宅 집 택
澤 못 택	擇 가릴 택	土 흙 토	吐 토할 토
兎 토의 俗字	討 칠 토	通 통할 통	痛 아플 통
統 큰 줄기 통	退 물러날 퇴	投 던질 투	透 통할 투
鬪 싸움 투	特 수컷 특		

⑬ ㅍ

波 물결 파	派 물갈래 파	破 깨뜨릴 파	頗 자못 파
罷 방면할 파	播 뿌릴 파	把 잡을 파	坡 고개 파
判 판가름할 판	板 널빤지 판	版 널 판	販 팔 판
阪 비탈 판	八 여덟 팔	貝 조개 패	敗 깨뜨릴 패
覇 패의 俗字	彭 성 팽	片 조각 편	便 편할 편
偏 치우칠 편	遍 두루 편	篇 책 편	編 엮을 편
扁 넓적할 편	平 평평할 평	坪 평평할 평	評 평할 평
肺 허파 폐	閉 닫을 폐	廢 폐할 폐	蔽 덮을 폐

弊 해질 폐	幣 비단 폐	布 베 포	包 쌀 포
抛 던질 포	抱 안을 포	怖 두려워할 포	胞 태보 포
浦 개 포	捕 사로잡을 포	砲 돌쇠뇌 포	飽 물릴 포
鋪 펼 포	葡 포도 포	鮑 절인 어물 포	幅 폭 폭
暴 사나울 포	爆 터질 폭	表 겉 표	票 불똥 튈 표
漂 떠돌 표	標 우듬지 표	杓 자루 표	品 물건 품
風 바람 풍	楓 단풍나무 풍	豊 풍성할 풍(굽 높은 그릇 례)	馮 성 풍(탈 빙)
皮 가죽 피	彼 저 피	疲 지칠 피	被 이불 피
避 피할 피	匹 필 필	必 반드시 필	畢 마칠 필
筆 붓 필	弼 도울 필	泌 샘물 흐르는 모양 필(비)	

14 ㅎ

下 아래 하	何 어찌 하	河 강 이름 하	夏 여름 하
荷 연 하	賀 하례 하	虐 사나울 학	學 배울 학
鶴 학 학	汗 땀 한	旱 가물 한	恨 한할 한
限 한계 한	寒 찰 한	閑 막을 한	漢 한수 한
翰 날개 한	韓 나라 이름 한	割 나눌 할	含 머금을 함
咸 다 함	陷 빠질 함	艦 싸움배 함	合 합할 합
陜 땅이름 합(좁을 협)	抗 막을 항	巷 거리 항	恒 항상 항
航 배 항	港 항구 항	項 목 항	亢 목 항
沆 넓을 항	亥 돼지 해	害 해칠 해	奚 어찌 해
海 바다 해	該 그 해	解 풀 해	核 씨 핵
行 갈 행	幸 다행 행	杏 살구나무 행	向 향할 향

享 누릴 향
香 향기 향
鄕 시골 향
響 울림 향
許 허락할 허
虛 빌 허
軒 추녀 헌
憲 법 헌
獻 바칠 헌
險 험할 험
驗 증험할 험
革 가죽 혁
赫 붉을 혁
爀 붉을 혁
玄 검을 현
弦 시위 현
現 나타날 현
絃 악기 줄 현
賢 어질 현
縣 매달 현
懸 매달 현
顯 나타날 현
峴 재 현
炫 빛날 현
鉉 솥귀 현
穴 구멍 혈
血 피 혈
嫌 싫어할 혐
協 맞을 협
脅 옆구리 협
峽 골짜기 협
兄 맏 형
刑 형벌 형
亨 형통할 형
形 모양 형
型 거푸집 형
螢 개똥벌레 형
衡 저울대 형
瀅 맑을 형
炯 빛날 형
邢 나라 이름 형
馨 향기 형
兮 어조사 혜
惠 은혜 혜
慧 슬기로울 혜
户 지게 호
互 서로 호
乎 인가 호
好 좋을 호
虎 범 호
呼 부를 호
胡 턱밑살 호
浩 클 호
毫 가는 털 호
湖 호수 호
號 부르짖을 호
豪 호걸 호
濠 해자 호
護 보호할 호
昊 하늘 호
晧 밝을 호
皓 흴 호
澔 浩와 同字
壕 해자 호
扈 뒤따를 호
鎬 호경 호
祜 복 호
或 혹 혹
惑 미혹할 혹
酷 독할 혹
昏 어두울 혼
混 섞을 혼
婚 혼인할 혼
魂 넋 혼
忽 소홀히 할 홀
弘 넓을 홍
洪 큰물 홍
紅 붉을 홍
鴻 큰 기러기 홍
泓 깊을 홍
火 불 화
化 될 화
禾 벼 화
花 꽃 화
和 화할 화
華 꽃 화
貨 재화 화
畵 그림 화
靴 신 화
禍 재화 화
嬅 여자 이름 화
樺 자작나무 화
確 굳을 확
擴 넓힐 확
穫 벼 벨 확
丸 알 환

幻 변할 환	患 근심 환	換 바꿀 환	還 돌아올 환
環 고리 환	歡 기뻐할 환	桓 푯말 환	煥 불꽃 환
活 살 활	滑 미끄러울 활	況 하물며 황	皇 임금 황
荒 거칠 황	黃 누를 황	晃 밝을 황	滉 물 깊고 넓을 황
灰 재 회	回 돌 회	廻 돌 회	悔 뉘우칠 회
會 모일 회	懷 품을 회	檜 노송나무 회	淮 강 이름 회
劃 그을 획	獲 얻을 획	橫 가로 횡	孝 효도 효
效 본받을 효	曉 새벽 효	厚 두터울 후	侯 과녁 후
後 뒤 후	喉 목구멍 후	候 물을 후	后 임금 후
訓 가르칠 훈	勳 공 훈	熏 연기 낄 훈	壎 질나팔 훈
薰 향풀 훈	毁 헐 훼	揮 휘두를 휘	輝 빛날 휘
徽 아름다울 휘	休 쉴 휴	烋 경사로울 휴(거들거릴 효)	凶 흉할 흉
胸 가슴 흉	匈 오랑캐 흉	黑 검을 흑	欽 공경할 흠
吸 숨 들이쉴 흡	興 일 흥	希 바랄 희	喜 기쁠 희
稀 드물 희	熙 빛날 희	噫 탄식할 희	戱 희의 俗字
姬 성 희	嬉 즐길 희	熹 성할 희	憙 기뻐할 희
禧 복 희	羲 숨 희		

최근 기출문제 분석

2019. 10. 19. 우정서기보(계리직)

1 한자 표기가 틀린 것은?

① 牌를 잘못 돌려 破鬪가 났다.
② 假借 없이 嚴罰에 處해야 한다.
③ 公人이 物疑를 일으키는 일이 頻繁하다.
④ 注意가 散漫한 아이를 銳意 注視해야 한다.

TIP '어떤 사람 또는 단체의 처사에 대하여 많은 사람이 이러쿵저러쿵 논평하는 상태'를 가리킬 때 사용하는 말인 '물의'는 '物議(물건 물, 의논한 의)'로 쓴다. '疑'는 '의심할 의'이다.
③ 公人(공인)이 物疑(→ 物議 : 물의)를 일으키는 일이 頻繁(빈번)하다.
① 牌(패)를 잘못 돌려 破鬪(파투)가 났다.
② 假借(가차) 없이 嚴罰(엄벌)에 處(처)해야 한다.
④ 注意(주의)가 散漫(산만)한 아이를 銳意(예의) 注視(주시)해야 한다.

2019. 10. 19. 우정서기보(계리직)

2 밑줄 친 단어의 한자 표기가 모두 옳은 것은?

① 취급과정을 기록하는 우편물은 정당(定當) 수령인으로부터 수령사실의 확인, 곧 서명, 또는 날인(捺印)을 받고 배달하여야 한다.
② 기타 예금의 소멸 원인으로는 변제공탁(辨濟供託), 상계(相計), 소멸시효의 완성 등이 있다.
③ 국제 반신우표권(返信郵票卷) 제도를 이용하면 이용자가 수취인에게 회신 요금의 부담(負膽)을 지우지 아니하고 외국으로부터 편리하게 회답을 받을 수 있다.
④ 신주인수권부사채(新株引受權付社債)는 채권자에게 일정 기간이 경과(徑過)한 후에 일정한 가격으로 발행 회사의 일정 수의 신주를 인수할 수 있는 권리가 부여된 사채를 말한다.

TIP ② 변제공탁(辨濟供託) : 채무 변제의 목적물을 채권자를 위해 공탁소에 맡겨서 그 채무를 면제하는 제도
상계(相計) : 채무자와 채권자가 같은 종류의 채무와 채권을 가지는 경우에, 일방적 의사 표시로 서로의 채무와 채권을 같은 액수만큼 소멸시키는 것
① 정당(定當 → 正當) : 이치에 맞아 올바르고 마땅함.
날인(捺印) : 도장을 찍음.
③ 반신우표권(返信郵票卷) : 만국우편연합 국제사무국에서 발행하며 각 회원국 우체국에서 판매하는 유가증권으로, 국제반신우표권 1장은 그 나라의 외국 발송 항공보통서장 최저 요금의 우표와 교환 가능
부담(負膽 → 負擔) : 어떤 의무나 책임을 짐.
④ 신주인수권부사채(新株引受權付社債 → 新株引受權附社債) : 발행 기업의 주식을 매입할 수 있는 권리를 부여한 사채
경과(徑過 → 經過) : 시간이 지나감.

Answer 1.③ 2.②

2018. 7. 21. 우정서기보(계리직)

3 **밑줄 친 단어의 한자 표기가 옳은 것은?**

① 구청에서 과태료(過怠料)를 부과했다.

② 본회의에 주요 안건을 부의(賻儀)했다.

③ 두 팀은 백중세(百中勢)의 경기를 했다.

④ 그는 자신의 의견에 추호(秋護)도 양보하지 않았다.

TIP ② 부의(附議) : 토의에 부침
부의(賻儀) : 상가(喪家)에 부조로 보내는 돈이나 물품
③ 백중세(伯仲勢) : 서로 우열을 가리기 힘든 형세
④ 추호(秋毫) : 매우 적거나 조금인 것을 비유적으로 이르는 말

2018. 7. 21. 우정서기보(계리직)

4 **〈보기〉에 제시한 글의 밑줄 친 부분과 의미가 통하는 한자성어로 옳지 않은 것은?**

〈보기〉

㉠ 인근 마을에서까지 모여들어 성시를 이루었던 하회별신굿은, 이 굿을 못 보면 죽어서 좋은 데로 못 간다고까지 일러 오던 대축제였다.

㉡ 물질과 부가 모든 것을 지배하게 되면, 우리는 문화를 잃게 되며, 삶의 주체인 인격의 균형을 상실하게 된다. 그 뒤를 따르는 불행은 더 말할 필요가 없다.

㉢ 전통은 대체로 그 사회 및 그 사회의 구성원인 개인의 몸에 배어 있는 것이다. 그러므로 스스로 깨닫지 못하는 사이에 전통은 우리의 현실에 작용하는 경우가 있다.

㉣ 문제를 어리석게 해결한다 함은, 오줌을 누어 언 발을 녹이는 경우와 같이, 당장의 문제는 일단 벗어났으나 다음에 더욱 어려운 문제가 생길 수 있게 처신했을 경우를 말한다.

① ㉠ : 人山人海

② ㉡ : 明若觀火

③ ㉢ : 自激之心

④ ㉣ : 姑息之計

TIP ① 人山人海(인산인해) : 사람이 수없이 많이 모인 상태를 이르는 말
② 明若觀火(명약관화) : 불을 보듯 분명하고 뻔함
③ 自激之心(자격지심) : 자기가 한 일에 대하여 스스로 미흡하게 여기는 마음
④ 姑息之計(고식지계) : 우선 당장 편한 것만을 택하는 꾀나 방법

Answer 3.① 4.③

2016. 7. 23. 우정서기보(계리직)

5 밑줄 친 한자성어의 사용이 가장 적절한 것은?

① 그가 이 논문을 완성하기 위해 쏟은 각고의 노력은 한마디로 隔靴搔癢이 아닐 수 없다.

② 프랑스 니스에서 벌어진 참혹한 테러 현장 보도를 보면서, 우리시대가 여전히 康衢煙月이라고 생각했다.

③ 夏爐冬扇이라더니, 꼼꼼한 그는 계절이 바뀔 때마다 빈틈없이 살림을 준비하고 집안 단속에 여념이 없었다.

④ 그가 내게 거짓 정보를 제공하고 조직을 제 편의대로 바꾸려는 것을 보면서, 指鹿爲馬가 옛말만은 아니라고 생각했다.

TIP ① 隔靴搔癢(격화소양): 신을 신고 발바닥을 긁는다는 뜻으로, 성에 차지 않거나 철저하지 못한 안타까움을 이르는 말이다.
② 康衢煙月(강구연월): 번화한 큰 길거리에서 달빛이 연기에 은은하게 비치는 모습을 나타내는 말로, 태평한 세상의 평화로운 풍경을 이르는 말이다.
③ 夏爐冬扇(하로동선): 여름의 화로와 겨울의 부채라는 뜻으로, 격이나 철에 맞지 아니함을 이르는 말이다.
④ 指鹿爲馬(지록위마): 사슴을 가리켜 말이라고 한다라는 뜻으로 윗사람을 농락하여 권세를 마음대로 함을 이르는 말이다.

2016. 7. 23. 우정서기보(계리직)

6 밑줄 친 한자어의 사용이 옳은 것은?

① 이자소득에 대해 비과세하거나 優待稅率을 적용하는 상품도 있다.

② 債貿證書와 주식의 성격을 복합적으로 가지고 있는 금융상품도 있다.

③ 가계당좌예금이란 가계수표를 발행할 수 있는 개인용 當坐預金을 말한다.

④ MMF는 은행의 MMDA, 증권사 및 종합금융회사의 CMA 등과 經爭商品이다.

TIP ① 優待稅率(우대세율)
② 債貿證書 → 債務證書(채무증서)
③ 當坐預金 → 當座預金(당좌예금)
④ 經爭商品 → 競爭商品(경쟁상품)

Answer 5.④ 6.①

2014. 2. 15. 우정서기보(계리직)

7 **밑줄 친 '於'의 의미가 나머지 셋과 다른 것은?**

① 苛政猛於虎
② 良藥苦於口
③ 靑出於藍而靑於藍
④ 氷水爲之而寒於水

TIP ②는 '~에', 나머지는 '~보다 더'의 의미로 사용되었다.
① 苛政猛於虎(가정맹어호) : 가혹한 정치는 호랑이보다 더 사납다.
② 良藥苦於口(양약고어구) : 좋은 약은 입에 쓰다.
③ 靑出於藍而靑於藍(청출어람이청어람) : 푸른색이 쪽에서 나왔으나 쪽보다 더 푸르다.
④ 氷水爲之而寒於水(빙수위지이한어수) : 얼음은 물이 변한 것으로 물보다 차다.

2014. 2. 15. 우정서기보(계리직)

8 **㉠~㉢에 공통으로 들어갈 한자로 알맞은 것은?**

> 王侯將相(㉠)有種乎
> 王道興而百姓(㉡)
> (㉢)爲鷄口勿爲牛後

① 寧
② 安
③ 康
④ 便

TIP 王侯將相 寧有種乎(왕후장상 영유종호) : 왕과 제후 그리고 장수와 정승의 씨가 따로 있겠는가.
王道興而百姓寧(왕도흥이백성령) : 왕의 도는 백성의 안녕으로부터 흥한다.
寧爲鷄口 勿爲牛後(영위계구 물위우후) : 닭의 입이 될지언정 소의 꼬리는 되지 말라.

Answer 7.② 8.①

출제 예상 문제

1 다음 중 한자의 구성원리가 다른 것은?

① 明 ② 接
③ 館 ④ 濺

TIP ① 밝을 명 ② 댈 접 ③ 집 관 ④ 물흐를 천
①은 회의자, ②③④는 형성자이다.
※ 한자의 구성원리
㉠ 상형(象形) : 모양을 본뜬 글자
㉡ 지사(指事) : 사물의 성질, 추상적인 의미를 가리키는 글자
㉢ 회의(會意) : 둘 이상의 한자의 뜻을 합쳐서 만든 글자
㉣ 형성(形聲) : 한자의 뜻과 소리를 합쳐서 만든 글자
㉤ 전주(轉注) : 다른 뜻으로 전용(轉用)하여 사용하는 글자
㉥ 가차(假借) : 외래어를 표기하기 위해 한자의 형태나 음을 임시로 빌어쓰는 글자

2 다음 한자(漢子)의 독음(讀音)으로 옳지 않은 것은?

① 示唆 – 시사 ② 莫逆 – 막역
③ 誇張 – 과장 ④ 標識 – 표식

TIP ④ 표지(標識)

3 다음 중 한자의 독음으로 옳지 않은 것은?

① 葛藤(갈등) ② 役割(역할)
③ 叱責(질책) ④ 謁見(알견)

TIP ④ 알현(謁見)

Answer 1.① 2.④ 3.④

4 다음 중 '이치에 닿지 않는 말을 억지로 끌어다 붙여 맞춘다'는 뜻의 한자 성어는?

① 犬馬之勞　　② 牽强附會
③ 切磋琢磨　　④ 姑息之計

TIP ① 견마지로 : 자신이 애쓰고 노력함을 낮추어 이르는 말이다.
③ 절차탁마 : 학문과 덕행을 갈고 닦음을 가리키는 말이다.
④ 고식지계 : 당장 눈앞의 안일함 만을 취하는 계책을 이르는 말이다.

5 다음 글을 읽고 (　　) 안에 들어갈 옳은 한자는?

> 이 대장이 방에 들어와도 허생은 자리에서 일어서지 않았다. 이 대장은 몸 둘 곳을 몰라하며 나라에서 어진 인재를 구하는 뜻을 설명하자, 허생은 손을 저으며 막았다.

> 坐不安(　　)

① 夕　　② 席
③ 石　　④ 昔

TIP 좌불안석(坐不安席) … 마음이 불안하거나 걱정스러워 한 군데에 가만히 오래 앉아 있지 못함을 이르는 말이다.

6 한자성어와 내포적 의미가 올바르게 연결되지 않은 것은?

① 行百里者 半於九十 – 일을 할 때 시작의 중요성
② 往者不諫 來者可追 – 미래의 일에 충실할 필요성
③ 江南種橘 江北爲枳 – 인생에서 성장 환경의 중요성
④ 己所不欲 勿施於人 – 상대방의 입장을 고려할 필요성

TIP ① 行百里者 半於九十(행백리자 반어구십) … 백리를 가는 사람은 구 십리에 이르렀을 때 반 왔다고 여긴다는 말로 시작은 쉽지만 완성하기는 어렵다는 뜻이다. 즉, 일을 마무리하는 중요성을 내포하고 있다.

Answer 4.② 5.② 6.①

7 다음 중 '十匙一飯'과 비슷한 의미의 속담은?

① 어제 보던 손님
② 티끌 모아 태산
③ 호박에 침주기
④ 범 그리려다 고양이 그린다.

TIP ① 낯익은 사람, 뜻이 맞아 금방 친해진 사람을 뜻한다.
③ 매우 손쉬운 일이라는 의미이다.
④ 사실의 왜곡을 나타내는 말이다.

8 다음 밑줄 친 한자어의 독음이 모두 옳게 짝지어진 것은?

> 아아, 新天地(신천지)가 眼前(안전)에 展開(전개)되도다. 威力(위력)의 時代(시대)가 去(거)하고 道義(도의)의 時代(시대)가 來(내)하도다. 過去(과거) 全世紀(전세기)에 鍊磨長養(연마 장양)된 人道的(인도적) 精神(정신)이 바야흐로 新文明(신문명)의 曙光(서광)을 人類(인류)의 歷史(역사)에 投射(투사)하기 始(시)하도다. 新春(신춘)이 世界(세계)에 來(내)하야 萬物(만물)의 回蘇(회소)를 催促(최촉)하는도다. 凍氷寒雪(동빙 한설)에 呼吸(호흡)을 ㉠<u>閉蟄</u>한 것이 彼一時(피 일시)의 勢(세)ㅣ라 하면 和風暖陽(화풍 난양)에 氣脈(기맥)을 ㉡<u>振舒</u>함은 此一時(차 일시)의 勢(세)ㅣ니, 天地(천지)의 ㉢<u>復運</u>에 際(제)하고 世界(세계)의 變潮(변조)를 乘(승)한 吾人(오인)은 아모 ㉣<u>躊躇</u>할 것 업스며, 아모 ㉤<u>忌憚</u>할 것 업도다. 我(아)의 固有(고유)한 自由權(자유권)을 護全(호전)하야 生旺(생왕)의 樂(낙)을 飽享(포향)할 것이며, 我(아)의 自足(자족)한 獨創力(독창력)을 發揮(발휘)하야 春滿(춘만)한 大界(대계)에 民族的(민족적) 精華(정화)를 結紐(결뉴)할지로다.

① 폐쇄 – 진서 – 부운 – 주저 – 개탄
② 폐칩 – 진서 – 복운 – 주저 – 기탄
③ 폐쇄 – 진사 – 복운 – 주착 – 기탄
④ 폐칩 – 진사 – 부운 – 주저 – 개탄

TIP ㉠ 閉蟄(폐칩) : 갇혀서 꼼짝 못하고 움츠려 있음
㉡ 振舒(진서) : 위세나 명예를 떨쳐서 폄
㉢ 復運(복운) : 회복되는 운세
㉣ 躊躇(주저) : 머뭇거리며 망설임
㉤ 忌憚(기탄) : 어렵게 여기어 꺼림

Answer 7.② 8.②

9 **다음 중 한자의 독음이 바른 것은?**

① 先親(선신) ② 角逐(각수)
③ 可憐(가린) ④ 羞恥(수치)

TIP ① 先親(선친) ② 角逐(각축) ③ 可憐(가련)

10 **다음 중 한자 성어의 풀이가 잘못된 것은?**

① 塞翁之馬 – 인생의 길흉화복은 변화가 많아서 예측하기가 어려움
② 狐假虎威 – (여우가 범의 위세를 빌려 호기를 부린다는 뜻으로) 남의 권세에 의지하여 위세를 부림을 이르는 말
③ 亡羊補牢 – 이미 어떤 일을 실패한 뒤에 뉘우쳐도 아무 소용이 없음을 이르는 말
④ 亡羊之歎 – 자식이 객지에서 고향에 계신 어버이를 생각하는 마음

TIP ① 塞翁之馬(새옹지마) : 인생의 길흉화복은 항상 바뀌어 미리 헤아릴 수가 없다는 말
② 狐假虎威(호가호위) : (여우가 범의 위세를 빌려 호기를 부린다는 뜻으로) 남의 권세에 의지하여 위세를 부림을 이르는 말
③ 亡羊補牢(망양보뢰) : (양 잃고 우리를 고친다는 뜻으로) 이미 일을 그르친 뒤에 뉘우쳐도 소용없음을 이르는 말
④ 亡羊之歎(망양지탄) : 방침이 많아서 어찌할 바를 모름을 뜻함[= 다기망양(多岐亡羊)]

11 **다음 중 한자 숙어의 뜻으로 옳지 않은 것은?**

① 鼎足之勢 : 두 세력이 맞서 대립한 형세
② 繁文縟禮 : 규칙이나 예절이 지나치게 형식적이어서 번거롭고 까다로움
③ 斯文亂賊 : 교리에 어긋나는 언동으로 유교를 어지럽히는 사람
④ 膠柱鼓瑟 : 고지식하여 융통성이 없음.

TIP ① 정족지세는 솥발처럼 셋이 맞서 대립한 형세를 이르는 말이다.
② 번문욕례 ③ 사문란적 ④ 교주고슬

Answer 9.④ 10.④ 11.①

12 다음 한자어의 독음이 옳지 않은 것은?

① 敗北 – 패배
② 橫暴 – 횡포
③ 叱責 – 힐책
④ 覇權 – 패권

TIP ③ 叱責(꾸짖을 질, 꾸짖을 책)

13 한자와 발음이 옳게 연결되지 않은 것은?

① 隱匿 – 은닉
② 膏肓 – 고망
③ 歡聲 – 환성
④ 重疊 – 중첩

TIP ② 膏肓(고황)은 심장과 횡경막 사이를 이르는 말로, 사람 몸의 가장 깊은 곳을 말한다.

14 다음 중 밑줄 친 부분의 한자 표기가 옳은 것은?

> 나는 우리 사회에 <u>만연</u>한 부정과 <u>부패</u>를 척결하고 맑고 깨끗한 우리 나라를 만들기 위해 다음과 같이 선언하고 서명합니다.
> 1. 촌지, 청탁, <u>뇌물</u>을 주지도 받지도 않겠습니다.
> 2. 부정과 부패의 현장을 목격하였을 때에는 이를 고발하여 해당자의 처벌과 재발 방지를 위해 노력하겠습니다.
> 3. 부정 부패 없는 나라의 출발은 '나'로부터라는 생각으로 부정 부패 <u>척결</u>에 앞장서겠습니다.
>
> – 반부패 실천 국민선언 –

① 만연(萬緣)
② 부패(膚敗)
③ 뇌물(惱物)
④ 척결(剔抉)

TIP ① 만연(蔓延) ② 부패(腐敗) ③ 뇌물(賂物)

Answer 12.③ 13.② 14.④

15 다음 괄호 안에 알맞은 한자 성어는?

언어의 의미는 변한다. 그럼에도 불구하고 어떤 사람은 원래의 뜻을 곧이곧대로 받아들여 (　　)의 어리석음을 범하기도 한다.

① 각주구검(刻舟求劍)
② 우공이산(愚公移山)
③ 연목구어(緣木求魚)
④ 언어도단(言語道斷)

TIP ① 각주구검(刻舟求劍) : 배에서 칼을 떨어뜨리고 떨어진 자리에 표시를 하였다가 배가 정박한 뒤에 칼을 찾는다는 뜻으로, 미련하고 융통성이 없음을 비유한 말이다.
② 우공이산(愚公移山) : 끊임없이 노력하면 큰 일도 반드시 이룰 수 있다는 말이다.
③ 연목구어(緣木求魚) : 나무에 올라가서 물고기를 구하듯 도저히 불가능한 일을 하려 한다는 의미이다.
④ 언어도단(言語道斷) : 너무 어이가 없어 말문이 막힌다는 말이다.

16 다음 중 한자어가 옳게 표기된 것은?

① 家政婦
② 通察力
③ 五里無中
④ 適在適所

TIP ① 가정부(家政婦) ② 통찰력(洞察力) ③ 오리무중(五里霧中) ④ 적재적소(適材適所)

17 다음 중 태평성대를 나타내는 한자 성어가 아닌 것은?

① 昏定晨省
② 比屋可封
③ 鼓腹擊壤
④ 康衢煙月

TIP ① 혼정신성(昏定晨省) : 조석으로 부모의 안부를 물어서 살핀다는 뜻으로 효(孝)와 관련된 한자 성어이다.
② 비옥가봉(比屋可封) : 충신 · 효자 · 열녀가 많은 까닭에 벼슬에 봉할 만한 집들이 줄지어 있을 정도로 세상이 평안하다.
③ 고복격양(鼓腹擊壤) : 배를 두드리고 흙덩이를 친다는 뜻으로, 태평세월을 일컫는 말이다.
④ 강구연월(康衢煙月) : 태평한 시대의 큰 길 거리의 평화로운 풍경이다.

Answer 15.① 16.① 17.①

18 다음 밑줄 친 한자의 표기가 옳지 않은 것은?

> 舊時代(구시대)의 遺物(유물)인 侵略主義(침략주의), 强權主義(강권주의)의 ㉠희생을 作(작)하야 有史以來(유사 이래) 累千年(누천 년)에 처음으로 里民族(이민족) ㉡겸제의 痛苦(통고)를 嘗(상)한 지 처음으로 十年(십 년)을 過(과)한지라, 我(아) 生存權(생존권)의 ㉢박상됨이 무릇 幾何(기하)ㅣ며 心靈上(심령상) 發展(발전)의 장애됨이 무릇 幾何(기하)ㅣ며, 民族的(민족적) 尊榮(존영)의 毁損(훼손)됨이 무릇 幾何(기하)ㅣ며, ㉣신예와 獨創(독창)으로써 世界文化(세계 문화)의 大潮流(대조류)에 寄與補裨(기여 보비)할 機緣(기연)을 遺失(유실)함이 무릇 幾何(기하)ㅣ뇨.

① ㉠ 犧牲
② ㉡ 鉗制
③ ㉢ 剝喪
④ ㉣ 新藝

TIP ㉣ 신예(新銳), 그 분야에 새로 나타나서 만만찮은 실력이나 기세를 보이는 일, 또는 그런 존재를 의미한다.

19 다음 한자 성어 중 나머지 셋과 의미상 거리가 먼 것은?

① 敎外別傳
② 心心相印
③ 不立文字
④ 刎頸之友

TIP ① 교외별전(敎外別傳) : 선종(禪宗)에서 불교의 경전이나 설법 등 문자나 언어에 의하지 않고 마음에서 마음으로 진리를 전하는 일을 말한다.
② 심심상인(心心相印) : 마음과 마음으로 서로 뜻이 통한다는 말이다.
③ 불립문자(不立文字) : 불도의 깨달음은 마음에서 마음으로 전하는 것이므로 따로 언어나 문자로써 설명하지 않는다는 말이다.
④ 문경지우(刎頸之友) : 벗을 위해서라면 목이 잘려도 한이 없을 만큼 친밀한 사이를 말한다.

20 다음 중 한자의 독음이 옳지 않은 것은?

① 現況(현황)
② 詰責(힐책)
③ 吏讀(이독)
④ 猜忌(시기)

TIP ③ 吏讀(이독) → 이두

Answer 18.④ 19.④ 20.③

21 다음 중 구조가 다른 하나는?

① 樂山樂水(요산요수)
② 遠禍召福(원화소복)
③ 勸善懲惡(권선징악)
④ 空理空論(공리공론)

TIP ① 산수의 자연을 즐긴다. → 좋은 산 좋은 물(술목 관계)
② 재앙이 멀어지면 복이 가까이 온다(술목 관계).
③ 착한 일은 권장하고 악한 일은 징계한다(술목 관계).
④ 아무 소용없는 헛된 이론 → 헛된 이론 헛된 논의(수식 관계)

22 다음 한자에서 살아 계신 남의 어머니를 지칭하는 말은?

① 春堂(춘당)
② 先妣(선비)
③ 慈堂(자당)
④ 先夫人(선부인)

TIP ① 살아계신 남의 아버지에 대한 존칭
② 돌아가신 나의 어머니를 지칭하는 말
③ 살아계신 남의 어머니에 대한 존칭
④ 돌아가신 남의 어머니를 지칭하는 말

23 다음 중 형성자끼리 바르게 묶인 것은?

① 好, 男, 東
② 人, 雨, 鳥
③ 江, 聞, 霜
④ 林, 明, 信

TIP ①④ 회의 문자 ② 상형 문자

Answer 21.④ 22.③ 23.③

24 다음 중 한자의 구성 원리가 다른 것은?

① 中
② 老
③ 信
④ 森

TIP ① 中은 지사 문자(指事文字)로 추상적인 생각이나 뜻을 점이나 선으로 나타낸 글자이다.
②③④ 회의 문자

25 다음 중 융합 관계에 해당하는 한자어는?

① 季 節
② 父 母
③ 讀 書
④ 光 陰

TIP ④ 光陰(광음)은 해와 달이라는 뜻으로 '세월'을 뜻하는 융합어이다.

26 다음 중 서로 반대의 뜻을 가진 한자는?

① 非, 常
② 可, 觀
③ 見, 去
④ 優, 劣

TIP ④ 優(뛰어날 우) ↔ 劣(못할 렬)

27 다음 중 한자어의 구성이 다른 것은?

① 勸學
② 植樹
③ 愛國
④ 落花

TIP ①②③ 술목 관계 ④ 수식 관계

Answer 24.① 25.④ 26.④ 27.④

28 다음 중 한자의 음이 잘못된 것은?

① 模倣 – 모방
② 一括 – 일괄
③ 醵出 – 갹출
④ 改悛 – 개준

TIP ④ 改悛(개전) : 행실이나 태도의 잘못을 뉘우치고 마음을 바르게 고쳐먹음

29 다음 괄호 안에 알맞은 한자는?

국장으로부터 決(　　)를 받았다.

① 載
② 裁
③ 財
④ 栽

TIP ② 決裁(결재) : 결정할 권한이 있는 상관이 부하가 제출한 안건을 검토하여 허가하거나 승인함
① 실을 재 ③ 재료 재 ④ 심을 재

30 다음 한자의 음이 모두 옳은 것은?

① 膏肓(고망), 分別(분별)
② 錯誤(착오), 誘惑(수혹)
③ 暴惡(포악), 看過(간고)
④ 傀儡(괴뢰), 遝至(답지)

TIP ① 膏肓(고황) ② 誘惑(유혹) ③ 看過(간과)

31 다음 중 호칭이 옳지 않은 것은?

① 仁兄 – 벗을 높이어 부를 때
② 萱堂 – 살아 계신 자기 어머니
③ 家親 – 살아 계신 자기 아버지
④ 春府丈 – 살아 계신 남의 아버지

TIP ① 仁兄(인형) ③ 家親(가친) ④ 春府丈(춘부장)
② 萱堂(훤당) : 살아계신 남의 어머니를 높여 부르는 말이다.

Answer 28.④ 29.② 30.④ 31.②

32 다음 중 '오르다'에 대한 한자가 들어 있는 것은?

① 沸 騰　　② 成 熟
③ 緊 縮　　④ 隨 伴

TIP ① 끓을 비, 오를 등 ② 성할 성, 익힐 숙 ③ 긴할 긴, 쭈그러질 축 ④ 따를 수, 짝 반

33 다음 중 밑줄 친 한자의 발음이 서로 같은 것은?

① 安易 － 貿易　　② 勝負 － 負債
③ 變更 － 更新　　④ 善惡 － 憎惡

TIP ① 안이 – 무역 ② 승부 – 부채 ③ 변경 – 갱신 ④ 선악 – 증오

34 다음에서 밑줄 친 한자의 음이 나머지 셋과 다른 하나는?

① 索 引　　② 索 漠
③ 思 索　　④ 摸 索

TIP 索 … '동아줄, 헤어지다, 쓸쓸하다'의 의미로 쓰일 때는 독음이 '삭'이고, '찾다, 더듬다'의 의미로 쓰일 때는 '색'으로 읽어야 한다.
① 색인 ② 삭막 ③ 사색 ④ 모색

35 사자성어 중 矛盾과 같은 뜻으로 쓰이는 것은?

① 姑息之計　　② 針小棒大
③ 鶴首苦待　　④ 自家撞着

TIP ① 임시방편 ② 과장 ③ 기다림 ④ 같은 이의 문장과 언행이 앞뒤가 어긋나 모순됨

Answer 32.① 33.② 34.② 35.④

36 '馬耳東風'과 뜻이 가장 가까운 한자 성어는?

① 竹馬故友　② 牛耳讀經
③ 東問西答　④ 走馬看山

TIP 馬耳東風(마이동풍) … 남의 말을 귀담아 듣지 않고 흘려 버림
① 竹馬故友(죽마고우) : 어릴 때 같이 놀던 친한 친구
② 牛耳讀經(우이독경) : 아무리 가르치고 일러 주어도 알아듣지 못함을 이르는 말
③ 東問西答(동문서답) : 묻는 말에 대하여 아주 딴판인 엉뚱한 대답
④ 走馬看山(주마간산) : 이것저것을 천천히 살펴볼 틈이 없이 바삐 서둘러 대강대강 보고 지나침을 이르는 말

37 다음 중 '절박한 위기 의식'과 관계없는 것은?

① 累卵之危　② 百尺竿頭
③ 燈火不明　④ 如履薄氷

TIP ③ 燈火不明(등화불명) … 등잔 밑이 어둡다.
※ 매우 위험한 상태(절박한 위기 의식)를 뜻하는 한자 성어
㉠ 危機一髮(위기일발) : 눈앞에 닥친 위기의 순간을 이르는 말
㉡ 風前燈火(풍전등화) : 바람 앞의 등불이라는 뜻으로 존망이 달린 매우 위급한 처지를 비유하여 이르는 말
㉢ 命在頃刻(명재경각) : 거의 죽게 되어 숨이 곧 넘어갈 지경에 이름
㉣ 百尺竿頭(백척간두) : 백 자나 되는 높은 장대 끝이라는 뜻으로 매우 위태롭고 어려운 지경을 이르는 말
㉤ 累卵之危(누란지위) : 달걀을 쌓아 놓은 것과 같이 매우 위태함
㉥ 焦眉之急(초미지급) : 눈썹이 타들어가는 매우 다급한 지경을 이르는 말
㉦ 如履薄氷(여리박빙) : 살얼음을 밟는 것과 같다는 뜻으로 아슬아슬하고 불안한 지경을 이르는 말

38 다음 중 한자의 독음이 옳지 못한 것이 들어 있는 것은?

① 交易(교역), 葛藤(갈등)　② 隘路(애로), 桎梏(질곡)
③ 悅樂(열락), 忖度(촌탁)　④ 遊說(유설), 邁進(매진)

TIP ④ 遊說(유설) → 遊說(유세)

Answer 36.② 37.③ 38.④

39 다음 중 '濫觴'을 옳게 읽은 것은?

① 감상
② 남상
③ 감각
④ 남강

TIP ② 濫觴(남상) … 사물의 처음. '嚆矢(효시)'와 같은 뜻이다.

40 다음 한자성어의 풀이가 옳게 된 것은?

① 吾鼻三尺 – 같은 값이면 다홍치마
② 群鷄一鶴 – 아무리 기다려도 성공할 수 없다는 말
③ 矯枉過直 – 누구를 원망하거나 누구를 탓할 수 없음
④ 南柯一夢 – 꿈과 같이 헛된 한때의 부귀영화를 이르는 말

TIP ① 吾鼻三尺(오비삼척) : 내 사정이 급하여 남을 돌볼 겨를이 없음을 이르는 말
② 群鷄一鶴(군계일학) : 많은 사람 가운데에서 뛰어난 인물을 이르는 말
③ 矯枉過直(교왕과직) : 잘못을 바로 잡으려다가 지나쳐서 오히려 나쁘게 됨을 이르는 말

41 다음 중 자연을 표현한 말이 아닌 것은?

① 山紫水明
② 山戰水戰
③ 明鏡止水
④ 萬頃蒼波

TIP ① 山紫水明(산자수명) : 산수의 경치가 썩 아름다움
② 山戰水戰(산전수전) : 산에서도 싸우고 물에서도 싸웠다는 뜻으로, 세상의 온갖 고생과 어려움을 다 겪었음을 이르는 말
③ 明鏡止水(명경지수) : 맑은 거울과 고요한 물이라는 뜻으로 맑고 고요한 심경(心境)을 이르는 말
④ 萬頃蒼波(만경창파) : 한없이 넓은 바다나 호수의 푸른 물결

Answer 39.② 40.④ 41.②

42 다음 한자를 부수색인을 이용하여 찾고자 한다. 부수와 획수가 바르지 못한 것은?

① 苦 – 口부, 6획　　② 統 – 糸부, 6획
③ 風 – 風부, 0획　　④ 題 – 頁부, 9획

TIP ① 苦(괴로울 고) … 艹(艸)부, 5획

43 부수의 원형이 드러난 글자는?

① 技　　② 然
③ 有　　④ 進

TIP 변형부수
① 技(扌 → 手)　② 然(灬 → 火)　③ 有(月)　④ 進(辶 → 辵)

44 다음 밑줄 친 단어의 한자를 바르게 표기한 것은?

① 그를 죄인으로 간주(看做)해서는 안 된다.
② 자주국가임을 내외한 천명(天明)했다.
③ 성적(誠積)을 향상시키도록 노력하자.
④ 흥부전은 해학(骸學)이 넘치는 작품이다.

TIP ② 천명(闡明)　③ 성적(成績)　④ 해학(諧謔)

Answer　42.①　43.③　44.①

45 ㉠ ~ ㉣의 한자가 옳지 않은 것은?

> 우리 민족음악이 갖고 있는 ㉠ 역동적인 생명력과 원초성, 그리고 정악과 아악이 표출하고 있는 정제된 단아함과 높은 예술성은 ㉡ 국제무대에서 이미 ㉢ 전문가들에 의해 성과를 ㉣ 인정받고 있다.

① ㉠ 力動的
② ㉡ 國薺舞臺
③ ㉢ 專門家
④ ㉣ 認定

TIP ② 國際舞臺, 사이 제(際)를 써야된다.

46 다음 중 잘못 쓰인 한자가 있는 문장은?

① 文章에 矛盾이 있으면 適當히 고쳐라.
② 요즈음 市場景氣가 매우 寒散한 편이다.
③ 그들은 그 案件을 表決에 붙이기로 했다.
④ 그의 該博한 知識을 따를 사람은 아무도 없다.

TIP ② 寒散 → 閑散(한가하고 적적하다)

47 다음 밑줄 친 단어의 독음을 바르게 연결한 것은?

> 敗北 – 歪曲 – 看做 – 相殺

① 북 – 부 – 고 – 살
② 배부 – 주 – 살
③ 배 – 왜 – 주 – 쇄
④ 북 – 왜 – 고 – 쇄

TIP 패배 – 왜곡 – 간주 – 상쇄

Answer 45.② 46.② 47.③

48 다음 문장에서 한자어의 사용이 옳지 않은 것은?

① 그의 該博한 智識은 따를 사람이 없다.
② 揭示板의 내용은 反駁의 여지가 있다.
③ 憎惡心을 가지면 敗北하기 쉽다.
④ 批判을 하더라도 詰難하지는 마라.

TIP ① 지식 : 智識 → 知識

49 다음 글의 밑줄 친 말과 뜻이 가장 잘 통하는 것은?

장대높이뛰기 선수가 되고자 하는 사람은 처음에는 낮은 높이에서부터 시작해야 하며, 기량이 상승함에 따라서 조금씩 더 높은 자리에 도전해야 한다. 처음부터 일류선수의 흉내를 내고자 하거나 한꺼번에 기록을 크게 갱신하려고 욕심을 부리면 일을 그르치기 십상이다. 그리고 순서를 따라서 훈련을 쌓을 경우에도 어느 높이까지 가면 그 이상의 발전은 기대하기 어려운 한계에 부딪친다. 국민의 의식수준을 높이는 문제도 근본은 비슷할 것이다.

① 고장난명(孤掌難鳴)
② 견강부회(牽强附會)
③ 욕속부달(欲速不達)
④ 고식지계(姑息之計)

TIP ① 손바닥도 마주쳐야 소리가 난다.
② 말을 억지로 끌어다 붙여 자신이 주장하는 조건에 맞게 만든다.
③ 일을 속히 하려고 하면 도리어 이루지 못한다.
④ 당장의 편한 것만을 택하는 일시적이며 임시변통의 계책을 이르는 말이다.

Answer 48.① 49.③

50 '독해는 하루 아침에 이루어지지 않는다'와 상통하는 한자성어는?

① 百年河淸　　② 登高自卑
③ 過猶不及　　④ 昏定晨省

TIP ① 백년하청 : 이루어지기 어려운 일을 기다린다.
② 등고자비 : 높은 곳에 오르려면 낮은 곳에서부터 시작하라. 일은 순서를 밟아야 한다.
③ 과유불급 : 지나침은 오히려 미치지 못함과 같다.
④ 혼정신성 : 저녁에는 부모님의 잠자리를 정리해드리고 새벽에는 안색을 살핀다는 말로, 지극한 효성을 가리킨다.

51 다음 내용에 해당하는 한자숙어는?

나무는 볼 수 있으나 숲은 보지 못한다.

① 東奔西走　　② 自家撞着
③ 走馬看山　　④ 無爲徒食

TIP ① 동분서주 : 이리저리 바쁘게 돌아다닌다.
② 자가당착 : 같은 사람의 말이나 행동이 앞뒤가 맞지 아니한다.
③ 주마간산 : 사물의 겉만을 대강 보고 지난다.
④ 무위도식 : 아무 하는 일도 없이 먹고 놀기만 한다.

52 '다른 사람의 하찮은 언행일지라도 자기의 지덕을 연마하는데는 도움이 된다'는 뜻의 숙어는?

① 事必歸正　　② 他山之石
③ 塞翁之馬　　④ 金科玉條

TIP ① 사필귀정 : 일은 반드시 옳은 방향으로 간다.
③ 새옹지마 : 인생의 길흉화복은 예측할 수 없다.
④ 금과옥조 : 반드시 지켜야 할 소중한 법률

Answer　50.②　51.③　52.②

53 문맥으로 보아서 다음 글의 (　　　) 안에 알맞은 한자숙어를 다음의 보기에서 찾으면?

> 우리의 경제, 특히 산업기술부분은 대일의존도가 높아 일본기계들이 한국의 생산공장을 지배하고 있는 실정이다. 일본의 시설재에 의존하며 그 시설에 맞는 부품을 들여와 쓰기만 하고, 기술개발을 하지 않는 상황이 계속되는 한, 대일무역역조의 개선은 그야말로 (　　)이다. 그러므로 우리는 하루빨리 산업구조의 개선과 기술자립을 이루도록 노력해야 한다.

① 고장난명(孤掌難鳴)　　② 백년하청(百年河淸)
③ 중과부적(衆寡不敵)　　④ 주마가편(走馬加鞭)

TIP ① 상대가 없이는 무슨 일이나 이루기 어려움을 비유한 말이다.
② 아무리 기다려도 성공을 기대하기 어렵다(우리나라가 기술개발을 통한 대일산업기술의존도를 개선하지 않는 한 대일무역역조의 개선은 백년하청이다).
③ 적은 사람으로는 많은 수에 대항할 수 없다.
④ 달리는 말에 채찍질한다. 열심히 일하는 사람을 더욱 편달한다.

54 다음 (　　) 안에 들어갈 알맞은 한자로 묶인 것은?

> (　)雪之功, 讀書三(　), 汗牛忠(　)

① 螢, 昧, 棟　　② 形, 妹, 動
③ 兄, 每, 東　　④ 烔, 昧, 動

TIP ㉠ 형설지공(螢雪之功) : 갖은 고생을 하며 수학한다[면학정진(勉學精進)].
㉡ 독서삼매(讀書三昧) : 오직 책읽기에만 골몰한다[정독(精讀)].
㉢ 한우충동(汗牛充棟) : 책이 매우 많다.

Answer 53.② 54.①

55 다음의 한자성어 중 부모님이 돌아가신 슬픔을 뜻하는 것은?

① 麥秀之嘆
② 風樹之嘆
③ 天崩之痛
④ 伯牙絕絃

TIP ① 맥수지탄 : 나라가 망하거나 쇠약해짐을 한탄한다.
② 풍수지탄 : 불효를 한탄한다.
③ 천붕지통 : 하늘이 무너지는 고통으로, 흔히 부모나 임금을 여읜 슬픔을 나타낸다.
④ 백아절현 : 친한 친구의 죽음을 진심으로 슬퍼하다.

56 다음에 드러난 상황을 한 낱말로 바꿀 때 적절한 것은?

> 도덕성을 생각하면 돈을 못 벌고, 돈을 벌자니 도덕성이 걸린다.

① 進退兩難
② 前無後無
③ 左衝右突
④ 兩者擇一

TIP ① 진퇴양난 : 이러지도 저러지도 못하는 상황을 말한다.
② 전무후무 : 이전에도 없었고 앞으로도 없다.
③ 좌충우돌 : 이리저리 부딪치고 갈등이 많다.
④ 양자택일 : 둘 중에 하나를 선택하다.

57 다음 글과 관계가 깊은 한자숙어는?

> 그듸ᄂᆞᆫ 管仲(관중) 鮑叔(포숙)의 가난ᄒᆞᆫ 젯 사괴요ᄆᆞᆯ 보디 아니ᄒᆞᄂᆞ다.

① 首邱初心
② 浩然之氣
③ 金蘭之交
④ 鵬程萬里

TIP 관포지교(管鮑之交) … 금란지교(金蘭之交), 수어지교(水魚之交), 죽마고우(竹馬故友), 금단지교(斷金之交)
① 수구초심 ② 호연지기 ④ 붕정만리

Answer 55.③ 56.① 57.③

58 아래 문장과 호응하는 한자성어는?

灌頂之水는 必流足底라.

① 汗牛充棟(한우충동)
② 狐假虎威(호가호위)
③ 頂門一鍼(정문일침)
④ 事必歸正(사필귀정)

TIP 정수리에 부은 물은 반드시 발 아래로 흐른다.
① 서적이 많다.
② 윗사람의 권세에 기대어 위세를 부린다.
③ 따끔한 충고나 교훈을 이르는 말이다.
④ 일은 반드시 올바르게 돌아간다.

59 다음 (　) 안에 알맞은 한자는?

(　)名錄, (　)化登仙, 同病相(　)

① 方, 羽, 隣
② 芳, 羽, 憐
③ 芳, 羽, 煉
④ 訪, 羽, 隣

TIP ㉠ 芳名錄(방명록) : 남의 성명을 적어 놓은 기록
㉡ 羽化登仙(우화등선) : 사람이 날개가 돋쳐 하늘을 나는 신선이 된다.
㉢ 同病相憐(동병상련) : 같은 병의 환자끼리 서로 가엾게 여긴다. 어려운 사람끼리 동정하고 돕는다.

Answer 58.④ 59.②

60 밑줄 친 한자의 표기가 옳지 않은 것은?

> 요즈음 歷史에 대한 一般人의 ㉠關心이 그 어느 때보다 높다. 이것을 ㉡反映이라도 하듯 과거 ㉢激動時代의 역사적 事件이나 그 시대를 살아간 人物을 素材로 갖가지 영상들이 만들어지고 小說로 쓰여지고 있다. 이들 作品이 傳達하려는 메시지는 긍정적이든 ㉣不正的이든 現實을 살아가는 우리에게 어떤 意味를 던지고 있다.

① ㉠ ② ㉡

③ ㉢ ④ ㉣

TIP 부정적의 한자 표기는 아닐 부, 정할 정, 과녁 적을 사용하여 否定的로 써야 한다.

※ 한자어 풀이

㉠ 歷史(역사) : 지난날, 오랜 세월에 걸쳐 세계나 국가, 민족 등이 겪어 온 정치적 · 사회적 · 문화적 변천의 과정이나 중요한 사실 · 사건의 자취

㉡ 一般人(일반인) : 특별한 신분, 지위에 있지 않은 보통의 사람

㉢ 關心(관심) : 어떤 일이나 대상에 흥미를 가지고 마음을 쓰거나 알고 싶어 하는 상태

㉣ 反映(반영) : 어떤 영향을 받아 사실로 나타냄

㉤ 激動時代(격동시대) : 정세 따위가 급격히 움직이는 기간

㉥ 事件(사건) : 사회적 관심이나 주목을 끌 만한 일

㉦ 人物(인물) : 사람

㉧ 素材(소재) : 예술 작품의 바탕이 되는 재료

㉨ 小說(소설) : 작가의 상상력에 의하여 구상하거나 또는 사실을 각색한, 주로 산문체의 이야기

㉩ 作品(작품) : 예술 창작 활동의 성과, 문학, 미술 등의 창작물

㉪ 傳達(전달) : 전하여 이르게 함

㉫ 否定的(부정적) : 부정되거나 부정하는 내용을 갖는 모양

㉬ 現實(현실) : 현재의 사실이나 형편

㉭ 意味(의미) : 말이나 글이 지니는 뜻, 내용. 또 그 의도, 동기, 이유 따위

Answer 60.④

수험서 전문출판사 서원각

목표를 위해 나아가는 수험생 여러분을 성심껏 돕기 위해서 서원각에서는 최고의 수험서 개발에 심혈을 기울이고 있습니다. 희망찬 미래를 위해서 노력하는 모든 수험생 여러분을 응원합니다.

공무원 대비서 | 취업 대비서 | 군 관련 시리즈 | 자격증 시리즈 | 동영상 강의

수험서 BEST SELLER

공무원

9급 공무원 파워특강 시리즈

국어, 영어, 한국사, 행정법총론, 행정학개론, 교육학개론, 사회복지학개론, 국제법개론

5, 6개년 기출문제

영어, 한국사, 행정법총론, 행정학개론, 회계학, 교육학개론, 사회복지학개론, 사회, 수학, 과학

10개년 기출문제

국어, 영어, 한국사, 행정법총론, 행정학개론, 교육학개론, 사회복지학개론, 사회

소방공무원

필수과목, 소방학개론, 소방관계법규, 인·적성검사, 생활영어 등

자격증

사회조사분석사 2급 1차 필기

생활정보탐정사

청소년상담사 3급(자격증 한 번에 따기)

임상심리사 2급 기출문제

NCS기본서

공공기관 통합채용